自然真営道

安藤昌益
野口武彦 抄訳

講談社学術文庫

エッセイ　昌益の道、土の道

管　啓次郎

八戸は明るい街で歩けばそこをみたす光が海岸の光だとわかる。八戸出身の詩人・村次郎の選詩集をまとめるために数年前ここに滞在したことがあった。何を探すでもなくぶらぶら歩いていると、商店街の一角に「安藤昌益居宅跡」という碑が建てられているのに出遭った。ああ、昌益はここに暮らし、ここで考えたのか。といっても何を考えたのか、そのとき知っていたわけではなく、ただ風説を鵜呑みにしていただけだ。いわく、エコロジー思想のはるかな先駆者。徹底して農民たちの側についた町医者。あらゆる権威をものともせず、みずからの道を追求した土着の思想家。これも何かの縁かと家に帰ってから彼の本を読みはじめた。中公バックス「日本の名著」の『安藤昌益』だ。責任編集は野口武彦（現代語訳と解説も）。ただちに、面食らった。ついで、考えこんだ。この人は只者ではない。

そもそもの出発点として、みなさんに訊ねておきたいことがあります。土にふれる、土を握る。土に倒れる、土を舐める。あなたが最後にそんなことをしたのはいつですか。

そう問えばたちまち、自分が登り今すわっている木の枝をみずからのこぎりでギーギーと切っているような気がしてくる。いつ墜落してもおかしくない。わが身を振り返ってみる。大都市に住んで日頃まったく土にふれない。土を踏まない。耕すこともしない。アスファルトに窒息させられ光からも風からも遮られた土のことを、土が養う生命のことを、心配することもない。それが私の日常だ。この日常は危うく、頽廃し、まちがっている。これが人間の生活だといえるだろうか。消費社会に生きるわれわれの多くが目をそむけたがっているそんな事実が、昌益の著作を繙いたそのときから、つららの尖端のようにつきつけられてくる。昌益の思想の中心には土があり、万物の中心に彼は土を見出す。あまりに独創的なその思想には彼独自の用語がちりばめられていて、その語義を考えることが昌益への接近の第一歩となるだろう。たとえば「土活真《どかっしん》」。『自然真営道』の冒頭に出てくるこの言葉には、誰だってとまどうにちがいない。

自然とは何か。互性・妙道の呼び名である。互性とは何か。答えて曰く、始めも終りもない一つの土活真が自行して、小にあるいは大に進退することである。

この一文をさらりと読んで自力で理解することは誰にもできない。さいわい、現代語訳者の野口先生が渾身の訳注をつけておられる。昌益の思想は体系的だが、最初から精密に理解しつつ進もうとしてもむりなので、始めは本文も訳注も合わせてわかるところを拾い読みしながら向こう岸にわたれるかどうかを測るという姿勢でいいと思う（この読書態度をぼくはfording と呼んでいる——川の浅瀬を選びながら徒歩でわたるという意味）。そもそも昌益の原文を読む力は自分にはないので、心もとないが仕方ない。以下の解釈にしても、すべて受け売りとその変奏にすぎないが、許してください。

一緒に渡り読みをはじめよう。「土活真」はどうやら「土」と「活真」にわかれ、そこに昌益の宇宙論の原理があることが、おぼろげながらうかがえる。「活真」とはひとことでいって宇宙万物の根源。物質というよりは作用だろう。昌益自身は「活《イ》キテ真《マコト》ナル」と読んだり「真」をタマシイと読んだりもしているそうだ。野口によれば「真」の字は荘子によっては「生成のはたらきを持った自然」という意味で使われる。何かはわからない、描写も形容もできないモノ（物質とも魂ともつかないままにいきいきと生成変化する本質か）が、この宇宙として湧き出し、時空連続体として自己展開をとげている。それ自体としては始まりも終りもなくただ大小の変化をくりかえしている。仮にそんなイメージでうけとめておこうか。

さきほど引用した冒頭の文は自然とは何かという問いではじまり、「自然とは互性のことだ」「互性とは土活真の自行・進退のことだ」とつづく。すぐには呑みこめないが、ともかく自然とは何らかの諸要素の相互作用をさし、この相互作用の全体は活キテ真ナルものの自己展開であり諸要素間のバランスの変化なのだ、といった程度には推測がつく。そもそも、昌益が問う自然が「自然／文化」といったありきたりな対立の一項をさすのではないことはいうまでもない。それはnatureではない。昌益はこれを「自《ヒト》リ然《ス》ル」と読む。その意味するところは、野口によれば、宇宙万物の根源たる土（中真とも呼ばれる）がひとりで運行して木・火・金・水の四気に変化展開することなのだそうだ。

ここで説かれる土の重要性が、なんといっても昌益を現代のわれわれにとって重要な存在とする理由だろう。土そのものに対する関心は現在高まり、土壌と人間の内臓をむすびつける発想もときおり見聞きするが、昌益はそんな発想の先駆者といえるのかもしれない。宇宙論に関してぼく自身は、エンペドクレス流の四元素説、地水火風の四大《しだい》が離合集散をくりかえして物質世界を編みなしているという見方に長らく支えられてきた。中国思想圏には古来の陰陽五行説があり、木火《もくか》土《ど》金水《きんすい》の五行がひとつの太極から発して宇宙を構成する。ところが、何よりも土を重んじる昌益は、この五行説をいわば「土」中心主義により再構成し、「五」によってすべての根源にある「土」という気をあらわし、「行」により他の四気をしめすらしい。土がすべて。宇宙と生命の中心に土があり、われわれは土を耕し、それで生きてゆく。人だけではない、獣も、鳥も、魚だって、その体の中心には土があり、土が生きている、土で生きている。それではこれを生命の根本原理として、宇宙を、生命圏を、社会を、生活を、どう捉えなおせばいいのだろうか。

昌益が出した答えは「直耕」だった。土をみずから耕すという本来の道が見失われているのを彼は憂えた。昌益は農家の子だ。現在の秋田県大館市二井田《にいだ》に生まれたという。八戸で町医者をして、故郷に帰って死んだと思われる。土地に忠実に、生涯をつうじて農民たちの味方であり、農の大切さという観点から社会制度とあらゆる権力、神話とあらゆる思想家たちを徹底的に批判した。口調は激しい。それというのも農民たちの窮乏を目の当たりにしていたからであり、その原因となるものを見抜いていたからだろう。ニンゲンの暮らしという観点からすれば、糾されるべきは不耕貪食の徒、つまりみずから食糧生産にたずさわることなく、他人の労働の成果を横どりして生きる者たちということになる。人の道は「直耕」にある。これは昌益の造語だが、同時に彼はこれを「直《てずか》ら耕す」とも読み、それを人の農のみならず、万象のさまざまなアクションにもあてはめて考えた。

穀物は耕すことなくして成るものではなく、人間の顔の成立は「食穀」のためにある。人間の生業は直耕（＝直接の農業生産）にあり、たとえ何万の人間がいようとも一人の人間としての一つの生き方しかない。完全な平等主義。農の面からいえばそのとおりだが、直耕とはじつは「活真の無始無終に生産しつづけてやまぬはたらき」をも意味し、宇宙のすべて生命のすべてが、持続的生産＝直耕によって現れる。人も物もすべてが「それぞれ一つの活真の分身」なのだ。日常的な場面と宇宙論が瞬時にむすびつけられ、両極が自在に往還されるところに、昌益の思想家としてのポテンシャルを感じる。本書は「自然の活真が営む道」をめぐる著述だ。「大序」のはじまりの段階で、われわれはすでに気が遠くなるような距離を、想像力によって瞬時に踏破することを求められている。

言語定立者と呼びたくなる独創的な言語感覚の持ち主である昌益は、権威一般をきらい上下関係を疎んだ。そこで人がふつうなら「天地」と書くところを「転定《てんち》」と記した。上下ではなく状態が変化し、ずらされ、いったん落ち着いてはまた転ずる、といった運動をいおうとするのだろうか。また「男女」と書いて「ひと」と読ませ、一組のカップルに大きな価値を置くとともに「一人の男に二人以上の女を妻妾と名づけてめあわす」ようなことに真剣に怒った。たとえば彼が記す次のような一節だけでも、現代社会をきびしく批判するひとことになりうるだろう。

……だから、外なる男の内に女が備わり、内なる女の内に男が備わり、男の性は女、女の性は男であって、男と女は互性、神と霊は互性、心と知は互性、念と覚は互性、八情が通・横・逆に運回し、穀物を耕作し、麻を織り、生々して絶えることがない。これが活真の男女の直耕である。天と海とは一体であって、上もなければ下もない。すべて互性であって、両者の間に差別はない。だから、男女にして一人なのであり、上もなければ下もない。すべて互性であって両者の間に差別はない。世界あまねく直耕の一行一情である。これが自然活真の人の世であって、盗み・乱れ・迷い・争いといった名目のない真のままの平安の世なのである。

味読すべきパラグラフだ。昌益はおよそすべてに対して怒り、すべてを批判する。その批判があまりに苛烈なので、老子・釈迦・孔子などに対する批判はある種のユーモア文学のようにすら読めるほどだ。笑える。笑いごとでないのは、いましがた引いたような「自然活真の人の世」の対極にある社会の現況、すなわち人間が勝手に決めた「法言《こしらえごと》」が支配する「法世」のありさまだろう。この法世という用語により昌益は農民を極度に苦しめる同時代の社会制度を批判するのだが、藩による民衆支配が貫徹した世にあっては、権力に正面きって言論の礫《つぶて》を投げつけるわけにもいかなかったのではないだろうか。そのぶん昌益は古の聖人賢者を理論的に攻撃し、また鳥たちの言葉に託して人間社会の悪行をあばいた。

現実。昌益の時代の八戸藩の人々を苦しめたものに「猪《イノシシ》飢饉《ケガヂ》」があった。これは市場経済が生んだ生態学的災厄でもあった。どういうことか。江戸時代中後期とは全国規模の市場経済の拡大期であり、現金収入を得たい藩は商品作物である大豆の生産を奨励する、というか、強いる。大豆畑を作るために山林が開発され、追われるように畑に出てきた猪や鹿による食害が増える。大豆は連作すると土地を劣化させるため定期的に焼畑をおこなうが、するとここに猪が好む山菜類が生えて畑はいよいよ荒れる。食害に、きびしい冷害による穀類の不作が重なれば、飢饉に突入だ。だが大量の死者を出す飢饉の最大の原因は、人間社会における分配の失敗、物資と富の誤った集中だろう。昌益はそれを見抜いていた。

八戸の町医者だった。医の理論家でもあった。北東北の人だった。精神の圧倒的な大きさは疑うべくもない。エコロジストでありアナキストだったとも、たしかにいえるかもしれない（定義によるが）。穀食主義者・菜食主義者で、人を米の子と見なし、ミクロコスモスたる人体とマクロコスモスたる転定（天地）の呼応を考えた。一七〇三年生まれの彼は、一七一二年生まれのジャン＝ジャック・ルソーの同時代人。人間の不平等や社会制度の悪、社会とは変えられるものなのだという確信をめぐって、二人の思想を比較してみることもできよう。だがそのためには、昌益については、著作のあまりに大きな部分が永遠に失われてしまった。

それでも残された著作だけでも、われわれに衝撃を与えるには十分だ。同時に、思うことがある。ルソーのフランス語は現代人にもふつうに読める。昌益の日本語は現代語訳されたものでなければそうはいかない。言語的連続性のこの喪失は、逆に、日本列島社会が克服できずにいるさまざまな問題の連続性を証言しているのではないか。昌益がしめす道を眺めやりながら、改めて土にふれながら、そんなことも考えてみる必要がありそうだ。この文章をしたためるにあたって歴史社会学者・山内明美さんとの会話に大きなヒントを得た。また野口武彦「土の思想家　安藤昌益」（本書所収）、石渡博明『いのちの思想家　安藤昌益』（自然食通信社）、本田伸『八戸藩』（現代書館）に多くを教わった。ここに記して感謝します。

（明治大学教授／詩人）

目次

自然真営道

凡例

㈠ 本書の底本には、現存する唯一の伝本である写本、すなわち東京大学附属図書館蔵本を使用した。

㈡ 底本の原文は、訓点をほどこした独特の漢文体である。その本文にできるだけ忠実に、しかも平易な現代文に書きあらためるために、現代語化にあたっては、だいたい以下の方針を採用した。

⑴ 昌益の用語には、進気・退気・直耕・活真などのように、この著書にのみ独自に使用され、他の言葉に置きかえることができないものが多い。これらの用語は、初出のところで訳注によって説明し、以下は訳文中ではそのまま使用した。

⑵ ただし、重要な用語の一つであるがきわめて包括的な用語、「転定《てんち》」に関しては、訳注に示したような理由から、現代語にこれを改めた。文脈にしたがって、天と海・宇宙・世界などと訳し分けてある。また文脈の要請から「転」・「定」とそのまま使用した場合もある。

⑶ その他、昌益が多用する漢字の熟語のたぐいは、現代の国語辞典類に載っているものは原則としてこれをそのまま使用し、あとは適当な現代語にあらためた。熟語としてみとめがたいが、昌益の造語として独特の表現力があると思われる言葉は、そのまま残したものもある。

㈢　本書に訳出した『自然真営道』は大部な著述であり、ここに収めているものはその抄出である。

『自然真営道』の内容の配列は、巻数の順序にしたがっている。同時にまた、担当者としては各巻の内容を左のような構成にしたがっても読めるように調整したつもりである。

一　自然と人間　大序

二　儒教の批判　老子評・孔子世家・孟子評

三　神道の批判　私法神書巻（抄）

四　階級社会の批判　法世物語（抄）、真道哲論巻（抄）

㈣　訳注のなかでは、『自然真営道』、刊本『自然真営道』を示す略号として、それぞれ「自」、「刊自」を用いた。漢数字はその巻数、カギカッコのなかはその章の表題である。たとえば、自五、「周易」とあったら、『自然真営道』巻五、「私法儒書巻二」の「周易」の章であることを意味する。

本書の執筆にあたって原本の利用の便宜を与えていただいた東京大学附属図書館・慶応義塾図書館・京都大学附属図書館につつしんで謝意を表したい。また、ここに昌益の著述の現代語化・注釈をこころみるにあたって、担当者が多くの教示と恩恵とをさまざまな先駆的研究者に、なかんずく尾藤正英氏・奈良本辰也氏とに負い、資料的には上杉修氏・野田健次郎氏に負うていることを感謝とともに付記しておかなくてはならない。

自然真営道

大序

自然とは何か

自然[1]とは何か。互性[2]・妙道の呼び名である。答えて曰く、始めも終りもない一つの土活《どかつ》真《しん》[3]が自行[4]して、小にあるいは大に進退[5]することである。小進すれば木《もく》、大進すれば火《か》、小退すれば金《きん》、大退すれば水《すい》、の四行の気となる。それらがまたそれぞれにひとり進退して、進木・退木・進火・退火・進金・退金・進水・退水という八気に分かれ、それぞれの性質がたがいに作用しあう。これがすなわち八気の互性である。たとえば、木は物事の始めをつかさどる性であるが、同時にその内部に終りをつかさどる水の性を含んでいる。水は物事の終りをつかさどるが、内部に始めをつかさどる木の性を含んでいる。だから、木は単純に始めであるだけでなく、水は単純に終りであるだけではない。二つの性は相互に補完しあっていて、始めも終りもないのである。火は物事の動きはじめをつかさどるが、収拾の性としての金をも含み、金は収拾をつかさどるが、また始動の性たる火をも含んでいる。だから、これにもまた始めも終りもないのである。それがすなわち妙道と呼ばれるものである。妙[6]とは互性のことである。道とはその互性のはたらき（感）[7]である。土活真の自行がそれであって、だれも教えずだれからも習わず、増すことも減ずることもなく、自《ひと》り然《す》るのである。だからこれを自然と呼ぶのである。

活真とは何か。活真の土は宇宙、すなわち天と海（転定[8]）の中央にある地である。そして活真とはまた、天の央宮[9]に宿っている精気（土真）の称号である。土真はそこでつねに生き生きと活動して始めも終りもなく、ひとり感行して休止死滅を知らない。天の中央に位置するその座から動くことがなく、その自行はいささかの間も停止することがない。これを活と呼ぶゆえんである。この土真の気が進めば木火の進気となり、金水の退気を性としてうちに含んで天となる。退けば金水の退気となり、木火の進気をうちに含んで海となる。天と海との中央に土が地をかたちづくる。進気の精が凝固すると日になり、月をそのうちに備える。これが天の神《しん》である。退気の精が凝固すると月になり、日をそのうちに備える。これが海の霊である。日と月とは互性であり、昼と夜も互性である。また、金気もその内部に八気互性を備えて八星天[10]・八方星[11]となる。土真の気は日月に和合して天をめぐり、降っては海の潮をめぐらせる。八気互性を備えて進気は四隅（東北・東南・西南・西北）、退気は四方（東・西・南・北）をつかさどり、四時（春・夏・秋・冬）と八節[12]（立春・春分・立夏・夏至・立秋・秋分・立冬・冬至）とを運行させる。天と海とに昇降する気は地と和合して、通気・横気・逆気[13]の三種類に運回して、穀物・男女《ひと》・鳥獣虫魚・草木となって生まれ出る。これが活真の無始無終に生産しつづけてやまぬはたらき、すなわち直耕[14]である。だから、宇宙の惑星[15]・日・恒星・月、八天、八方として通・横・逆に運回する宇宙は、その全体が一つの土活真なのである。活真は自行して天と海とをかたちづくり、また人間の身体・四肢・臓腑・精神作用・感情・行為などを作り出す。通に転回してはいつも天となり、横に転回しては海となり、逆に転回しては地となり、その作用がひとたび極まり尽くされてから今度はさらに逆に発して穀物となり、通に開いて男女《ひと》となり、横にめぐって鳥獣虫魚となり、また逆立して草木となる。このようにつねに生産し直耕してやむことがない。だから人も物もすべてがそれぞれ一つの活真の分身なのである。これに名づけて営道という。だから八気互性あるいは自然の活真とは唯一無二の生きたはたらき、不断に停滞を知らぬ自行であって、人と物とが生じることはその活真がつねに営む道、すなわち営道にほかならないのである。だから世界の人と物とのすべての事理は、どんな些細なものであろうとも、語黙動止いずれのかたちをとろうとも、ただこの自然の活真が営む道に極め尽くされている。わたしが自分の著述を『自然真営道』と題するゆえんもそこにある。

人家のいろりは小宇宙である

わたしはいつも人家のいろりを見るたびに、その灰のなかに活真の体である土があり、また木火金水の四気がおのずと活動して、進退、互性、八気、通・横・逆の微妙な作用を示していることにつくづく感心する。たとえば炉中の薪は進木、煮え湯は進水であって両者は互性である。薪の燃焼作用が盛んで煮え湯が蒸発してしまい、煮え湯が用をなさなくなるのは、進水の性が進木のそれと同化してしまうからである。煮え湯の沸騰作用が盛んであふれ出し、薪が消えて役に立たず、進木の用をなさなくなるのは、進水の性となってしまうからである。薪と煮え湯との勢いが均衡を得ていればこそ、両者の相反する性質が相互に程よく作用しあってものの役に立つのである。

鍋蓋は退木、鍋のなかの水⑯は退水であって、この両者は互性である。蓋の作用が盛んで圧迫するときには、水が減って用をなさなくなる。これは退水の性が蓋の退木の性に同化されてしまうからである。また反対に、水がたくさんありすぎて蓋が浮かび、隙間ができると、今度は蓋が役に立たなくなる。退木が退水の性にされてしまうからである。蓋と水の勢いが均衡を得ていてはじめて、互性の妙用を得ることができるのである。

燃える火《ひ》は進火であり、鍋のつるは進金であって、この両者は互性である。燃える火の作用が盛んなときには、熱くてつるに触れず、つるの用をなさない。進金が進火に同化してしまうからである。つるが冷えてつるの作用が盛んなときには、燃える火の勢いが足らず火の用をなさないのは、進火が進金の性となってしまうからである。火が程よく燃え、つるもほどよく温まるのは、互性がうまく達しているからである。

鍋の中の蒸気は退火、鍋は退金であって、この両者も互性である。蒸気の作用が盛んなときには、鍋が熱くて手にとれない。鍋の用をなさないのは、蒸気の退火の性と同化しているからである。鍋がつめたくて鍋そのものの作用が盛んであるときは、蒸気がさめてしまって役に立たない。それは退火が退金の性と同化しているからである。蒸気と鍋の気とが均衡を得ていればこそ、互性の妙用が達せられるのである。

右のように、四行の気がそれぞれに進退し互性の関係にある八気は、本来全体として一気である。だから、そのうち一行でも欠ければいろりの妙用はすべて一度に失われてしまうだろう。四行の進退する八気がそれぞれに達成されてはじめて、いろりの作用がととのうのである。八気が一気であるとするゆえんである。この一気が、薪、燃える火、鍋金《なべがね》、煮え湯とすべて相俟って、そろそろと鍋に煖気がいたるのは通気である。鍋のなかが煮え立つのは横気である。食物が煮え熟して味がよくなるのは逆気である。逆気にいたって味がよくなるのは、天と海との八気互性が地にいたり、ひとたび極まって万物を生成するのとまったく同一の妙道である。それというのも、四時八節の気行が互性をつくしながら一年の間に妙行するそのはたらき

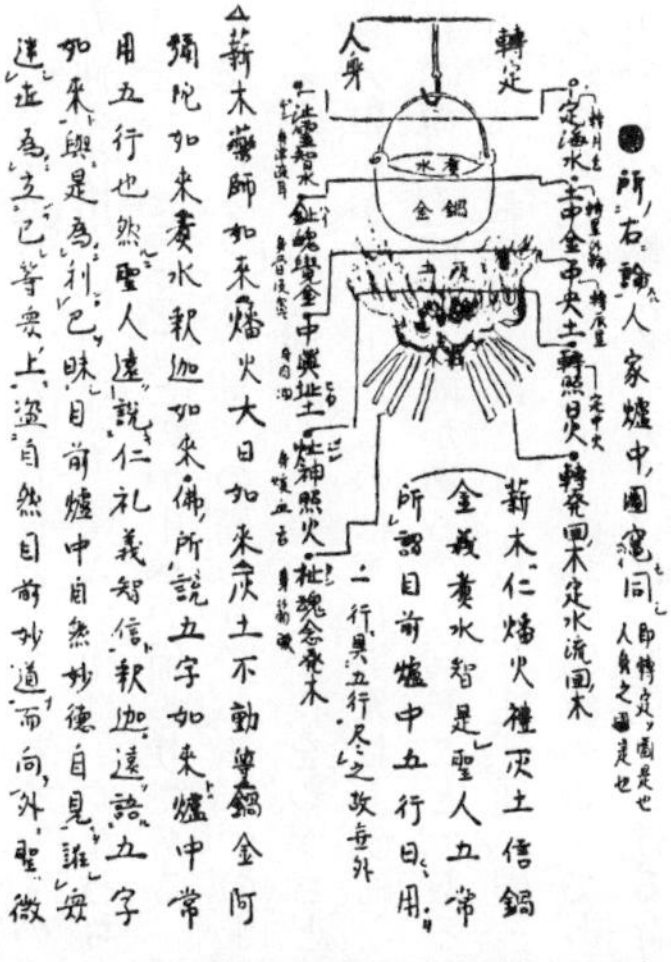

いろりの図（『統道真伝』「万国巻」より）

が、そのまま炉のなかに備わってこれをなすのである。だから、燃える火と鍋金《なべがね》とが火金の互性の作用で炉のなかを照らすのは、すなわち太陽と太白星（金星）とがその互性によって昼をつかさどることとの炉中への備わりである。炉火のうちから煙が立ち昇るのは、天の玄々の気（黒々とした気）の備わりである。炉の上に煤《すす》が黒光りしているのと、煙がぐるぐる回るのとは、月と歳星（木星）とが夜をつかさどることとの炉中への備わりである。焔のさきから火の粉が舞い上がるのは、八星天および列《つら》なる星宿の役分である。炉に四方四隅があるのは、海にも四方四隅があるのと同じことである。だから、人家のいろりとはすなわち、宇宙の活真がおのずとはたらく八気互性、通・横・逆の妙道が来てそこに備わったものなのである。薪の進木は、進春における温気の始発である。鍋蓋の退木は、退春における穏やかな初生である。燃える火の進火は、進夏における育長である。鍋のなかの蒸気、退火は、退夏における盛大のさまである。鍋づるの進金は、進秋に実りの生ずることである。鍋金《なべがね》の退金は、退秋における実りの収穫である。煮え湯の進水は、進冬における万物の枯落である。鍋の中の水、退水は、退冬における蔵蓄である。このように一年の八節の互性妙道が炉中に備わり、食物を煮て口に入れ胃にいたって人間が生きる助けとなるのを常とするのは、すなわち炉中の灰である土活真の直耕のしわざであって、天と海の中央にある地の土活真が直耕してすべての生物が繁栄するのと同一の妙道なのである。だから、宇宙の温気の始発たる進木は薪である。穏やかな初生の気たる退木は鍋蓋である。宇宙の照らし熱する気たる進火は燃える火である。暖かく蒸す気たる退火は鍋中の蒸気である。宇宙の涼晴の気たる進金は鍋づる、である。冷燥の気たる退金は鍋金《なべがね》である。宇宙の寒さと暈《かさ》の気たる進水は煮え湯である。湿雨の気たる退水は鍋中の水である。したがって、宇宙の八気互性の微妙な気行はことごとくいろりの内部に備わっているのである。

それはいったい何のためであろうか。人間が穀物や豆を煮て食えるようにするためである。天下万国の一軒一軒の家の作りは違っているけれども、炉中の四行八気互性の妙用にいたってはどこもまったく同じである。この同じ炉のはたらきに助けられている人間であるがゆえに、人間の生業が同じく直耕であり、たとえ何万の人間がいようとも一人の人間としての一つの生きかた(17)しかないことはまったく明らかである。その明証がすなわち炉なのである。炉がこんな妙用を持っていることを、この世界に始めて男女《ひと》が生じたときだれが教えただろうか。だれから習っただろうか。知る者は一人としていなかったはずである。ああ、明らかなことではないか。かの活真があるために、人間の身内に備わる四府蔵(18)そのものに八気互性、通・横・逆と妙行する活真があるために、おのずと知りおのずとこれを行なったからなのである。だから、家内のいろりと腹の中の臓腑とは同じものである。臓腑の八気互性の気行は、人間の顔面に現われ出ている。

人の顔には宇宙に通じる門がある

人間の顔面には臓腑の八気互性が現われ、そのまま宇宙と通じている。その門[19]がすなわち八門である。臓腑のうちで胃は炉の内部にひとしい。胆は薪、肝は鍋蓋、小腸は燃える火、心臓は鍋中の蒸気、大腸は鍋づる、肺は鍋金《なべがね》、膀胱は煮え湯、腎臓は鍋中の水である。これが腹中の土活真たる胃のおのずからする活動である。人間の顔面と臓腑、それと炉の内部との間に同じものが備わっているというのは、まず進木は瞼《まぶた》[20]と胆と薪である。眼球《めだま》と肝臓と鍋蓋は退木である。進水は耳朶《みみわ》と膀胱と煮え湯である。退水は耳孔《みみあな》と腎臓と鍋中の水である。進金は鼻と大腸と鍋づるである。進火は唇と小腸と燃える火である。退金は歯と肺と鍋《なべ》金《がね》である。退火は舌と心臓と鍋中の蒸気とである。顔面と臓腑と炉の内部との間に同一の備わりがあることはかくのごとくにして知られるであろう。さらに、瞼と耳朶は進木・進春と進水・進冬との互性である。眼球と耳孔は退木・退春と退水・退冬との互性である。鼻と唇は進金・進秋と進火・進夏との互性。歯と舌は退金・退秋と退火・退夏との互性である。これが顔面の八門と宇宙運行の八節との、つまり一面と一歳とに同一に備わる妙道である。そしてまた、瞼がいつもまばたきをして動き、止まらないのは、耳朶の進水の性の相互作用である。耳朶が波の形をしていながら動かないのは、瞼の進木の性による。眼球が内部の水の成分に万物の形象を映して見るのは、耳孔の退水の性による。耳孔が遠近の物音を聞くのは眼球の退木の性による。鼻の中へ引き収めてひくひく動いてにおいを嗅ぐのは唇の進火の性である。唇がよく動いて語るのは、よく気を通ずる鼻の進金の性である。舌が味わうのはものを噛んであずかる歯の退金の性。歯が食物を噛むのは舌のよく動く退火の性である。以上が人間の顔面に備わる八門の妙道互性である。とりわけ、舌と歯は食をつかさどるものである。歯が堅いのは金気、動いて噛むのは火気のはたらきである。舌が動いて味わうのは火気、咀嚼《そしゃく》して呑みこむのは金気のはたらき。火金の互性をもって人を養うのである。
心臓に宿る神《しん》と肺に宿る魄《はく》(21)とが口腔に上ってきて、心臓＝舌と肺＝歯とが互性のはたらきによって補い合い、舌がものを言い、歯が食物を噛むという機能を果たしている間は、人間は眠らない。神と魄、太陽と太白星（金星）、火気と金気との互性が昼をつかさどっているからである。ところが、神と魄とが横隔膜の下に降り、腎臓の霊と肝臓の魂《こん》とが上ってくると、人間は眠ってしまい、眼は閉じ、耳は聞こえなくなる。それというのは、月と歳星（木星）、つまり水気と木気とが夜をつかさどるからである。人間の八門から天の八星天・列星天へ、および海の八方へ人身の気を通じ、また逆に天と海との気を受け入れて臓腑の内部に通じて、宇宙の惑星・日・恒星・月と人身の臓腑・神霊魂魄とを、八門から宇宙の気を人身に通じ、人身の気を宇宙に通じて、大にしては宇宙、小にしては人身は、進退・互性・一活真のおのずからする活動なのである。

だから、男女《ひと》は何万人いようとも全部が一人の人間であることの明証は、人間の顔を見ればおのずから知られるのである。顔面に備わる八門に差別がないことは、上は身分の高い聖人・王者の顔だからといって九門も十門もあるわけではなく、下は賤しい貧民の顔だからといって七門か六門しかないわけのものではないだろう。大きな顔、小さな顔、長い顔、短い顔、丸い顔、角ばった顔などの小さなちがいはもちろんあるけれども、八門が備わっていることに関してはまったく差別などありはすまい。まさにそれこそが、人間に上下貴賤の差別のないことの自然に備わり定まった明白な証拠なのである。四行の進退、八気の妙道には外もなく内もなく、いささかの差別もないゆえんがそこにある。人間の背丈や心の持ちかたやふるまいかたに大きな差異がないゆえんもそこにある。もともとそれは一つの宇宙、一つの活真がしたことである。人身に備わる妙道、八気互性は顔面に行なわれ、人家に備わる妙道、八気互性の炉のうちに行なわれる。炉の中はだれもがいつも目前に見て、活真の妙道を尽くすことが知られるし、顔はぴったりと人間の頭部についていて活真の妙道を行なうことが知られよう。瞼を開いて薪を使うのは、進木の気、初春の時節の最初の仕事である。眼球で見て鍋蓋を作るのは、退木の気、退春の時節の種まきの仕事である。唇を開いて炉の用を語り、火を燃やすのは、進火の気、初夏の時節に田畑をたがやす仕事である。舌が煮食の作用についてしゃべり、鍋で煮たきするのは、退夏の時節に田畑の植えつけをする仕事である。鼻が食物のにおいを嗅ぎ、鍋づるのつとめをするのは、進金の気、初秋の季節に穀粒を実らせるために害をする悪草を刈りとる仕事である。歯で食物を噛んで味をためし、鍋で食物を煮るのは退金の気、退秋の時節に、実りをよくするために作物を囲む仕事である。耳朶に眼の木気が発する音を受け、風雨の音を聞き、煮え湯が食物を煮る音を聞くのは、進水の気、進冬の時節に収穫をする仕事である。耳孔の奥深く水が食物を煮熟する音を聞いて、味がよくなったことを知って鍋を火から下ろすのは、退水の気、退冬の時節に穀粒を蔵に納める仕事である。だから、炉のなかの薪で火を燃やし、鍋づるを掛け、鍋を使って煮え湯に食物を入れ、食物をよく熱で蒸し、鍋蓋の下の水気で食物をやわらかにし、味よくしあげるのは、人間の食生活のためである。食物は穀物である。穀物は耕すことなくしては成らない。だから、炉中の妙用はただ食穀のために備わるものであって、すなわち炉中の土、活真の直耕であることは明らかであろう。人間の顔にある瞼・眼球がものを見、耳朶・耳孔がものを聞き、鼻が嗅ぎ、唇が語り、歯が噛み、舌が味わうのは、ただこれ口に食わせようがためである。口が食うものは穀物である。穀物は耕すことなくして成るものではない。だから、人間の顔面の妙用もまた、食穀のためのものであり、胃土の活真の直耕であることはまたおのずと明らかであろう。

宇宙の活真が一年の八節に妙行するのは穀物をはじめ万物を生成するためである。穀物はただ人間の食生活のためにある。穀物を産するのは宇宙の活真の直耕である。したがって、宇宙の惑星・日・恒星・月の八運八気、通・横・逆におのずと行なわれる妙道の互性の気行は、穀物・人間・鳥獣虫魚・草木を生成する活真の直耕なのである。活真は直耕をもって宇宙の隅々までをつらぬき、人家に備わっては炉のなかで直耕する宇宙の妙道を尽くしているのみである。だから永遠無窮の自然、宇宙の活真の妙行は、ただ直耕の一道に尽きるのであって二道はない。その明証が炉の内部と人間の顔面である。人間は活真の通気であるから、直耕して食物・衣類を備えなくてはならない。活真が横気に転回して鳥獣虫魚を生じ、それら大小の鳥獣虫魚がたがいに食い合うのは、つまり互性の直耕である。活真が逆気に転回して草木を生じ、草木が地に逆立ちして土中から養分を吸い上げるのは、つまり草木の直耕である。直耕とは食物・衣類を得る活動の呼び名である。衣食の道とはそれらを得るための直耕の呼び名である。だから、宇宙と人と物の活動は、衣食の道の一つに尽きる。それ以外に道というものはどこにもないのである。だから、道とは衣食を直耕することにほかならない。

自然真営道のいわれ

炉中の八気互性、通・横・逆の妙道の極まりは、穀物を煮て食うことである。たとい穀物があったとしても、煮ないでなまのまま食うと、生冷の気に身体を損《そこな》って長く生きることはできない。だから人間に穀物を煮て食わすために、人身の主宰として備わる活真がおのずとはたらいて家を作り、炉を用いさせるのである。穀物や野菜を煮て食うのは天寿をまっとうせんがためである。だから、煮熟した穀物や野菜を食っている間は、人間の精神・感情・行動・事業いずれも正常である。しかし、もしも飢饉の年のようになまのままの食物しか食わずにいると、たちまち平生の人心を失ってほとんど死にかけたようになるものである。このときまた煮熟した穀物や野菜を食えば、すぐに人心を回復することができる。だから、人間の身体、心神、感情や行動、日々の生業などは、人間みずからがなしているわざではなく、煮て食った穀物がなさせているわざであることが知られるだろう。人間の平常の身命は炉中の妙道にあずけられている。煮た穀物を食い、臓腑を養えば、臓腑の八気互性が顔面にいたって八門を開き、互性の妙用を尽くして宇宙と人身とを通じさせる。だから四府四蔵は互性の八気、四体四肢は互性の八気、四神四情(22)も互性の八気である。いずれも人身に備わる道である。

人間が右のようであるのだから、宇宙の惑星・日・恒星・月も進退互性の八気である。八星天も互性の八気である。八列星も互性の八気である。海の八方も互性の八気である。だから鳥獣虫魚の四類も進退互性八気が形を生じたものである。草木の四枝四葉も互性の八気である。だからまた、宇宙の人・物・心神・行為やしわざ、いずれをとってみても、ただ八気互性の活真のおのずからする活動の外に出るものがないことは明々白々である。その明証は人家に備わって、炉が宇宙の八気互性の妙道を現わし、人間の顔面にも備わって宇宙の八気互性の妙道を現わしている。そこでわたしは炉中と人面を一見すれば、自然の宇宙の人・物は、活真がひとり行なう八気互性、明暗が一つに感《はたら》く妙道を知り尽くすことができるというのである。これはゆめゆめ、自分一個の小さな思慮分別から出た言葉ではない。またたれか師から教えられて知ったことでもない。シナ古代の諸聖人・釈迦・老子・荘子・聖徳太子などが記した万巻の書物に書いてあるようなことではないのだから、古書を学んで得たという知識でもない。ただ日頃からいろりを眺め、人の顔を観察し、わが家の炉とわが面部とに備わっている事実をもってこれを知り尽くしたのである。これは何あらぬ自然の備わりである。天下万国においてだれひとりこれを疑い、否といえるものがいるだろうか。だれもいるわけがないではないか。人々がめいめいの家の炉に、めいめいの顔に備えている妙道だからである。だからこれは自然真営道なのである。

人面の八門こそが真理である

人間の顔面は、自然の活真、八気互性の妙道の備わりを現わす宇宙の根であり、人体の根[23]である。だから、そこに備わる八門の他には何の過不足もない。「五行」などと称するように八門が五門しか備わらないことはなく、「三陰三陽」[24]などと称して三門にしか行なわれないことはなく、「六陰六陽」[25]などと称して六門しか備わらないことはなく、「十干」などといって十門にも行なわれることはなく、「十二支」などといって十二門にも行なわれることはない。「五行相生相克《こく》」[26]などとして生じたり克《か》ったりすることはなく、「五常五倫」[27]などとして五門にしか備わらないことはなく、「四民」[28]などとして四門にしか備わらないことはなく、「天下を治める」などといって一門だけが他の七門を治めるという現象はなく、「賞罰政事」などといって、八門のうちに何々は功績があるから賞めよう、何々は過失があるから罰しようとすることはまったくない。

悟りを開いて仏となり、迷う者は凡夫にとどまるといった差別を立てる二門の備わりはないし、大衆を救うと称して一門だけが他の七門を教化するということもない。「五戒[29]五時[30]」の如来などという五門の備わりもなく、「三毒[31]三世[32]」などという三門の備わりもなく、「八教[33]」と称して数ばかりは八でもかたよった知識と心があって互性が欠けているようなものは人面の八門にはまったくない。

「無名」とか「玄の玄」とか称して水[34]ばかりに一面的にこだわる一門だけの備わりはないし、「虚無大道無為[35]」などというように門が一つもないといった現象が人面にあるわけはない。また「谷神死せず[36]」などと説いて、一門だけが不死であるようなこともないし、寓言[37]を好み、かたよった知恵にのぼせ迷った八門が人面にあらわれるはずはない。

「偶神生神[38]」などといって二門だけの備わりであることはなく、「八百万神《やおよろずのかみ》」などとこれも数ばかりは八でも互性の欠けた八門の備わりはない。

「五蔵六府」などと称して五門とか六門とかの備わりもないし、「十二経《けい》[39]」とか称して十二門に備わることもない。「三部九候の脈[40]」とかいって三門・九門に備わることもない。もとより「三陰三陽相生相克」などの備わりもない。すべて互性のない備わりはないのである。だから互性の気行もないのに薬が府蔵の助けになるはずはない。無理に薬を用いれば人を殺すだけである。「六根[41]」と称するような六門の備わりもなく、軍法合戦などといって天下国家を盗む備わりもない。「極楽地獄」などという善悪の二別もないし、すべて上下・貴賤・邪正・和争の二別はない。あるのはただ、八門互性、一活真の自行だけである。だから道の備わりは、活真の自感、四行の進退、互性八気、一連する通・横・逆の運回、生々して無始無終につきるのである。

聖人(42)・釈迦の私法(43)は、五行、三陰三陽、相生相克、六陰六陽、十干十二支、十二気(44)、どれ一つをとっても互性の備わりがなくまちがっている。だから真道のかたちもとどめぬでたらめである。心のことを論じても、それに本来備わる互性の妙心を知らぬ誤りである。したがって古法はすべてまちがいであり、天下に混迷と盗乱がたえないことの原因である。自然活真の営道には混迷や盗乱はない。人間の顔と人家の炉を見ればおのずと知れることである。真道をあげてこれを行ない、私法を排して取らないゆえんである。だから、文字や書物を学ぶことはわたしの関知するところではない。わたしには師もなく弟子もない。だれにも教えず、だれからも習わない。真道はおのずから備わり、おのずから知られるのである。

文字は盗乱のはじまりである

文字は易の卦《か》爻《こう》にはじまる。乾《けん》卦☰は三連であって大いに円く、一《いっ》に大である。これを「天」の字に作る。坤《こん》卦☷は三断であって小さく、土塊である。これを「地」の字に作る。こうして天地の字ができたので、つぎには☰のまんなかの爻を⚋として☲(離《り》卦)を作り、これを「火」の字とする。☷のまんなかの爻を⚊として☵(坎《かん》卦)を作り、「水」の字とする。☰の上の爻を⚋として☱、「兌《だ》」の字を作る。☰の下の爻を⚋として☴、「巽《そん》」の字を作る。☷の下の爻を⚊として☳(震《しん》卦)を作り、これを「雷」の字とする。☷の上の爻を⚊として☶を作り、これを「艮《ごん》」の字とする。この要領で事物の理《り》・象《しょう》・皃《ぼう》・似《じ》をもっていろいろな文字が制作されたのである。たとえば貝によって「寶《たから》(宝)」の字のたぐいを作り、羊が大きくてたっぷりと味があることから「美」の字を作り、「戈《ほこ》」の「力」でもって自己の欲望を達成するところから「成」の字を作るなど、いっさいの文字を自分勝手に私作し、書物の学問のもととし、文字の知識をもって上に立ち、下にものを教えると称して私法を立て、自分は耕さずに貪食して直耕の天道を盗み、世に盗乱の根源を植えつけておきながら、天下を治めると称した。この時から長い長い盗乱の世が始まるのである。だから、文字で書かれた書物の学問は天道を盗む道具である。真道が人家の炉と人間の顔に備わっていることを知らないのである。したがって、文字と書物の学問を用いるものは天真の大敵である。わたしが文字と書物の学問を取らないゆえんもそれである。

自分はなぜ文字を用いるのか

ある男がわたしに質問していうには、「おまえは文字と書物が天道を盗む道具だ、天真の大敵だというけれども、ちょっとおかしいのではないかね。おまえが現に綴っている書物も文字ではないのかね。どうして泥棒道具の文字を使うのかね」

わたしは答えていった。「家を作るときにはかならず橛《くさび》を打ち込むことからはじめるものだ。もしこの家は住みにくくなった、建て直そうということになったら、一度橛を抜いて家をこわさなくてはならない。そのとき橛がうまく抜けなかったら、かならず新しい橛を使って古いのを抜き、そして調子の悪くなった家を改築するだろう。いまわたしが書き綴っている書物はこの新しい橛のようなものだ。古来の学者たちの誤謬を正そうとするのに、まちがった文字の古橛を抜くために、やむなく新しい文字を使ってこれを改めなくてはならないのだ。盗乱の根源たる古書を論破しつくして、その後いつまでも限りなく続く盗みもなく兵乱もない平和な活真の世を来させようとしているだけなのだ。だから、誤りをもって誤りを正して真道をあらわすのだ。盗人を糺問するのに盗人を使えば、相手をよく知っているからかえってうまくゆくそうだが、それと同じことで、盗みの根源たる文字・書物を論破するためにはやはり盗みの根源たる文字・書物を使ってはじめて、完全に論破することができるのだ。だからわたしは、いまかりに文字の効能を利用しているだけなのだ。兵を起こした者に対しては兵を用いてこれを鎮めなくてはならない。兵を起こすことは誤りである。兵を用いて兵を鎮めるといって兵を起こすのはもう一つの誤りである。つまり、それは一つの誤りを正すためにもう一つの誤りを用いることなのだ。わたしが誤りの文字・書物を破棄するために誤りの文字・書物を使うのも同じことだ。だから、誤りの文字を借りて古来の誤りを失くそうとすることにどんな誤りがあるというのかね」

質問した男はすっかり閉口して帰って行った。

真営道を世に現わすために

わたしが文字を用いて『自然真営道』を書くのは、けっして好んで文字を用いる学者の立場を取るからではない。すべての古書のでたらめを論破して真営道を世に現わそうとするからである。文字で書かれた書物のことごとくは、天真の妙道を盗むための私作だから天下の災厄であるにもかかわらず、久しく用いなれてきたために世人が神のように尊ぶのは愚かしい惑いがさせているところである。古書がすべて天道を盗む道具であり、世の大害であるとは、このわたしが初めてそれと知って言い出したことである。だから、世にあってこの書物を見る人はびっくり仰天してわたしを信じないかもしれない。しかし、ゆめゆめ疑い迷ってはならない。わたしが論難するこの文字・書物があるからこそ、それを利用してものを教え、人の上に立ち、自分は耕さずに人のものを盗んで食うやからが世に多く現われ、兵乱の根源が絶えるときがないのである。だから、たとえ一字でもよい、文字というものを失くし棄てるのは天真への奉公なのである。

本来が誤りである文字をもって誤りの文字・書物を糺《ただ》す実例をあげよう。世の医書は、病気の原因としてはたらいている互性を知らず、薬種に作用する互性の気行を知らないからことごとく誤りである。これを糺すために誤りの文字をもって批判を加えるのは、古来の文字・書物をともに破棄させて、病因に備わる互性、薬種に備わる互性の気行を正しく世に現わすためである。儒・仏・老・荘・巫《ふ》（神道家）の書物もまた同じことである。新しい橛を用いて古橛を抜いた後は、橛そのものが無用になるだろう。誤りの文字を用いていっさいの古書の誤りを破棄したら、後は文字そのものが無用になるだろう。しかし橛を抜いた後もその橛にこだわる者は、家をどんなふうに建てるかを知らない人間である。誤りの字を用いて誤りの古書を破棄した後になってもまだ文字を捨てられない者は、一生のあいだ混迷を続けるほかない人間である。だから、わたしがいま誤りの字を用いて書物を綴るのは、すべての文字・書物を捨てて真営の道を取るため以外の何ものでもない。わたし自身のためにするのではない。後世のためなのである。

わたしはこの書物を綴るにあたって、自然活真の自感、四行の進退、互性八気、通・横・逆の備道妙行を明らかにしたほかは、いささかも自分の思慮分別を加えることをしなかった。古聖人・釈迦・老荘・医書・巫道・諸仏・諸賢人・諸学者のまだ知らず、まだいわないことばかりを発したつもりである。古説なら古書に書かれてある。だから、また古説を記すのは迷いに迷いを重ねることである。わたしは古説については一字も記さなかった。ただ八気互性、通・横・逆の備道を書したのみである。

聖人の誤り

聖人がいったことに「身を修め、家を斉《ととの》え、国を治め、天下を平らかにす[45]」というのがある。天下の学者たちはこれを非常に尊ぶが、はたしてそんなに尊ぶべき言葉なのだろうか。凶年にあえば、これらの耕さずに貪食する学者たちは、人々に先立って「身を修め」ることができなくなり、飢えに苦しんで、直耕する庶民から食をむさぼるか餓死するかである。そこで庶民がいうには、「学者は貴い人間だというから、凶年で収穫がないときでも飢えも凍えもしないかと思っていたら、人々に先立って飢えに苦しんでいられる。してみれば学者や文字・書物は人の役に立つどころか、かえって害があるのだな。憎むべきは書物だ」と。儒・仏・医・老・荘・巫、すべて私法を立てるやから、耕さず盗み食いをして文字だの書物だのを職業とする連中は、無筆文盲の庶民たちにそう非難されたらどう返答することもできないだろう。文字と書物をもってする学問がもともと天道を盗む罪悪であるのだから、こういう始末になるのである。自分の身一つ修められずにいながら、いったいどうして国家・天下を治め平らげるというのか。こんなことすらわきまえないのが儒教・仏教の学者たちである。だから、文字・書物は天下の大厄だというのである。

ある男が質問していうには、「今の世には世界中が嘘の話、虚偽の行ないばかりで、真実の言葉や行為がないのはなぜでしょうか」

わたしは答えた。「儒教の聖人が出て五倫五常などという私法を立て、嘘の話を教えて天道天下を盗んだからだ。釈迦が現われて方便㊻とかいう嘘を教え、人々の上にあがってお布施《ふせ》を貪食したからだ。老子が出て谷神死せずなどと嘘の話をして人々に寄食したからだ。荘子が出て寓言偽言を語って盗み食いをしたからだ。医書を作る人間が現われて、根拠もないでたらめの治療をし、人殺しを業としながら貪食したからだ。聖徳太子が三法なるものを立てて嘘の話を世にひろめたからだ。みんながみんな嘘の話をもって人を教えたからだ。世の人間がすべて嘘を語り、虚偽を行なうのはそこに始まるのだ。これらはみな文字・書物・学問のさせたことである。だから天下の災厄だとわたしはいうのだ」

自分はなぜ「なってない」文章を書くか

ある男がわたしに質問した。「書物というものは文章をたいせつにするという。古書の文章はいかにもみごとだ。しかし、いまおまえの文章を見るとぜんぜんなってないね。どうして文章をよくしようとしないのかね」

わたしは答えた。「あなたは文章を論ずることはできても、道というものを知らない。だからだめなのだ。文章は道を論ずるための器《うつわ》のようなものだ。器のできが悪くても、なかのものの味がよければ器は無用だろう。器はかりに使うだけだろう。文章もまた同じことで、文字の言葉を口にしてみて意味がわかれば、文章なぞはどうでもいいのだ。文章もかりに使っているだけなのだからね。それに、あなたは古人の文章はみごとだというけれども、どこがりっぱなのか知っているのかね」

　相手は答えた。「知らないね」

「それでは、あなたはわたしの文章のどこがなってないのか知っているのかね」

「知らないね」

「するとあなたは文章のよしあしもわからないのに、何を根拠にしてわたしを非難するのかね。すべて文字は天道を盗む道具だ。それを知らないで文章を好む人間は、道を盗むことを好むまちがった人間だ。だから昔から詩文を好む連中に、互性の真道を知っている人間は絶無なのだ。文章は苦労して作るものではなくて、ただ意味を明確に示せばよいものだ。だからわたしの記す『自然真営道』の一書は、文章を飾ろうとしないで真営道を示すことだけにつとめているのだ。文章を飾る必要はないのだ。『自然真営道』の読者は、文章にこだわらずに、真営互性の妙道を読みとりさえすればいいのだ。あなたも真道を得ようとするのだったら、盗人の文章にこだわりなさらぬがよい。それとも文章を貴んで盗みを好むとでもいうのかね」

　質問した男は冷汗をながし、赤面して帰って行った。

聖人をそしる必要さえない

ある男が質問した。「天と海とは一体、男と女とで一人、すべて上下・貴賤・善悪などの差別は存在しないのだとおまえはいう。聖人や釈迦をそしって自慢もはなはだしいと思うがどうかね」

わたしは答えた。「聖人をそしることならとっくの昔に老子がやっている。『大道廃《すた》れて仁義起こる』(47)といったのは、聖人をそしった言葉だ。つぎに『荘子』の外篇が聖人のことを大泥棒だといっている。(48)ずいぶん手きびしくやっつけたものだ。しかし老子も荘子も二人ながら、口では聖人をそしっているが実際にはみずから耕さずに貪食し、天道を盗んでいるのだから、けっきょく聖人と同罪だ。そんなこともわきまえずに聖人をそしるのはまちがいもはなはだしいというものだろう。わたしが天と海と一体、男と女と一人、自然の互性の妙道を語って上下の差別はないと断言するのは、けっして聖人をそしろうというのではない。ただ自然活真、互性の妙道を明らかにしようとするだけなのだ。聖人が上下を差別する私法を立てたのは、知識がかたよっていて互性の真道を知らないからだ。はじめからこれをそしる必要さえないではないか」

質問した男は泡を喰って退散した。

盗みの張本人は聖人伏羲にはじまる

伏羲《ふっき》(49)が最初の王となって人々の上に立ち、ぜいたくのあげくにカマキリをつかまえさせて籠に入れ、これを慰み物にした。籠をそばにおいて「この虫はかわいそうだ。飯と汁を食わせてやれ」と臣下に命じた。カマキリがにっこり笑っていうには「王よ、あなたがわたしに食物を下さるのはそれで仁を行なうつもりでしょう。しかしわたしに下さる食物は、とりもなおさず民が直耕してみのらせた穀物でしょう。あなたは自分では耕さずに貪食し、天道を盗んでいるのだから、一粒だってあなたのものではないでしょう。人々が直耕した穀物の余りを下さるに決まっています。わたしはいくら虫でも、盗人の分け前を食べたりはしません。あなたもよく道をわきまえなさるがよい。天下の人間は全部が一人の人間なのです。すべての人間が一人の人間であるこの天下に生まれたからには、直耕して天真とともに衣食の道を得るべきでしょう。すべての人間が一人の人間であるこの天下で、だれを治めるといって王になり、だれに対して王になるというのですか。あなたは耕さずに貪食して天道を盗んでいる。だから天下に盗みが始まる張本人です。それをわきまえずに王と称し、宮殿を建て、禁中と名づけて住んでいる。禁《いまし》めの中だというからには、つまりは籠の中でしょう。わたしを捕えて籠の中に入れるのも、あなたが禁中に住むのと同じこと、籠は籠です。それというのも、あなたが自分勝手に私法を作り、自分から法の縛《いまし》めの中に入り込んだからですよ。天が授けてくれた野原に生まれ、自由に遊んでいたわたしを捕えて籠に入れ、罪もないわたしを罪人のように扱って、あなたは自分で罪を作っています。自分に罪がないなどと思うのは虫にも劣る了簡ちがいというものです。あなたは人として生きながら虫と同じ行為をしているから、死後はさしずめわたしと同じ虫の形に生まれ変わることでしょう。待っていますよ」。こう言い捨ててどこかへ飛んでいってしまった。

この話は、荘子の害ある寓言のように、ただ王をそしるだけの意図のものではない。互性の妙道を失うときは、妙道を失わぬ虫にも及ばないという真道を明らかにしただけである。

ある男が質問した。「天下万国のいずれにも、儒学・兵学・医学・仏道・老荘・巫道の学者たちの間に、活真の妙道を知る者が絶無なのはなぜでしょうか」

答えていう。「古人から伝わる聖・釈・医・老・荘・巫などまちがいだらけでたらめばかりの書物の言葉を遠くたずねるだけで、目の前とわが身とに備わる互性の妙道を知らないからだ。だから誤りを犯し、迷いを重ねるのだ。だからいまだに人々は各自に具足している真妙道を知らずにいるのだ。もしも活真互性の妙道を知ろうと欲するならば、目の前とわが身とに備わる道をもって、明暗の互性を知り尽くすことができるだろう。それを知りえたら、無始無終の自然活真、宇宙の惑星・日・恒星・月・穀物・男女《ひと》・鳥獣虫魚・草木などすべての互性の妙道は、わが活真の妙体となるだろう。わが身を離れた遠くに思案工夫を求めるべきものではないのだ」

弟子から見た昌益

弟子の仙確[50]が語っていう。「良中先生[51]はわが師である。先生には師はなく、元来弟子を持つことを好まない。人が道を問えば答えるが、私事についてたずねても返事をしない。だからわたしは道を問うて得た答えを自分の師としている。先生の人となりについていえば、その知見は聖人・釈迦・老荘・聖徳太子がまだ知らないことだけを言い表わして、古書を一言も論じない。備道の明暗互性を尽くして、神速をもって知り、かつ行動する活真の人である。その人相は高ぶらず、また卑しげでなく、顔かたちは美しくもなく醜くもなく、その精神・感情は自然活真、互性の妙道と通じ合っている。目の前とわが身とに備わる互性の妙道をもって、無始無終の活真が、天と海、惑星・日・恒星・月・穀類・豆類・男女・鳥獣虫魚・草木として通・横・逆、八気互性のうちに運回しているのは、一言でいえばすなわち直耕であることを知り尽くしている。常に直耕を尊ぶことを忘れず、常に古代の聖人や釈迦・老荘のともがらが耕さずに貪食して、天真の道を盗み、上下を差別する私法をこしらえ、人の世を誤りを犯し迷いを重ねる魔界とし、人々を鳥獣虫魚の境界に堕落させたことを悲しみ、後世が長く盗乱に苦しむことを憂えて、自分で直耕するかわりに『自然真営道』の一書を綴って後世に残すのは、かえって永遠無窮の真道であり、直耕であるというべきだろう。そう思い立って『自然真営道』を書き綴ること、すでにして数十年である。常日頃の生業は謝礼を得ること薄く、朝夕の飯と汁のほかは別のものを食わない。酒を飲まず、妻以外の女を犯さない。道に適うことでなければ問われても答えようとせず、世のため道のためになることだったら問われるのを待たずにこれを語る。いささかも無駄な時間をつぶさず、真道のために働いて怠らない。人を誉めもしなければそしりもしない。自慢もしなければ自己卑下もしない。上を羨むことも知らなければ下をさげすむことも知らない。貴ばず、卑しめず、へつらわず、むさぼらない。家計は貧しくもなく、富むでもなく、借金もなければ人に金を貸すこともない。時節ごとの贈酬は私法の世のならわしにまかせて、心からはその習慣になじまない。世人から誉められると、自分もとうとう人に誉められるようなバカになったのかと心に憂い、他人にそしられればやっぱり自分は正しかったのだとよろこぶ。毀誉褒貶《きよほうへん》は愚人・賢人・聖人といった部類の人間にだけあって、正人にはないことを知っているからである。また先生には、一度でも世人の顔かたちを見れば、たちまちにその人の心の持ちかた、ふるまいかたを見分ける洞察力がある。道以外のことは教えず、また道は備わっているものだから教えもしないし、習いもしない。自分をも他人をもいつくしみもせず、親しみもせず、うとみもせず、憎みもしない。孝行もしなければ不孝もしない。遊びごとや鳴り物音曲のたぐいは、耳目には入れるけれども心からは受け入れない。ものを問えば何一つとして知らないことはないが、問われなければ自分からものを教えることはない。備道のことは問う問わぬにかかわらず、人が勧める勧めぬにかかわらず、世に勧めてやまないが、人にものを施したりものを貰ったりすることは、世のならわしにしたがって心からは施受のしきたりになじまない。人がものを持ち去っても惜しまないが、持って行かれなければ与えもしない。だから生死は、活真の進退互性の妙道であって常のことであるとおのずから知っている。だから生きているのをよろこび、死ぬのをうれえるということを知らない。無始無終の天下の万国、そのいついかなる時代にもかくのごとき人物が他にいたという話を聞かない。ましてや見たこともない。いないとはかぎらないが、わたしはまだ聞いたことがない。他にいようとは考えられないのである。これがわが師の人となりである」

活真の本体は互性である

活真は、活《い》きて真《まこと》なるものであるから、常に進退互性に妙行してしばしも止《とど》まることがない。進んで明徳、その性は暗徳である。退いて暗徳、その性は明徳である。明と暗とは互性であって活真の徳である。だから、天の明るさの性は海の暗さであり、海の暗さの性は天の明るさであって、それが活真の全体なのである。太陽の明るさの性は月の暗さ、月の暗さの性は日の明るさ、明暗が互性であって活真の神霊である。天の回転の明るさの性は星の暗さ、星の暗さの性は天の回転の明るさ、明暗が互性であって活真の運回である。穀類の性は豆類、豆類の性は穀類、穀の穂と豆の莢《さや》とが互性であって活真の穀物である。男の性は女、女の性は男、男女互性であって活真の人である。雄の性は雌、雌の性は雄、雄雌互性であって活真の鳥である。牡の性は牝、牝の性は牡、牡牝互性であって活真の獣である。雄虫《おむし》の性は雌虫、雌虫の性は雄虫、雄虫と雌虫が互性であって活真の虫である。雄魚《おうお》の性は雌魚、雌魚の性は雄魚、雄魚と雌魚が互性であって活真の魚である。雄草《おぐさ》の性は雌草、雌草の性は雄草、雄草と雌草が互性であって活真の草である。雄木《おぎ》の性は雌木、雌木の性は雄木、雄木と雌木が互性であって活真の木である。[52] だから、天についていえば天は海があればこそ活真、海についていえば海は天があってこそ活真である。天即海、海即天であって活真の全体なのである。その他はすべてこの例にしたがう。

一年の八節の気行も、もとこれ宇宙活真のそれである。進春の性は進冬である。進冬の性は進春である。進春と進冬が互性であって、活真の進春の節なのである。進冬と進春が互性であって活真の進冬の節なのである。退春の性は退冬である。退冬の性は退春である。退春と退冬が互性であって活真の退春の節なのである。退冬と退春が互性であって活真の退冬の節なのである。進夏の性は進秋である。進秋の性は進夏である。進夏と進秋が互性であって活真の進夏の節である。進秋と進夏が互性であって活真の進秋の節なのである。退夏の性は退秋である。退秋の性は退夏である。退夏と退秋が互性であって活真の退夏の節である。退秋と退夏が互性であって活真の退秋の節なのである。このように一年の八節が互性の妙行を尽くして人と物とを生々してやむことがないのは、ただひとえに活真が自感して四行に進退し、互性の八気が通・横・逆に運回する妙道である。だから、永遠の昔から宇宙の人・物は、微塵にいたるまですべて互性の妙道でないものはないのである。だから、火と金である日と恒星の互性は、活真の進気の明徳である。[53] 水と木である月と惑星の互性は、活真の退気の暗徳である。だから明暗は互性であって一つの活真である。だからまた、昼夜は互性であって活真の一日である。夜の灯火の明るさは、暗夜の性である。暗夜の性は灯火の明るさである。心の性は知である。知の性は心である。心と知が互性であって一心である。知と心が互性であって一知である。神と魄とは互性であって一神である。霊と魂が互性であって一霊である。だから、互性の妙道を知らない者は、かたよった知識に惑わされているのである。

だから明徳ばかりを語る者はまちがっている。昏迷ばかりを語る者もまちがっている。天ばかりを語るのはまちがい、海ばかりを語るのもまちがいである。男ばかりを語るのも、女ばかりを語るのも、心ばかりをいうのも、知ばかりをいうのも、みなことごとく互性の備わりということを知らぬまちがいである。すべて古聖人・釈迦・老荘・聖徳太子などの万巻の書にある言葉は、明徳・明心・明知ばかりを語って互性の備わりを知らない。だからみな横気の誤りであり、人が罪に落ちる根源である。

活真の一気をけがしたのはだれか

天を眺めると、惑星・日・恒星・月の他にはこれといって形象のあるものを指すことができない。これがすなわち活真の気である。海を眺めると、波と泡沫との他にこれといって形象のあるものを指すことができない。これが活真の気である。中土を掘って探してみてもこれといって形象のあるものを指すことができない。これが活真の気である。なぜ眼に見えないかといえば、天と海と中土の活真の気は、互性八気、通・横・逆に運回するにあたって一点の邪汚の気もないからである。だから、清浄で眼をさえぎる何ものもないのである。しかるに聖人と釈迦とが出現して以来、横気をもって世の中を支配するようになり、上下を差別する私法を立て、私欲が盛んで人々を教化し、耕さずに貪食して下々《しもじも》の庶民を苦しめた。そこで下は上を羨む欲心を生じ、上は下を搾りとる欲心を生じて、そこから苛斂誅求《かれんちゅうきゅう》しようとする邪《よこしま》な情と憂い悲しむ情、欲に迷う邪気と怨恨の邪気とが上下こもごもに入れ乱れ、人間の毛孔から抜け、吐く息から発し、宇宙の活真の気行を汚染する不正の邪気となったのである。だから、時には六月に気候が寒冷で穀類が実らず、時には干魃《かんばつ》が襲って穀類が熟さず、凶作となって多くの人々が餓死し、時には疫病が流行して多数が死に、国中が全滅するほどの大患となるのである。その身近な証拠をあげれば、大きな戦乱があり、多勢の軍兵たちが殺しあえば、万人が手足の置き所もなくて憂い悲しむ、その人間たちが発する邪汚の気が宇宙にみなぎる活真の気を汚染して不正の気行を生じさせ、かならずや凶年となって収穫がなく、多くの人々が餓死したり、疫病で死んだりするのである。これはわれわれが身近に経験して知っていることではないか。この事実をもとにして考えてみるがよい。欲に迷って盗みをはたらく人間の欲心の邪気、憂い悲しむ人間の汚気が宇宙の活真の正気を穢して不正の気行とし、餓死・病死をもたらすことは明らかではないか。もとはといえば、聖人・釈迦が私法を立て、耕さずに貪食してみずからまず盗欲の心に迷い、その結果世人を迷わせて盗賊の心を生じさせたことが原因なのである。

——中略——

（以下底本で二十丁半「面部の八門」の論がつづくが、くりかえしが多いので省略する）

なぜ病気になるのか

病気の原因について論ずるならば、活真の八気互性が通・横・逆に宇宙を運回し、人身を運回し、鳥獣虫魚を運回し、草木を運回し、生々してやまぬ常のはたらきをしていたときには、人間に病気があることはなかった。活真には病気というものがないからである。聖人と釈迦が出現して上下を差別する私法を作って以来、上にはみずから耕さずに貪食して天道を盗み、ぜいたくをしようとする欲心、下にはこれを羨む欲心、この二つの欲心がつのって乱を起こし、上下ともに迷い狂う欲心が発生した。庶民には自分で耕して得た収穫を責め取られる悲歎の心のあまりに釈迦にだまされて極楽往生を願うという欲心が生じ、また金銀の通用がはじまると上も下もこれを惜しむ欲心が生じて、天下全般に欲心がまんえんするようになった。欲心とは横気である。横気とは邪汚の気である。この邪気が宇宙の気行を汚染して、天地の間にはじめて病気というものが発生したのである。この不正の気が人体に帰ってくると、今度は人間が宇宙の病気を身に受けて病気になる。外は不正の気行にそこなわれ、内は自分の欲心の迷妄にそこなわれて、内も外も病気にむしばまれる。通気に生きる人間は内と外に横気を受けると病気になるのである。横気に生きる鳥獣虫魚は、邪な通気を受けると病気になるのである。逆気に生きる草木は、邪な通気・横気を受けると病気になるのである。みんな八気互性のうちから生まれて八気互性を具えた存在である。だから、男女《ひと》の八気互性に邪な横気を受けると病気になるのである。だから病気も八気互性から生ずるのである。用いる薬も八気互性である。この八気互性を知らないで医者をやっているのが古方家[54]たちである。だから連中はひとりひとり患者を殺すのである。八気互性を知らぬ人間は医者になってはならない。それを知らぬ医者の薬を服用してはならない。かならず患者を殺し、医者に殺される結果になるだろう。

生死に始めも終りもない

生死のことを論ずるならば、始めもなく終りもない活真の自行、進退する互性は、それ自体が生であり死である。活真が進気となれば生である。退気となれば死である。生のうちには死が性としてあり、死のうちには生が性としてある。つまり生死は互性であって、どちらが始め、どちらが終りということもない。だから、天と海とは生死である。惑星と恒星も生死である。穀類と豆類も生死である。男女《ひと》も生死である。雄と雌も生死である。牡と牝は生死である。雄虫と雌虫は生死である。雄魚と雌魚は生死である。雄草と雌草は生死である。雄木と雌木は生死である。昼夜は生死である。呼気と吸気は生死である。瞼の開合も生死である。すべて八門の互性は生死である。八情[55]の互性は生死である。八神[56]の互性は生死である。進気の心は生、退気の知は死、進気の知は生、退気の心は死、心と知とは互性であって生死である。活真の進退・退進、互性・性互はすなわち生死であり、天中の海・海中の天、生中の死・死中の生であって、生死は始めもなく終りもない活真、その居場所にあって減りもせず増しもしない活真であるがゆえに、その気はいつも生き生きと進退互性に活動してやむことがない。これが生死である。だから、生死とは互性の呼び名であって活真の妙行の体現である。これを「生ぜず滅せず去らず来たらず」などと見て活真を死んで生気のない「空」[57]とするのは、かたよった知識による誤謬である。だから宇宙と人と物とは、いかに些細なことにいたっても、一つとして生死でないものはないのである。生死は、座禅・工夫・戒律などすべて修行によって知られるものではない。人間顔面の八門にそなわる互性の妙道を見て、活真自行の進退にまかせるのが人間本来の定めである。だから後世の諸宗派の僧たちが座禅工夫を凝らしたり、経や陀羅尼[58]を誦したり、念仏を唱えたりして種々の修行をするのは、生死の問題にあやまって執着しているのである。さっさとそんな修行を捨ててしまい、わが身に備わる直耕活真の妙道を実践すればよいではないか。天下の人々は上も下もともに僧たちに誑《たぶら》かされて、地獄極楽の生死に執着しているのである。寺だの僧だのをふり捨てて、直耕活真の妙道を身に行なえばよいのである。治は生であり、乱は治である。儒者たちも治乱に執着するのをやめて、活真の妙道を行なうべきである。老子・荘子の説く谷神《こくしん》は生、無為は死であり、神道家のいう天神は生、地神は死である。いずれも捨て去って活真の妙道にたちかえるべきである。この妙道を身にまっとうしていさえすれば、何度生死をかさねても天と人とを離れることはない。あやまって生死に執着し、耕さずに貪食して書物の学問をしているやからだけが、鳥獣虫魚の類になるのである。

天は人間にものを与えるか

ある男がわたしにたずねた。

「宇宙は穀物その他の万物を生じ、人間はこれを取って食います。いったい天は人間にこれを与えるのでしょうか。人間はこれを天からもらうのでしょうか。もし天が人間に与えるのだったら、天は人間に恩を押しつける罪を負うのではありませんか。またもし人間が天からもらうのだとしたら、天の物を盗んでいるのではありませんか。盗みは道ではないからといって、これを取って食うのをやめてしまったら、人間は生きられなくなってしまうでしょう。人間に罪を負うまいというので天が万物を生ずるのをやめてしまったら、天道であるとはいえなくなるでしょう。してみるといったい、天はこれを与えるのでしょうか。生じてそのまま捨てるのでしょうか。人はこれをもらうのでしょうか。それとも盗むのでしょうか。わたしにはどうしてもわからないのですが、良中先生はご存じでしょうか」

わたしは答えていった。

「天が万物を生ずるのは、これを人間に与えるためではない。また生じたものを捨てるのでもない。ただ直耕し生々しているだけなのだ。人間がこれを取って食用にするのは、もらうのでもなければ盗むのでもない。ただ直耕し衣食の用に供するだけなのだ。だから、天と人とが同じ一つの直耕をし、一つに和合して、始めもなく終りもない活真の自行となるのだ」

すべて既成の思想は真理ではない

宇宙の活真の妙道は、互性・生々・直耕というにつきる。これに反して、伏羲の易は三陰三陽などというから互性ではない。神農の業たる本草学も互性ではない。黄帝の暦の三陰三陽・十干・十二支も互性ではない。堯が作りなおした暦も同じように互性ではない。舜の作った楽器は、かたよった鳴りかたをして互性ではない。禹の得たという『洛書』は、伏羲の易の続きで互性ではない。湯王の「日々に新たに」は、かたよった言葉だから互性ではない。西伯の周易も伏羲の易の続きで互性ではない。周公の(59)『詩経』は、「志を言う」ということがつまりかたよった志をいうことであってこれも互性ではない。孔子のいう「明徳」はその互性たる暗徳を知らないから互性ではない。孔子の一生の語録はすべて互性ではない。子思の作った『中庸』も互性ではない。孟子の書も互性ではない。老子の書も互性ではない。荘子の書も互性ではない。いっさいの仏書はすべて互性ではない。いっさいの医書は互性ではない。あらゆる神道の書は互性ではない。いかなる書物といえどもこれまでに互性にもとづいて書かれたものは皆無である。だからことごとく天真の妙道ではないのである。みな私作のでたらめであって天下の迷いのたね、人々を鳥獣虫魚に堕落させる根源である。わたしは後世のためにこれを憂え、『自然真営道』の書を著わして、互性の備道を世に知らしめようとするものなのである。

真営道を読む者は活真の人である

儒書の講釈をすれば、多人数が群がり集まってこれを聞く。横気をもって講釈をするから横気のともがらが同じ気を相求めてやって来るのである。仏書の説法をすれば、やはり人々が群がり集まってこれを聞く。医書を講ずれば聞くのも、老荘の書を講ずれば聞くのも、神道の書や軍学の書を講ずれば聞くのも、ことごとくみな、同じ気のともがらが仲間を求めて寄り合うのである。横気を講ずれば横気がこれを聞くのは、腐肉や人糞から臭気が発すれば青蝿がこれにくっついて離れないのと同じことである。臭気も青蝿もともに横気である。講じられる書物も、これを講ずる人間も、それをまた聞く連中も、みんな横気だからである。

さて将来人々のなかにあって、わが『自然真営道』の一書を誦し、直耕する活真の妙道を貴ぶ人間がいるときには、それはとりもなおさず、『自然真営道』の作者の再来である。この書物の作者はつねに誓っていっていた。「わたしは死んで天に帰し、穀物となって休息し、やがてまた人間の身体を得てこの世に来るだろう。何度それをくりかえし、何年を経ようとも、誓ってこの世を自然活真の世にしよう」。そういって天に帰したのである。いま果たしてわが『自然真営道』を読んでいる読者のあなたは、すなわちこの作者そのひとである。この作者が身に具わった活真を天の活真と一つに和合させて、活真の妙道がおのずから発したのである。だからわたしの言葉は誓ったことに違わないのである。

私法儒書巻（抄）

道家および仙人

老子、虚無の大道を説く

老耼《ろうたん》という者が周の世、二十五代の景王の頃[60]に出て、異説を唱えた。その容貌は年が若いのに白髪で、耳朶が長く、他人と異なっていた。そこで人々はこれを老耼と名づけた。後世、老子と称する者がこれである。年が若いのに顔の皺《しわ》は波をたたえていて、歯が大きく、胸が出ていて、頭が長いのは、長命の相である。これは臓腑が高くかたよってついている者である。母親の胎内で病を得た者の部類である。異相を高ぶらせて奇異なことを言い散らしたので、世にこれを奇人・聖人とするのである。その所説は虚無の大道をもって最上とする。後世これを道家と呼ぶゆえんである。

時は大乱の世にあたっていて、諸侯はたがいに威を張り、兵を争い、国を奪い、また奪われ、周室の王命は行なわれず、放逸無道の混乱が続く世となった。老子はこの乱世を苦に病んで、世を逃れ、山に入ろうとして、西に向かって走り去った。国の西を守る散関[61]まで来たとき、関守が老子の異様な風体を見て怪しみ、これを止めて、「叟《そう》[62]はどこへ行かれるのか」とたずねた。聃が答えて、「わたしは西の方に去ろうとしている」といった。関守がいうには、「叟の胸中には他の人間とは異なったお考えがあるようです。どうか有徳の君に説いて、乱世の民の塗炭の苦しみをお救いください」。聃がいうには、「わたしは知恵が浅くてとても乱世を扱うことなどできはせぬよ」。こう答えて急いで去ろうとしたので、関守は止めることができないことを知って、さらに乞うていった。「叟はふつうの方ではないようにお見受けします。もしどうしてもおとどまりにならぬのでしたら、せめて一冊の書物を残して行ってください」。聃はやむをえず、『老子』五千言を残してついに山に入り、その後だれもその生死を知らない[63]という。

老子

谷神死せずの誤り

その五千言のなかに、神を谷《やしな》って死せず[64]という言葉があり、これは老子の一生の工夫であるといわれる。そこで後世になって、老子は山に入って死なずに仙人になったのだと言いふらすようになり、そこから世に仙人という者が山にいると考えられることになったのである。また俗説に、仙人になるための方術があり、日々月々、食物を減らし、着物を薄くし、金石の薬を服用し、数年を経てこれを修めるときには、身は燥《かわ》き痩せ、堅く軽くなって、ついには風の吹くままに飛行し、雲に乗り、空に浮かび、また葦の葉を船として海を渡り、岩穴を家として、好みに応じて珍膳美酒を出し、寿命はかぎりなく、つねに気を食って死ぬことがなく、望みにまかせぬことはなく、通力をなさぬものはないといわれる。世の学者どもはこの説に迷わされ、仙術とか仙人とかいうものがほんとうにあって、肉体を持ちながら飛行できると思っている。また、仏教でも仏法を修して羅漢《らかん》果《か》(65)を得れば、虚空を飛行し、肉体が死ぬことはなく、穴に入り、空を飛ぶのに何の不自由もなく、穀物を食わずに気を食って飢えを知らないといわれる。これは、おのれを利し、他人から貪食するために、虚偽をもって世をたぶらかそうとして、浮薄な学者どもや、道家・仏氏など盗賊の世のやからがこうした言説をしているだけである。浮薄な学者どもはこれを見て事実だと思い込み、自分がまっさきに迷ってこれを世に説きひろめ、人を惑わした。だから、世をあげてみな迷妄におちいったのである。仙人とか羅漢とかの妄説のために、常態を失って、惑乱しているのである。これというのも、はじめに老聃が神を谷《やしな》って死せずといい、仏徒が仏法の不思議といった虚偽の言説から世を迷わすことになったのである。だから、いまこの学問統括の書を見る人は、この後ゆめゆめこれらの説に迷ってはならない。そのわけをこれから明らかにしよう。

　老子が神を谷《やしな》って死せずといったのは、いささかも自然の神を知らぬ迷妄である。この神なるものをひたすら不思議で奇妙なものとばかり思って、その正体の何たるかを知らぬからである。神の正体は、前に「易不測神論」で説明したように、(66)無始無終でおのずと進退して妙用をつくすのは、生死に似ているけれども生死の二別ではない。生死とは、進退一気の常中である。それにもかかわらず、老子はこの神を谷《やしな》えば死せず、谷《やしな》わねば死ぬと観じているのであって、これははなはだ誤っている。この神は天に運回し、海に循行し、天と海との中央の土において天の進と海の退を合して、人・物の形体を生ずる。宇宙・人・物のあいだに進退して、宇宙から人・物に進むときは人・物となり、人・物から宇宙に退くときには人・物が死ぬように見えるのであるが、じつは死ぬのではなくて宇宙に退くのである。また中土に進むときには人・物として生じるのである。だから、この神は、生でもなく、死でもなく、ただ宇宙・人・物のあいだに進退して常なるものである。進んで人・物となるときには生に似、宇宙に退くときには死に似ている。だから、これが宇宙に退くときにはいくら谷《やしな》っても、とどまって退かないということはない。退くのは死である。だから、この神が宇宙に退くときには人・物は死するのであるが、これを人の分別をもって谷《やしな》っても、繫ぎとめても、ながらえとどまるものではないのである。宇宙・人・物が生死するかに似ているのは、じつは進退をもってするこの神の妙行である。もしも谷《やしな》えば死せず、繫げばとどまるというものであったら、それは自然神が進退の妙をつくすことにはならないのである。この神の妙行の常を知らないものだから、神は谷《やしな》えば死なないなどと妄言を吐くのである。だから人々も、山に入って木の実などを食ってさえいれば永遠に死ぬことはないなどと思いこんで迷うのである。これは老子が自然の道を知らないことの罪である。老子はまず第一にこの神道を知らない。だから『老子』の所説はみな妄失なのである。また仏説に、羅漢果を得た者は、肉体を持ちながら飛行できるなどというけれども、これまた夢にもうつつにも自然の道を知らないからそんなことがいえるのである。仙人とか羅漢とかいうのは、肉身をそなえた存在のことではなく、心の神通・感応の寓言であって、貪食するやからが世をたぶらかすために言い出した根も葉もない俗説である。人の心は、神気の感であって、自然の大進火が表面をつかさどり、裏に四行の妙用をそなえている。だから、この心は天に至り、海に通じ、土手に入り、金・石・木の中にも透徹し、正載をつくし、漠中に入って[67]至らぬことがないのは、この心の神通である。これをたとえて仙人だの羅漢だのというのは、世からむさぼり食い、直耕の天道を盗んで、やがて横気・逆気に生まれる根源となるものである。

道可道および虚無の大道

道の道とすべきは常の道にあらず

『老子道徳経』の第一章に「道ノ道トスベキハ常ノ道ニ非ズ」といっている。この言葉の意味は、人はいつもたやすく道、道といって、あるいは仁義の道といい、あるいは天の道といい、あるいは人の道というけれども、いずれもみな自分が耳にしたことを道と称しているだけであり、みだりに道を論じてはいても道の大本に通暁していない。だから、これらを常の道とするのは、違和や争乱の迷いのもとである。だから、道の本然は、世の学者のいう常の道ではない。本然の道とは虚無の大道であって、虚空天外に無限である。何かこれといって指し示し、道とすべきものがあるわけではない。ただこれ虚無である。虚無であるところが本然である。しばらく、これに字《あざな》していえば(68)、この虚無であるところがすなわち大道なのである。だから、この大道は世間でいわれる常の道ではない。もしやむをえずして道ということをいうなら、この虚無大道は本然の道である。この大道を知る者はだれひとりいない。だから、仁義の教えが世にかまびすしいのである。「大道廃レテ仁義有リ(69)」といわれるゆえんである。

後世の学者が、老子は無を説き、孔子は有を説いたと小慮をなすのははなはだ誤っている。老子が道をもって二品二別としているのもまた、大きな誤りである。自然の道を知らずに、和法の妄道を立てる論である。はなはだ高遠な言葉であるかのように聞こえるが、やはり誤りである。

道とは何か

なぜかといえば、道というものは、無始無終の自然真の感ずる一気がひとり進退して、ひとり宇宙となり、天には日・月・惑星・列宿・北辰、これは一気の進退・退進が凝り現われたものである。海には中土に木・火および金・水、これは四形であって万々形[70]。これは中土の一気の進退・退進が凝って成ったものである。だからこの一気は、天に満ち、海に満ち、人の身体と心に満ち、万物に満ちて、ものみな一気が生じなかったものはなく、一気が満ちなかったものはないのである。自然の宇宙・人・物中には、ただ一つの気が満ち満ちているのである。だから、満ちるというのはその一気が瀰淪《びりん》することの名称であって、満《みち》とはすなわち道《みち》なのである。自然の宇宙・人・物は、道でないということはない。だから、道は自然の宇宙・人・物にとって唯一の道なのである。道に二道があることはないのは、それが自然のするところの一気だからである。

老子は自然のこの道の本体を知らない。だから、気が目をさえぎることはないという事象をもって虚無となし、さらにこれをもって大道とする。また人の口言・身行をもって営の道とする。このように道を二道としたのは、私智に迷った誤りである。人間の口にする言葉、身体の行為、心術なども、やはり一気のするところである。人間にあって言語とか行為とか心術とかは、みな人にそなわる一気であるのだから、人の常にする行状や心意はすなわち常の道である。このように、人にそなわる行為や心術も、気のするところなのであるから、この気は道である。虚無のうちに運回するのも気であるのだから、この気も道である。だから、道に二道はなく、唯一の道は一気である。一気が進退・退進するので、二つの道であるかのように見え、測りがたいかのごとくであるが、やはり唯一の道なのである。人間は小宇宙であるので、宇宙の月・日・惑星・列宿・北辰の気行は、すなわち人にそなわる常の道である。これを常の道にあらずというから誤りなのである。道の本体を知らないのである。虚無の大道というのは、すなわち空気のことであって、いまだ自然の主たる真の謂《い》いではない。これは老子が、空気が虚無の大道であることは知っていたけれども、いまだに気の大道の主真が何であるかを知らなかったからである。だから第一歩を誤ったのである。

道は自然に唯一の道である。だから、人間が利己の分別智をもって書言の教説をなしているところの儒・仏・老・荘などのごときは、みな道ではなく、私意の制法なのである。だから、儒・仏・老・荘などの書物にある作り事をもって道とするのは、自然の道を知らぬ大きな誤りである。老子はおのれの私法の言をもって、道の道とすべきものについて論じているが、はなはだ愚かな誤りであるといわなくてはならない。道《みち》を満《みち》といい、満《みち》を道《みち》というのは、和訓である。道《とう》はいっさいを統《とう》(71)するところから道という。これは漢音である。老子はその第一歩から道を誤っている。だから、散関で書き残したところの五千言が、今世にまで伝わった『老子道徳経』二巻の書説は、私法の妄失であって、自然の真道ではないのである。

名可名および無名

名の名とすべきは常の名にあらず

老子がいうには、「名の名とすべきは常の名にあらず⑫、無名は天地の始まりである」と。この言葉の意味は、天の名、地の名、人の名、万物の名は、すべてこれ人が呼んで名づけるところの常の名である。人はこの常の名のために、聖人を求め、賢者を求め、利を欲する。この名は、人が私に名づけた常の名である。そのために迷うのははなはだ愚かである。天地の始めをかえりみるがよい。いったい何に名前がついていたというのか。天地の始めに名というものがなかったところが大道の名なのである。だから、名にかかずらって無名の始めを知らないのは迷妄である云々というのである。これもまた老子が自然を知らぬ誤りである。なぜかといえば、天地は自然進退の無始無終であって、始めとか終りとかのあるものではない。このことをわきまえずに、無名は天地の始まりなどというのは、まずもって天地の何たるかを知らぬ愚かな誤りである。天地が無始無終であることは、自然の進気が一・三・五・七・九であって無終、自然の退気は二・四・六・八・十であって無始であることによって明らかに知られ、隠されたことは何もないのである。これは人身にそなわった自然の気感なのであるから、老子の身と心にもそなわっているはずであり、おのずと知るべきことである。

しかるに、天地の始めがあるとしていることは、まず第一に天地を知らぬ誤りである。天地のありさまを知らぬくせに、書言を残すのは、世を迷わす誤りでなくて何であろうか。

さらにまた、天地の始めには無名であった、天の名も地の名もなかったというのは、自然の妙行を知らぬ誤りである。もしも天地の始まりが無名であったとしたら、この天地という言葉は、いったいだれがこれに名づけて天地といったというのか。老子ははじめて天地にこの天地という名をつけた者がだれであるかを知らないに決まっている。だから天地の始まりは無名だったというのである。つたないかな、老子。この程度の知分をもって天地を論ずるとは大きな誤りである。だから、わたしが代わってこれを明らかにしよう。

自然の気感の音

そもそも天地の名は、人がこれを呼ぶのに私作をもっていうべき言葉ではない。天地が小に人となり、その人が声に発して呼ぶ名はすべて自然気感の音である。安《あん》と音を発するのは、木気が感じた名である。天《てん》と発音するのは、火気が感じた名である。穏《おん》と発音するのは、土気が感じた名である。地《ち》と発音するのは、金気が感じた名である。宇《う》と発音するのは、水気が感じた名である。このように一音に十気であって、五行に五十音、いずれもみな自然気感の名である。この気感の音は、天地にあっては風によってものの名を発し、人にあっては臓腑の気感が咽喉・口から出る息気によっていっさいのものの名を呼ぶ。これは自然がおのずとなすところである。だから、人の府蔵の気感から発して口舌をもって天地と呼ぶのは、すなわち人身にそなわるところの天地がおのずから天地と発声するのである。天地という名は、無始無終に天地が天地とみずからを呼ぶ名なのである。だから、五十音の感をもってものの名を呼ぶのは、みな自然の具わりなのである。顔の皺や白髪や耳朶が長いことなどから老聃という名をつけてこれを呼ぶのは、人が私作して名づけたことではない。老聃の臓腑が高くかたよってついていて、一身の気が上につりあがり、肺気がはぜて血が燥《かわ》くものだから、腎臓がさがって耳朶が長くなり[73]、顔に皺ができ、白髪となるのである。これは老聃の生得の気感である。天地からそのように生まれついたのが老聃なのである。だから、他人の腹や胸にそなわる自然の気と同感して名づけるのは、けっして他人がこれを名づけるのではない。老聃がみずから老聃と名づけているのである。これをもってこれを見れば、老子が自然の道を知らぬことは明らかであろう。だから、天地は無名、無名は天地の始まりなどという言説は、おのれがまず迷って、後に世を迷わす誤りもはなはだしいものである。自然が進退して妙行をつくす一気を空しい虚無と観じた。だからこの虚無が大道であるといい、至極最上として、虚無・無名・無色などと書言をなしているのはあさましいかぎりである。

玄のまた玄

有名は万物の母

老子がいうには、「有名は万物の母、玄のまた玄、衆妙の門である」と。この言葉の意味は、無名は天地の始まりというのはすなわち虚無の地である。有名とは天地が成って、天地の名があり、人・物の名があることをいう。天地の名があるところは万物の母である。その母は玄のまた玄である。この玄の玄というのは、天地・人・物を生み出す者であり、もろもろの妙用はこの玄のまた玄のうちから生来するのである。だから、この玄の玄とはまことに衆妙の出る門である云々、というのである。これは老子がつくづくと考えて、仰いで天を観ても玄々としてこれが天だといって指すことのできるものはなく、俯して地・海を察してもまた玄々として測りきわまるところがない。これはまさに水である。天が玄々としているのは、水気が昇ったものである。大海が玄々としているのは、水の形が定まったものである。ひとり水中からのみ、陽気がのぼりめぐって天となり、水の形が天中に定まり湛えられるのである。これが有名の天地である。だから、天地も水から成ったものであり、人間も一滴の水から生じ来たったものであり、万物も花から実るけれども、花はみな揉めば水である。人の知恵も水がこれをつかさどり、人が知力をもっていっさいの事物を分別するのも水のするところである。だから、天地・人・物はことごとく水から生まれ出たものである。この水は手にとることができず、足で踏んで保つことができず、斬ることができない。その徳をうちに明察しようとしても、その色は玄々としていて計り知ることができない。これこそが衆妙の門でなくして何であろうか。これが老子の知識の究極のところである。この言葉が一度語られてからというもの、後世の諸学の徒は天地の始めを指すのに、昔、天地がまだ分かれていなかったときにはこれを渾沌《こんとん》と呼ぶなどというようになったのは、水をさしてこれをいうのである。医書に太一尊というのも水の異名である。孔丘が河水の流れる形を見て⑭、生死も水から生ずると思案したのもこれである。これにまた後世の仏徒らが、老子の書を見てこの玄々に心酔し、生死事大を観じ、玄々の玄もまた玄の玄であると工夫した。これらはことごとく水をもって、天地・人・物、未生以前の一物として、安心をなすものである。これは妄失であって、自然の道ではない。迷いの深いものである。

万物の根源は水の説は誤り

なぜかといえば、自然無始無終の真が自感して天地・人・物となるにあたって、その妙行の順序は、やはり無始無終のうちに序をなすのである。小進して木の妙徳用が行なわれ、大進して火の徳用が行なわれ、大進することがきわまり小退して金の徳用が行なわれ、大退して水の徳用が行なわれ、進まず退かずに土の徳用が行なわれるのが、すなわち無始無終の真の自感(ひとりのはたらき)である。だからその自然の初発生は木がこれをつかさどり、盛育することは火がこれをつかさどり、実収することは金がこれをつかさどり、蔵枯することは水がこれをつかさどり、これを革《あらた》め就けることは土がこれをつかさどる。だから、水が初生をつかさどることはかつてないことなのである。その明証は人にそなわっている。人の男女が交合するのに、まず一念の気が発するのは、肝・木がこれをつかさどる。心に一念を受けて胸が動悸するのは、心・火がこれをつかさどる。そして、交合しようと思うのは、金がこれをつかさどる。すでに感合して男女たがいに楽しみ、腰を動かすのは、これまた木・火の進気がこれをなし、喜情を覚えるのは肺・金がこれをつかさどり、やがてしばらくしてから水が洩れ出して人の形の始めをなすのである。自然五行の一気のうちに妙序をもって人・物となることは、かくのごとくの順序にしたがうのである。成るのにまず水が先立つということはないのである。

いわんや、自然がひとり天地となるにあたって次序をなすのに、運回するのは木気、照明するのは火気、外包は金気、玄色をなすのは水気という妙序があって、土気はこれらを就革し、宇宙となるにあたっては、無始無終であってこのように行なわれるのである。宇宙においても、水をもって先始とすることは、またかつてないことである。それはこの自然の道においても、水が先立って宇宙・人・物の始めとなるということはたえてないことだからである。しかるに老子が水をもって始元の観をなしているのは、自然の道を尽くさぬことの罪である。また、さらに自然の道を知らぬ誤りである。

三は万物を生ずおよび数論

老子の数論は易によるから誤り

老子がいうには、「道は一を生じ、一は二を生じ、二は三を生じ、三は万物を生ずる」(75)と。この言葉の意味は、天が一に水を北に生じ、地が二に火を南に生じ、天が三に木を東に生じ、地が四に金を西に生じ、天が五に土を中央に生じ、地が六にこれを北に成し、天が七にこれを南に成し、地が八にこれを東に成し、天が九にこれを西に成し、地が十にこれを中央に成す、というのである。易の数は、自然の数論ではない妄失であるのにそれをわきまえず、これにのっとり、四の末から数を論じている(76)のは、はなはだ雑駁である。三の木数が万物を生ずることをつかさどることをもってこのような説をいうことは優れているかのようだが、やはりはなはだ誤っている。なぜかといえば、木・火・土・金・水の一気のなかで数の順序をいうならば、水を一とし、火を二とし、木を三とすることは、誤りだからである。聖人はすべて水中の木気をもって一としているけれども、これは誤りである。すべて五行は自然なものであるから、五行中に一行、一行中に五行がそなわっていることは、それぞれたがいに自然である。だから、水中にも五行がそなわっているのが自然である。だから、水中の木気のみをもって一とするのは自然の順序ではない。木中にも五行がそなわっていて、発生をつかさどるのは、自然の本であるから、一として立つものは木に極まっている。水中にも五行がそなわっているけれども、水中の木気は水が流れを発し、水が物を浮かべるのであって、ともに木気ではあるけれども、万物の初生の一は、木の役をつかさどる気行ではないのだから、一つの物として発生させることはないのである。木気の役が行なわれるときに、物が一《はじ》めて生ずるのであるから、木気の役は一であることは、自然の妙行にそなわっていて、いたって明らかである。これを無視し、これをわきまえ知ることなく、水をもって一とすることでは、易をはじめとして老子・孔子の諸賢もまた同じ誤りを犯している。だから、老子のこの言葉は、自然の道の跡形もない妄失なのである。

有物論および天・地・人

物あり混成すの誤り

老子がいうには、「物あり天地に先だって生ず、独立して改めず、周行して殆《あや》うからず、吾その名を知らず、字《あざな》して道という」と。この言葉の意味は、天地の以前に一つの物があった。これは水である。その水中の陽気は、ひとりでに立ちのぼって天となるのに危《あや》う気《げ》がない。その水は天中に多く流れ、凝って地となるにあたって、二つの物があるわけではないので、これを改めず、陰と陽とをもって道とする。天の陽と地の陰とをもって天地の道とする。ゆえにこれを道という、云々というのである。この「物あり混成す」というのは、この混成とはすなわち濁水であっていまだ清濁が分かれていないときの名称である。注釈に混成とは道のことであるとしている(77)のは、はなはだ愚かな誤りである。これは水をもって天地に先立つとすることであって第一の誤りである。天地以前というものがあるとするのが第二の誤りである。天地は無始無終であることを知らないのが、まず誤りの第一歩なのである。

四大を立てる誤り、法を立てる誤り

また、「道は大である、天は大である、地は大である、王は大である、域中《いき》に四大(78)がある」という。これは、道とは陰と陽とで一気の名であり、すなわち陽と陰とで天・地の一体である。だから、道と天地とは一気の進退である。これを三大としてそれぞれ別箇のものとするのは、自然を知らぬ大きな誤りである。王をもって人倫にそなわったものとするのは、これまた自然を知らぬ誤りである。自然にあっては、万々人が一人の人間である。これを知らぬ誤りである。

また、「人は地に法《のっと》り、地は天に法り、天は道に法り、道は自然に法る(79)」ということも、はなはだ愚かな妄失である。まず法とは私法(私のこしらえごと)であって、道においてはあることのないものである。だから誤りである。人は小なる天地であり、天は大なる人であって、道とは一気の進退すなわち天地である。だから、人道・天道・地道のすべては一気なのである。法というものはかつてないことなのである。すでにして法はない。だから、自然に法るというのも誤りである。人道・地道・天道はすなわち自然進退の一気である。これを別々のものと思って、このような言説をなすものだから、自然をば虚無空寂と観じて、目前の天地・人・物がことごとく自然進退の一気の所為であることを知らないのである。虚無空寂をもって自然として、今日の天地・人・物と別箇のものであるとし、おのれがまず迷ってこの書言をなした。だから、後世の浮薄な学者や世人は、自然とは空無なものであるとして、目前の天地・人・物がただ自然の自行（ひとりのおこない）であることを知らず、自然から生まれながら自然を知らず、迷妄して常軌を失い、くらまされ惑わされているのは、老子が自然と道とを別箇のものとして、道は自然に法ると書言にあらわした大罪の結果である。ものを知らないなら書物など書かなければよいのに。ああ、誤れるかな老子。自然の何たるかを知らずに書物をあらわす。このゆえに『老子道徳経』は自然に反する私法の妄失なのである。

善・悪二別の誤り

老子がいうには、「天下みな美が美であることを知れば[80]、これは悪であるのみ。善が善であることを知れば、これは不善であるのみ。ゆえに有無相生じ、難易相成る」と。この言葉の意味は、美も美ばかりを重ねるときはかえって醜悪となり、善も善ばかりを重ねるときはかえって不善となるものである。天下の人はみな美と善とを好むから、かえって悪となる。だから、有無とか難易とかのようにすべて二種類の区別になる、というのである。これは誤りである。美悪・善不善は、天下がみな美を美とし、善を善とするから、善悪が生ずるのではない。善は進気、悪は退気であって、双方で進退の一気である。だから、美と悪とで一事、善と不善とで一物、有と無とで一行、難と易とで一業、是と非とで一事、高と下とで一体、音と声とで一韻、前と後とで一事である。すべて二種類のものが対合しているのは、みな自然進退の一気なのである。したがって、悪がなければ善というものはなく、善がなければ悪というものもない。善と悪とで一物であり、一事なのである。善ばかりを得て、悪を除こうとするのははなはだ誤りである。この自然の道を知らないものだから、美が美であることを知れば悪であるのみなどといい、美と悪とで一事であるにもかかわらず美ばかりを欲する。だから、悪が出来《しゅったい》するなどといい、それがもともと自然の進退にそなわる一気行であることを知らないのである。だから、この二別を論じた章は、すべて私智に迷った妄失である。

さらにまた、聖人は無為にして不言の教えを行なう[81]というのも誤りである。この無為という言葉は、宇宙とともに直耕という同じ行為をして、私法の盗道がないことをいうのである。老子その他の聖人は、それをせずに耕さずに貪食している。だからこれは、無為ではなくて有為である。直耕をする人間は天道を行なうが、私法をなすことをしない。これが無為なのである。直耕しない人間は私心のあることをする。だから有為なのである。

得がたい財貨の論の誤り

老子がいうには、「上にいる者が得がたい財貨を貴ばなければ、民をして盗みをさせずにすむ(82)」と。これは道理に適ったすぐれた言葉のようにひびくけれども、上にある者といっているのは、つまりは上の位が盗みの根源であることを知らないのである。

ふたたび水を万物の本とする誤り

老子がいうには、「上善は水のごとし、水はよく万物を利して争わず、衆人の悪《にく》む所に処《お》る、ゆえに道に幾《ちか》し(83)」と。これは老子が水を貴んで天地以前とし、道の本とし、虚無の大道というのも水をさしていっているのである。これにまた上善という言葉を加えるのは、一見すなるがごとくであるが、しかし偏に失している。水は人にあっては智であり、水中に五行がそなわっている。だから水の徳用が盛んなのである。四行の木・火・土・金の徳用もたがいに同じことである。だから自《ひと》り然《す》るのであって、それぞれ別箇のものではない。これをいわずに水ばかりを称揚する。だから自然をつくさず、一つのことにのみ偏した誤りなのである。

功成り名遂げての説の誤り

老子がいうには、「功成り名遂げて、身を退くのは天の道である」(84)と。これは一理あるかのようであるけれども、天道に退くことがあることを知って、進むことがあることを知らない説である。春は小進して発生させ、夏は大進して盛育し、秋は小退して実収し、冬は大退して閉蔵し、中央はこれらを革就する。これがすなわち天道であって、功成り名遂げるのは進気である。身を退くのは退気である。だから、天道が功成り名遂げるのは進退をもってである。しかるに、老子が退くことばかりで天道が完成するとしているのは、やはり偏に失した誤りである。

無をたっとぶ誤り

老子がいうには、「器《うつわ》は中に何もないのでその用があり、戸牖《とまど》は戸を開いて何もない所に出入の用がある、有の利は無なる所にある」(85)と。これは老子が無を貴んでなすところの言説である。この無というのは気のことである。気は宇宙であって、有なるものであり、生なるものであり、つねにひとり進退しているものである。しかるに、この気が目をさえぎらず、手にとれぬことをもって無為の空とし、虚とすることは、大愚の至りである。誤りもはなはだしい。後世の仏氏がこれの真似をして、本来無一物といい、不生といい、あるいは阿字本不生といい、禅は無であるといい、あるいはまた無念無想といい、一字不説も無であるといい、教外別伝、不立文字も無であるといい、以心伝心も無であるといい、さらには大無心といい、虚無の大道という。みなすべて無の謂いである。だから、世に老仏の徒と称して、道家と仏法とを同宗とするのである。だから老子と釈迦とは、無をもって一代の悟り、至極の見識としているのである。

そもそもこの無といわれるものは気である。気は自然の木・火がこれをつかさどり、形は自然の金・水がこれをつかさどり、土は気・形を革就して、五行が自《ひと》り然《す》るのである。だから、気は天（転《てん》）である。形は海（定《ち》）である。天と海とで一体であるのが自然である。気は心である。身は形である。心は木・火がこれをつかさどり、身は金・水がこれをつかさどり、土は心・身を革就して、五行が自《ひと》り然《す》るのである。気と心、身と形とで人身の一体であるのが自然である。気とは無であり、形は有である。だから、無は木・火がこれをつかさどり、有は金・水がこれをつかさどり、中土が無・有を革就して、五行が自《ひと》り然《す》るのである。だから、無は心である。有は身である。無と有とで一心・一身なのである。心と身とで、一人である。だから、無がなかったら有というものはなく、有がなかったら無というものもない。有と無とで一気なのである。一気が進んで無、退いて有、無と有とは一気の進退なのである。無は死である。有は生である。死と生とで一気の進退なのである。無は有、死は生であって、自然の進退する一気の常である。このことをわきまえ知らずに、老子・釈迦は、無のみをもって至極の見識とする。また有をもって迷妄・惑失・悪趣・地獄などとして、除き去ることのできない有を捨てさせようとするのは、迷妄の偏見であって誤りのはなはだしいものである。

だから、老子・釈迦は身をもって有が迷いであることを示そうとして、これを去らんことを欲し、山に入った。みだりに退くことばかりに偏着した行ないである。阿弥陀・薬師・三世の一切の仏というのは、無の名称であって気の謂いである。思惟を去ろうとするのは偏着の妄失・迷妄である。だから、老子・釈迦が空無は気であることを知らず、無に偏執して山に入り、いくら身を除き去ろうとしても、いまだに気数がつきていないのだから、死ぬことができない。そこで耕さずに人々の直耕の余分を貪食して天道を盗んだ。このように迷いのはなはだしい人物なのである。だから、いままで老子・釈迦の説に加担していた者は、無とは気であっていまだ真の何たるかを見きわめた言葉ではないことをよくよく心得なくてはならない。無をもって至極最上の見識とする者は、気に迷って乱心した病人である。まったく自然の真道ではないのである。

彼を去りこれを取ることの誤り

老子がいうには、「五色は目を盲せしめ、五音は耳を聾《ろう》せしめ、五味は口を爽《たが》わしめ、鼠は人の心を驚かしめ、得がたい財貨は人の心・行ないを妨げしめる、ゆえに聖人は彼を去ってこれを取る」[86]と。これははなはだ誤っている。五色・五音・五味は、自然一気の進退が、進んでは色と音を現わし、退いては味となるのがすなわち人身のそなわりである。だから、これらは私の迷いではない。見て、聞いて、味わって身心を保つのは自然である。みだりに得がたい宝とする金銭などは、私失の制作物であり、欲に迷う乱世の根源、盗賊が絶えないことの本である。これらの妄失と自然に具足する色・音・味とを同じ理屈のものとして書言をなすのは大きな誤りである。かつまた、彼とこれとで一物・一事なのであるから、彼がなかったらこれというものはなく、これがなかったら彼というものもない。しかるに、彼を除き去ってこれだけを得ようとするのは、あまりにも愚かしい誤りである。これほど拙愚な者が書物を書き残すとはまた、拙愚の至りとしなくてはならない。

身を患いとすることの誤り

老子がいうには、「われに大患あるはわが身を有するためである、わが身がないに及んではわれに何の患いかあらん」[87]と。これもまた身と神とを二つの区別のあるものとしているところから、このようなつたない言説を弄するのである。神と身とで一人であって、そのまま宇宙と同一の体であることを知っていたならば、どうして身をもって患いとするはずがあるだろうか。だから、神と身とで一気進退の一真の自然であることをつくしていないから、この患いがあるのである。おのれの身をもって患いとする老子のことであるから、評を下すに足りないほどの愚かな説である。

王は天の説の誤り

老子がいうには、「公はすなわち王である。王はすなわち天である。天はすなわち道である」[88]と。これは天下はすなわち天下の天下であり、人はすなわち万々人が一人である自然の自行の道を知らぬ大きな誤りである。天は天地として一体であるのだから、王・民があることはない。このことをわきまえずに王は天であるとは妄失である。

老子は自然の盗人である

老子がいうには、「功成り名遂げた百姓はみなわれを自然という」[89]と。ああ、何とあさましいことであろうか。老子が自然を知っているのなら、天下にだれが自然を知らぬものがいるだろうか。もしも自然を知っているというのなら、なぜ老子は耕さずに山に入り、自然直耕の天道を盗んだのか。自分で盗道をはたらいておきながら、偏見・妄失にして世を害するだけの書言をなして、おのれの誤りをかえりみようともしない。これが自然であるのだろうか。嘆かわしいかぎりである。

大道と仁義とは別物ではない

老子がいうには、「大道廃《すた》れて仁義あり、知恵出でて大義あり、六親不和して孝慈あり、国家昏乱して忠臣あり」と。これは仁義・知恵・親和・孝慈・忠臣などはみな形式ばかりの私事であるとして、儒教の聖人の教言にうちかって無の見識、虚無大道を現わそうとするための揚言である。まことに笑止なことである。おのれがいうところの大道は虚無の空気であって、いまだ真ではないところの愚かな誤りである。大道というのは、気であり、すなわち有の根であって、絶無なるものではない。しかるに大道と仁義とを別箇のものとするのは、自然の妙序を知らぬ妄失である。

老子には定見がない

老子がいうには、「聖を絶ち、利を棄てれば民の利は百倍になる、仁を絶ち、義を棄てれば民は孝慈に復《かえ》る、巧を絶ち、利を棄てれば盗賊あることなし(90)」と。これは老子が、さっきは聖人は無為にして不言の教えを行なうゆえに万物がなるとはなはだ聖人をほめておきながら、ここではまた聖人があるゆえに世が迷うと攻撃しているのである。ほめてみたり、うちかとうとしてみたり、どちらか一方に態度を決めることができず混乱している言葉である。これが老子の自然を知らぬ偏見の証拠である。

老子と儒学の聖人は同じ誤りをくりかえす

老子がいうには、「学を絶てば憂いなし、唯《い》と阿《あ》と相去ることいくばくか」と。「善と悪と相去ることいかん(91)」と。これは学問というものは聖人が出たことによって世にあるのだとして、これにうちかとうとするのである。しかし、自分も耕さずに山に入ったことは、儒教の聖人と同じことであり、同じ誤りをくりかえしているのである。唯《い》(すなお)と阿《あ》(おもねり)とで一念である。このことに徹さないものだから、疑って相去ることいくばくかといっているのであるが、これも誤りである。善と悪とで一事である。これを疑うものだから相去ることいかんといったのである。善と悪とで一事であるのだから、除去したり加えたりできるものではない。それを疑っているからまた誤りである。

曲直の論の誤り

老子がいうには、「曲がっているのは全《まった》く、枉《まが》っているものは直《すぐ》である、窪《くぼ》みがあれば盈《み》ち、弊《ふる》ければ新しい、少なければすなわち得、多ければすなわち惑う(92)」と。曲がっているものは全きものをもってこれを曲げ、枉っているものは直《すぐ》なものをもってこれを枉げる。だから曲とか枉とかの心をなくすればすなわち全であり直である。聖人の悪逆とするところの曲と枉は、すなわち全と直であるといって、聖人をうち負かそうとするのである。窪んだ所は汚いけれども、ものが満ちやすい。弊《やぶ》れた所は醜くなるけれども、弊れたのでまたかならず新しくする。少なければかならず得ようとするし、多ければかならず奢りに迷う。だから、盈ちたもの・新しいもの・得られたもの・多いものは、小人の欲するところであり、君子の悪《や》むところであるけれども、これはかならず窪んだもの・弊れたもの・少ないものから成るのではないかといって、聖人の教えをひしごうとするのである。これは一理あるかのごとくであるが、曲と全とで一、枉と直とで一、窪と満とで一、弊と新、少と多とで一業であるところのこの自然を知らない。だからまた誤りである。

天地に始終を立てる誤り

老子がいうには、「天地もなお久しきこと能わず(93)」と。これははなはだ愚かな誤りである。これは天地に始めを立て、無名は天地の始まりであるとしたものだから、また天地には終りもあると考えるのである。そこで天地といえども久しきこと能わず、かぎりなく久しいものは虚無の大道であると思い決して、こういう言説をなしているのである。つたないかな、老子。天地は自然の進退・退進が自《ひと》り行なわれて無始無終であるものである。だから、久しいとか早いとか、開くとか滅するとかいうこともあることはないのである。悲しいかな。年老い、鬚《あごひげ》を長く伸ばしていながら自然をまったく知らないのである。

名とは気感の音である

老子がいうには、「道の常なるは名なし(94)」と。これは妄失である。道とは自然進退の一気であって、いっさいの名の本である。名とは気感の音をいうのである。だから、道とはすなわち常の名である。それなのに、道の常なるは名なしというのは、名は人がこれを呼んでつけたものであって、道にはないものと考えるからである。これをもってこれをみれば、老子が自然の妙行をばかつて知らないことの証拠は明白である。

死して亡びずの誤り

老子がいうには、「人を知る者は智であり、ひとり知る者は明である。人に勝つ者は力なり、みずから勝つ者は強し、足るを知る者は富である、足るを知らざる者は貧である、死しても亡びざる者は寿なり[95]」と。これは智と明、力と強、富と貧とを二別とし、明・強・富をもって賢となし、知・力・貧をもって愚としているのであって、これまた誤りである。なぜかといえば、人を知る者はかならずみずからも知っているはずであり、人に勝ったときにはかならずみずからにも勝っているはずである。足ることも知っているなら、かならず貧をも知っているはずである。だから、知と愚とで一知であり、明と暗とで一合であり、勝と負とで一力であり、強と弱とで一致であり、富と貧とで一家である。知がなかったら愚というものはなく、愚がなかったら知というものもない。すべてみなこれと同様である。しかるにそれらを二別としているから誤りなのである。死しても亡びざる者は寿なりというのは、寿とは神気のことである。身には死ぬことはあるけれども、神気には死ぬことがない。だから寿とは神のことをいうのであるとして、身と神とを二別とすることは、また自然を知らぬ誤りである。なぜかといえば、神と身とで一寿だからである。そして、神は天に帰し、身は地に帰するのであるから、身も地にあるのであって、身も死ぬのではないのである。もしもこれを強いて死ぬというのだったら、神が天に帰することをも死といわなくてはならないだろう。その実は、身と神とで一寿なのである。それを身は死ぬものとし、神ばかりを不死のものとしているのであるから、自然の妙行の序を知らぬ妄失なのである。

徳を二種類とする誤り

老子がいうには、「上徳は徳あらず、ここをもって徳あり」(96)と。万事をこの理屈で論じようとするのは偏に失している。徳というのは自然の中真であって、五十行の進退・退進を具えつくし、毫厘《ごうりん》も偏傾・上下・貴賤・有無・善悪などの二種類の差別がないものである。これを徳という。このことを知らないので、あたかも徳には徳と不徳との二種類があるかのように説いている。これはそもそもまず徳の何たるかを知らぬ私の誤りである。

身と名を区別する誤り

老子がいうには、「名と身とはいずれが親しいか、身と貨《か》とはいずれが多いか」(97)と。万事みなこの理屈をもって論じているのであるが、これもまた二種類の差別をもうけて、善はこれを取り、悪はこれを去るの謂いである。名とは仮りのものであり、身とは自分自身である。名のためにわが身を害してはならないというのである。すべてみなこの理屈である。これは、身があるからこそ名が具わっているのであり、名はすなわち身なのである。だから、名と身とは一気の感であり、すなわち一気であって二別のものではない。にもかかわらず、名は仮りにつけたものとばかり見ているから、これは自然を知らぬ誤りなのである。いっさいの二別をもってなす論は、みな私智に出たところの愚かな誤りである。

聖人は百姓の心を心としない

老子がいうには、「聖人は常の心なし、百姓の心をもって心となす(98)」と。この言葉は大きな誤りである。百姓の心は、直耕してつねに宇宙とともにある。聖人の心は、耕さずに食っているのであるから、宇宙の道を盗んでいるのである。老子の言葉のように、百姓の心をもって心とするというのだったら、なぜ百姓とともに直耕して食を安んじようとしないのか。老子はみだりに心術・事理の二別のことばかりを語っていて、第一に重要なおのれの生来の、宇宙が直耕して万物を生ずる真妙の道を誤っている。だからかつて、直耕が穀物と人とを生ずる大本を論じたことがないのである。ゆえにまたおのれの大本を知らない。だから、老子のいうことはみな虫の鳴く音《ね》にも及ばないのである。虫の鳴く音は、かならず自然の道の気感にしたがって鳴くのであって、私法の誤りはまったくない。おのれの生じ来たった大本が直耕穀食の真道であることをいわぬ点では、世々の聖人・釈迦の徒も老聃と同じことである。万事をなげうって、人生本来の自然穀食の真が具わっている道の妙序を明らかにすべきである。たえてこれをいうことがないのは、自然を見失って天道を私有していることの明証である。

老子もまた国賊である

老子がいうには、「智をもって国を治める者は国の賊である」[99]と。聖人に政治があることを叱っているのであるが、おのれもまた耕さずにいるのだから、けっきょく国賊の同類である。

知と不知に区別はない

老子がいうには、「知りて知らざるは上なり、知らずして知るは病いなり」[100]と。知っていて知らないのは慎みである。知らないのに知っているふりをするのは、愚巧の迷いである。この言葉はたしかに一理あるようであるが、しかし真理ではない。自然にあっては、知と不知とで一知である。このように考えれば誤ることはないのに、上と病とを二知としているのは、上知をとって愚知を去ろうとする私智、分別知の誤りである。

老子も税金を盗んでいる

老子がいうには、「民が飢えるのはその上が多く税を食《は》むをもってである(101)」と。この言葉はまことに正しい。しかし、おのれもまた税を食うことが多いからにはその同類ではないか。そのことに口をぬぐっているのは誤りである。

柔弱は生の誤り

老子がいうには、「柔弱は生、堅強は死(102)」と。これもまた二別を立てる私の誤りである。柔と堅とで一物であり、弱と強とで一力であり、生と死とで一道である自然の真道を知らないものだから、いずれもみなこうした二別の論をなすのである。すべて誤りである。

損益の論は易のまねである

老子がいうには、「天道は余りある者はこれを損し、足らざる者はこれを補う(103)」と。この論は、易の損益の卦(104)に倣ってこういっているのである。もともと易が妄失であることを知らずにいっているのであるから、二重の誤りである。

自然妙行論

老子は終始水にこだわる

老子がいうには、「天下の柔弱は水に過ぎるはなし、堅剛を攻めるにこれに勝つ者なし[105]」と。これは老子が水に偏着して、初めから終りまで水をもって水の本体と観じているのであって、妄愚の至りである。水は自然の末であって蔵尽をつかさどり、初発をつかさどるものではない。柔弱は堅剛に対してあるものである。堅は木、柔は火、剛は金、弱は水、これを革《あらた》めこれを就けるのが土のなすところである。だから、堅と弱とで一性であり、木と水とは互性なのである。柔と剛とで一性であり、火と金とは互性なのである。土はひとり進退・退進をしてこれをなす。だから、堅中に柔・剛・弱・平がそなわり、柔中に剛・弱・堅・平が、弱中に堅・柔・剛・平が、剛中に堅・柔・弱・平が、平中に柔・剛・堅・弱が、それぞれたがいにそなわり、その徳用をつくしているのである。だから、水は柔弱であるばかりとはかぎらない。

水の徳用

水は、中に四用をみなそなえている。だから常態では低い方に流れて窪みに溜り、激しく流れるときには岩石をも砕き、静かなときには髪の毛ほどの細い隙間にもしみとおり、逆行するときには高い天にも怒り昇り、柔和なときには手にも掬われ、寒いときには万物を打ち枯らし、人を傷《そこ》ない、傷寒を病ましめる。定まって物を浮かべるときには船に千里を走らせ、波が激しければ即座に船をくつがえし、津波となっては山を浸し、人里を破壊し、気となって昇っては天に玄々とし、形を湛えては海となって漫々としている。気が天の陽に誘われると、昇って雲となり雨を降らし、日に蒸されて露となり、空に結んで、急に激しては氷となり、雹となって降り、寒さが極まれば雪となり、寒気が緩《ゆる》めば霧や霞となる。人体にあっては、一身の津液《しんえき》また滋養となり、性となるときは霊となり、情となっては知・悲・楽となり、その徳は言いつくすことができず、その用は限定することができない。いったいどうしてわずか柔弱であることだけに偏着してよいものであろうか。老子はおのれの小知を恥ともせず、わずかに柔弱のみを挙げているが、これはせいぜい鼠に笑われるくらいが関の山である。水は進んでは黒すなわち玄色となり、退いては鹹味《かんみ》（しおからい味）となり、人にあっては進んで呻く声となり、退いては舒音・悲音となる。また常用の水となり、河水や池堤の水となっては、田畑の穀精となる。まことにつくしがたいのは水徳の妙用である。柔弱はこれら百千万の妙用のうちのわずか一用であるにすぎないのである。どうしてこの水の妙用をつくすことをかえりみようとしないのだろうか。

自然五行の妙行：木

水は水ばかりでこれらの妙用をなすのではない。四行がそれぞれたがいに一気をかたちづくるのである。木は進んで風となり、ものの発生をなし、運回して止むことなく、天体の妙用となる。また進んでは青色となり、退いては酸味となり、日輪をめぐらし、月輪を透徹させ、歳星（木星）となっては、万物の生ずる本となる。東方の宿中から発生の気を始動させて、中土に樹木の形をとって堅く立ち、人家のいっさいの用途に役立ち、薪となっては人の生命を養い、曲直の用をなす。人体にあっては、気を循回させる作用をし、筋肉をつかさどり、眼をつかさどり、交合の初念を起こさせ、喜悦の情をもたらし、手にやりとりをさせ、足に歩行させ、また仁性となって性情を統《す》べて初発をつかさどり、呼ぶ声となり、触れる音となり、臊臭《そうしゅう》（なまぐさいにおい）となり、粟や麦の穀物の表皮をかたちづくり、人の生命を保ち、つねに生じて死することがない。鳥にあっては飛び立つ作用をなし、獣を走らせ、虫を這わせ、魚にあってはこれを游泳させる。火にはよくこれを発火して燃え立たせ、金には鋭利ならしめ、水には流回せしめ、土には革《あらた》めることをつかさどらしめる。このように、木の徳はつきることがなく、その用は限定することができないのである。

自然五行の妙行：火

木ばかりがそうであるのではない。火も動いて止まらないのは、天の気が動いて光を照らし、木の徳である穏和をそなえてよく輝き、木の温気を得て熱気をなし、火が表面をつかさどって日輪が熱く照り、うちに四行の徳用をそなえて万物を生ずる父であるからである。火は月・惑星・列宿に光気を加え足らして、これらを朗光たらしめる。明星（火星）となって南の宿中から、万物の育成の作用をし、中土にあっては万物にそなわってその神とならないことはない。人にあっては神となり、心となり、血となり、水や穀物を煮る火となって一身をあたため、舌をつかさどって言葉を発させ、目には見させ、心には観じさせ、笑い声となり細音となり、怒りの情となり、礼の性となる。ものを焼く作用をなし、闇を照らして人の日常の用を達し、なまぐさいものを煮て人の生命を養う。貯蔵してある油や酒のなかではおのずから燃え、樟脳《しょうのう》についた火は水中でも燃える。鳥にあっては身を軽くさせ、獣にあっては毛を生やしてこれをあたため、虫にはたくさんの足を与え、魚の鱗を作る。草にあっては穂草となり、穂に実る五穀となって、人の寿命となる。木にそなわっては風を吹かせ、金にあっては辛熱をなし、水にはこれを澄明にし、土にはよく万物の体を生じさせ、宇宙・人・物にそなわらないということはないのである。

自然五行の妙行：金

火ばかりがそうであるのではない。金にもまた数多くの徳がある。その気は天の外郭を堅く包んで運回する気を洩らさず、その徳は清浄であって日輪を光らせ、月輪を透明にする。太白星（金星）となっては西の宿中から万物の実収をつかさどる作用をする。すべての星を輝かせ、中土では金属の形となって石中にあり、その気をもって土形を堅くして山を崩させない。湧き水を澄ませて味をしおからくなくし、石を堅くして土の骨とする。金や銀は石中にあって人用としないのが自然のそなわりなのである。これを掘り出して通用させたのは、聖人の利己の誤りである。土の精気を助けては、土器が壊れないように効能を発揮し、これを煮《に》炊《た》きの用具として人の身命を養う。もろもろの火を光らせて照明の用を弁じ、人体にあっては皮・骨となり、毛となり、穀物の気を通じ、人身の気をつかさどり、性としては清浄の義、情としては哀《かな》しみ、気としては驚き、心術にあっては理を覚《さと》ることをつかさどり、神としては魄《はく》となり、鼻には嗅がしめ、笑声となり、剛音となり、腥臭となる。進んでは白色、退いては辛い味、歯牙が食うことをつかさどり、足を立たせ、手を伸ばさせ、眼を光らせ、口舌の弁を利する。鳥にあっては羽を切って飛びやすくし、獣には毛皮と骨になり、虫にあっては毛虫と光沢のある虫になり、魚には歯と鰭《ひれ》を鋭くさせる。草にあっては茎の剛健な草となり、木の幹をまっすぐに立たせる。火を光らせ、水を清澄にし、土にあってはこれをとろけないようにする。その徳は至妙であり、その用はまことにつくしがたい。

自然五行の妙行：水

金ばかりではない。水もまたその気が昇って天の玄となり、その精が天に凝り、水が表面をつかさどって月の体となり、うちに四行を含んで透明になり、人・物の母となるのである。辰星（水星）となっては北の宿中から気を降らせ、万物を枯蔵させる作用をする。海〈定《ち》〉に形をとり、海をつかさどって海の水となる。中土にあっては山に湧いて河として流れ、田畑の用水として五穀の精となる。人体にあっては性の知となり、寿水となり、津液となり、小便をつかさどり、悲の情となり、涙をつかさどり、目をうるおし、耳の聴覚を通じ、鼻水を垂らさせ、口中を湿らせ、手足を屈伸させる。鳥にあっては、羽毛をうるおしてよくこれを飛行させ、骨と身とを和さしめる。獣には津血となり、虫には身をうるおし、魚にはうるおった身にさせる。草には繁茂する精気を与え、木にそなわってはよくこれを生潤にする。火にそなわっては内部を暗くし、土にそなわってはつねにうるおわせ、金にそなわっては湿り気と重みを与える。その徳はあまりにも明らかであって知られぬことはなく、その用はあまねく流通しないということはないのである。

自然五行の妙行：土

以上の四行ばかりではない。中土の妙徳は真の至りである。その気は昇って天の辰となり、日・月・星の運行を革《あらた》めてそれをみだりに雑《まじ》らせることなく、それを就けてみだりに離れ離れにしない。その真はつねに天の中央にいて、たえまなく神気を発し、無始無終の自然の主である。つねに気を発して、小あるいは大の進退をなし、宇宙・人・物をつくすにあたって始め終りのあることのない中真なのである。その体は、宇宙（天と海）の中土であって、天と海とを革め、天と海とを就《つ》け、山となって気を通じ、沢となって水を湧かせ、平野となっては田畑として諸種の穀物を生じさせ、人を生じさせる。人気の余りを分けて、通気は人、横気は鳥・獣・虫・魚、逆気は草木という気序をわかち、中土の体をもって人・鳥・獣・虫・魚・草および木・火・金・水の形体を生じ、住まわしめ、真神を行なわしめる。中真には毫厘も善悪・美醜・上下・貴賤などすべて二種類の差別のある私法はなく、それぞれの二つをもって一真なのである。だから、天と海とで一体、男と女とで一人、万物はすべてこれと同然なのである。人にあっては、元真の気が生き生きと活動してやむことがない。体となり、肉となり、膏となり、水と穀物を受けもって元真の寿を助け、真をつかさどって思案となり、歌声となり、宮音(106)となり、進んでは黄色、退いては甘味となり、香臭となり、口をつかさどり、唇の肉となり、瞼《まぶた》の肉となり、頬の肉となり、尻となり、手足を就革して人をして宇宙の四時・四季・五時の妙用を行なわしめる。鳥にあっては肉となり、軽々と進んで飛ばせる作用をし、獣には肉を厚くして走らせ、虫には肉を薄くして這わせ、魚には肉を重くして水中に沈ませ、草には髄となり、木には芯の肉質と樹脂とになる。火には万物に就くことをつかさどらせ、金には斬り革めることをつかさどらせ、水には低いところに就いて流れ下ることをつかさどらせ、人・物の形質・心術・行動・羽と翼・手と足・尾と鰭・枝と葉と茎などの進物および退物を革め、またよくこれらを就けて、一物一物を分立させて妄乱させない。一人・一物に宇宙が具足し、宇宙は通・横・逆に気行して人・鳥・獣・虫・魚・草を生じ、人が生ずるのに通・横・逆と鳥生に同じく、獣生に同じく、虫生に同じく、魚生に同じく、草生に同じいことがあるのは(107)、木行が十気《とき》としての時をつかさどれば、うちに四行の進退がそなわっていて、他の九気も木行の徳用を行ない、五行がそれぞれたがいに同じだからである。このように自然を知りつくした眼から見るならば、『易経』『書経』『詩経』ならびにこの『老子道徳経』などの書物には、この自然の道に合致した言葉はただの一章もない。ことに『老子道徳経』は、気をもって無となし、虚無の大道を宗とするものであるから、自然とは似ても似つかぬ妄失である。孔丘も老子に礼を問うたとあるからには、老子は孔丘の師であったのであろうが、いま論じてきたような自然真道はまったく老聃などの及ぶところではないのである。

孔丘、世家および賢愚の生得

孔子の家系

日本では人皇第二代綏靖《すいぜい》天皇の三十一年、シナでは周の二十四代霊王の二十一年、魯《ろ》の襄公の二十二年庚戌《こうじゅつ》十一月四日、魯国の昌平郷の陬《すう》という邑《むら》に孔丘は生まれた[108]。昌平郷というのは郡の名である。千の家があるのを郷といい、二十五の家があるのを邑という。孔丘はこの二十五軒の家がある陬という邑に生まれたのである。孔丘の祖先をたずねると、殷《いん》の湯王の二十二代の後胤に孔父嘉《こうほか》[109]という者があった。殷の紂王《ちゅうおう》の曾祖父[110]にあたる。孔父嘉の弟の孔焦嘉という者が侯に封《ほう》ぜられて、殷の分地、湯王の配所だった土地を領することになった。

孔子

そのとき国に乱が起こって孔父嘉は宋の華督のために殺された。孔父嘉の子はひそかに逃れ魯に奔《はし》った。孔父嘉の祖父を弗父嘉《ふつほか》(111)という。弗父嘉は宋の国を有《たも》っていてその子を襄公という。(112)その子が弗父嘉である。弗父嘉に失敗があって宋の国を厲《れい》公に譲り、臣下の位にさがった。この厲公は弗父嘉の伯父である。(113)弗父嘉は臣下の位にあって宋周を生んだ。周の子を世子勝という。勝の子を正考父《せいこうほ》(114)という。正考父の子を孔父嘉という。孔父嘉にいたって五代、宋室の親族の種が尽きて別れて公族となった。(115)氏を孔氏という。孔父嘉は木金父《もくきんほ》(116)を生み、木金父は睾夷《こうい》を生み、睾夷は防叔を生んだ。この防叔が華氏のために追われて魯に奔った人物である。それまでは宋にいた。『論語』の序に「其ノ先ハ宋人ナリ」とあるのはそのためである。防叔は魯に奔ってそこで伯夏《はくか》を生んだ。伯夏は叔梁紇《しゅくりょうこつ》を生んだ。叔梁紇は孔丘を生んだ。だから孔氏を魯人というのである。

防叔の時代から孔氏は魯の民間人となって、紇は農耕を生業としていた。紇は施氏の女《むすめ》をめとって九女を生んだ。『孔子家語』「本姓解」に、「叔梁紇、魯ノ施氏ヲ娶リテ女九人ヲ生ム。男無シ。曰ク『九女有ルト雖モ適無シ。コレ子無キナリ』ト。ソノ妾、孟皮ヲ生ム。孟皮、一ノ字ハ伯尼、足ノ病有リ。是ニ於テ乃チ婚ヲ顔氏ニ求ム」。しかし男子がいなかったので妾を愛し、男子を生ませた。これを孟皮と名づけた。孟皮は足が悪かった。ここに顔氏という家があり、三人の女がいた。紇はその姉娘を孟皮にめあわせた。孟皮は足の病気が悪くなって廃人になってしまった。紇は孟皮の妻の妹を妾にもらおうとした。妹の名を徴 枉在《ちょうおうざい》という(117)。枉在の父が妾となることを許したので、紇は徴枉在を寵愛して孔丘を生んだ。紇の年は六十四、枉在の年は十六である。自分は六十四歳にもなって自分の嫁の妹を妾にさせてもらったのだから、これは色欲の淫《みだ》ら親父《おやじ》といわなくてはならない。これは聖人が自分は男一人なのに多数の女を愛したのを真似したのである。

孔子は鳥獣の子にひとしい

すべてシナの聖賢は好色の心が強く、淫乱であることは、まるでおしどりのようである。それを真似して紇のごときもこうなったのである。女は四十九歳をもって子を生み終わり、男は六十四歳をもって子を生ませ終わる(118)。それが宇宙の数の運行である。だから、女が四十九を過ぎて男に交わり、男は六十四を過ぎて女に交わるのを野合(119)という。野合とは鳥獣が野原で交合するのにたとえた言葉である。徴枉在は十六歳だから野合ではないけれども、紇は六十四歳で男の終りの年数だから野合である。だから『史記』の「孔子世家」に「紇ハ顔氏ノ女ト野合シテ孔子ヲ生ム」と書いてあるのはこの事実をいうのである。その記載のとおりに紇は野合したのだから鳥獣にひとしく、してみれば孔丘は鳥獣の子にひとしいではないか。

シナの人間は奇妙なことをいうものである。言えば赤恥をかくことを知らないのだ。その説にいう。紇は年老いているから精気が清浄である。徴枉在も年が若いから精気が清浄である。二つの清浄な精気が和合して生まれたのだから、孔丘は気血が澄んでいて生まれながらに知ることができ、安らかにことを行なうことができたのだ、と。しかし孔丘は、万物が生々して窮まりがないのは宇宙の直耕であることを知らず、みずから耕す天道を実行せずに貪食したのであるから、父親の紇が農耕をしたのにははるかに及ばない。これを見てもわかるように、清浄な精気の和合も、生知安行もいたって怪しいものである。まったく府蔵が高くかたよってつき、知恵だけにかたよった生まれつきの、病胎の部類だというべきである。

魯の西方に尼丘《じきゅう》山という山がある。魯人が社《やしろ》を建て、天神地神を祭っているところである。紇には九女一男があったけれども女と廃人ばかりで紇のあとを嗣ぐ者がいなかった。そこでこの山に祈って孔丘を生んだ(120)という言い伝えがある。こういう話は世俗の言い伝えによくあることであるが、天神地神に祈って子を得るなどというのはあったためしのないことである。ただ孔丘は父が年老いていても、母が若くて清浄な精気に感合したので賢く生まれついたのである。孔丘は生まれつき頭のてっぺんが凹んでいて丘に似ていたという。山の頂きが窪んでいる所を丘という。頭のかたちが丘に似ていたので孔丘と名づけたのである。孔とは氏である。これは心臓だけが下にさがってついているので頭のてっぺんが凹んでいるのである。心臓がさがっていても、他の臓腑は全部高くかたよってついているので、知能は高く、心の動きも賢くまた謙遜であって、むやみに強欲であることもない。尼丘山に祈って得られた子であるというので名は丘、字は仲尼として、孔父嘉の末裔《まつえい》であるところから、氏は孔氏なのである。子は男の通称である。だから孔子というのである。

人間の賢愚はいかにしてきまるか

心臓がさがり肺があがってその間に隙ができる。すると心火（心臓の火気）があがってゆかずに、神《しん》がしずまる。だからいつも人に譲り謙退して礼義をすみやかに行なう。胸に隙間があるのでよく見聞を通じて、人々がものを問えばたちまち相手の賢愚を知ることができるのである。ひとが問えばその問いによって知り、問わなければ問わないことによって知る。語ることによっても語らぬことによっても、行なうことによっても行なわぬことによっても知る。感により、応にしたがって知り、強いて知ることを求めない。

すべて人間の賢・聖・愚・不肖は、宇宙自然の気行が私意をもってこれを作り分けるのではない。宇宙自然の進退昇降する気行が中土に感合して万物を生ずる。自然の進退の気行が五と五で十行、五の十で五十行の進退を尽くすことには、偏倚・上下・善悪・邪直すべて二つの区別はまったくなく、通・横・逆が完備しているとはいっても、中土に形体を生ずるとき、その中土に高低・堅柔・強弱・剛脆・偏傾などの差別があることによって、通・横・逆に生ずる万物にも差異が生ずるのである。夫婦の気血が循行して、五と五で十行、五の十で五十行の進退を尽くすことには、二種の差別はまったくない。しかし、男女が正しく和合して私意による誤りがなくても、その父母の心の動きの清濁、気持の邪正、食物の好き嫌いによって、あるいはまた懐胎の十ヵ月の間における母体の気品・行状・身持ちの正妄、飲食を節制するか否かなどによって、さらにまたその子の臨産のときの十品の産序(121)によって、生まれた後の形体に肥瘦・長短・心の動きに賢・愚・聖・不肖、身持ちに正妄の違いができるのである。まったく自然真道の関知するところではないのである。自然の真感の和合は、いつも中正であって、天も海もともに直耕し、安心して衣食の用を供し、とびぬけて知恵が高くもなければとりたてて愚かしくもない。いつも一つの中真、一つの生死であって、宇宙は人間とともに進退し、つねに中正であり、差異差別のあることはない。日月が出入りするのに増したり減ったりする差別がないのと同じことである。だから、時として、生まれた子の臓腑が高くかたよった位置に付着することがあるのは、父母の気血である精水の清濁、あるいは母胎の心気や思想の頑愚さ、身持ちのわるさ、臨産のときの狂いや産序のちがいなどの原因によってなのである。そういう場合には、知能が高く、善行を好み、身長が高い聖人賢者などになるのだけれども、高くかたよっていて偏頗《へんぱ》なので、高い所に立つことを好み、高貴であるかのごとくだが、高さに偏していることは偏頗なことなのである。だから、いつも高言を吐いて人を教え、高い所を望み、人の上に立とうとする偏向があって乱を起こすもとになるのである。

古代聖人の異様

伏羲は首も身体も長く、竜頭蛇身のような異相だったが、知能が高く偏していて、天文と地理を見て易を作ることが自然の気行を乱す私法であることを知らなかった。その妹の女媧氏(122)のときに始めて乱世となったのである。自分では物の中央にいないので高貴であり善であるに似ているけれども、高きに失するのはやはり偏向なのである。反対に、臓腑が低くかたよって付着している人間は、愚行・痴行・悪行をつねとし、身長が短く不肖暗愚である。下に偏するのも偏向である。だから野卑なものとか不自然なものとかを好み、卑賤であり暴虐であってそばへ近寄ることもできない。些細なことに激怒して逆上し、すぐに乱を起こす。だから桀紂(123)のような人間は、いずれも頭が短く、身体は酒ぶとりして瓶《かめ》のごとく、知能は低くて無学文盲、悪逆と乱暴のかぎりをつくす。このように、高すぎる知能も高きに失した偏向、低すぎる知能、悪逆の素質も低きに失した偏向なのである。最高の偏向と最低の偏向の間に、やや高い偏向、やや低い偏向、高い偏向、低い偏向などさまざまな度合いのかたよった知能、かたよった行ないの種類がある。いずれもみな人体の気の清濁・小清・大清・小濁・大濁・清々和合・濁々合・清濁合・小清大濁合・大清小濁合などのまじりかた、その母その母の胎中の心の持ちかた、身の持ちかたのよしあし、臨産の正不正などの種類のちがいによって、賢・愚・聖・不肖・頑鈍・利口など数々の性質ができあがるのである。

さて、孔丘が四歳のとき、父親の紇は六十七歳で死んだ。母は十九歳、孔丘をいつくしみ育て、その若さで寡婦を守ることきわめて貞節であった。このように、賢者が愚かな子を生み、愚者が聖人になるような子を生むのは、以上のような理由にもとづくのである。

孔丘、幼時の行ないおよび母の病死

孔子は幼時から礼を好んだ

紇《こつ》は死んで防山に葬られた。防山は魯の国の東にあった。孔丘は成長するとともに父の墓所がどこなのかをたずねたが、母は知らないといって教えなかった。これは母が教えるのを忌み嫌って知らないといったのではない(124)。この母は年若くして紇と交わり、いくばくもなくして紇が老衰して死んだ。徴枉在はまだ若いのに寡婦になった。だから夫の葬礼に加わるのを気に病んで葬送にしたがわなかった。そんなわけでほんとうに夫の墓所を知らなかったのである。母は孔丘に教えなかった。孔丘は疑いつづけて忘れなかった。孔丘が幼児の頃いつも遊ぶのに祭壇に俎豆《そとう》を供えて拝礼の身ぶりをするのを喜んだ。子供の遊びにも礼を行なう器物をこしらえ、拝礼のしぐさをして、いつもそれを遊びぐさにしていた。俎豆とは、礼を行なうときに飲食物を入れて祭壇を飾る器物《うつわもの》である。子供の遊びだというのにそれに似せたものを作って、礼服をつけた真似をして遊んでいたのである。母は孔丘を人なみはずれた子だと思って、ひとしおねんごろにかわいがった。孔丘は七歳になって文字を習い、書物を読むことを学び、師もいないのに日一日と書物に通じ、文字を覚える早さはほかの子供に似なかった。十五歳のときにはすでに周公の『詩経』に通暁し、周公旦を尊ぶこと[125]はなはだ切であった。孔丘が十七歳のとき、若い頃から寡婦を通してきた母が、独り身に鬱屈して病死した[126]。三十三歳であった。陰の身をもって重陽の数[127]にあたって死んだ。この理法をさとらなくてはならない。

孔子、母をとむらう

孔丘は母の遺骸を五父《ごほ》の衢《ちまた》に葬り、慎《つつし》んで哀哭すること痛切をきわめた。孔丘は父の墓所を知らなかったので、五父の衢に葬ったのである。陬邑《すうゆう》のうちで孔丘の住んでいた土地を慎[128]という。孔丘の身心の慎みがよいので慎といったのではない。はじめから慎といったのである。孔丘はそれに感じて、いよいよ身を慎むことがかたかった。孔丘が父の墓所を知らぬことを憂えていると、陬の人々はその孝心に感動して、輓父《ばんほ》という男の母が孔丘に紇の墓所を教えた。孔丘は大いに喜んで礼をいい、すぐに父の墓所へ行き、長いこと首を垂れて嘆じた後、母の墓を防山に寄せ、父母を一つに合葬[129]し、また深々と首を垂れていったことには、

「身体髪膚はすなわち父母の血と神、天地の大精である[130]。いったいどうして傷つけ損《そこな》うこと

ができようか。父母はすなわち自分である。だから、父母はつねに生きておいでなのだ。みだりに死んだ人間としておろそかにすべきではない」。こうして日々常に敬い親しんだ。

孔子もはじめは農耕をしていた

孔丘の家は貧しかったけれども、その財産は富んでいた。家は農業をいとなみ、天下の大本、天道の真業にしたがっていた。しかもつねに学問の道に志して、身を慎むこと深く、道に没入してほとんど霊のごとくであった。これは心臓が下がって肺と心臓の間が透き、そこに神気が納まるからである。陬の人々はそんな孔丘を見ていつも奇異と評した。このように道を慎み、農耕の業をいとなみ、道を実践して一生その境遇にいたならば、天と人とは分かれて二つにはならなかったであろう。孔丘十八歳にして書物を学ぶことますます盛んであった。

孔丘、魯に用いらるおよび淵明

孟懿子、孔子に礼を学ぶ

魯の昭公の七年に、その臣の季武子《きぶし》が宰相となった。孔丘を奇特とし、その美徳を表彰するために孔丘を饗《きょう》[131]そうとした。孔丘は季武子のもとへ行こうとした。孔丘が少年のときのことである。魯の文学の徒は当時老子の学風を学んでいた。そこで孔子の学問を邪魔するために、季子の臣下の陽虎という人物が孔子に告げていった。「季子は文学の徒を饗すのだ。特別にあなたを饗するわけではない」。孔子はすぐに退出した。魯の大夫の孟釐《もうき》子《し》は国に礼が行なわれぬことを嘆じていたが、病んで死期が近づいたときに、嗣子の孟懿《もうい》子《し》を呼んで遺言していうには、「孔丘は聖人の後裔である。宋のために滅ぼされた[132]のだ。先祖の弗父嘉は、はじめ宋の君位を嗣いで有《たも》っていたが、厲公に譲り、正考父にいたるまで宋の国君を佐《たす》けてきた。上卿の位にあってますますうやうやしくふるまい、増長したりひとを侮《あなど》ったりすることはいささかもなかった。礼儀の厚い正君子である。自分が聞くには、聖人の後裔は世に遇わず用いられていなくても、かならず道に達した人がいるということだ。いま孔丘を見るとまだ年が若いのに礼を好むことはなはだしい。道に達した人物といえるだろう。もしわたしが死んだら、おまえはかならず孔丘を師とするがよい」。そこで釐子が没した後、懿子は同じ魯人の南宮敬叔とともに孔丘を訪れて礼を学んだ。この年、季武子も没し、その子の季平子が代わって宰相となった。

孔子、魯の役人となる

このとき孔丘の家は貧しく、また農業をいとなむことを卑賤と考えていた。成長するに及んで、魯の高官たちに試用されることになり、まず季子の史となった。史とは執筆の役である。孔丘が貧賤な暮しをしていたのを、季子が抜擢して委吏《いり》としたのである。委吏とは穀物を蔵める倉庫の奉行《ぶぎょう》である。孔丘はややしばらくこの役職を務めた。

これは明らかに孔丘の誤りである。孔丘は賢人であり、季平子は愚者である。愚者は賢人を使いこなすことができない。このことを察しなかったのが孔丘の第一の誤りである。また、いかに貧困であろうとも、農家は天下の大本なのだから、賢人は農耕を生業にすることを好むのが当然であり、耕さずに今日、食することを指弾するのが当然である。しかるに直耕する天真の道を去って、愚者季平子に使役される身となったことは、孔丘の第二の誤りである。しかし、その役職を務めるにあたって孔丘は賢才を発揮して事を処し、料量に奸曲なくすこぶる公平であった。倉奉行を務めて米穀の出入を管理する際に、米穀を計量し、会計をするのがまったく公正だったのである。

その功をみとめられた孔丘は、つぎには司職の吏となった。犠牲の牛を養う役目である。この勤牧草を育て、牛を繁殖させ、肥らせ、これを養い飼うことにはなはだ切であった。この勤功によって今度は司空の官となった。民を養う米穀をつかさどる役職である。孔丘は賢才を発揮してますます正直に勤めたので、深く魯公の意に適い、人々も孔丘を賞讃するようになったのであるが、季氏は孔丘の知が自分よりもすぐれていることを妬み、ついに孔丘を遠ざけてしまった。そのために役人として登用されることは不可能になり、孔丘はとうとう魯を去った。それというのも、孔丘が季氏という人物が佞奸《ねいかん》の小人であることを察知することができず、それに用いられるような誤りを犯したからなのである。

果たしてその後、魯を追われた孔丘は斉にいたり、また斉を追われ、宋・衛に追い返され、陳・蔡《さい》に苦しんで食糧が尽きるに及ぶなど、重ね重ねの難儀に会うことになるのは、すべて季氏の人物を察しそこなった過失によるのである。

孔子と陶淵明

世上に孔丘をもって上世の聖人とし、陶淵明(133)をもって後世の賢人とする。賢人といわれる淵明も、農耕をして暮らした貧賤な人物である。農家であることと、貧賤であることとは、孔丘と淵明、たとえ世を隔てていても生業は一つである。淵明も一度は貧賤を憂えて給料をむさぼり、上司に仕えようとしたが、束帯をつけて役人の列にまじり、自分の上役が若年であるのを見てたちまちこれを恥じ、すぐに束帯を去り、暇乞いをして故郷に帰った。つくづく嘆じていうには、「わずか五斗ばかりの米のために郷里の若僧に向かって腰がかがめられようか」。それからはみずから直耕し、粗食ではあるが安らかに衣食の資を得て、天地と道をともにしたのである。孔丘は賢才のゆえに季氏のために遠ざけられながら、たとえわずかの間でもこれに仕えたのは、本来あるべきはずのことではなかった。かつまた役職から追われながら、直耕をせずに諸国を遍歴し、身心を安んじなかったことは、淵明のためには罪人であると評さなければならない。

孔丘、妻を娶る

孔子、妻を娶って一児を得る

孔丘の家は貧しかったが賢人として名が高かったので、孟懿子・南宮敬叔が孔丘の門人となってからというもの、これに入門する弟子たちの数は多かった。孔丘は十九歳のとき、宋の上官氏の女《むすめ》を娶って、一年の後には子をもうけた。[134] 魯の昭公はこれを祝って、人をして孔丘に鯉を贈らせた。孔丘は主君の贈り物をはなはだ光栄とし、その子に名づけて鯉《り》といった。字《あざな》を伯魚という。孔子の妻、伯魚の母を官氏栄という。孔丘の先祖が宋人であったところから、孔丘は縁を宋に求めたのである。上官氏は宋の大夫である。娘の栄は非常な美人であった。大夫の桓魋《かんたい》[135]がこれに恋したが、上官氏は許さず、孔丘に賢人の名があり、かつまたその先祖が宋人だったので、貧家であるにもかかわらずこれを厭わずに、乞い求められるままに孔丘に娶《めあわ》したのである。桓魋はこれをひどく妬み、孔丘が宋に来たら殺してやろうと待ちかまえていた。孔丘がいうには「人のいのちは天に懸っていて私力の及ぶところではない。桓魋のごときがわたしをどうできるものか」。桓魋はついに孔丘を殺すことができなかった。

孔丘は賢人だったが、その子鯉魚は愚者だった。前述のように、人の賢愚は、父が賢いからその子がかならず賢いとは決まっていない。父が愚かであればその子もかならず愚かであるとはかぎらない。賢父の子が愚子、愚父の子が賢子といった場合もあるのは、ただひとえに、その父母の気血の清濁、母胎の品行飲食のよしあし、心の持ちかたの正不正によるのである。

孔丘の異相および聖人・釈迦

孔子は背たけが高かった

孔丘が魯に仕えたときはすでに二十歳で、前述のように委吏・司職・司空などの官職を歴任した。二十歳の孔丘は、身のたけが九尺六寸(136)、あまりに背が高かったので、人々はこれを長人と呼んだといわれる。奇怪な話である。人間は自然五行の成るところのものであり、日本は少陽の国であるから、人の身長は四尺・五尺の間がふつうで、六尺あるのは稀である。シナは中陽の国であり、人の身長は五尺・六尺の間、七尺あるのは稀である。インドは太陽の国であり、人の身長は六尺・七尺の間、八尺あるのは稀である。それなのに、自然に具わる身長の程度を逸脱超過して、伏羲は竜頭蛇腹で長さが九尺八寸、神農は頭に角が生えていて、身のたけは九尺、黄帝は頭が平たく眼が大きく、身長は八尺九寸、堯帝は九尺、舜は八尺六寸、禹は長頭で九尺(137)、湯王は胸がそりかえり、文王は顔が長くて八尺八寸、周公は鼻が長くて九尺、いま孔丘は丘のような頭をしていて九尺六寸、インドの釈迦は縮れ髪、黄色い顔で一丈六尺と書物には記されている。このような説があるのは、儒者たちは聖人を尊びすぎ、仏者は釈迦をあがめすぎて、自然の通気が人間となるゆえんの微妙な品序というものを知らないのである。まったく恥知らずな愚見というべきである。

もしほんとうに、みんながこんな異相であるとしたら、それは自然気行の通気が中正を得ていないことの結果である。母の胎内にあるときに母親が辛いものを好んで食べたり、お産のときに渋滞したり時間がかかりすぎたりして、臓腑が長く伸びすぎて付いたものであって、世にいわれる生まれ損《そこな》いである。そのせいか、聖人・釈迦はみな知能が高くかたより、説くところの法術はすべて私利私欲から出る誤りであって、自然真の中道でないことは前に論じたとおりである。思うにこれは六寸を一尺として粉飾の説をなしたものであろう。おおむね儒者・仏者は聖人・釈迦を尊崇しすぎ、さまざま付会の説をなしてかえってこれを罪に落としているのである。漢の太史公が『史記』を撰して、孔丘は十七歳の時に魯を去った[138]と書いているのは誤りである。また、五十七歳にして周に行く[139]と書いてあるのも誤りである。孔丘が諸国を周流した後、魯に帰り周に行ったとあるのも誤りである。

孔丘、周に適《ゆ》きて礼を老子に問う

老子、孔子に礼を教える

孔丘が三十歳になったとき[140]、魯の南宮敬叔は、魯の国君に孔丘といっしょに周に行きたいと申し出た。魯の君はこれを許し、車一乗、馬二頭、侍者一人を与えて孔丘とともに周に行かせた。孔丘は周に行き、老子にまみえて礼を問い、ついに辞去することになった。老子が孔丘を送っていうには、「金持ちは人を送るのに財をもってし、仁人は人を送るのに言葉をもってするということじゃ。わしは金持ちではない。仁人でもないが、いましばらく仁人の名を盗んでそなたに言葉を送るとしよう。こんな言葉がある。聡明深察にして死に近づく者は、人を議《そし》るを好む者なり。博弁広大にして其の身を危うくする者は、人の悪を発《おこ》す者なり。また、こんな言葉もある。人の子と為《な》る者は、以て已れを有とすること毋《なか》れ。人の臣と為る者は、以て已れを有とすること毋れ[141]」と。

これは前の二句をもって孔丘その人を表わし、後の二句をもって孔丘を教えさとしたものである。孔丘はこの教えを傾聴し、真理に通じて一生の間それを貫いた。老子が孔子の師たるゆえんである。

老子の言葉の意味：その一

第一句の意味は、見（仁）・言（礼）・覚（義）・知（智）のいずれをとってもきわめて賢明な人間でありながら、わが身は年老い、死に近づいてもまだ世を治めることができず、かならず他人を非議し、世のため人のために自分の聡明を奪われて、谷神死せずということを知らぬ者であるだろう、ということである。

まことに、孔丘はこの言葉どおりの人間であった。そもそも国家のために法を行ない、天下の太平を欲することは愚である。天下が一度太平になったとしても、自然の世に帰ることができない以上は、ふたたび乱世となるに決まっているのである。だから、天下を治めようとする人間は、乱を好み、人を非議することを好む者であって、天下の太平を欲するばかりに自分の本心をとり失い、労力を使いつくして、死の近づいていることを知らないのである。一度太平になってもまたすぐに乱れることは明らかなのだから、太平を欲すること自体が愚の至りなのである。危ういかな、孔丘。そなたは不用な礼を好むことよ、と老子は孔丘を難じたのである。孔丘は一言も答えられないで胸中破れんばかりであったという(142)。

それというのも孔丘が、いにしえは伏羲からいま周の世の孔丘その人の時代にいたるまで乱世がうちつづき、治に似て乱であり、治まるかと思えばまたたちまち乱れ、乱れに乱れてとどまることを知らぬそのただなかにいながら、直耕の天道を盗み隠して天下を治めようと欲し、礼を好むのを最上と考えて、礼について問うなら老子以上の人はあるまいと思ってわざわざ周にまで出向いたりしたからである。かつて太公望(143)が、君が上に立つときは治乱止むことなしと喝破した言葉を知らぬことも恥じずに、むやみに礼ばかりを好み、生得の直耕の天道を忘れて、老子の教戒のために恥をかかされることになったのである。

しかし、老子も孔丘を教戒したとはいえ、自分でもやはり乱世を苦に病んで世を逃れて山に入り、自然神の進退する妙行は生と死とで一つの道であるところの常中であることをとり失って、孔丘を教えるのに谷神不死の論をもってしたことは、誤りに誤りを重ねたにほかならない。だから、孔丘が治ばかりを望み、治乱とはじつは一事であることを知らないのは大きな誤りである。また、老子が乱世を憂え、世がいくら治乱しても自分は治乱の間にいないのだとして直耕の天道とともに直耕し、衣食を安んずることをせず、生死を宇宙の運行と同じくする自然具足の道を知らずに山に入ったことも、大きな誤りなのである。

老子の言葉の意味：その二

第二句の意味はこうである。博く学んで理を弁ずることを教え、広く道を行ない、名を大にしようと欲する者は、文芸徳行の名利に走って、自己に具足する大道を失いやすい。だから、はなはだその身を危うくする者である。博学・弁・広・大のために本心を失ってこれを知らず、しかも人に教えるのにそれらをもってするので、教えを受ける者はそれを理に適っているとして学ぼうとする。つまり、これは他人に悪心を発させる人間である。だから、ただちに文芸徳行などのような身を危うくする学問、名利のために周流困苦する戯れにひとしい仕事をやめてしまい、具足の大道を明らかにせよ、というのである。

これもまた孔丘を難じた言葉である。孔丘が博く学び理を弁じて名利ばかりを望むのは、利己の誤りである。老子が気をもって虚無の大道[144]とすることももう一つの誤りである。そんなことで、いつの世のだれが自然真中の道に適うというのだろうか。

老子の言葉の意味：その三、その四

第三句に「人の子と為《な》る者は、以て己れを有とすること毋れ」とある言葉の意味は、人の子となっては父母のことを考え、自分を無にしなければならない。自分を無にすれば父母に具足する大道に感通して、孝行という名目がなくても孝行が真に達し、天下にみなぎりわたるだろう、というのである。

これも孔丘に教えたのである。孝行をもって名を立てようとするのは、名利に走りたがる孔丘の誤りである。自分を無にすれば云々といってわが身を虚無にする老子もまちがっている。この身は父母の分身であって終りというものはなく、人身から人身を分生し、自然真の物がひとりで進退する常に中なるものだからである。それを無にすれば真に達するというのは、まさしく自然の常中を盗む誤りである。

第四句に「人の臣と為る者は、以て己れを有とすること毋れ」といっている。これは主君のことを思って自分を無にせよ。自分を無にすれば、主君に具足する大道に感通し、忠臣の名目がなくても真に達し、その忠が天下にみなぎるだろう、というのである。これもまた孔丘を教えた言葉である。しかし、この場合も、忠をもって世に称されようとする孔丘は誤っている。自分を無にするのが真の忠だという老子も誤りである。自然の真道は有無にして一つの道である。だから、孝があり忠があるとして名利を求める孔丘は私利に偏していて誤りだし、孝の名はなく忠の名もないとして無ばかりを取る老子もまた自己に偏していて誤りである。要するに老子と孔丘とは、人柄がちがい、言葉が別であっても、自然の真道を知らないという点では、いずれも偏頗な知恵しか持っていず、同一の誤りを犯しているのである。このことを知って、有無にして一真の自然を明らかにしさえすれば、治乱にこだわり迷う者はだれもいなくなるだろう。仏者が有無を離れるというのも、自然を知らず、無に偏執する迷妄であり、過誤である。有無・生死・善悪、そのいずれもが一つの真であることを明らかに知るべきである。

孔丘、門人盛んおよび『論語』の初章

孔子の門弟一千人をこえる

孔丘が周から魯に帰ったとき、諸国の学問に志す人間たちがこれを評していった。「孔子

は周に行って老子に会い、道の奥義《おうぎ》をきわめて魯に帰ってきたということだ。天下の道をたずねる者は入門しなければなるまい」。こうして弟子の数はますますふえ、一年も経たぬ間に門弟は一千人余りに及んだ。孔丘の家は貧しかったが学問は豊かであったので、弟子はよろこんで師の家を幇助《ほうじょ》し、おかげで孔丘の家の暮しはすっかり楽になった。

『論語』のはじめの言葉

孔丘がいうには「わたしは周に行って老子から一つの言葉を聞いた。いまそれを言って聞かせよう。学《がく》して時にこれを習う。亦《ま》た説《たの》しからざらんや。朋《とも》あり、遠方より来たる。亦た楽しからざらんや。人の知らざるを慍《いか》らず。亦た君子ならざらんや」。この三句一章の言葉を語ったのが、孔門の学の最初である。だから、『論語』の巻頭にある「学而第一」の発語となっているのである。これは孔丘が老子から聞いて得た言葉である。文面の意味は、書物を学ぶにあたって時々これを復習するのはまた喜ばしいことではないかということで、初学者のよりどころとしたものである。しかし、これから孔丘が取ったところの真理はたんに文面の意味ばかりにとどまらない。ただ感情のうえで喜ばしいということを超えて、天人一和、つまり天と人間とが一つに和合することとの喜びに至るべきである、と孔丘は説いたのである。だから、「時に」の時とは、天の運行する五行進退の十気《とき》(145)のことである。「習う」とはとりもなおさず天道にならうことなのである。天真と人性とが感合し一に帰することを習い性とする学問なのである。孔丘の真意はそこにあるのである。孔丘は老子に学び、門弟たちは孔丘に学び、世人は『論語』を学ぶけれども、要点は孔丘が天真を学んだということにある。だから、朱子や程子[146]その他の学者たちがこれに注して、鳥がしばしば飛ぶようにとか、おりおり習うとか、余力があるときこれを学ぶとかいうごとき、皮相浅薄な学問のよく理解しうるところではないのである。

「朋あり、遠方より来たる。亦た楽しからざらんや」[147]。この語句もまた文面では、学問の友が、近いところはいうに及ばず、遠方からはるばるやって来て、たがいに学問を語りあったら、どんなにか楽しかろうという意味であるが、孔丘のいう真の朋友とは、けっして文面どおりの意味ではない。老子から教わった谷神死せずという友が周の遠方からやって来て胸中にある、また、自分の真の友は天真の遠方からやって来て心中にある、三つの真で、一つの真であるものを孔丘の胸中に置く。これが孔丘のいう真の友であって、これを楽しみとすることはすなわち真を楽しむことであるから、喜怒哀楽などのような感情の楽しみとはまったくちがうものなのである。

人に知られずして慍らずの嘘

「人に知られざることを慍らず。亦た君子ならざらんや」とある文面の意味は、たとえ人が自分の心中に慎み秘していることを知らず、自分をそしっても、それに腹を立てたりはしない、何とまあ君子の人格ではないか、ということである。しかし、これも孔丘の真意は、天の神気たる十気としての時、天真の徳を楽しみ、喜びと楽しみとが天真とまったく一つに和合してさえいれば、天下が罵り騒いで自分を非難しても、何も罪を犯していない自分はだれに対して慍《いか》ることがあるだろうか、というのである。

もしも右の言葉のとおりに、孔丘が古聖人の法を学び、天の時にならい、老子の説いた谷神死せずを自分の友とし、自分の聖人たる心を人に知られず用いられず、天下挙げて孔丘をそしっても怒ることのない君子であり、人の師であったならば、たしかに一点の非議すべき事柄もない孔丘でありえただろう。しかし、世人がみな孔丘を尊敬するのは、一見正しいことのようであるが、じつは自然を知らぬ無知から出ているのである。自然の道というものは、孔丘もこれを知ることがなかったのである。なぜかといえば、古聖人に学び、天の時にならって、これを喜びとすると口ではいっても、孔丘はやはり天の時をまちがってとらえているからである。天の時とは運回し進退する十気であって、この時が小・大に進退する運行のもとに万物が生々する。これが天の直耕である。ほんとうに天の時を学び、天真にならうというのなら、いったいなぜ直耕するために生まれながらそれをせずに、書芸の私法に逸脱して天の時の教えにしたがわなかったのか。

また、天真を友とするというのなら、天真は乱を憎み治を欲する者ではない。(148) 治乱のうちにありながら治乱にあずからず、治乱を超えてみずからは常に平安である。このことを知らないで孔丘は乱を憎み、治を欲する。しかし、治乱とは一つのことなのだから乱を去れば治もない。それを知らずに乱を去って治を欲するばかりで諸国を周流し、諸侯に治を説いてまわったことは、天真を友としたこととはいえないだろう。むしろ偽りをこととする盗賊学者を友としたのである。誤りもはなはだしいではないか。

また、もし世人が孔丘を知らず、天下のそしりを得ても怒らないというのだったら、何も諸国をめぐって治法を説く必要などないではないか。孔丘は天下を大いに治めることを希望したけれども、周王をはじめ諸侯はだれもそれを知らなかった。だから孔丘を挙げて用いられなかったのである。孔丘はこれに腹を立てた。だから諸国を遍歴してあっちでは説き、こっちでは述べて、天下を治めようとした。それはつまり諸侯にへつらい、用いられ、人々の上に立ち、自己を利し、天下に名をひろめようとすることである。天下に向かって腹を立てる大きな誤りである。これはもともと、おまえは諸侯が乱をなすことに立腹し、人を非議するだろうと、孔丘が老子に辱《はずか》しめられた当のことではないか。なぜさっさと世をむさぼる書物の学芸をやめて、生得の天真の道に立ち返らなかったのか。だから、孔丘は乱世に腹を立て、治法の用いられぬことを憂え、しかも自然の真道を知らず、貪食をやめなかったといわれてもしかたがないのである。一方、老子も孔丘を戒めたとはいえ、自分は乱世を苦に病んで逃れて山に入り、人里はなれた僻村で貪食した。心術と行状はちがっていても、両者は同じ誤りを犯しているのである。

孔門の学盛行および師弟問答

孔子門下の秀才たち

孔丘一門の学問は日に月にますます盛んに行なわれ、その門下には文学に秀でた者あり、徳行に進む者あり、政治の学に志す者ありという盛況であった。顔淵・曾参《そうしん》・閔子騫《びんしけん》のような弟子たちは徳学を好み、子貢・子夏・子有のごときは文学を好み、仲由・冉求《ぜんきゅう》・伯牛のごときは政治の学を好んだ。(149) 弟子たちのひとりひとりが生来好むところにしたがって、いずれの学をおさめるかを孔丘の賢智はあらかじめ察し、めいめいの才分に応じた学問をこれに当て、教えてあかず、修めて倦《う》まなかった。弟子たちもまた孔丘の聖徳にいざなわれて、学問に励んで怠らなかった。

聖人の仁は徳行にあらず

顔淵が徳行について師に問うた。孔丘が答えていうには、「愚なるが如く、訥言《とつげん》なるが如くせよ(150)」。この言葉の意味は、顔淵が生まれつき理にさとく、弁舌がするどくさわやかだったので、愚訥につとめることをもってこれを中正にしようとしたのである。このように孔丘は、人をいつくしむことを仁としている。したがってまた、仁をなすことを徳行としている。これが孔門の学を一貫する考えである。しかし、これは自然真の徳行ではなく、どこまでも孔丘の私《わたくし》の聖智から生まれた仁でしかない。人あって問うかもしれない。聖人とは自分の非を知って私をまじえない[151]。だから聖人という。なぜおまえは私の聖と称するのか、と。答えていおう。天徳は昇降の気行をなしてもろもろの穀物を生ずる。これが天地の直耕である。このように、与えて奪うことをしないのが自然の天徳である。これに反して聖人たちの徳行といわれるものは、みずからは耕さずに人々が直耕して得たものの余りを奪って衣食の用に供している。だから、自分の所有物は一つもないくせに、みだりに弁説ばかりをもって、民をいつくしみ仁を行なうと称し、さらにこれを徳行と呼ぶ。だから、聖人は自分で非行をしながら、私法を用いてこれを徳行としているのである。自然真の天生の徳行ではない。だから、孔丘が私智をかまえてこしらえあげた仁であり、徳行なのである。

曾参が徳行について師に問うた。孔丘が答えていうには、「魯なる如く、喪哀の如くせよ[152]」。これは曾参の気質が知慮に走り、利にさとくてこれを喜ぶ傾向があったので、喪哀につとめることをもって中正を得させようとしたのである。これもまた孔丘の仁である。

閔子騫が徳行について師に問うた。孔丘が答えていうには、「寒《こご》えるが如く、温寛なるが如くせよ[153]」。これは閔子騫にひじょうな活気があり、孝心が剛直だったので寒寛の言葉をもってこれを是正したのである。これもまた孔丘の仁恵である。

右のように、孔丘が三人の弟子に答えた徳行は、いずれも孔丘の私智から出た仁であり、こしらえごとの徳行であって、けっして自然の徳行ではない。そもそも自然の徳行とは、木徳は穏和であって万物を生じ、火徳は光を照らして万物を盛大にし、金徳は清浄であって万物の実りを収《と》り入れさせ、水徳は明察であって万物をことごとく蔵めさせ、土徳は木・火・金・水の四徳を革《あらた》め就《つ》けてすべてをもって一徳とする。一徳にして五徳であり、五徳にして一徳である。だからもし、木の生徳が一つでも欠けたら、五徳は成り立たないし、また火の盛徳が一つ欠けたら、やはり五徳は成り立たない。どれ一つが欠けても五徳ではない。だから五徳は一徳なのである。五徳はそれぞれに進退して十、すべて一徳をもってこの中土にある万国の人倫のために万物を生じ、これを与えて奪い殺すことをしない。これが自然の天真の徳なのである。孔丘の仁徳は、ものを生ずることも与えることもなく、耕さずにものを得て衣食の用に供し、弁舌ばかりをこととする。説教のなかでは天徳をいうけれども、天地（原文は「天地」となっているが、訳出の便宜上「 」をはずした。以下同じ）と行動・直耕をともにしないでまったくこれを欠いている。だから、私の誤りなのである。

弟子たち、孔子に文学を問う

子貢が文学について師に問うた。孔丘が答えていうには、「車の如く、輗軏《げいげつ》の如くせよ[154]」。これは子貢が才になずんで徳がそれに伴わなかった。そこで孔丘が車の輗軏にたとえて子貢をさとしたのである。大車には輗（くびき）、小車には軏（くびき）があって、はじめて車の徳をなすのである。大車小車それぞれに輗軏がなかったら進むことはできない。人間に仁徳がなかったら、信義のある人物にはなれない。孔丘はこう教示したのである。子貢がともすれば文才に走って仁徳にすら達することのできない人間が真の徳に達するわけがない。だからこれを論評する必要はないだろう。しかし、その子貢に教示したのは、これまた孔丘の仁なのである。

子夏が文学について師に問うた。孔丘が答えていうには、「華の如く、実の如くせよ[155]」。これは子夏が文学を好みながらいまだ文意に通達しないのを見て、文面は花が咲きつらなって乱れないように賦し、文意は花のなかに実が含まれているように作れ、とこれに教えたのである。子夏が未熟だったので、これを花実にたとえてさとしたことも孔丘の仁である。

子有が文学について師に問うた。孔丘が答えていうには、「行くが如く、休むが如くせよ[156]」。これは子有が文学を好みながらいまだ作文の方式すら知らなかった。そこで、人が道を歩くときに行っては休み、休んでは行くのが正しい行きかたである。行くばかり、休むばかりでは道を歩くことはできない。文を作るにもそのようにせよとたとえをもって教えたのである。これも孔丘の仁である。

弟子たち、孔子に政治を問う

子路が政治について師に問うた。孔丘が答えていうには、「陥るが如く、押し下さるが如くせよ」[157]。これは子路に生まれつき匹夫《ひっぷ》の勇があって、徳行・文学に達することができず、政治を好んで賞罰のことに奔走し、ために自他ともに亡びる危険をかえりみなかった。そこで高いところから落ちこみ、なるべく人に押し下げられるようにせよ、とこれに教えたのである。これもまた、仲由すなわち子路を助ける孔丘の仁である。

冉求が政治について師に問うた。孔丘が答えていうには、「遺《や》るが如く、飽きて嫌うが如くせよ」[158]。これは冉求に利得を欲し、貪欲を好む生来の傾向があったので、人にものをやることと利得を嫌うこととをもってこれを是正しようとしたのである。また冉求の心の病いを癒そうとする孔丘の仁である。子路に答えた言葉と冉求に答えた言葉とでは意味が違っているように見える。これは筆者の誤り[159]であろう。だからいまわたしは子路・冉求の生得の気質とを見くらべて、本文を書き改めてここに示したのである。

伯牛が政治について師に問うた。孔丘が答えていうには、「失《あやま》るが如く、改《あらた》むるが如くせよ」[160]。これは伯牛にとかく言辞に過ぎ、行動力が鈍いという生来の欠陥があった。そこで、もしまちがったらすぐに詫びをするように、改めて悔いを去るようにせよと教えて、伯牛の過失を救おうとする孔丘の仁なのである。

以上のように、孔丘が門弟たちを教え戒めてその心術と行状を守らせることは、まことにかたじけない仁心であって、他の人間の及ぶところではない。たしかに孔丘は口を開けば仁を説いた人間であった。しかし、うらめしいことには、孔丘は自然天生の直耕の道を誤った。だから門弟たちにも、めいめいに具足する天真の道を失わせてしまったのである。

ふたたび徳行について

顔淵がいうには、「徳行というものは、天真にはもっぱら生じ、かつ与えることがあって、奪ったり取ったりすることがないのと同じように実践すべきだと思うのですが、いかがでしょうか」。孔丘が答えていうには、「それ自体は正しいが、下民に対して過分にすぎる」[161]。生じ与えて、奪取することがないのは、天真直耕の真道である。もしも回（顔淵）がこれを知っていることが真実ならば、なぜ耕さずに貪食しているのか。当人は天真のうちに生まれたのだから、当人の身にも天真は具足しているはずである。それなのに、自分は口で天道を語るばかりで、天は常に直耕を行なうというのに自分は躬行《きゅうこう》しない。知っていながらこれをしないのは罪に罪を重ねることである。庶民はそれを知らなくても常に直耕を行ない、その余分を耕しもせずに貪食する孔門の学徒のごとき者に与えている。すなわち天真でなくて何であろう。この人々とともに直耕をせず、口舌の徒として生きることは最大の誤りである。孔丘はつねにみずからは直耕せず、しかもそれは誤りでないとして直耕を門弟たちに教えなかった。だから、顔淵のごときは口さきでいうばかりで実際にしようとはしないのである。さらにまた、孔丘が「それ自体は正しいが、下民に対して過分にすぎる」といったのは、おのれの徒党を上と見、直耕して天真と同じ行ないをしている庶民を下と見て「下民に対して過分にすぎる」といっているのであって、私の誤りもはなはだしいものである。顔淵の言葉のように、生じ与えるが奪取することがないのは、すなわち直耕の王道であって、徳行の最上のものである。これを押し隠して「過分にすぎる」といったのは、天真を盗み掠《かす》めとるたいへんな誤りである。孔丘が一生世に揚げ用いられなかったのはその罪のせいであろう。上下ともに一人であるところの自然の道を、いささかも知らなかったことの明白な証拠である。

曾参がいうには、「徳行というものは、身を守ることあたかも麒麟《きりん》が生草を踏まぬごとく、心ひろく和やかに人々に応対すべきものだと思いますが、いかがでしょうか」。孔丘が答えていうには、「自《みずか》らは可であるが、いささか政威が乏しい。愚民を恐れさせることを考えるがよい」[162]。ここで麒麟というのは仁徳の至りの比喩であり、獣のことを論じているわけではない。仁至り、心ひろく和やかに人々に応対することは人柄を慎むことではあっても、自然の生々与々する天耕の真道ではない。未熟な考えである。孔丘が、政威が少ない、愚民を恐れさせねばならぬといったのは、政威を励まそうがためである。政治は天道に具わると思うのはまちがいである。太公望がいったように、治乱は自然の天道ではなく、時々の君主の賢不肖にある。治乱とは政治のことである。政治が正しければ治まり、政治を失すれば乱れるのである。政治とは治乱の別名にほかならない。だから、孔丘が政威が少ないといったのは、仁至り心ひろく和やかであるのみでは民と和しすぎて政治のためにはかえってよろしくない。下は愚民に恐れを懐《いだ》かせるようにせよ、という意味である。政治とは治乱であって、治乱の他に別の政治と称すべきものはない。だから政治は自然のうちにあるものではなく、また天地宇宙の道にもないのである。太公望がつとにこの意を明らかにしているのに、孔丘が政治をもって天道とすることは大きなまちがいである。

閔子騫がいうには、「徳行というものは、雨が降るように、風が吹きわたるように人々に接し、天真が地を照らすようにするべきだと思いますが、いかがでしょうか」。孔丘が答えていうには、「すべてそのとおりである」。これを見ると孔丘が閔子騫に賛成している。不審である。雨が降り、風が吹きわたるのは、すなわち宇宙の直耕であって、万物は風雨のもとに生育実収し、また天真は天地のうちを照らしてこれを成就させる。人間は、孔丘・閔子騫といえども小天地であるから、汗の雨を降らし、大息の風を吹きわたらせて直耕し、穀物や麻を生じて、自分の物をもって衣食の用に供するならば、天真と同じ徳行をしているといえるだろう。それをしないで口さきだけで徳行を論ずるから、無益で道を害する罪をまぬがれぬ師弟なのである。このとき、曾参は閔子騫の言葉を聞いてわが身を恥じ、師の「愚民を恐れさせよ」という教えを案じ慎むこと三年、食べ物の味がわからなかったという。曾参が最後に衆に秀でるようになったのはそのためなのである。[163]

ふたたび文学について

子貢がいうには、[164]「文学は徳に入るための門とか申します。門がなければ室《へや》を見ることができません。まず文学を学ぶことはいかがでしょうか」。孔丘が答えていうには、「門がなくて、室の柱を削るほうがましだ」。この意味は、たとえ門がなくてもまず室を作ってなかにおれば何のわずらいもない。門があっても居室がなかったらたちどころに不自由するだろう、というのである。子貢の学問がそれである。徳は居室である。文学は門である。子貢はこんなことすらわきまえない。評するに足らない。

子夏がいうには、「文学は人間の行動の梁《うつばり》です。梁がなかったら、何をもって家屋の徳用をなすことができましょう。いかがなものでしょうか」。孔丘が答えていうには、「梁は見上げて見るものではないか。どうして家屋の根本にある礎《いしずえ》を見ようとしないのかね」。ここでもまた、根本の礎は徳である。梁は文学である。根本の徳を行なうことができずにいて、末枝の文学を好む。子夏の学問もまた評を下すに足らぬ戯れごとである。

子有がいうには、「文学とは人を化する作用を持ったものです。人間として生まれ、化されることがなかったら、何によって徳に入ることができるでしょうか」。孔丘が答えていうには、「おまえは風を見ながら木を知らないのかね」。言葉の意味は、風とは木の化である。人の作用は徳の化である。文学は徳を学ぶことの化である。子有の学問は、本《もと》を知らずに末を取るものであって、はなはだ愚拙である。

ふたたび政治について

子路がいうには、「まず政治があって、その後に国家があります。国家があって、その後に徳行があります。政治というものがなかったら、何をもって徳の用を達することができるでしょうか」。孔丘が答えていうには、「春の花がなかったら、いったいどうして収穫の秋があるだろうか」。この言葉の意味は、徳を布《し》いてよく国を治めるのが政治である。徳を欠いた政治はかならず乱れる。春の花の徳があり、しかる後はじめて秋の収穫があるのだ。だから春の花がなければ収穫の秋もないことは、徳行がなければ治国の政もないのと同じことだというのである。こんなことすらわきまえぬ子路であるから、また取るに足らない。

冉求がいうには、「政治というものは、天が春や秋を循行させるごとくです。賞は春に応じてこれを愛すべきですし、罰は秋に応じてこれを憎むべきです。善悪を糺《ただ》すことがなければ、何をもって徳行とすることができるでしょうか」。孔丘が答えていうには、「いったいどうして秋を罰にたとえるのかね。そもそも天が秋をもって万物を収めることをしなかったら、人間の政治は何をもってこれを治めて人々に食を与えるというのだ」。冉求といえども人倫のうちである。天が秋の収穫をもって人倫を養えばこそ、徳だの文だの政治だのという私論ができるのである。もしも天の直耕による秋の収穫がなかったら、何を食ってこんな論議をするというのだろうか。私論などしなくても、ただ天とともに直耕して自力で生活すれば天に合致するだろう。そうしたらどうですか、と問うてやったら、孔丘も冉求も返答に窮して啞蟬のように黙ってしまうだろう。だから、冉求が天の春秋をもって賞罰と考えるごときはまったく話にならない。孔丘が、もしも天が秋をもって収めることをしなかったら、人間の政治も何をもって民を養うのかと反問して、天の与える収穫のかたじけないことをいいながら、自分では耕作も収穫も実行しないのは、また何をもっておのれに具足する天道を治めようというのだろうか。孔丘が日頃弟子たちに教えるのに言行をもってし、言葉は遅く、行ないは早くせよ[165]といっているのは、すべて私利のための虚言である。天が秋をもってする収穫がなかったら、人間の政治も何をもってこれを治め、民を養うのかといいながら、口さきばかりでそれを実行することをしていないではないか。虚言でなくて何だというのか。

伯牛がいうには、「政治とは、主君には忠義を尽くし、民を愛してこれを行なうものであります。これはすなわち徳行であります。この他に何をもって徳行とすることができるでしょうか」。孔丘が答えていうには、「まちがいではない。しかし、おまえはまだ忠が仁と一つのものであることを知らない。徳を知るとするには足りないね」。言葉の意味は、忠・仁・徳は一つの達徳の三つの名だということである。しかるに伯牛は、忠とは主君を奉ずることであるとばかり考えて、仁と同じ徳であることを知らなかった。だから孔丘は、いまだ仁徳を知らないといったのである。

以上のように、徳行を論じている孔丘および顔淵・曾参・閔子騫すら、こしらえごとの私言しか吐いていない。いわんや、文学とか政治の学とかにいたってはみな私失のでたらめでである。孔門の学がいかに盛んであろうとも、抜群にすぐれていて十哲[166]と称された弟子たちの最上の学問ですらこんなありさまなのだから、かつて自然の道に合うわけがないことは、右の論評に示すとおりである。孔門師弟の論のあらましは、以上の問答につきている。三千人の門弟からすぐれた者百人を選び、百人の弟子から選抜した十哲の論でさえかくのとおりなのだから、その他は推して知るべし、論評の必要はないのである。徳行は、天徳の直耕に似てはいるが、事実は耕さずに天道を盗むものである。文学は、文字・書物だけの知識であり弁舌であり、人柄をいかにも天の行ないに似せるけれども、やはり耕さずに天の行ないを盗むものである。政治の学は、これも天道の四時直耕の妙行に似てはいるが、やはり耕さずに天道を盗むものである。三つの論は一見別々のようであるが、盗道の私失であるこしらえごとだという点ではまったく同一である。だから、孔丘門下の儒学はすべて利己の私制私法であって、自然の生々直耕、宇宙の真道でないことが知られるのである。

諸国乱す、孔丘、魯を去り斉に伏す

孔子の時代の政治情勢

孔門の学が盛んになり、門人が三千人[167]あまりを数えるようになったのは、孔丘が三十歳から三十二、三歳に達した頃のことだった。この時にあたって諸侯のあいだに争乱ははなはだしく、晋の平公[168]が六卿[169]を犯して権力をほしいままにし、東方の諸侯をしきりに攻撃した。楚の平王[170]は軍を強く励まし、中原を囲んでこれを呑もうとした。斉は大国で、魯と隣りあっていた。魯は小国だったので、楚の側につけば晋が怒り、晋につくときは楚から攻撃され、斉に対して備えていなければ、いつ斉の軍勢に侵入されるかわからないという状態であった。弱小国でいつも危険に瀕していたのが魯の国情だったのである。しかし、魯には孔丘がいたので、諸国は容易にこれを侵すことができなかった。時に魯の昭公二十二年、孔丘は三十三歳であった。

この頃、斉の景公[171]がその臣の晏平仲《あんへいちゅう》[172]とともに魯を訪問し、孔丘に政治のことをたずねた。孔丘が答えていうには、「昔、晋の穆《ぼく》公[173]は小国にありながら、覇者《はしゃ》[174]となることができたのは、その志が大だったからです。所は僻地でありながら、その行ないが中正だったからです。みずから百里奚[175]を抜擢してこれに大夫の爵位を与え、罪人の境遇から引き上げてともに語ること三日、政治にたずさわる権限を授けました。そのおかげで力を得て覇者になったのです。王者になることといえども小さすぎるくらいでしょう[176]」。景公はこれを聞いておおいによろこび、これから斉は魯の国政を参考にしようと思った。これは孔丘の徳化である。景公は国に帰った。

魯の国おおいに乱れる

孔丘が三十五歳になったとき、魯の宰相季平子は郈昭伯《こうしょうはく》と闘鶏のことがもとで争い[177]、内戦をはじめた。魯の昭公は軍勢をひきいて季平子を討伐した。そこで魯の大臣家の季氏・孟氏・叔孫氏の三家が一味同心して、昭公に反乱を起こし、昭公を攻撃した。昭公の軍はやぶれて斉に敗走した。斉は昭公を自国に迎え、乾侯という土地にいさせた。これがもとで、魯の国はおおいに乱れることになったのである。

孔丘は魯にいることができなくなって斉に行き、斉の大夫高昭子の家臣となった。これを見れば、聖人の徳といえども乱に勝つことができなかったのである。聖人の徳はもともと天の徳ではない。だから、聖人がひとたび天下国家を治めたところで、すぐにかならず乱れはじめるのは、それが天徳に背くことだからである。聖人の徳は天徳に似せて作りあげた私法である。だから天の責めを受けて乱れることは避けられないのである。孔丘の聖徳がもしも天徳と同じであれば、父親の紇《きつ》の農業に専念して、他人からむさぼらず、これにへつらわず、自分で生産した自分の穀物で食を安んじ、麻であろうとも衣服を安んじて、魯を去る必要もなかったろうし、その身も天下太平であったろう。もしも聖徳が天徳に適うならば、季・孟・叔孫三氏の逆心を和することができ、魯を安泰にした上に、その徳を他国に及ぼすこともできたであろう。しかし実際には、同じ一国の家臣すら一つに和解させることもできなかったではないか。それは聖徳なるものが私制・私法にすぎぬものだからである。

孔丘は、たとえ難儀に遇おうとも、やがてもう一度かならず政治力を得て天下を治め、功名を立ててやろうと望んだ。だから他国の斉に走って、他君の陪臣《ばいしん》となったのである。聖人の徳行も、名を立てようという目的のためには、恥辱に甘んずることかくのごとしである。たいへんな誤りではないか。

孔子、斉で音楽を学ぶ

その上に、孔丘は斉にあって楽師と音楽を論じ、音韻を学ぶこと三月[178]、その間肉の味わいを知らなかったといわれる。おそらく孔丘は音韻のために精神を奪われたのであろう。なぜかといえば、音韻とは自然五行の気感だからである。天地の風音の太音・細音・中音・剛音・舒音、この五音[179]は天地の性であり、進退して十音となり、また退進して五十音となる。人身をもってこれをいえば、府蔵の気感が口中に発して、牙・舌・喉・歯・唇の五韻[180]となり、それが進退して十音、さらに退進して五十音、呼吸の気息をもってこれを行なうのがすなわち人の性である。この五音が鳥にそなわってかくのごとくであるのは、鳥の性である。獣・虫・魚にそなわるのも同様にそれぞれの性である。管弦・鐘鼓・磬嘯《けいしょう》・瓢・土器の音は、これすべて非情の性である。つまりこれらが自然の天地・人・物にそなわるところの音韻なのである。これを知るときには、天地と自分、万物と自分とは一つに和合して常住変わることがない。孔丘がもしそれを知っていたなら、どうしてみだりに器物の鳴る音楽だけを聞いて肉の味を知らなかったなどというのか。これによって思えば、孔丘の音楽は、自然進退の気感が天地・人・物にそなわることにまでは通じていなかったのである。

孔丘、中都の宰となるおよび魯乱れ少政卯を誅す

晏嬰、孔子を魯に追う

孔丘が斉に伏居しているとき、景公は孔丘をもって非凡の大賢とし、これに尼谿《じけい》という土地の田を与えて孔丘を封《ほう》じようとした。景公の臣晏嬰《あんえい》はこれに反対して主君に讒言《ざんげん》し、しまいには孔丘を殺そうとした。孔丘はこれを察し、「巧言令色は仁を鮮《ぬす》めり(181)」といってとうとう斉を去り、魯に帰った。この年孔丘は四十二歳であった。魯の昭公は斉の乾侯《かんし》の地に卒《しゅっ》し、その子が立って定公となった。定公の五年の夏、季平子が死に、その子季桓子が後を嗣いだ。

この季桓子が井戸を掘ったとき、土の中から小さな瓶《かめ》に入った奇怪な獣が出てきた。季桓子はこれを犬だろうと思って孔丘にたずねた。孔丘は、土から出た怪物なら墳羊(182)であるとこれに答えたという。これもまたへんな話である。孔丘は怪力乱神(183)を語らなかったといわれるのは、さしずめ嘘であるにちがいない。

陽虎、季桓子と対立する

その時にあたって呉兵は越を伐《う》ち、(184) 会稽を攻め落として越王をとらえ、獄に下した。このとき、魯では季桓子の寵臣仲梁懐《ちゅうりょうかい》と陽虎との間がたいへん険悪になっていた。陽虎は懐を追放しようとしたが、自分の臣下の公山不狃《こうざんふじゅう》という者になだめられて思いとどまった。仲梁懐はいよいよ権勢におごった。そこで陽虎はついにこれを捕えた。季桓子はおおいに怒った。陽虎は季桓子も捕えてしまった。季桓子は勢力では陽虎に敵対することができない。また陪臣である陽虎は、季桓子を相手に不忠にふるまうわけにはゆかない。そこでおたがいに譲歩し、盟約を結んで季桓子を釈放した。この事件の後、陽虎はますます季氏を軽んずるようになり、公室を犯し、陪臣の身として国政を執るようになった。

さてその後、魯の国では大夫以下みんなが君主を気取って道を乱しはじめ、孔丘の教えを取り上げて用いる者などだれもいなくなってしまった。そこで孔丘は出仕せず、自分の家にとじこもって詩書を修めた。おおいに学問に努めたので、弟子はいよいよ遠方から集まり、その数三千人に及んで孔丘から学業を受けぬ者はなかった。『書経』を注釈し、これを論じては堯・舜・禹の徳をあらわし、『詩経』を編集して周公を称揚し、『礼記』を綴って礼儀三千曲礼三千、委細をきわめた礼法をここにつくした。

定公の八年、公山不狃が季氏に背き、陽虎と同盟して反乱を起こした。季・孟・叔孫の三桓家を廃して、陽虎が擁立する人物を宰相の位につけようとしたのである。季桓子を捕えたが、季桓子はうまく偽って危険を逃れることができた。翌九年、陽虎の軍は敗れて斉に逃亡した。時に孔丘は五十歳であった。

公山不狃は費《ひ》の城市を本拠として季氏に叛き、その土地を自国のようにして占拠し、孔丘を招いた。孔丘は行こうとした。弟子の子路がこれを喜ばず、反対して引きとめた。これは孔丘が血気にたのんだ誤りである。費は昔の周公の国である。暴力によって荒らされ汚されることを好まぬ土地柄なのである。

孔子、中都の宰となる

定公は孔丘を中都という邑の宰（長官）にした(185)。孔丘が定公にいうには、「人臣は武器を蔵しているべきではなく、大夫にさしたる城がなくても国の守りがむずかしいということはないでしょう」。こういって門下の仲由を季氏の宰たらしめ、季氏・孟氏・叔孫氏の三家の都城を破壊し、その代わりに一つの城を築いて国の守りを堅めようとした。孔丘のこの提案はたいへんなまちがいであった。叔孫氏(186)はこの知らせを聞いてすばやく乱を起こし、郈《こう》の城市を破壊した(187)。季氏もいままさに費を破壊しようとした。そのとき季氏の臣、公山不狃と叔孫とが費人をひきいて魯を襲い、国内に攻めこんで魯国の大乱となった。孔丘の一言がもとで起こった乱なのである。国中あげての乱戦になってしまった。時に定公十四年、孔丘は五十六歳であった。

孔子、少政卯を殺す

大司寇《だいしこう》（司法長官）の職についてから臨時に宰相の仕事も兼ねるようになった孔丘は、はなはだ喜色満面であった。門人がいうには、「先生はつね日頃、君子というものは幸運が来ても喜ばず、禍《わざわ》いが来ても患《うれ》えないとおっしゃっていましたが、いま喜色があるように見えるのはなぜでしょうか」。孔丘はこれに対して「高貴な身分にあって人に下るのを楽しむとはいわないかね」と答えたといわれる。かの天道は進退をこととして常に運回し、上下の身分もなければ、私の制法を楽しむこともない。孔丘が国政にあずかっていたときに、魯の大夫で行政を乱した者に少政卯《しょうせいぼう》という人物がいた。孔丘はそれを理由に少政卯を殺させた。このことを評してこんな議論が世に行なわれている。曰く、これは聖人が人を殺したのだろうか。いや、人を殺したのではない。国家の災いを殺したのだ。一人を殺して万人を救うのが孔子のすることである。一人の死をいたんで万人の患いをかえりみないのは愚人のすることである。だから、孔子が人を殺したことは一生のうちただ一人だけなのだ、と。こんな議論を腐れ儒者や世の人々はいかにも尊いこととしている。ああ、これ誤れり。一人を殺すも、万人を殺すも、殺すということにおいては一つである。悪を去って善のみを取るのは、自然の道を知らぬ誤りなのである。自然の道は善悪にして一道である。だから、悪を去れば善はなく、善を去れば悪もない。善悪が一つの常行なのである。これを知らずに、悪を去って善のみを取ろうとするから少政卯を殺すことになる。その結果、わずかの間は治まるに似るが、またすぐに乱れに乱れて、孔丘の教法など立ち行くことができなくなるにきまっているのである。孔丘に先立つ聖人たちが、代々善ばかりを取って教えたり治めたりしてきたからこそ、ひとたびは治世に似ながらまたすぐに乱世となってとどまるところを知らないのである。

孔丘はそのことを反省せず、先聖の私法をたっとび学んでこれを自分の世に適用した。だから、また乱がやまぬという同じあやまちをくりかえしたのである。乱を起こす者と治を欲す者とは、二つながら一つである。治乱などには無関係な、自然の進退して一行である真道をもってするときには、治乱ともに一つに和合し、はじめて乱世というものがなくなるだろう。孔丘が国政をあずかり聞くこと三月にして、魯の国はおおいに治まったという。しかしそれは、悪を去って善のみを取ることを政治としたので、いったんは人情がそれに和して治まるように見えただけの話である。その治は強いて悪を去ろうとする治である。だからたちまち、百日にも満たないのにふたたび乱が起こることになったのである。

孔丘の諸国流回

孔子、ふたたび魯を去る

孔丘が魯の宰相となって国政にあずかるようになってから、魯の国内はおおいに治まった。これを聞き知った斉の君臣が相談していうには、魯が泰平に治まれば斉の民心はそれに信服するだろう。そうなると斉は衰微するにちがいない。と、たいへんこれを恐れ、もし孔丘が長く魯の宰相でいればかならず覇者となるだろうと危惧《きぐ》して、いまのうちにそれを阻止しようと計画を立てた。そこで美女の舞楽と美しく飾った馬とを用意し、隣国の親しみを示す魯公への贈り物として、魯の城下の南門の外にならべた。季桓子は魯公に取り入り、これを受けさせ、いっしょに遊び楽しんで何日も朝政を聴かないような状態になってしまった。折しも魯は郊祭[188]のときにあたっていたのにそれもできそうにないありさまだった。子路が怒って孔丘に魯を去るべきだと諫めた。そこで孔丘は魯を去って衛に行った。

衛の霊公は孔丘に禄を与え、これを用いようとした。しかし臣下が讒言したので霊公は孔丘を疑い、ついに用いなかった。やむなく孔丘はまた衛を去り、陳に向かった。匡《きょう》という邑を過ぎたとき、匡の人々は孔丘を陽虎と見まちがえて取り囲んだ。匡人たちが人ちがいをしたのである。ようやく囲みが解かれたので、陳からまた衛に戻り、その国の大夫、蘧伯玉《きょはくぎょく》の家を宿とした。

霊公の夫人が孔丘と会見した。霊公は夫人と同じ車に乗り、孔丘をそれに続く車に乗せて遊興に出かけたのである。その処遇がはなはだ無礼であったのを見て、孔丘は「われいまだ徳を好むこと色を好むが如くする者を見ず[189]」といった。そんなわけで孔丘は衛を去って曹に行くことになった。この年、魯の定公が死んだ。

孔子、諸国の遍歴をつづける

孔丘は曹を去って宋に行った。その途中、宋の大夫の桓魋《かんたい》が孔丘を殺そうとしたが、孔丘に過失がなかったのでそれをまぬがれた。宋からも去って鄭に行き、鄭を去ってまた陳に行き、その大夫司城貞子《しじょうていし》の家を宿にした。ちょうどその頃、呉越の間に兵乱があり、孔丘は陳に三年いた後また衛に帰った。衛の霊公は年老いて孔丘を用いることができなかった。孔丘はしばらく衛にいて、磬《けい》という楽器を打ち鳴らして気行をうかがっているところに、蕢《あじか》（土を運ぶ籠）を担って門前を通りかかった者があった。その音を聞きつけていうには、「奏者の心がこもるものだなあ、磬をうつことには。あの音は硜々《こうこう》とひびいて、自分はだれにも知られぬという気持で鳴っている。おやめなさい、おやめなさい」。こういったのは農夫である。孔丘が耕さずに乱世を治めることばかりを望んでいる気持が磬の音色にあらわれている。そんな考えはさっさと捨てて天道に帰るがよいといったのである。孔丘はこれを聞いて恥じ、いよいよ世を淋しく思ったという。

孔丘はふたたび衛を去り、晋の趙簡子《ちょうかんし》[190]に会いに行こうとしたが、黄河に至ってまた引き返した。途中に渡し場があり、舟人に趙氏が二人の家臣を死なせた[191]ことを聞いて嘆き、そこからまた衛に帰って、蘧伯玉の家に宿った。霊公が兵陣のことをたずねたが孔丘は答えず、衛を去ってふたたび陳に行った。翌年、陳を去って蔡《さい》におもむいた。時に魯の哀公の四年である。

孔子、農夫と問答する

蔡から葉《しょう》に行く途中に、川の渡し場があり、すぐそばに田畑があった。長沮桀《ちょうそけつ》という者(192)が泥水に溺《まみ》れて、耦《ふたすき》をもって耕していて、見るからに異風があった。孔丘は子路に渡し場の道をたずねさせた。長沮がいうには、「あの乗り物の上にいる人物はだれかね」。子路が答えた。「孔丘という方です」。長沮がいう。「というと、魯の国の孔丘かね」。子路が答える。「そうです」。長沮がいう。「そんなら渡し場がどこにあるかぐらいは知っているだろうよ」。そして今度は子路に向かっていうには、「ところで、おまえさんはだれかね」。答えていう。「わたしは仲由です」。長沮がいう。「おまえさんは孔丘の弟子かね」。答えていう。「そうです」。長沮がそこでいうには、「悠々としている者は天下がみなそうではないか。それなのにいったいだれをもってこれに代えようというのかね。それにおまえさんも、ああいう、どこに行っても人と合わず、人を避け、人をしりぞけているような先生につきしたがってゆくよりは、ここで世を避けている人間といっしょになったほうがよくはないかね」

この言葉の意味は、悠々として世間を遊説してまわっているような人間は、公侯にへつらい、庶民からむさぼるのをこととし、天道を知らず、学問のために正気を失っている連中である。だから、あっちへ行けばここは俺の気に入らないといって去り、こっちへ来てはここも俺の肌に合わないといって引き返し、ここにも止まらず、あそこにも落ちつかないで、世を遊び回っていられるのだ。人をしりぞけるから、また人にしりぞけられる。そんなことばかりしているのは迷妄でなくて何だというのか。すべては天道にしたがおうとしないがためである。子路よ、おまえも早く道を知って、天下の治乱とは天道を盗む私の誤りであって、乱世をしりぞけたとてなくなるものではないことを知るがよい。われわれ天道の士にしたがって、いっしょに耕して暮らすにしかぬことを知るがよい、というのである。

子路はこれを孔丘に告げた。孔丘、憮然《ぶぜん》としていうには、「人間は鳥や獣とともに群れて住むことはできないものだ。もし天下に道があったら、わたしもそれを変えることはしないだろうに」。それが孔丘の考えちがいというものである。なぜかといえば、直耕することは、何も作り事の学問を知らなくても庶民が生まれついて穀物を生じさせられることなのであって、これはただちに天道である。これを鳥獣と同じだというのはたいへんなまちがいである。そのうえ、孔丘は「もし道があったら」などといっているが、道とはすなわち直耕であって、天の道のことではないか。これは天下に具有する永遠無窮の中真、常中の道である。孔丘といえども、直接この道から生まれたのである。「道を変えることをしない」というのなら、いったいどうしてこの道とともに直耕をしないのか。しかるに耕すことをせず、諸国を周流するのは、世を貪食することでなくて何であろうか。長沮の批判をまぬがれることはできないのである。

孔丘が直耕する人間をもって隠者とした(193)こともまちがっている。鳥獣と同じだとするのも直耕（する人間の心から出た言葉）ではない。(194)直耕は天道である。（だから直耕する人間は）隠者ではない。それなのに、長沮が直耕するのを見て、あれは隠者だと思ったのはたいへんなまちがいである。隠者とは、老子が山林に入り、釈迦が雪山(195)に入って端座し、代々の仏僧たちが山居して耕さずに貪食するがごときをいうのである。これが隠者であって、鳥獣と同じ部類である。孔丘にはその区別さえつかず、天道と行ないを同じくする長沮をもって隠者とし、鳥獣の同類としたことは、天の罪をまぬがれぬ大きな誤りである。耕さずに食う隠者は、山林幽谷に暮らしていて、腹がへると天道とともに直耕する人里へのこのこ出てきて、人からものをむさぼっては食う。作り事の学問を口実にして世上をうろうろ徘徊し、世に寄食する。それぞれの品行はちがうけれども、不耕貪食という一点では同じ誤りなのである。鳥獣は山林に棲み、腹がへると人里に出てきて直耕の余り物をむさぼり食う。これも隠者の仲間である。

孔子の学は農夫に及ばない

その後、孔丘は葉《しょう》に行った。途中で孔丘とはぐれた子路は、道のまんなかで蓧《あじか》（土を運ぶ器）を担って働いている老人に会った。子路は老人に「あなたはもしやうちの先生を見かけなかったでしょうか」とたずねた。老人が答えていうには、「からだも動かさず、五穀の見分けもつかないでいて、それでも先生かね」。そういうなり杖を地面に立てて、草を取りはじめた。子路がこのことを孔丘に告げると、孔丘は「隠者だろう。もう一度行ってみればもういないだろう」[196]といった。ここでまた「隠者だろう」といったのは、孔丘の再度の誤りであろう。夫子《ふうし》、かの先生とは、自然宇宙の生々するはたらきとともに直耕し、みずから生産した穀物で食を安んじ、貪食を知らず、与えるが奪うことを知らぬ人物をこそ夫子というのである。どうしてみだりに、耕しもせずに人の世をむさぼり、諸国を漂泊し遊びまわっている者をつかまえて夫子などと呼ぶに足りるというのか。こういわれたら孔丘は言葉につまって口を開くことができないにちがいない。

孔丘が衛にいたとき、磬を打ち鳴らしていて戒めを得たのは、農夫からである。渡し場をたずねて恥をかかされた長沮も農夫である。蓧を担っていた老人もまた農夫である。すなわち、この三人の農夫は、直耕は人間に具足する天道であるということを知り、みずから耕して道を天とともにし、食を安んずることを楽しんでいる人間なのである。一般庶民はそれが天道であるとは意識しないけれども、直耕してやむことがないのはまた天道である。三人の農夫はそれが天道であることを知っている。だから、世に寄食し、遊説と称して諸国を漂泊し、耕さずに学問を売ってまわるだけの利己的な人間を教え戒めたのである。孔丘もこの三人の農夫の教戒の言葉には、返答することができないだろう。

孔子、陳・蔡の間に苦しむ

孔丘が葉《しょう》にいたとき、楚の国から使者を立てて孔丘を招いて来た。うまく楚に行けたら孔丘は大功を立てたであろうに、ここにまた障害が出て来て、かえって孔丘とその門弟を危難に会わせることになったのである。陳・蔡《さい》の大夫たちは孔丘の賢才をねたみ、多数の軍勢を催して孔丘を野に囲んだ。楚に行くことは不可能にさせられてしまった。食糧が尽きること七、八日、とうとう従者が飢えのあまりに立てなくなってしまった。孔丘はわずらいを知らぬ丈夫な身体だったけれども、道が行なわれぬ上にこのとおりの難儀に遇ったものだから、内心はおおいに悲しんでいたのである。そこで孔丘は、「兕《じ》でもなく、虎でもない。しかし曠野にさまよう(197)」という詩の意味を弟子たちにたずねて、悲しみを忘れようとした。

子貢がいうには、「先生の道は偉大すぎるのです。だから天下は受け入れることができないのです。思いますには、少し世間なみに程度を下げられてはいかがでしょうか」。孔丘は答えていった。「おまえは自分の道を修めないで、ただ世に容れられることを求めるのか。おまえの志はもっと遠くにないのか」。子貢は孔丘の意見に服して退出した。

同じことを顔淵にたずねると、顔淵はこう答えた。「もし先生が道をもっと押しひろめて行なうならば、何を気に病むことがありましょう。自分の道を修めなかったら、それは自分の恥であります。道をすでにおおいにわが身に修めて、世に容れられないのは、世にあって国を保つ者の恥であります。容れられぬことをどうして気に病む必要がありましょう。容れられなかった後で、はじめて君子たること世にあらわれるでしょう」。孔丘はうれしそうに笑っていった。「そのとおりだよ、顔回よ。おまえを一国の主《あるじ》にして、わたしがおまえの宰相になりたいくらいだよ」(198)。これを見ると、孔丘はやっぱり骨の髄まで一国の宰相になりたくてたまらなかったのである。それはやがて侯王となることを好む心である。つまりは名利を好む心である。三人の農夫の教戒の言葉にしたがうのがいちばんよかったのである。

楚の狂接輿、孔子を諷諫する

楚の昭王が軍勢を動員して陳・蔡の囲みを破り、孔丘を招いた。書社の地(199)をもってまさに孔丘を封《ほう》じようとした。楚の令尹《れいいん》（行政長官）だった子西がこれを不可とし、すぐに中止になった。このとき楚の国に狂接輿《きょうせつよ》という者があり、孔丘の異才に感じてその意を告げるに歌をもってした。その歌にいうよう、「鳳凰《ほうおう》よ、鳳凰よ。おまえの徳は何と衰えたことか。過ぎたことは諫められぬが、今のことはまだ間に合う。やみなん、やみなん。今政り事にしたがうのは、危ういことばかり」。孔丘は家から出て、この人物とともに語ろうと望んだが、狂接輿はたちまち走り去ってついに語り合うことができなかったといわれる。

さて、この歌の意味は、おまえ孔丘は世にすぐれ、天下に稀な人物であることは、まさに鳥のなかの鳳凰であるけれども、鳳凰という鳥は聖王の徳が盛んに行なわれている時代にしか出現しないものである。おまえは鳳凰の気感をそなえているくせに、聖徳の人がまったくいない今日の乱世に、現われ出ようと望んでいる。われ恐るらくは、いまはおまえ鳳凰が世に出現すべき時期ではないのだ。だから、やめたまえ。堯・舜の二帝、禹・湯・文の三王は、もはや過去の聖王である。だから、これを今日の世にあって諫めることはできない。まだ聖人が立つことのできぬ世にあって、もしも聖人の兆《きざ》しのある者が出来《しゅったい》したら、世はあげてこれを放逐するだろう。そうでない間は徳をうちに包んでやむべきである。強いて徳を行なおうと欲するならば、この愚惑・迷妄の世にあって天の時に背くばかりだろう。だから、今日の政治は危険この上ないのだ。

孔丘はこの言葉を天の声だとして諸国周流をやめ、書伝を後世に残すことに専念しようと決心した。そこで楚から衛に帰ることにした。この年、孔丘は六十三歳、魯の哀公の六年のことであった。このとき季康子は冉求《ぜんきゅう》をもって魯の軍勢の将軍とし、斉とたたかっておおいに利があった。この功によって冉求は孔丘を魯に呼び戻すことを季康子に進言し、孔丘はようやく衛から魯に帰った。哀公は政治について問い、季康子も政治について問い、機会に応じて孔丘はいろいろ答問したけれども、君臣たがいに意を通ぜず、魯はとうとう孔丘を用いることができなかった。だから孔丘も仕えることを望まなかった。孔丘六十八歳の年であった。

孔丘の意と諸侯の意と相反す

孔子のおもわくと諸侯のおもわく

孔丘が考えたことには、国は何も魯一つと限ったわけではなく天下はみな国である。諸国を遍歴してみて、もし一人の王侯でも自分を用いてくれる者があって、自分に政治をつかさどらせたならば、堯・舜・禹・湯王・文王・周公の聖徳を行きわたらせ、王道を復活し、民の苦しみを救い、乱世を治め、天下を平安にしてやり、王侯と人民が自分に信服するだろうから、自分は王業を完成してわが聖徳を天下に歌わせてやろう。これが孔丘の意図したことであった。一方、諸侯の方では孔丘をどう評していたかというと、孔丘には賢才の聞こえがあり、一度は魯に挙げ用いられたが、仕えつづけることができずついに他国に奔った。よしんば魯の君臣ともにいかに愚かであろうとも、孔丘の聖徳が盛んでよく時世を移し変えることができたならば、国をあげてその賢徳に化和し、孔丘をそしり遠ざけることもなく、これを尊び、これを用い、これに従うこと、周の成王に周公の後見があったがごとくに魯国において大徳を行なうことができたであろう。しかし実際には、孔丘もひとしく未熟者であって季氏の不肖をにくみ、さっさと他国に出奔してしまった。つまりは季氏と同様の過失があるわけである。だから浪人になったのだ。だからまた他の諸国に行っても孔丘を登用する王侯がなかったのだし、かえってこれを讒言して殺そうとする者の方が多かったのだ。それはけっきょく孔丘に、世上ふつうの人間よりも過失が多いことの結果ではないか。こう考えたのが諸侯・大夫の真意だったのである。

その時代の王侯たちは、佞奸《ねいかん》の愚者であっても言葉がたくみでうまくへつらえる人間でさえあれば、これを賢才として尊び用いた。孔丘は知恵が高くかたよっていたので、おのれは人より高いと思い、義にきびしく、礼を好み、へつらいや愛想のよさを嫌ったのは生来の気質であった。自分を尊び用いなければ臣としてとどまらぬ、というのが孔丘だったのである。へつらわなければとどまらぬというような人間を挙げて用いないのが諸侯である。おたがいに食いちがって気が合うわけはない。これが孔丘の諸侯に用いられなかったゆえん、諸侯の孔丘を用いなかったゆえんなのである。このことを知らないで、世人が孔丘は時に合わなかったのだと考えているのはまちがいである。その時代の諸侯が孔丘を時に合わせなかったのである。いや、諸侯が孔丘を時に合わせなかったというのでもない。孔丘が時の諸侯にみずから合わせなかったのである。合わないのではなく、合わせないのでもない。すべてはみな利欲のなすところである。なぜかといえば、諸侯は他国を奪って自分が覇者となり、王者となることを欲している点では、いずれもおたがいさまである。だから当然、人の上に立とうとばかり考えている。したがってまた、ひがみ、ねたみの感情が強くて賢者を挙げ用いることを好まない。一方、賢者の側も、臓腑が高くかたよってついているために知恵も高きに偏し、知らず知らずのうちに人の下に立って謙遜したり、お世辞をいったりすることができなくなっている。人に尊敬されなければ、相手にへりくだり、相手を奉ることができず、人の上に立つように挙用されたら仕事を務めようと欲しているのである。

賢者が求めているのは利欲である

人の上に立とうとする心はすなわち利欲である。だから賢者は、利欲に合致しなければ人に仕えようとしない。愚者は上にあって、利欲をはなれて人の下に立つことができない。ゆえに愚者が賢者を嫌うのも利欲のなせるわざであり、賢者が愚者を嫌うのもまた、利欲のなせるわざなのである。賢と愚とは異なっているようであるけれども、利欲に迷うという一点ではまったく同じ惑いである。『論語』に「子曰く、道の行なわれざるや、我これを知る。賢者は過ぐ、愚者は及ばず」[200]という言葉があるが、この二つの語句はどちらも道ではない。二つながら誤りである。孔丘はいやしくも賢者である。あやまちを知りながら、どうしてあやまちを改めるのに憚り、耕さずにむさぼり食って諸国を流浪し、諸侯・大夫にあきたらず、あまりにも賢に過ぎたことをしつづけるのであろうか。これをもって考えれば、右の『論語』の一句がまちがっていることは明らかである。

こういう反問があるかもしれない。孔丘のごとき人物は賢者ではなく聖者である。賢愚の間を超越して右の一句を述べたのではないか、と。よろしい。しからば孔丘は中を実行しているだろうか。もしほんとうに中を知っていたら、どうして天地宇宙の直耕生々の常中を失って不耕貪食の日を送っているのか。孔丘がなぜこうした第二の誤りを犯すかといえば、それは自然の道を知らないからである。自然の道は進退にして一道である。だから、賢愚にして一人、治乱にして一事、すべて二つのものの対立をこえた一つなのである。孔丘が賢者であって世に用いられなかったことと、諸侯が愚者であって孔丘を用いなかったことという二つの事実が、けっきょく同じ一つのことであるという真道を知りさえすれば、そこではじめて、用いられなかったことと用いなかったこと、用いられなかった誤りと用いなかった誤り、それぞれの意味合いが理解されるのである。

孔丘、書伝を制し楽を改むおよび音楽・女・博奕

孔子、詩書礼楽を制する

孔丘すでに六十八歳、衰老の齢《よわい》に達しながらいまだその治世は世に行なわれなかった。なお思慮に余力があって、上は堯・舜から下は周末にいたるまで、事の次序を編録して『書経』の伝をあらわした。また夏の礼を述べ、殷の礼を叙し、周公の『詩経』を删定《さんてい》して「関《かん》雎《しょ》」の篇[201]をもって「風雅」の始めとし、「鹿鳴《ろくめい》」の篇[202]をもって「小雅」の始めとし、「文王」の篇[203]をもって「大雅」の始めとし、詩の三百五篇、孔丘はすべて絃歌に合わせ雅頌の音に合

わした。このときから礼楽が盛んに行なわれるようになったといわれる。礼楽はもともと舜の時代にはじまったもので、それ以来、碁・博奕《ばくち》・遊女・音曲・礼楽が世に行なわれて人々を淫蕩にさせていたのが、孔丘にいたってまた改めて世に行なわれることになったのである。

音楽の害毒

だいたい音楽は、人の情感を淫蕩にし、正心を失わせるものであって、けっして心術を正しくするものなどではない。礼法や音楽のために情操がとろけるのを、和正していると感ずるのはとんでもない心得ちがいである。人情は、音楽を聞くときにはただちに腐れとろけて、遊楽になずみ、女色を好んで、ますます淫乱にふけり、王者は天下を失い、諸侯は国を傾け、大夫は社稷《しゃしょく》を失い、平士は家を失い、民間人は身上《しんしょう》をほろぼして、国乱を起こすもとになるものである。諸侯がたがいに国を奪いあい、戦乱を起こすのは、勝利を得て人々の上に君臨し、この音楽や栄華を味わいたいと欲するからである。だからいう。音楽は大乱の根源である、と。

孔丘の時代に諸侯が戦国争乱したのも、この音楽・遊芸・淫色のためである。この余風が、後世になってから日本にも流れこみ、上下こぞってこれに倣《なら》い、上は音楽のために正しい性情を奪われ、とりわけ女人《にょにん》がこれを好んで喜悦することははなはだしかった。女人が喜ぶのになずんでますますこれを玩《もてあそ》び、上の位は政治を無《な》みし、中の位は国を危うくし、下々は家を亡ぼし、身を誤ることとなった。酒宴の礼の音楽をやつして琵琶《びわ》の芸とし、さらにこれをやつして謡い、能楽とし、これをまたやつして浄瑠璃を作り、人形操《あやつ》りをつけ、能をやつして歌舞伎狂言(204)とし、これらのために人々ことごとく正心を奪われ、上下全般にこれを好み、とりわけ婦人がこれを好んで見たい見たいとうるさいのでいよいよこれに耽ることになる。また、妻・妾・宮女をやつして売女とし、上下全般にこれに溺れ、売女を抱えて利欲をみたす者も現われたので、人々は昼夜このために精神を奪われるようになった。そうなると今度は、聖人がこしらえて通用させはじめた金銀に対する欲望がやみがたいものになるのである。

音楽をやつして慰みの音曲にした。また、碁・双六《すごろく》・カルタなど種々の博奕もできたので、人々は天道の直耕によって生活を保つわざを忘れ、これを無みして、不耕貪食のやからとなり、これら礼楽・音曲・女遊びのたぐいを好み、博奕の手なぐさみを覚えてしだいに強欲になり、しまいには盗賊となって乱世の根源となるにいたったのである。女淫にふけるあまりに、他人の妻を犯し自分の妻を犯され、売女になじんで昼夜遊び狂うありさまといったら、辻でつるむ犬や野原でつがう牛馬鳥獣のたぐいとなんら異なることはない。他国の日本までがこのとおりの迷妄の世となったのは、ひとえに、シナの聖人が利己の私制・私法を作り立てたことから起こったのである。自然の真道を盗んで、こしらえごとの教戒を垂れたからなのである。後世の遊芸・管弦、すべて鳴り物・楽器のたぐいをかなでて歌に合わせ、調子をととのえることは孔丘がみずからしたことである。その悪弊が伝わり残って、いま日本の楽器・鳴り物、調子・拍子などがあるのはすべて孔丘の力である。

孔丘、易を序《つい》ず

易伝のいろいろ

彖《たん》(205)の辞は一卦ごとに文王が名義をつけ、卦の体の徳をあらわしたものである。その文章を彖辞という。だから彖は易の才弁である。だから卦を卜《ぼく》し、吉凶を判断するにはこの辞によるのである。

象《しょう》(206)の辞は、周公がつけたものである。周公が卦・爻のかたちを観察してつけた文章で、易の委細を弁じている。このゆえに、卦を占い、吉凶悔吝《かいりん》を見るときは、象辞をもってその妙義を明らかにするのである。

繋辞《けい》(207)は孔丘自身の辞である。これは彖辞・象辞に卦の徳を説明する文章を増補して、繋《か》けたものである。だからこれを繋辞伝という。文王・周公の意旨を発揚し、かつ自分の意を繋けたものである。

文言《ぶんげん》(208)とは、易の奥義とするところを発揚し、また易の義理を重説したものである。乾《けん》・坤《こん》の二卦は易の文言であることを注解する。だから、これを文言伝という。序卦《じょか》伝[209]とは、六十四卦の序《しだい》（次第）をいう。また、雑卦《ざつか》伝[210]は、六十四卦の相互の関係の意義を発揚する。これらは孔丘の別意に出るものであって、先聖王の意旨とは別箇にこれを書いたものである。上象・下象、上象・下象、上繫・下繫、文言、序卦、説卦《せっか》[211]、雑卦と、これが易伝の次序である。

孔子易伝の批判

右のように、孔丘は易のために委細を尽くしたのではあるが、もともとこの易というものは、伏義が自然宇宙の気行進退の妙序を知らず、誤って作った[212]ことはすでに論じたとおりである。禹がこれに九疇[213]をつけ、文王はその上に六十四卦の名を制作し、周公は象辞をつけ加え、本来の誤りの上に三度も誤りを重ねたというのに、孔丘もまたこれら四つの誤りを察知することができず、かえって種々の辞を増補させせまでしたのである。孔丘にいたって五度目の誤りである。

シナの聖人の学問の根本たる易がそもそも上述のごとく誤りである上に、一人の聖人としてそれを訂正することができず、誤りに誤りを重ねてこれを尊重するとは、いやはやまったく母の胎内からかたよった知恵に生まれついた者ばかりがそろったものである。かつ孔丘のいわゆる易数、天の五行二十五、地の五行五六の三十、あわせて五十五[214]という数は、自然五行の気行において、天を運ぶのに二十五、地を運ぶのに三十などというはんぱな数になるわけがない。これは上もなく下もない天を地四方の上下として、これらを合わせて六合《りくごう》と称し、地の数を六としたからである。また天一が北に水を生ずれば[215]地六がこれをなすとか称して、また地を六とした。だから地は六だと思ってこれを五行に合し、五六の三十としていることは、「転《てん》」と「定《ち》」とが一体であり、上もなく下もなく、およそ二というものがないことを知らぬもはなはだしい。これらの言説はすべて誤りである。

孔丘、『礼記』を綴るおよび同姓の夫婦

孔子は敬を重視した

孔丘が一生のうちでもっとも知慮分別をつくした制法は『礼記《らいき》』である。礼儀三百、曲礼三千[216]、すべては「毋レ不レ敬[217]」(敬せざることなかれ)の三字にきわまる。そこで敬をもって礼の体とする。敬という言葉の意味は、わが身にあっては慎敬《つつしみ》であり、他人に対しては貴敬《うやまい》である。外へ出ては敬、内へ入っても敬、ただ敬をもって徳を守り、身を立て、家を起こす。このようにいわれる敬の用が礼なのである。だから、礼をもって先行とし、敬をもって内徳とし、人々がそれを実行して身を敬《つつし》めば、身を終えるまであえて危難の及ぶことはなく安全で、当人が没した後には徳の余栄で門族が世に輝かしいといわれる。そこで孔丘は『礼

記』を作って、人々のなすべきわざの大本とし、天下のために人をして人たらしめたのである。その礼法にしたがって礼式を行ない、敬をひろめるときには、王者は天下を擁し、諸侯・庶人は国を治め家を修め、身を立てて、人倫の助養にならぬものはない。上下こぞって人としての心術・行状は、礼によらなければ一つも完成することがない。だから、『礼記』は巻頭から巻尾まで礼・敬以外のことを論じていない。『大学』にいう明徳も礼・敬の異名である。『中庸』の中庸不偏も礼・敬の徳である。すべては『礼記』のうちに包懐されている、とされるのである。

礼も敬も自然の真道ではない

このように天下の教えの大本とされる『礼記』、聖人孔丘の究極の知慮から制作された礼、その体としての敬、無上至極の学徳とされる礼・敬は、しかしこれまた自然の真道ではなく、孔丘ひとりの分別による私制私法なのである。なぜならば、人間の真実の礼は天地に対して礼をなすことである。天地は常に運回し、穀・万物を生じて人に与える。穀物を生ずるこの運回は天地の直耕である。この直耕の精から生まれ、直耕の養を受けて身命ある者が人間である。人として、この天地直耕の真道にそむく者は、はなはだ無礼の至りである。だから、耕さずに貪食して世を渡る人間は、天地に対して無礼なことこの上もないのである。孔丘もそのひとりである。

直耕して食を安んずる者は、天地と同じ行ないをしているのであるから、真の礼、真の敬を知る人間である。礼とは夏の徳、[218]万物が大いに盛育することである。敬とは夏の神《しん》、天地が草を刈る仕事のことである。草を刈りとる天のこの礼がなかったら、何かを敬するにしてもいったい何を食って人が生きていけるというのだろうか。だから、真の礼敬を行なおうというのだったら、春には植え、夏には草を刈り、秋には収穫し、冬には蔵し、他人からむさぼらずに食生活を送る、これが礼敬なのである。植・芸《うん》（草きる）・収・蔵にして一つの礼であり、他人からむさぼらずにみずから生産して食うのが礼である。このように天地とともに同じ行ないをするのが真の礼敬であり、真の人なのである。これをしないで、耕すことなく貪食しながら礼や敬を行なうときは、それは人の私制私法の礼敬であって、ちょっと見ると理に適っているようであるが、久しからずして乱をなすことは確実である。だから、三百の大礼、三千の曲礼、いずれもみな孔丘の制法《こしらえごと》であって、自然の天道の真行ではないのである。日本の小笠原流のしつけや茶の湯の作法は、この『礼記』から出たものでみな奢りのわざくれである。真の道ではない。

同姓をめとらず、はまちがいである

孔丘は同姓をめとることは鳥獣のしわざであるといって、これを礼に反したこととしている。[219]大きなまちがいである。それというのも孔丘が自然の道を知らないからである。

天地の精気が運回しきわまって逆行し、ここからまた通気を発して男女の人となる。これが人間という小天地の初成である。男女が交わって男の子を産み、また女の子を産む。これが兄妹《きょうだい》であり、(220)同姓である。この兄妹を夫婦としなければ、また子どもを産んで人間世界の後嗣ぎを持つことができなかった。だから、この兄妹が夫婦となって子どもを作り、またその子の兄妹が子どもを作り、こうして人が多くなって、人間世界が成りたって窮まりなくなったのである。このように、天下の人間の男女は、万々人がもともと一組の夫婦の男女なのであり、万国境を隔てるといえども、人間は一つで同姓なのである。だから、他家の女をめとってもそれはすなわち同姓である。しかるに、今日の世に同姓の女をめとるのを恥とするのは、聖人の教えに惑わされてのことである。兄弟の子どもたちを配偶するのは恥でもなければ、鳥獣のわざでもない。

それよりももっと悲しいのは、聖人が世に出て人の上に立ってから、一人の男に二人以上の女を妻妾と名づけて(221)めあわすようになったことである。これ以来、人の上に立つ男は妻妾を犯し、その他にまた宮女・腰元などと名づけて多女とつるみ、その習慣が中以下の階層にも伝わって、一人の男が多勢の女を犯すようになったのを聖人の教えとしている。妻を他家からめとりさえすれば同姓ではないからよいのだといって、多女と交合するのを聖人の道と称し、これになずんでいる。この習慣はやがて売女にいたり、都鄙すべて多女を犯すことを男の功と考えるのみならず、こともあろうに父は娘を犯し、息子は母を犯し、一人の男で母と娘を犯したりして、その仕業はまったく鳥獣と異なることがない。このような世界になったのは、すべて聖人の罪なのである。

こんなことすらわきまえられずに、同姓をめとることを恥として禁じるのは、人倫の後嗣ぎを絶やす結果になるだろう。天道を知らぬでたらめである。だから、同姓の兄妹の娘や息子を配偶することはけっして恥ではない。他家の息子・娘も、もともとは同姓なのである。人間の大本は夫婦である兄妹に始まったことは自然である。だから、同姓の者が夫婦になるのは誤りではない。ただ二女を犯してはならず、二夫に交わってはならないのである。もしも妻が死んだ場合に後妻をもらうことは、二女を犯すことではない。夫が死んだ後また他家に嫁ぐことは、二夫に交わることではない。妻がありながら他女を犯すことが鳥獣のわざなのである。夫がありながら、他の男と交わることが鳥獣のわざなのである。だから兄弟の娘と息子をめあわすのは誤りでもなく、恥でもない。他女・他夫に交わるのが鳥獣のたぐいなのである。

孔丘の言葉は誤りもはなはだしい。孔丘はいったいどうして先聖王が一人の男として多女を犯した鳥獣の仕業を糺さず、かえってこれを尊んだりしたのか。そのために、後世がことごとく鳥獣の世となることをわきまえなかったのか。人間が後嗣ぎを作るための自然の道をかえって鳥獣の道に近いとしてしりぞけたのは、自分の狭い見識に従って人生の大本を知らなかったからである。だから自然が進退して宇宙の全体をかたちづくり、進退をもって人・

物の妙道をつくすことは、孔丘などの知るところではない。右の孔丘の言葉がその明白な証拠だろう。この妙道に通達していたら、こんな言葉は泣いてもいえないはずなのである。

孔丘、『孝経』を編む

孔子、曾参に孝を教える

孔丘が家でくつろいでいたときに、曾子がかたわらに侍座していた。孔丘がいった。「参よ。おまえは天下の要道を知っているかね」。曾子が答えた。「いいえ。わたしごとき才知に乏しい者が、どうして知っているわけがございましょう」。孔丘がいった。「よろしい。おまえの席に帰りなさい。これから言って聞かせよう。身体髪膚これを父母に受く。あえて損い毀《やぶ》らざるは孝の始めなり。名を立て家を起こし、父母を顕《あら》わすのは孝の終りなり」。これは『孝経』の書出しの言葉(222)である。

孔丘の言葉は、これまた制法《こしらえごと》の言い草であって自然の言説ではない。なぜかといえば、人間の身体髪膚は一見すると父母が遺《のこ》した肉であるかのようであるが、実際には五穀の精だからである。穀物を食わなければ人間は生存できない。人間がいなければ父母というものもない。この身体というものもない。だから、父母があって自分がある、自分から見て父母より尊いものはないというのは、ただ眼に見える現象だけをもって論を立てているにすぎないのである。父母の身体は五穀である。五穀は宇宙の精気である。宇宙とは自然の進退であって、つねに直耕して穀物を生ずるのが全体のはたらきである。そしてまた始めも終りもないものである。だから、宇宙からいきなり人間が生ずるのではない。まず穀物が生じて、やがてそれが人間になるのである。人間の身体・心神・行状は穀物の精がこれを作ったものなのである。だから人間は五穀の子、五穀は人間の父母なのである。このようなわけであるから、五穀を直耕し、自分の精力をもって産出した五穀をもって父母を養い、自分もこれを食う。それがすなわち自然の真孝なのである。

孔子の孝の誤り

孔丘は右のことを知らないからだろうか、それをいわない。眼に見える現象ばかりをあげつらっているから、自然の人倫にかなった論ではないのである。この身体髪膚はすなわち五穀の精である。いくら父母の遺肉だといっても、五穀を食わなければ身体髪膚は存在しえない。だから人間は、まず自分の直耕から五穀を産出し、食を安んじ、身体髪膚をよく頑強にして損傷せず、天が生じ耕す真道を盗まず、家を持ち、名を立て、父母を養い、子を育てるのが真の孝なのである。身体髪膚あえて損い毀《やぶ》らず、名を立て家を起こし、父母を顕《あら》わすというのは、穀物を食い、この身が保たれたその後のことである。この身がないところにいったい何の孝行の沙汰であろうか。

孔丘がいった言葉に「父母を養うのみは犬馬もよくこれを養う。信敬なくんば、すなわち人倫と犬馬を分かつ所なし」(223)というのがある。これはいかにも一理ありそうだがまったく未熟な考えである。いくら信敬をつくしたところで、ただそればかりで、自分は耕さずにむさぼったりへつらったりして食生活を送り、同じようにして、得た食物で父母を養っているのではやはり天道に背《そむ》いているのである。天道とはすなわち父母である。だから、養うにあってよしんば信敬をつくしたところで、天道の真の養いではないのだから、きわめて信敬をつくし孝養をするといっても、むさぼり得たもので父母を養っているかぎりは、いささかも犬馬の養と異なるところはないのである。貪食してするような信敬は真の信敬ではない。信も敬もともに私制のへつらいごとの謀計である。孝とは、人間の父母たる天道に背かぬことの謂いであって、私制・私法をかまえ、ものをむさぼり食って、父母にへつらいの敬をすることをそう名づけたのではないのである。

聖人の孝の誤り

「舜は大孝をもって天下に王たり」(224)といってこれを尊ぶのも孔丘の言葉である。しかし、天下は天下の天下であって、堯の天下でもなければ舜の天下でもない。それなのに、舜が堯の聟となり、他人の名を嗣いで天下の天下をもって自分の私有物となし、耕さずに貪食して父母を養ったことは、天道の真孝ではなく、私制・私法のへつらいの敬である。歴山の麓で直耕して父母を養っていたときには、舜は金銀も栄華も人の上に立つ地位も高貴な身分も、すべてむさぼることをせず、天道とともに孝養をつくしていたのである。真儒の孝というべきである。ところが、その生活をやめて天下の主となったのは、高貴になったかのごとくに見えるが、真道のためにはかえって卑賤になったのである。

かつ『孝経』には、天子の孝、諸侯の孝、卿大夫の孝、平士の孝、庶人の孝と品々に応じた序列[225]をもうけて説を立てている。天子の孝は、ただ父母を敬するばかりでなく、長く帝位を失わず天下を保つのが、思うに天子の孝である。諸侯は、ただ父母を敬するばかりでなく、長くその国を失わず国を保つのが、思うに諸侯の孝である。卿大夫はその家を守り、君にへつらわず、民をむさぼらず、その職をもって父母を養うのが大夫の孝である。その君をそしらず、その下をあなどらず、その役を正しくしてもって父母を養うのが士の孝である。その業を怠らず、人々と和して心にたがわず、よく仕えて父母を養うのが、庶人の孝である。このように論じられているが、これらの教説はみな制法《こしらえごと》をもっていっていることであって、自然の親子の道ではない。なぜかといえば、いくら法制制度を慎み守ってみたところで、それは自然に具足した道ではないからである。

天子の位にあっても乱が起こればたちまち奴隷の境涯になって、先祖のあることも忘れられてしまう。諸侯の国を保つ者も、国乱の世となればたちまち虜囚となって、かつて国があったことも知られなくなる。卿大夫の社稷《しゃしょく》の臣であった者も、乱軍のさなかにたちまち討死にして、家を立てることなど不可能である。士も戦乱のために討ち亡ぼされて、主君のあることも知らず、庶人も国乱のために父母を捨て、わが身も亡びなくてはならない。上は天子から下は庶人にいたるまで、孝の道を遂げることなどできはしないのである。

孝は不孝の原因である

孝ばかりではない。すべての教法は、制法《こしらえごと》をもってするときには、すぐに崩壊してしまわないものはなく、久しく保つことは不可能である。いってみれば、わずかいっときの子供だましなのである。孝という名目を立てるからこそ不孝の罪があることになるのである。慈愛という名目を立てるから不慈の罪があることになるのである。父は慈、子は孝と教法を立てるものだから、不慈の父があるときにはその子がわが父を怨んで敵のごとくに思い、ついに不孝の罪に落ちる結果になるのである。不孝の子があるときには、その父がわが子を憎むこと怨敵のごとくに思い、つまりは不慈の罪に落ちる結果になるのである。こうして父子の間に敵味方が生じて乱を起こし、父を殺したり子を殺したりして、蛇や梟《ふくろう》のようなわざをするまでになるのである。それというのも、すべて善悪にして一物であるところの自然を二つに区別し、善ばかりを取って悪を去ろうとすることが、私知から出た誤りであることを知らずに、孝をもちあげて不孝を去ろうとし、善をもちあげて不慈を去ろうとするからである。自然を知りもせずに物知り顔をし、知恵者ぶるのは私の誤りである。ましてや、自然を知らずに教法を立てるのは、ことごとく天下の害になる以外の何ものでもない。人間の私知から出た制法《こしらえごと》であって、自然に具備しているものではないからである。

孝は聖人の制作である

孝とは不孝に対する名目である。だから不孝というものがなければ孝もない。天下の人間がみな孝であったら、何をもって孝という名目を作るというのか。そのように考えれば、聖人が孝の教えを立ててから不孝の名目ができたことは容易に知られよう。だから、聖人がまだ出現しなかった世には、孝不孝の名目を聞くことはなかったのである。慈不慈の言葉についても同様である。すなわち、孝不孝にしてひとりの子なのである。

そもそも親子とは、宇宙と男女《ひと》との間柄のことである。宇宙の子は男女《ひと》である。男女《ひと》の父母は宇宙である。だから、小に宇宙は男女《ひと》であり、大に男女《ひと》は宇宙である。宇宙・男女《ひと》ともに一気の進退であって、真の一つのはたらき（感）なのである。親子もこれと同じで、親が老いるのは気が退くのである。子がさかんに育つのは気が進むのである。親において退き、子において進むのは、ただ進退する一気である。宇宙の進退は直耕であるから、穀物・万物が生成される。親子は退進の関係にある直耕であって、穀を生産して食を安んずる。親が壮健なあいだは耕して子を育て、子が壮齢に達してからはまた耕して親の老いを養う。親が壮齢のあいだは子を育て、親が老いてからは子が親を養う。これが自然宇宙の一神気の進退、常中具足の自行である。

だから、孝不孝の名目などははじめからなく、親子であって一気の進退、宇宙の進退とともに始めもなく終りもない親子が親子の本来なのである。子を育て、親を養うのは、自然一気の進退する自行であるから、人間の私知分別によって孝不孝の名目を立てるのは誤りである。目さきの現象にまどわされ、私知分別によって孝あるいは不孝などと名づけ、不孝を去って孝ばかりをもちあげようとするのはたいへんな誤りである。自然の妙序は孔丘などの遠く及ぶところではない。だから『孝経』の所説は、一つとして自然の道に合っていない。もしも強いて孝とは何かについて論ずるならば、孝不孝にしてひとりの子であるということを明らかに知らなくてはならないのである。

孔丘、『春秋』を作る

『春秋』制作の意図

魯の隠公が立って元年から十一年、桓公十八年、荘公三十二年、閔公二年、僖公三十三年、文公十八年、宣公十八年、成公十八年、襄公三十一年、昭公三十二年、定公十五年、哀公十四年、すべて十二代二百三十八年間の魯国の史記として作られているけれども、その実は、武王から赧《たん》王までの周室八百七十三年間の王室年代記を志して制作されたものである。

周公の徳が衰え、令命行なわれず、諸侯朝せず、天子の位はあってもないかのようになった。これは聖人がひとたびは世を治めるといっても、治は乱の根であるのだからすぐさま乱が生じて、諸侯は威をふるい、暴逆になって国を争い、乱れに乱れていっときの平安もなくなったのである。孔丘はこれを憤り、王位を助け、諸侯のおごりと利欲を戒めようとしたのが『春秋』なのである。春といえばそのなかに夏があり、秋といえばそのなかに冬がある。春はすなわち仁、秋はすなわち義、仁義のうちにおのずから礼智があるのである。このようにして、堯・舜の仁義の道徳を述べ、これを書中に含ませている。

『春秋』の文面は、毎月の日録の形式で書かれているけれども、文中には人の善悪・器量・賢不肖が考察されている。だから、善賢はただちに善賢として、愚不肖は妄悪の賊心としてただちにそのように、文中におのずから分明に感得されるように記されている。後世の人がこの『春秋』の一書を見るときには、賢者はその柾模[226](巨大な規模?)をあらわし、愚者・奸者はおのずから恥じ懼《おそ》れ、征せずして鎮まり、治めずして修まるとされるのである。

『春秋』の筆法

『春秋』の文意の例をあげれば、たとえば隠公元年に、ただ「元年、春、王の正月」とだけ書くのは、正月が幸いに終わった[227]からである。また、「三月、公、邾《ちゅ》の儀《ぎ》父《ほ》と蔑《べつ》に盟《ちか》う」とある。これは魯の隠公と邾の儀父とが蔑という所に会合して誓いを立て、和睦をしたという意味である。隣国同士、おたがいに乱を起こすまいと盟約を交したのである。この盟会が何のための挙であったかということは、人々がみな伝え聞いて知っているところである。これは隠公の誤りか、あるいは儀父が賢明だったのか、その失悪と善賢とは歴然とこの文中に具備されているのである。だから、文意をよく読みとる者は、戒めを受けないでもあたかも斬首されるような思いをし、悪逆の愚者は自分を恥じ、首をくってみずから修める。賢者は直接に賞美されているような思いをして、またみずからを修める。これが『春秋』の書の力だとされている。

しかし、いかに『春秋』が後世に伝わったからといって、孔丘が生きていたときに治まらなかった天下が、孔丘の死後におのずから治まるという理屈はどこにもないのである。孔丘は、周の二十六代、敬王の二十九年に死んでいる。敬王の時代から二十七代の元王の在世当時にいたるまでは、呉越の戦乱がたけなわであって治世などといえたものではない。さらに二十八代、二十九代、三十代と小乱がやまず、三十一代から後八代(228)は戦国時代であって、ついに秦の荘襄王のために六国を合わされる大乱となり、周は秦に併合されて秦の世となった。秦は三主わずか四十年しか続かず、漢と楚とが勃興してまた大きな兵乱となった。世が治まったなどという事実はどこにもないのである。よしんば治まったにしても、その治はすなわち乱の根源なのであるから、ただちにまた乱れることは必然である。してみれば、孔丘が治世を欲したことは、何時なりとも乱の根源を継ぐ者を準備した結果にしかならないのであって、目さきの利益ばかりを欲して自然の永遠に治乱のない知慮から出たものではないのである。ことごとくみな愚の至りである。人あって問うかもしれない。もし孔丘が愚かだというのなら、天下の聖賢とはいったいだれなのか、と。わたしは答えよう。孔丘は聖賢である。しかし、知慮が高きに偏した聖賢なのである。孔丘は愚かである。自然の直耕は宇宙の真道であり、二つの区別と見えるものがじつは一つの行ないであるという妙序に通達していなかったという点では、まったく愚かである。治も乱も同じ一つの誤りであることに明らかでないという点では愚かなのである。

孔丘、誓死および辞語

孔子、麟を獲てなげく

魯の哀公の十四年に、西の大野《たいや》に狩をした。叔孫氏の部下が一頭の獣を獲《え》た。これを不祥とした。孔丘はこれを見て麟《りん》であるといい、さらに「河《か》は図《と》を出さず、洛《らく》は書を出さず。吾はやんぬるかな(229)」といった。孔丘のこの言葉は大いに誤っている。なぜかといえば、孔丘が思うには、伏羲のときには聖徳が天に感じて黄河から竜馬八卦の図を出し、禹王の聖徳に感じては洛水のなかから亀の図を出した。いずれも天が聖徳に感じた瑞兆があって、天下の王となって太平を保ったのである。自分もまた聖人であるのに、自分の時代には王となることもできず、道は行なわれず、いまはもう老衰して死に近づいている。それなのになぜ麟が現われて、しかも脚を折ったりするのか。わが道も廃れたものだ、といって嘆息したというのである。だいたい自分も聖人であるなどとあえていうことがまちがっている。また喟然《きぜん》として嘆じていうには「自分を知る者はいない[230]のだなあ」と口にしたと伝えられる。そうであるからには、孔丘が「人知らざるを慍《いか》らず。亦た君子ならざらんや」といった一句は、まったくの偽言である。自分では人がおのれを知らないといってこんなふうに嘆き怒っておきながら、他人には怒ってはならないと教え、その当人は自分を知る者がないことを慨嘆する。このとおりの迷妄の言葉を吐くありさまだから、孔丘は正知ではなく高主に偏した知恵だというのである。

またいうことには、「天をも怨まず、人をも尤《とが》めず、下学《かがく》して上達す。吾を知る者はそれ天か」と。もしも天を怨まないというのだったら、いったいどうして伏羲と禹には天の感応があったが、自分にはない、ああ吾やんぬるかななどというのだろうか。こんなことを口走るのは、天を怨んでいることではなくて何だというのか。だから、迷妄の言葉だというのである。

孔子の死

孔丘は『春秋』を作った翌年病いを発した。子貢が見《まみ》えんことを請うた。孔丘は杖にもたれて門前を逍遥しながら子貢にいった。「賜よ。おまえが来るのはなぜこんなに遅くなったのか」。そして嘆きながら歌っていうには「太山壊《くず》れんか。梁柱摧《くだ》けんか。哲人も萎《や》まんか。よってもって涙くだる」と。これが孔丘の辞世の一句であると見える。言葉の意味は、太山も崩れるときがあるだろう、梁《うつばり》や柱も砕ける時期があるだろう、哲人も衰えるときがあるだろう、自分は哲人であるが天の与えた寿命がきわまり、今は老衰しようとしている、時が来ようとしているのだ、これを思えば、われ知らぬ悲しみに涙がこぼれる、というのである。まったく御愁傷さまといわなくてはならない。これは孔丘老齢のそのときの感情を歌った言葉であるけれども、そもそも生死の道は自然の進退であって、宇宙と人間とがいっしょになって進退するものである。人が退いて宇宙、宇宙が進んで人なのである。だから宇宙であって常、人倫であって常、生と死とで一道の常である。人間の生死とは自然の進退であるる。崩れたり、砕けたり、衰えたりすることのみに偏することはかつてないのである。それを思い嘆くのは、まさに自然の道に暗いからにほかならないのである。

それなのに孔丘は、子貢に向かって「天下に道なきこと久し。よく吾を宗とすることなし」といった。これもまた、悔いや憤《いきどお》りに執着したものの言いようであって、いかにも拙劣である。またいうには「夏人は東の階《きざはし》に殯《ひん》（かりもがり）し、周人は西の階に殯する。殷人は二本の柱に殯する。わたしは夢のなかで二本の柱の間に座して奠《まつ》られていた。そのありさまはほとんど殷人であった」と。その後七日してついに卒《しゅっ》した。孔丘年は七十三歳。魯の哀公十二年四月八日己丑[231]のことであった。魯の城北の泗上《しじょう》に葬られた。

右の言葉から考えると、孔丘は自分を殷の湯王の後裔であるといつも意識していた。死期が近くなってからも、なおこれを思ってやまなかったので、殷の葬礼にしたがって奠られる夢を見たのである。後世の学者が、孔丘の「夢にも周公を見ず[232]」という言葉をもって聖人は夢を見ない[233]と言いふらしているのは、誤りである。聖愚ともに夢は人間に具わるところのものである。宇宙の運行に昼夜があるごとく、人間に覚醒と夢とがあるのは自然の妙行である。だから孔丘の夢も思い寝の夢だったのである。

（補論二）　儒は法、耕は道および天下一の至論

孔子の耕道は道でなく法である

孔丘がいうには、「君子は人情をもって田とし、礼をもってこれを耕し、義をもって田植えをし、学を講ずることをもって草刈りとし、仁をもって実らし、知をもって取り入れをし、信をもって穀物を食う。これが君子の耕道である[234]」。これは天道ではない。耕さずに安楽に食おうとして世人をたぶらかし、おのれを利し、人の上に立たんがために作り出した私術[235]であり、制法《こしらえごと》である。これは一見いかにも高貴な言説のように聞こえるけれども、法はいかにせん法なのである。

曾子、魯国の禄を受けず

曾子がいうには、(236)「人の施しを受ける者はつねに人にへつらう。人に与える者はつねに人に驕《おご》る。たとえ君主が臣下にものを賜わって驕りとしないといったところで、また受けるほうが自分はへつらいをしないといったところで、受けることはしょせん受けることなのである。天道には与えることはあるが、受けることはしない。だから、君主が自分に与えるのは天道である。受ける自分はすなわち天道を盗んでいるのだ。自分はいったいへつらわずにいることができるだろうか」。こう考えて、曾子はついに俸禄を受けず、直耕して食を安んじた。

これは魯《ろ》の国君が曾子の賢才を見て、禄を与えて仕官させようとしたときに、曾子がこういって禄を受けなかったのである。君主が自分に与えるのは天道だ、といったのは君主にへつらうためではない。禄を受けまいと思ってこういったのである。君主が禄を与えるのも、君主の所有物を与えるわけではない。国を盗んでいるのである。盗みの分け前を与えようというのである。曾子がこれを受けなかったゆえんである。だから曾子は、自分が禄を受けたら天道を盗むことになる、といったのである。

孔丘は「われにまされる者は曾子、禄を受けざるなり」といった。事実、曾子は孔丘よりまさっているのである。孔丘はいまだかつて天地の間に屈伏したことはなかったが、ただ一度だけ、ほんとうに屈伏して一言も発することができなかった。孔丘は曾子の師であるけれども、自分を挙用して禄を与える者があれば、即座にこれを受けて、耕さずに禄を食み、上《は》に立って天下を治めることを欲した。これが孔丘の好むところなのである。禄を受け、耕さずにこれを食むことは、すなわち天道を盗むことである。これは曾子のためには罪人であるといわなくてはならない。制法《こしらえごと》をもって人の上に立ち、おのれを利そうとする誤りから出ていることなのである。

曾子は孔丘の弟子であるけれども、禄を受けて耕さずにこれを食み、無理に人の上に立ち、わずかな栄華に迷って天道を盗むようなことをしてよいだろうか、天道を盗んで罪を受ける者が自分一人だけであるというのなら別に苦痛ではない、しかし天道を盗んで耕さずに禄を食み、無理に人の上に立って天下を治めようとするのは、一見人々のためにかたじけないことのごとくであるが、本来天道を盗む罪をまぬがれることができないものであるから、その下はかならず乱世となって、天下国家大難の迷妄《めいもう》におちいってやむことがないだろう、自分は天下の苦痛・乱逆が永劫《えいごう》に続くことを憂慮して禄をむさぼるまい、と考えたのである。曾子のこの言葉は、まことに天言であるといわなくてはならない。天に代わる真人であるといわなくてはならない。だから、孔丘は曾子に対して恥ずかしいと思うべきであって、聖人でありながら遠く曾子に及ばないのである。

曾子は天下ただひとりの真人である

伏義《ふっき》・神農・黄帝・堯・舜・禹・湯王・文王・武王・周公・孔丘ら世々十一代の聖人は、九人まで上に立って帝王となり、五常・五倫・四民などの政治制度を立て、天下を治め、民をいつくしみ、種々の教法をもうけたのであるが、曾子の言葉をもってこれを省みれば、みなおのれを利し、無理に人の上に立ち、栄華をしようとする私制の言いこしらえであって、その実は天道を盗んで、耕さずに多くの人々の直耕をむさぼり食うことを爵禄と名づけて、私の奢りをしていただけのことである。すべてみな曾子のためには罪人である。だから十一人の聖人は、みんな高ぶり偏した知恵から出た私の誤りを犯しているのであり、天下にただ曾子ひとりだけが天に代る真人なのであって、一点の誤りもないのである。

十一人の聖人が、天道を盗み、私法によって帝王となり、民の直耕を貪食したことの誤りは、曾子が中正の真知をもってつぶさにいいあらわしたことによって明白であろう。なんと奇特なことではないか。曾子に宿る天真のおのずからなる顕現ではないか。わが曾参は、伏義から孔丘にいたるまで世をあげて聖人と呼ばれてきた者が、天道にひとしく私の誤りがなく、おのれの非を知るから「非《ひ》知り」すなわち聖《ひじり》であるといいならわされて天のごとくに貴《たっと》ばれ、どんな些細なことでも聖人の教えであるとさえいえば誤りがないとして貴び用いられてきたことを、わずか一語の真徳の言をもって、それが天道を盗んで人々の直耕を掠《かす》め取り、私法の学術を制作し、人々を抑圧して上に立ち、不耕貪食の徒でありながら衣服を飾り、栄耀をすることであって私の誤り以外の何ものでもないことを明らかにいいあらわしたのである。伏義から曾子まで二万と数百年、いままでだれも聖人の私失を見ぬかずにかえってこれを貴んできたのを、曾子にいたってようやく聖人の誤りが明らかにされたのは、まことに天の示しだったのである。しかし、その後曾子の考えを継いで、曾子の真の天言を説きつづける者がいなかったので、この言葉はまた世に埋もれてしまい、聖人の誤りを糺《ただ》す者もまた現われず、かえってその誤りを貴び用いることが世に行なわれてきたのである。

曾子

かくいう昌益は曾子の思想の後継者である

その誤りが世に用いられ来たること二千数百年、『自然真営道』の「学問統括[237]」にいたって、ようやくまた、曾子の天言をここに顕彰《けんしょう》することになったのである。天は中古には曾子をもって示現し、末世にはわが著『学問統括』をもってまたこれを示現した。シナと日本、中古と末世、それぞれ国と時代とを異にしているけれども、天の示しであることにおいては同じことなのである。ただ示すに時をもってしているのである。ああ、まことに天なるかな。二万数百年のあいだ埋もれ隠れていた十一人の聖人の誤りを曾子の一言で現わし、また二千数百年のあいだ埋もれていたことをまた世に示すとは、まさに天が語るところの妙言なのである。

曾子は孔門に学びながら天道を明らかにした。それは梯子に登って高く広いところを見るようなものである。踏むところは低いが、見るところのものは高いのである。だから、孔丘は自分よりもまさった者だといって、宗を曾子に譲った(238)。孔丘の儒学は、心術・行状ともに制法《こしらえごと》である。曾子の真学は、孔門の法学から出てはいるが天道の学である。師であるが法学である。門弟であるが道学である。法とは私制である。道とは自然の天耕である。だから、法と道とはこれをきちんと弁別しなくてはならない。代々の聖学は、人々の上に立たんがための法である。曾子の学のみがひとり天道である。庶民は日々直耕をしているから、つねにそれ以外の私の業を持たない。だからただちに天道である。曾子は天道の何たるかを知って耕道を行なうのであるが、庶民は天道が何であるかを知らなくても、耕道にしたがうことによって天道を行なっているのである。ただ、天道を知り、天道に背《そむ》かず直耕するところが、曾子が天下にすぐれているゆえんなのである。

曾子だけが道を知っている

惜しむらくは、曾子が天に代わる人間として、直耕は天の真道であるということを一巻の書物に著わして後世に伝えなかったことであった。孔丘は挙げ用いられて禄を与えられても、自分の心持ちに合わなければ長く仕えることをしなかった。曾子は孔丘のその心を忌んでそれがそもそも私心であるとしたのである。聖人が仁を施し、民をいつくしむと口にいうことは、じつは自分は耕さずに多くの人々の直耕を貪食することである。だから、聖人は本来何ものも所有してないのである。自分のものを何も持たないで、民に施すことなどできるわけはないではないか。だから、自分ひとりの心法（私心による言いこしらえ）以外の何ものでもないのである。

釈迦もまた、みずからは耕さずに世人の心施を貪食していて自分のものは何も持たない。それでいながら、人に慈悲を施すというのだから、これもおのれ一個の心法のみのことであって天道ではない。儒学・仏教・老荘・神道いずれもみな心の法であって天道ではない。ただ曾子だけが、心の法は私の誤りであることを知っていて、それをわがこととせず、直耕こそが天真の道であることを知って、ひとりで直耕し、天道を実行して、心法を求めなかったのである。庶民の直耕は、知る知らぬに関係なく、全体として自然の天道真の自行である。だから、心法の私教にはいっさい関係がない。天地とともに生死し、直耕して常、上下・善悪にして一つの耕しをするから上下や善悪があることも知らない。天地にものを二つにする差別がないのと同様に、つねに一つの天行である。だから、私制の心法をもってこれを治めるとか救うとかいうのは、ことごとく聖人・釈迦の私の誤りなのである。天地は気行が運回してただちに耕して万物を生じ、これを与える。だから道である。曾子と庶民とはただちに耕す。だから道である。聖人・釈迦は耕さずに貪食して天道を行なうことをしない。だから口から出る説法・教言のたぐいは、他のだれのことをいうのでもない。おのれの罪の言いわけを自分でしているのである。

（補論二） 易学の評および誤りを糺す論

伏羲、はじめて易を作る

伏羲が王となり、仰いで天文を観《み》、俯して地理を察して八卦《はっけ》を作った。八卦が初め起こるのに、太極(239)が動いて陽、静にして陰、陽儀は天、陰儀は地、これを両儀(240)とする。またそれぞれに陽・陰として四象、また陰・陽として八卦。八卦の一つずつに八卦を重ねて六十四卦を作った。その爻《こう》は、⚊を陽爻とし、⚋を陰爻とし、陽爻は連なり、陰爻は断たれているようにこれを作って、三爻を累《かさ》ねて対照させ、三陰三陽を作り、二卦を重ねて六陰六陽を作った。さらに☰を乾《けん》、☱を兌《だ》、☲を離《り》、☳を震《しん》、☴を巽《そん》、☵を坎《かん》、☶を艮《ごん》、☷を坤《こん》とこれを作り、乾は南、離は東、坎は西、坤は北、兌は東南、巽は南西、艮は西北、震は北東と八卦を方角に配当し(241)、さらにまた、木には震と巽、火には離、土には艮と坤、金には乾と兌、水には坎と八卦を五行に配付し(242)、かつまた乾は天、坤は地、兌は沢、離は火、坎は水、震は雷、巽は風、艮は山などと作りごとをならべ、これをもって天地・人・物の理非・善悪・吉凶の占法であるとしたのである。以上が易を制作した方法の順序である。

易の誤り：その一からその五

その誤謬をこれから列挙してみよう。まず第一に、太極という用語を使いながらそれが何であるかを明確に示さず、推量でものをいっていること。これが第一の誤りである。伏義は太極が何たるかのゆえんを知らないのに空理空論をもって説を立てた。そこで後世の学者はそれを察知することができずに迷妄におちいった。これは伏義の罪であって、すなわち第二の誤りである。

易有太極
太極者象數未形而其理已具之稱形器已具而其理无眹之目在河圖洛書皆虛中之象也周子曰无極而太極邵子曰道爲太極又曰心爲太極此之謂也
畫前之易一太極耳橫圖所謂儀象卦以至六十四者皆自此而生也象數未形者言圖書未出卦畫未立而其理已具者言所以爲是兩儀四象八卦之理已渾然備具所謂不雜乎陰陽之太極也形器已具者言圖書旣出卦畫旣立而其理无眹者言雖有是儀象卦之畫而其所以然之理又初无聲臭之可求所謂不離乎陰陽之太極也圖書虛中見前篇

太極図（『易学啓蒙』より）

後世の学問をするやからは、一つの円を描いてこれを太極の象徴とし、天の義であるといい、この中にたくさんの理が具足しているなどといって、ついにその正道を知ることができなかった。だから、天下の学者のうちにだれひとりとして太極とは何かを知っている者はいないのである。このことはわたしが世のために憂いとするところである。ここで明らかにしておくことにしよう。太極とはすなわち、五行が自《ひと》り然《す》ることの異称である。自《ひと》り然《す》る五行は、おのおのが一つずつ五つに行なわれるのではない。本来唯一の神気であって、それがひとり進退して無始無終なのである。この書を読む者はそのように悟るがよい。つぎに、易では両儀といって、陽儀は天、陰儀は地と二儀の区別を立てるけれども、宇宙は一神気の太極の進退がすなわち一気なのであって、二儀などということはまったくないのである。これを知らずに両儀としたことは第三の誤りである。

つぎに、太陽が変じて少陰となり、太陰が変じて少陽になるとして、変化ということをいうけれども、これは変化なのではなく、ただ一気の少進・大進・少退・大退なのである。このことをわきまえないのは第四の誤りである。

つぎに、陽爻《ようこう》は連なり、陰爻は断たれるなどというけれども、陰陽もまた一気の進退であって、連なったり断たれたりする私の細工ではないのである。これを知らないことは第五の誤りである。

易の誤り：その六からその十五

つぎに、火を二つに分け、土を陰にかたよらせ、木・君火・相火を三陽とし、金・水・土を三陰として三陽三陰と卦体を作ったことについていえば、五行はもと一行であり、小大に進退するただ一気である。だから、火だけを二つに分けることはまったくない。土は中五の一真であって、陽でもなく陰でもなく、ひとり感じて五行となり、小大に進退して、天と海、男と女、雄と雌、牡と牝、雄虫と雌虫、雄魚と雌魚、雄草と雌草となるにあたって、通・横・逆に運行して、人・鳥獣虫魚・雑草など種々のものを生じて尽きることがない。これを知らないから、みだりに三陰三陽などとしたのである。三陰三陽の気行とは、たとえば高山の頂のごときものがそれである。天の日照りと降る雨とは、これは天の陽と陰である。山の頂は陰の気が厚いところであるから、これは陰である。山頂の陰気が厚いので、山の土中の陽気はそれを通りぬけて山頂に昇ることができない。だから、高山の頂は二陰一陽であって、要するに☵の卦、あるいは☳の卦のたぐいである。これらの卦が、☲の卦あるいは☴の卦と対《つい》になれば、そこにできる卦爻がすなわち三陰三陽なのである。三陰三陽であるところの高山の頂は、三陰三陽であるがゆえに草木を生じない。物を生じないのであるから、これは宇宙自然の道ではないのである。またたとえば、人家の縁の下のような場所も三陰三陽であるから草木を生じない。だから宇宙自然の道ではないのである。もしも家屋の床をこわして雨をあてれば、即座に草木を生ずるだろう。二陰二陽であれば草木を生ずるのである。低い山はよく草木を生ずる。低い山では、土中の陽気が浮かび昇り、二陰二陽になるからである。したがって、三陰三陽であっては物を生ずることができないからには宇宙自然の道ではないのである。易はその三陰三陽を作るから、宇宙の道ではなく、勝手に私作したものにすぎない。これが第六の誤りである。

つぎに、五行とは、五は一であり、行は列である。だから、一気が列《なら》び行なわれて、多い少ないの変化がないゆえに自《ひと》り然《す》る五行であるのを、みだりに木は震・巽の二卦、土は艮・坤の二卦、金は乾・兌の二卦、火には離の一卦、水には坎の一卦をそれぞれ配当して、このように多い少ないの私作を加えて変化するものとしたことは、第七の誤りである。だからもしも五行に卦をつけるというのだったら、土には卦を配分せず、他の四行にそれぞれ二卦ずつを充当すべきなのである。

つぎに、震は進木の卦であるのに[243]これを雷としている。雷とはすなわち火であって、木の管轄ではない。また、退木の味をつかさどる風をもって[244]巽の卦とすることは第八の誤りである。

自然にそなわっているのは、進木は風、退木は酸味である。これを北東・南西の方位にあてることは第九の誤りである。

自然の震は、木の進気であって東をつかさどる。離の火をもって東の主とすることは、火は南の主であるから、第十の誤りである。

乾は金気であって西をつかさどるべきなのに、南に位させることは第十一の誤りである。

坤は中央土であって四行に応ずるものであり、地の主ではない。これが第十二の誤りである。

兌は西の部位に属する金の退気である。これを東南の方位とし、艮は進土であるのに退土の山とすることは、第十三の誤りである。

すべて北東・東南・南西・西北の四隅は、土の管轄に属してそなわっているものであるのに、兌・震・巽などをもって隅の方位とすることは、大きな誤りである。これが第十四の誤りである。

乾は天の外包、人や物の皮である。これを天神として上に立てることは愚かであって、第十五の誤りである。

伏羲の像

風ではない巽をもって風とし、雷ではない震をもって雷とし、山ではない艮をもって山とし、沢ではない兌をもって沢とし、退土の山である坤をもって平土の地とし、海は湛え川は流れる水行をもって坎すなわち「あな」とし、天神・人・物をよく就《つ》け行なう特質のある火行をもって離すなわち「はなれる」とするなど、以上のように見た眼の現象だけによって私作した易の八卦をもって卜筮《ぼくぜい》をなし、八卦を用いればよく占いが合うなどと論評することは、愚昧《ぐまい》迷妄もはなはだしいといわなくてはならない。

易は自然の気行を無視している

自然の気行は、一気がひとり感じて小進・大進・小退・大退の四行に分かれ、中一がこれを主宰して五行、それがまた進退して十気《とき》、宇宙・人倫・万物を行なっていること以外の何ものでもないのに、みだりに両儀・四象・八卦・十六卦・三十二卦・六十四卦・百二十八卦と限りなく卦を作り出すのはたいへんまちがっている。さらにまた、伏羲の徳に感じて、黄河の中から八卦背皮に負う竜馬が出たので、これによって八卦の図を作ったという話がある。もしこれが事実であれば、馬は獣である。獣が伏羲の徳によって出たとあれば、つまり伏羲は獣と同気の者だということになる。そのせいか、伏羲は竜頭蛇腹であったとものの本には書いてある。獣と同気の者だというつもりなのであろう。だから伏羲の心意はつねに横にたかぶり、自然の天下を盗み、自分を押し立てて王となったのである。シナの学者がこうして獣類を貴ぶことは、まことに神の責めを負うべきところなのである。

また、水には一、六、木には三、八、火には二、七、土に五、十、金に四、九と数を割りふって、水をもって一とすることは誤りである。水は自然の大退気であって、枯蔵の主、金人・物の形質をつかさどるものである。形は神が作り出すところのもの、木・火は心神、金水は形質である。中土の真体がおのずと成るのは自然である。だから、木・火の進気がまず感じて、次に金・水の退気が成るのである。だからたとえば、人間に交合の念がまず発し、その後その気が陰茎に降り、交合をはじめてしばらく動く行為をしたのちに水が洩れ、これが和合して胎となる。胎が人となるにあたっては、また胎中の木・火の進気がまず感じて発し、進退の妙序をもって人物となるのである。水をもって初一とすることは、自然にはかってないことなのである。それなのに、水をもって混沌・天地の始めとし、あるいは太極とし、あるいは人物の始めとし、数の一とすることは、自然を知らぬでたらめである。この一の数がまず誤っているのだから、『河図』の数論はみなまちがいである。数は、何ごと何ものであろうとも、およそ一なる者は発生の木気である。

以上のように、始めから終りまでたらめの、宇宙自然の道ではないところの易法をもって、文字・学問の初法、諸教の本始とし、この易によって学問のもとである字画を作った。だから、易はシナの学問の始めとされるのである。このようにしてみだりに私作された易を根拠としているのだから、シナの聖人・賢者の学問がすべてでたらめの制法《こしらえごと》であって、自然の真道ではないことは、易の誤りについて論じたごとくである。

孟子の評

孟子の人となり

孟軻は、周の三十三、四世、戦国の時に諸国を流浪した。まず思子の門人に学業を受け、孔丘の法を慕って儒学を伝え、仁義をもって主とし、孔丘にならって諸国を流回し、諸侯を説いて揚げ用いられんことを欲した。耕さずに食い、衣類をむさぼって、学問の営みに迷い、かつて自然宇宙の耕道がおのれに具わることを知らなかった小人である。

君子不耕の論の誤り

孟子がいうには、「人を養う者は人に治められ、人を治める者は人に養われる。これは天下の通義である。天下を治め、民を救うのに何の暇があって耕すことができようか[245]」と。これはもってのほかの考えであり、おのれを利するための弁舌の妄失である。この言葉の意味は、人を治める者とは上に立つ聖賢をいい、人に治められる者とは直耕する庶民をいうのである。孟子は人倫において初めから治める者と治められる者、あるいは養う者と養われる者の区別があったと思っていて、伏羲が世に出て初めて王となり、上下の制を立て、天道を盗んで以来、乱世となり、治まると見えてまた乱れ、乱れると見えてまた治まる間に、民を掠めて貪食し、耕さずに税斂の法をもうけ、庶民が直耕した辛苦を取り上げてこれを食い、奪った物で華美をなし、利欲・女色に溺れ、またたちまち乱が始まって迷惑の世となることをわきまえなかったのである。太公望が、いわゆる治乱とは自然の天道ではなく、上に立つ君主が賢君であれば治まり、君主が不肖であれば乱れるといったその先言を知らずに、乱世には軍戦の兵糧のために庶民の直耕を責め取り、庶民を責め使い、治世には上の者の栄華・慰遊・色欲・城室の装飾などのために直耕をむさぼり取り、庶民を追い使い、けっきょくは治世・乱世ともに責めむさぼって衣食をなし、奪った物で栄華・利欲をなし、人道を押し掠め、天道を盗み、天の責めを知らずに乱を好み、迷妄しているにすぎないものを、人を治める代りに養われるなどと考えるのは、孟子のごとき小人にふさわしい子供の夢物語である。

孟子

天下は天下の天下であって、人を養うものでもなければ人に養われるものでもなく、治めるものでもなければ治められるものでもない。各人が直耕・直織して食を安んじ、衣を安んじ、天地とともに四時の行ないをなし、無事平安に常に中を得ているのを天下というのである。これらの義を夢にもわきまえることなく、養う者と養われる者、治める者と治められる者との区別が利己の迷いであるにもかかわらず、これを自然の天下に具わっているもののように思っているのは、はなはだ愚かな誤りである。

天下の通義とは、平野に生まれた人間は耕織をして五穀と衣類とを産出し、山里に生まれた人間は薪炭を作るのを本業として、平野の人里にこれを出す。海辺に生まれた人間は魚類を取り、平野の人里にこれを出す。このようにして、たがいに五穀・薪炭・材木・衣類・魚類などを交換すれば、天下の人間はみな穀物を食い、家を作り、薪炭を燃やし、衣類を着、魚を食うことが一般にできるようになるのである。これが自然天下の通道である。生まれながらにすべてを知っていたといわれる孔子・孟子もこれを知るところではない。だから一言もこれをいわないのである。

かつまた、孟子は学問・書物が上に立ちおのれを利する者の法術であることを知らない。それどころか、かえって書物の学問をもって上に立ち、耕さずに貪食して庶民の直耕を責め取ることを天下の人を治めることだと思いこみ、天下を治め民を救うのに暇がないものだから、耕さなくても誤りではなく、道に適っていると考えたのは、とんでもない大間違いである。まったく天下の押込み強盗にひとしい所業である。知らないことは知らないといって書物などを作らなければ罪がないのに、思いちがいをしてみだりに賢者気取りでかくのごときの迷妄の書物をあらわし、世の惑いのもととしたことは、大罪の至りといわなくてはならない。孟子はこのように人法の治乱と、自然の無治無乱とのわきまえさえつかないのであって、そもそも人道の根本から誤っている孟子の書なのであるから、手に取って見ることさえ有害であるけれども、世の惑いを醒ますために、孟子がみずから至極の見識としている章句の二、三だけをあげて、これを糺すことにしよう。

天の時・地の利の論の誤り

孟子がいうには、「天の時は地の利にしかず、地の利は人の和にしかず[246]」と。これは学芸・法術の文章の意味だけを理としてことを論じているばかりで、天道・人道の合一の妙序を知らぬ誤りである。なぜかといえば、天の時と地の利とを論難し、人の和だけを揚げて、天の和、地の和、人の和が合一して具わっていることに言い及ばないからである。和のなかに剛が具わっていることを知らず、思子の達道の和[247]と同様に考える私の偏知のために、和をもって乱が起こることを知らないものだから、このような妄言をなすのである。孟子のいうように、軍陣に向かったとき天の時の吉日を占い、敵城に押し寄せても、敵城の地に利があれば落城することはない。地の利が堅城をなしているといっても、人の和がなければ城中から争いが起こっておのずと落ちるだろう。これをもってみれば、人の和に過ぎる道はない。だから、天下の達道なる者は和である、などと考えるのは、あさましいかぎりの知弁である。たとえ人の和のみをもって一旦は城を持ち、治めたといっても、耕さずに貪食して天の時の和、地の利の和を盗むのであるから、かならずその人の和のなかから乱が生じ、おのずと亡びることは、世々の聖人が人の和の仁をもってすれば、ひとたびは治まるに似るけれどもたちまちその下から乱が生じ、人の和がすなわち乱の根源となって、治まれば乱が生じ、また治まれば乱が生じ、乱が生じして絶えることなく、伏義の人の和からはじまって孟子の時代ならびに千万年の後にいたっても、世が乱れて絶えることがないのは、人の和をもって天の時、地の利という本来の和を盗むことであるからである。孟子は小知であって、目前にこれを見ていながら、これをわきまえることができず、流浪して諸国をめぐり、諸侯にへつらい、登用されて耕さずに貪食しようと欲し、民をむさぼることを業としていながら、天下を治め民を安んずると口才をはたらかすことは、はなはだ私の誤りである。孟子は、天の時とか地の利とかをいったいどんなものだと思って、人の和に及ばないなどといっているのだろうか。

そもそも天の時とは、自然の五運が天徳をなすにあたって進退し、十気《とき》に運回して人・物を生ずる。これが天の十気の時である。地の利とは、人と万物に子が実り、利倍して生ずる。これが地の利である。だから、天の時と地の利とが和合して、人・物の子が実り、生じまた生じて尽きることがない。これが天地の直耕である。だから、天下というものがあるのは、この天の時、地の利があるおかげである。孟子もまた、天の時、地の利の子にほかならない。しかるに、おのれの真の父母を知らず、肉を受けた父母ばかりを父母として、天地を無視し、このような言説をなすのは、まったくの子供だましである。だから孟子の書は、世の迷い、人の害悪であって、なんら見るべきところのない大きな誤りである。また、これらの語によって、吉凶は人にあるものであって日によらないなどと妄言を吐くのは、はなはだ誤っていて、天の罪をこうむるべき暴言である。なぜかといえば、吉凶とは陽陰の名である。陽と陰とは、日輪・月輪の気行である。すなわち、人の生じ来たるところの大本である。だから、人がいつも日によって吉凶をいうのは、人の世の常である。もしも人が一日として日によらなかったら、一時の生命もあることがあるだろうか。ああ、悲しいかな。日々時々、日の吉凶によって人生の心術・行状は常を保つことができるのであるのに、これを知らず、吉日に悪をなせばかならず悪日になる、悪日に善をなせばかならず善日になるなどといって、人を取って天を捨てることは、はなはだ愚かしい罪であるといわなくてはならない。なぜかといえば、天の吉凶は進退の一気である。だから、吉と凶とで一気である。吉日と悪日との二別はないのであって、吉日と悪日とで一日なのである。人々はこれを知らず、孟子の言葉にしたがって吉凶を別箇のものであると考え、凶・悪を去り、吉・善だけを得ようとする。そこでみずから迷妄におちいり、天日を無視し、人間の迷いに狂うのである。これが悲しいことでなくて何であろうか。これらのたぐいは、みな孟子の言葉の罪である。

だから、真の人の和を得ようとするならば、天の時と地の利とが直耕して人・物を生ずるのと、人間の男女の直耕とが同行するときに、はじめて天・地・人が一和して無乱平安なのである。これが真の人の和である。もしも耕すことをせぬ孟子のごとき貪食の売学の徒が、上に立つことを欲するときには、世はかならず乱れに乱れて乱が絶えることはないであろう。吉凶をいうならば、かならず吉凶をもって一事とするがよい。そうすればつねに吉である。凶を去って吉のみを得ようとすれば、つねに凶である。このような達見には、孟子などがなまやさしく及ぶところではないのである。

浩然の気の誤り

孟子がいうには、「われわれが浩然の気を養う」[248]と。これは孟子一生の知見の極致、至極の見識とするところである。いたって大、いたって広であって、曰く言いがたい大智とするところである。浩然の気とは、本然の一気が宇宙・人・物に瀰淪して洩れることがなく、胸中に一念の止まる所がないことの謂いである。孟子は、老子の「谷神死せず」や、孔子の一貫[249]の語意が、あるいは釈迦の悟道の場が、空々然として指し示す所がなく、はなはだ高遠をきわめた論であるかのごとくだが、そのじつは気の通じていることが朗々浩々としてさえぎるものがないのを本来至極の地とし、気を空とする見解であるにすぎないことを知らない。それというのは、自然の真と気とで一真であることを知らないからである。気を見てこれが極限であると考え、いまだ真があることを見ようとしない。だから、聖人・釈迦の大賢といえども、自然の気を見てこれを極となし、気通を見るにとどまって、自然真の自感することを明かしつくすことができなかったのである。谷神といい、一貫といい、大悟といい、浩然というけれども、その本体が何であるかを言い明かすことができない。だから、みだりにこれを言い放しに言い捨てて、省察することができないのである。いわんや孟子のごとき者においてをや。浩然の気に酔って、真なるものの本体を省察することができず、夢うつつのごとき有様である。気を本体と考えるのは、すなわちただちに夢である。その夢から醒めていない者である。だから、儒・釈・道いずれもともに、人知の私制した法言（こしらえごと）であって、自然の真道の論ではないのである。

心を存し性を養う論の誤り

孟子がいうには、「心を存し、性を養うは、天に事《つか》えるゆえんである[250]」と。これもまた大いに私の誤りである。心を存し、放逸することなく、性・理を味わって天道を感ずる[251]。これをもって至極のこととし、天に事《つか》えるというのだけれども、それは手前勝手な思惑というものであって、けっして天道ではないのである。天真は自《ひと》り感《はたら》いて、一気が進退して人・物を生じ、直耕して与え施してやむことがない。そのほかにこれといってなすことはないのである。孟子がもしこれを知って天に事《つか》えるというのなら、なぜ直耕して天の与える穀物を食い、天とともに同行して天に事《つか》えようとしないのであるか。おのれは耕さずに貪食して天道を盗み、口弁でばかり天に事えるというのは、誤りもはなはだしいものでなくて何であろうか。天はつねに運行して人・物を生ずる。これが天の心神行為であって、真体の常としての勤《つと》め稼《かせ》ぎである。このほかに一点の私もあることはないのである。これをすることをしないで、諸国を流浪し、学問を売り、利口・弁舌を弄して世からむさぼり、諸侯にへつらい、おのれを利する無益な人間が孟子なのである。孔孟のごとき者は、弁舌をもって天道を売り、学問を売り、世をたぶらかし、貪食して人々の上に立とうと欲する。だから、世の方でもまたこれを用いる者はなく、一生浪人して貪食し、横生とひとしく死んだのである。だから、孟子の書が第一とするところはみな誤りである。このほかはあげて論ずるに足りないので省略にしたがう。

儒者の論

儒は濡の説の誤り

儒者とは、孔丘が徳を慎んだ名である。伏羲が易を作ってから、代々の聖人の書物のうちで孔丘がふたたび手を加えないものはなかった。だから、後世にはすべての聖人の書物を儒書と称するようになったのである。いわゆる儒とは、濡の謂いである。徳をもって真・神・心を濡《うるお》し、正行をもって身・形を濡し、宇宙の大徳が人・物を濡し生ずる。この儒徳とひとしい者は孔丘である。だから、孔丘をさして儒者という。儒者とは孔丘の徳の名である。したがって、後世にあって孔丘が手を加えた書物およびみずから作った書物を学ぶ者を儒者と呼ぶのである。しかし、宇宙が人・物を濡し生ずるがごとく、徳を濡し、身に行なう者をもって儒者と称するというこの説は、いかにもありがたく聞こえるけれどもやはり誤りである。なぜかといえば、宇宙の濡徳は、万物を生じて人に与え、これをもって心術・行状として、その他の私の作為をすることはないからである。もしも孔丘がこの濡徳にひとしいというのだったら、なぜ宇宙が万物を濡し生ずる直耕の徳とひとしく、心に生徳を信じ、身に直耕を行ない、直接水田に心身を濡して、自分の穀物を生産し、衣食を安んじて、貪食することをせずに、天とともに真の行ないをしないのであるか。

儒者は天道を売る商人である

孔丘は耕さずに貪食するばかりで天道を躬行しない。だから、教言と弁舌でのみ天道にのっとり、その行なうところは、おのれを利し貪食しているだけである。人の上に立とうとするために天道にのっとる。だから、儒学とは天道を売り、貪食を買って生きる渡世なのである。儒学とは利己の法言（こしらえごと）であって、宇宙自然の真道ではない。儒学は貪食を買うために天道を売る。すなわち貪食と天道とをもって商売をしている。商人は利倍と偽わり、へつらいをもって学問とする。農民は直耕と安食・安衣をもって天道とする。だから、天下を平和にしようと欲するならば、すなわち農耕の天道をもって上政とし、上主は直接手を下して農耕しないにもせよ、これをもって政治の極（基準）となして、不耕貪食の徒を減少させ、法を売る異形異相の者を根絶するときには、永久に乱が起こることはないであろう。このような考えを持たないから、儒学は耕さずに貪食するための制法なのである。直耕は、むさぼらずに食を安んずるための天道である。道と法とには、大きなちがいがあることを知らなくてはならない。

私法神書巻（抄）

制法の神道　『旧事紀』『古事記』『日本紀』および仏法到来

『旧事紀』の叙述

三部の妙経(252)にいうことには、いにしえ天地《あめつち》いまだ開けず、混々沌々として鶏卵のようにくぐもり、そのなかに芽《きざし》を含んでいた。清《す》んだ気はしだいに上にのぼり、薄くたなびいて天となって浮かんだ。濁った気は重く沈み、とどこおって地となった。いわゆる州壌《くにつち》の浮かれ漂い開け別れたりとあるのはこれである。天がまず成って、そののちに地が定まった。さらにそののち、高天原に化生した一柱の神を名づけて天譲日天狭霧国禅月国狭霧《あめのゆずりひあめのさぎりくにのゆずりつきくにのさぎりの》尊(253)と曰《もう》すという。それよりこのかた、ひとり化《な》る神のほかに、ともに生《な》る神が二代、偶《たぐ》い生《な》る神が五代、いわゆる天神七代とはこれであると言い伝える。これが『旧事紀《くじき》』(254)の序説である。

この『旧事紀』という書物は、人皇三十四代推古天皇の二十九年に、聖徳太子がこれを制作し、神代の巻三冊と神武帝から推古帝にいたるまでの王代巻二冊とを合して、五冊にこしらえたものである。

『古事記』の叙述

天地《あめつち》が初めて発《おこ》ったときに、高天原に成る神の御名は天御中主神《あめのみなかぬしのかみ》。つぎに、高御産巣日神《たかみむすびのかみ》。つぎに、神御産巣日神《かんみむすびのかみ》。この三柱の神はいずれも独神《ひとりがみ》となりまして身を隠したもうた〔この三神の名をもって『旧事紀』の一代にあてる〕[255]。つぎに、国稚《くにしい》[256]が浮かんだ膏《あぶら》のようにくらげのごとく漂っていたときに、葦芽《あしかび》のように萌《きざ》しのぼるものから成った神の御名は、美葦芽彦児神《うましあしかびひこじのかみ》[257]という〔これは『旧事紀』の二代の神にあたる〕。つぎに、天常立神《あめのとこたちのかみ》〔これは彦児神と二神で一対である〕。この五神を別天の神[258]とする。つぎに成った神の御名は、国常立神《くにのとこたちのかみ》。つぎに豊雲野神《とよくものかみ》。この二神も独神となりまして身を隠したもうた〔これもまた『旧事紀』の二代の神にあたる〕。つぎに、宇比地邇神《うひちにのかみ》。つぎに、妹須比智邇神《いもすひちにのかみ》。つぎに、角杙神《つのくいのかみ》[259]、妹活杙神《いもいくくいのかみ》〔これは『旧事紀』の三代にあたる〕。つぎに、意富斗能地神《おおとのちのかみ》。つぎに、妹阿夜訶子古泥神《いもあやかしこねのかみ》。つぎに、伊弉諾神《いざなぎのかみ》。つぎに伊弉冉神《いざなみのかみ》。これは別に五神を立てて、つぎを天神七代とするという。これが『古事記』の説である。

この『古事記』の書物は、神代の巻一冊および神武から推古にいたるまでの三十四代のことを記す王代の巻二冊を合して三冊につづったものである。四十三代元明帝の和銅年中に制作した。小治田《おはるだ》[260]の大臣、安部の安麻呂[261]の作るところである。

『日本書紀』の叙述

いにしえ天地《あめつち》いまだ剖《わか》れず、陰陽を分かたず、混沌として鶏卵のようにくぐもって芽《きざし》を含んでいた。その清くすんだものは薄くたなびいて天となり、重く濁ったものはとどこおって地となった。精妙なものが合すれば上にあがりやすく、重く濁れば凝りかたまりにくい。だから、天がまず成って地がのちに定まった。しかるのち、神聖《かみ》その中に生まれます、と。だから、開闢の初めに州壌《くにつち》が浮かれ漂うことは、あたかも游泳する魚が水の上に浮かんでいるごとくであったといわれる。そのとき、天地の中に生《な》り出《な》でたものが一つあって、その形は葦芽《あしかび》のようであった。やがて化して神と生る。これを国常立尊《くにとこたちのみこと》と名づける。つぎに、国狭槌尊《くにのさづちのみこと》。つぎに、豊斟渟尊《とよくんぬのみこと》。つぎに、泥土煑尊《うひちにのみこと》。つぎに、沙土煑尊《すひちにのみこと》。つぎに、大戸道尊《おおとのちのみこと》。つぎに、大苫辺尊《おおとまべのみこと》。つぎに、面足尊《おもたるのみこと》。つぎに、惶根尊《かしこねのみこと》。つぎに、伊弉諾尊。つぎに、伊弉冉尊。これを天神七代と名づけるという。これが『日本書紀』の説である。

この『日本書紀』という書物は、神代の巻二冊、王代の巻十三冊、合わせて十五冊である。人皇四十四代元正帝の霊亀年中に成立した。神武帝から元正帝にいたるまですべて四十二代の事績を記す。舎人《とねり》親王の制するところである。

『旧事紀』『古事記』『日本書紀』の誤り

右の三書、すなわち『旧事紀』『古事記』『日本書紀』を三部の神妙経という。三部いずれも小さな異同はあるが、大意においては同じである。これらはみな、『旧事紀』の聖徳太子の書意にもとづいて、『古事記』も『日本書紀』も作られているからである。三部ともに最初に天神七代を挙げていることは、文章に小異はあってもみな同じである。それというのは、聖徳太子が仏法の私制を信じたことに始まる。釈迦はインドを仏国と名づけ、過去七仏[262]が国の本を制立したとし、五時教[263]の如来をもって法とした。聖徳太子は、釈迦のこの私法の真似をして、日本を神国と名づけ、国の始めを天神七代が制立したとし、地神五代をもって法としようとしたのである。七仏の七という数は、火の数[264]である。火は心である。[265]一人の心をもって三世諸仏の名号を制作し、五時教の如来は五体からなる一身を土の数にかたどってこう言ったのである。聖徳太子はこれによって、七の火数はすなわち火であるから太陽のつかさどるところである。太陽の四方それぞれの七宿[266]は、つまり七代《かわ》りに日を宿して、万物を生ずる道をなすものである。地神五代の五は土数[267]である。土は国土である。だから中土から四方の国を作るのにかたどって五代としたのであろうが、これは優秀な考えのように見えてまだ未熟である。というのは、火は、天でいえば太陽、人でいえば人身であって、宇宙・人身の主宰であるが、火ばかりで主宰たることはできないので、うちに五行のおのおのをそなえて主宰たりえているのである。これをわきまえぬから誤りである。だから、自然を論じていえば、日神・心神ともに五代であって一神である。したがって過去ということはなく、日ごとに、また心ごとに、一日・一心・一神の真であって常中なのである。よくこのことを心得なくてはならない。

しかるに、三部の書の最初にはいずれも、天地がいまだ分かれぬ以前には混沌としていて鶏卵のようだったと書いてある。これは人間の浅知をもって論じているのであって、釈迦が空劫以前を水となすといい、『淮南子《えなんじ》』や『列子』も同様のことをいっている。[268] 聖徳太子はこれにならって書いたのである。安麻呂もこれを踏襲して同じことを書いた。みな先人の糟粕《そうはく》である。釈迦や『淮南子』をはじめとして、『列子』・聖徳太子・安麻呂・舎人親王にいたるまで、だれひとりとして自然の宇宙が無始無終であることを知らなかった。だから宇宙にも始まりがあるものと思いちがいをして、いにしえ、天地いまだ開けず、あるいは分かれぬときは混沌としていたなどという説を立てたのである。混沌とは混雑・沌妄の謂いであって、泥に濁った水がまじりあって分明でない状態をいう。だから、宇宙生成以前は泥水のようなありさまだったと見立てたのである。宇宙には始めもなく終りもないことを知らぬゆえの誤りである。

また、天地を人間のことにたとえて、父母の一滴の水がまだ和合したばかりで人の形を分かたず、男とも女とも区別できない間のように、天地がまだ分かれぬこと鶏卵のごとしといってもいる。卵がまだ雄とも雌とも区別できぬことにたとえているのである。この比喩はたしかに一理あるが、はなはだまちがっていることには変わりがない。なぜかといえば、天地も水から始まり、人も父母の精水から始まり、あらゆる鳥獣虫魚もまた精水から始まり、すべての草木の花も水があって花が咲いて実となるのであるから、天地・人・物ことごとく水から始まると観ずることは、釈迦・古聖賢・聖徳太子いずれもみな一般である。だから、世々の聖人は、太一とは水の尊号であるといっている。これに迷って、『淮南子』も聖徳太子の高賢も同じことをいうのは、みな自然の道を誤っているからである。宇宙には生成の以前と以後はなく、無始無終であることは「仏法初立」の条[269]でくわしく論じたとおりである。水というものは、自然真が自感するにあたって、小進して木、大進して火、進むことときわまって小退して金、大退して水、不進不退にして中土となる。これが自然の妙行であるので、水は大退気であって後にものを閉じ蔵する。寒枯であって発生の役にあたるものではない。中真がひとり小進して発生の木、大進して盛大の火、小退して実収の金、大退して枯殺の水となるのである。水気が冬、万物の死をつかさどることをもって発生の気でないことを知るべきである。人に交合の念が起こるのは木・肝の気、交わろうと思う心は火・神の感、すでに交わってこれを感ずるのは金・肺の魄、このように交わり動いた後に水が洩れるのである。だから、水の前に発生の気が進み、進むことときわまって小退から大退にいたり、ようやく水が出て和合となる。かくして、男女和合の精水から人体を作るのも、また発生の木、盛大の火、骨を堅くする金、肉を就ける土、形を成す水がすべて行なわれるのであって、これが自然の自行の妙序である。これを知らないので誤りを犯し、水をもって宇宙・人・物の始めと考えることは愚かしい誤謬《ごびゅう》の最たるものである。

　また説いていうには、鶏卵のごとき水玉に一気が含まれていて、その気に清濁がある。その清気は薄くなびいて天となって浮かび、濁気は重く沈みとどこおって地となった。たとえば游泳する魚が水の上に浮かんでいるような形状であり、ときに天まず成って地がのちに定まった、と。これは鶏卵をもって天地いまだ分かれざる混沌を象徴し、また父母の精水が和合してできる水玉[270]を象徴し、卵のなかの澄んだ白身をもって清陽の天を象徴し、中央の黄身の濁った部分をもって重く沈みとどこおる濁陰の地を象徴し、地が気中にあることを水中に泳ぐ魚をもって象徴し、上昇する気を天に、下降する気を地に表象して、天がまず成って地が後に定まった、と論じているのである。また、人間も陽気の頭がまず成って、肉体の地が後に定まるともいわれる。これは易にいわゆる一気の太極が動いて陽儀、天、静にして陰儀、地と書かれていることにのっとってこれをいったものである。これもまた優れているようでいて、じつは自然に反する謬説である。なぜかといえば、鶏卵というものは外皮が堅く、白身があり、中央に黄身があるけれども、海を象徴するものがない。だから、宇宙の象徴、一滴の水の和合の象徴とするには足りないのである。次に、一気を含むといっても、その一気なるものがどこから生ずるというゆえんを知らないのだから、これまた誤りである。つぎに、その清気が薄くたなびくということはまちがっている。発動の気が進みのぼるというべきである。重く沈みとどこおるというのはまちがっている。収静の気が退き降るというべきである。地をもって游泳する魚が水上に浮かぶごとくだというのはまちがっている。天と海との中央にあって、宇宙の気を感合して人・物の形体を生ずるというべきである。つぎに、天がまず成って地が後に定まったというのは大いに誤りである。宇宙は無始無終であって、先後のあるものではない。自然の進退・退進であるから、天・海にして一体なのである。これを知らないとは誤りもはなはだしい。一滴の水から人の形が生ずるのも、頭がまず成り、身体があとにできるのではない。進退の一気が感じて、頭が成るのと身体が定まるのとは一感である。みなこの道をもって人体となるのである。これを知らないのはまた誤りである。易を引用して、一気を太極としていることは誤りである。太極の徳は中真である。一気は中真の感(はたらき)である。これを区別していないのだから、易がまず誤りである。このように、一気が動いて陽儀、天がまず成り、一気が静であって陰儀、地が後に成ると易に説いてあるものだから、後世の私法利己をことととするやからが、易を論拠として種々の誤りを犯すようになったのである。

天神七代

高天原のいわれ、天神七代のいわれ

天地すでに成るというのは、人体すでになるというのと同じことである。高天原に生《な》り出でた一柱の神を名づけて天譲日天狭霧国禅月国狭霧尊《あめのゆずりひあめのさぎりくにのゆずりつきくにのさぎりのみこと》と曰《もう》すとある。この高天原というのは、天地にあっては北宮であり、人体にあっては腎臓の上である。高天原《たかまがはら》と訓読するのは誤りである。高天原《たかまのもと》と読むべきである。生り出でた一柱の神というのは、北宮から一気が伸び発することをいう。一気が発伸することは、一つの神《しん》である。伸は神《しん》である[27]。神《かみ》とは天の極みの上《かみ》という意味である。人間は腎臓の上《かみ》から一気が発伸し、一身の動気が胸に至る。神《かみ》は心の上《かみ》にいます。だから、神《かみ》とは人身の上《かみ》、つまり胸という意味である。宇宙も人身も、ゆえにただこの一神の自行なのである。聖徳太子がこれをいうのは、一理あるかのごとくであるが、しかしこの一神の発伸する場所としての高天原をいうだけで、高天原の主たるものが何であるかを知らない。だから未熟なのである。つぎに、天譲日《あめのゆずるひ》とは、天の徳を日輪《にちりん》（太陽）に譲るということである。天狭霧《あめのさぎり》とは、日の光が霧の中にまで狭《せま》（迫）り入って、残るところがないという意味である。国禅月《くにゆずるつき》とは、国は地である。土地の徳をば月輪《げつりん》に譲るということである。国狭霧《くにのさぎり》とは、月影がまた霧のなかに狭り入って残るところがないという意味である。霧は息気であって、すなわち天地の呼吸たる風が吹くこと。朝霧は日の気、夕霧は月の気ということである。全体の意味は、ただ天地が成り、日月・神霊・人身が成って、心・腎の心霊がこれをつかさどるということである。これを明快にいわないで、狭霧とか譲るとか日月とかいっているのは、明らかに、自然宇宙の妙行を知らないことの結果である。そこでこのようなこしらえごとを言い出して、後世の迷いのもとになったのは、まことに悲しむべきことである。

つぎに、それよりこのかた、ひとり化《な》る神のほかに、ともに生《な》る神二代、偶《たぐ》い生《な》る神五代、いわゆる天神七代とはこれをいうとある。このうち、ひとりで化るとは、日月のようにそれぞれを神として立てるものをいい、ともに生るとは、陰神・陽神をあわせて一神と立てるものをいい、偶い生るとは、配偶をあわせて一神と立てるものをいう。このようにして五代の神を立て、ともに生る神を添えて七神、これを天神七代と称する。これは畢竟《ひっきょう》するに、ともに生るとは日月、偶い生るとは五星をいうのである。人間にあっては気・血および五蔵のことであり、いずれもみな火数の七に合わせて説いている。ことごとく私法であって自然の神道ではない。なぜならば、火数ばかりでは、天道も人道も行なわれることはないからである。くわしくは後で論ずる。

『古事記』の所伝の誤り

『古事記』には、天地が初めて発《おこ》ったときに高天原に成った神の名を天御中主神《あめのみなかぬしのかみ》としている。天地には初めて発《おこ》るとか、のちに滅するということはない。だから、これは早くも誤りである。つぎに、天御中主神。[272] つぎに、高御産巣日神《たかみむすびのかみ》。つぎに、神御産巣日神《かんみむすびのかみ》。この三神はいずれも独神《ひとりがみ》となりまして身を隠す、とある〔これはこの三神をもって独神となし、『旧事紀』の一代にあてるのである〕。ここでいう天御中主神とは、北宮から進発する気の精が中天に凝《こ》り、世界全般を照らし、天中の主神となったものであって、すなわち日輪のことである。つぎに、高御産巣日神とは、日神の光を受けて光耀を生み出す五星の謂いである。つぎに、神御産巣日神とは、日神の光映を受けて光暉を生み出す宿星の謂いである。日・星・宿の三光は、それぞれ独立していて、昼に日が照らせば星は光に隠れ、夜に星が光れば日は照光を隠す。ゆえに独神となって身を隠すといったのである。

右の所伝はおそらくまちがっている。そもそもこれは北宮をもって天御中主神とし、日輪をもって高御産巣日神とし、月をもって神御産巣日神とすべきなのである。そうすればすなわち神理に適うであろう。北宮自感の進気の精は日、退気の精は月、日月進退一気にして独神と説明することができて『旧事紀』の一代の神とも合うのである。もしそうでなければ、『旧事紀』の所伝と合わないからまちがいである。

つぎに、国稚《くにしい》が浮かんだ膏《あぶら》のようにくらげのごとく漂っていたときに、葦芽《あしかび》のように萌しのぼるもののうちから成った神を美葦芽彦児神《うましあしかびひこじのかみ》。つぎに、天常立神《あめのとこたちのかみ》。この二神も独神となりまして身を隠したといわれる〔これを『旧事紀』の二代にあてる〕。国稚とは土の柔らかなものであって泥のごときもの。陰気のみで漂っているとは、地がまだ固まらないことをいう。葦の根が水中にひきはえられて一連の水草となり、そこから芽が萌し出るように、一気が地から昇り、地から発するこの気の徳によって葦の芽から始まって万物が美々しく生ずる。これを美葦芽《うましあしかび》といったのである。つぎに、天常立神とは、地気が昇って天につねに立つということである。『旧事紀』の一代の三神と二代の二神とを合わせて、五神を別にして天神とするというのは、これを天の五神とし、また別に七神を立てて天神七代とするという意味であって、まったくの捏造《ねつぞう》である。かつ、天常立神というのはすなわち天御中主神である。それなのに、地気が昇ることを天の常立というのはでたらめである。常立はすなわち中主である。中主はすなわち常立である。これを二つに分けるから誤りが生ずるのである。

国常立神《くにのとこたちのかみ》〔一代〕。豊雲野神《とよくものかみ》〔二代目、これは独神〕。宇比地邇神《うひちにのかみ》、また妹須比智邇神《いもすひちにのかみ》〔三代〕。角織神《つのくいのかみ》、また妹活杙神《いもいくくいのかみ》〔四代〕。意富斗能地神《おおとのちのかみ》〔五代〕。妹阿夜訶志古泥神《いもあやかしこねのかみ》〔六代〕。伊弉諾神《いざなぎのかみ》、伊弉冉神《いざなみのかみ》〔七代〕。これを天神七代としていることについていえば、まず国常立神を天神というのは誤りである。天を国というのなら、国を天といってもよいのだろうか。でたらめである。つぎに、豊雲野とは、豊は美称であって意味はない。雲野とは、汲《く》み止《と》めるという意味であって、これまた天神の謂いではない。だからこれも捏造である。泥土《うひち》賁《に》とは、天の陽気が地の泥土を賁《かわか》すことをいう。また、妹須比智邇《いもすひちに》とは、沙土賁《すひちに》であって、沙土を燥《かわか》すという意味。いずれもみな地土の謂いであって、天神の論にはふさわしくない。天神を論ずるには、それに名づけるための理がかならずあるのであって、これをわきまえ知らないから誤りなのである。つぎに、角織《つのくい》、活杙《いくくい》とは、角柱《すみばしら》・中柱の意味であって、すなわち家作の謂いである。天神を論ずるのに織・杙のたぐいをもってするのは論であるとはいえない。天神が降臨するのに、まさか織や杙の気形をもって降るともいえないだろう。まったく拙劣のかぎりである。つぎに、意富斗能地神《おおとのぢのかみ》と妹大斗乃弁神《いもおおとのべのかみ》。これも家作の謂いである。つぎに、妹阿夜訶志古泥神《いもあやかしこねのかみ》。つぎに、於母陀琉神《おもたるのかみ》。伊邪那岐神・伊邪那美神。みなこれらは仮名に漢字をつけたでたらめの文字である。『日本書紀』の条でまとめて論ずることにする。

『日本書紀』の所伝の誤り

『日本書紀』に、天神の一代国常立尊《くにとこたちのみこと》〔これは『古事記』と同じく誤りである〕。二代国狭槌尊《くにさづちのみこと》。これもまた天神の名に国と称しているから誤りである。三代豊斟渟尊《とよくんぬのみこと》。これは水を斟《く》み渟《と》めるわざをいうのであって天神の名ではない。誤りである。この三代の神をもって、乾道独化の神とし、これを男神とするといわれる。神とは自然真の自感、進退する進発の気の名である。だから、進気は男神であり、退気は女神である。乾道独化ということはかつてないのである。また三神ともに男神と、男ばかりが続くこともありえない。男神・女神、男神・女神と進退和合して一つの神、生々の一神であり、進退して二神にして一神であるのが真の神道である。これを知らないから誤りである。四代泥土煑《うひちに》・沙土煑尊《すひちにのみこと》とは、すなわち泥土・沙土を賁燥《にかわか》すことをいうのであるから、天神の謂いではない。みな地が成りかたまる地神の呼び名である。だから誤っている。五代大戸道《おおとのち》・大苫辺尊《おおとまべのみこと》とあるのは、これは家作の神であって天神の名ではない。だから誤りである。六代面足《おもたる》・惶根尊《かしこねのみこと》。これは顔の造作が成就していて、心術・根気を惶《おそ》れつつしむという意味であって、天神の名ではない。だから誤りである。七代を伊弉諾《いざなぎ》・伊弉冉《いざなみ》という。

三部の書とともに、文法は少しずつちがっているけれども、意味は同じである。畢竟するところ、いわゆる国常立《くにとこたち》とは、国を定めることである。国狭槌《くにさづち》とは、国々がさしはさむ境。豊《とよ》斟渟《くんぬ》とは、ゆたかに河川の堤を定めるのである。泥土煑《うひちに》・沙土煑《すひちに》とは、屋敷をかためることである。大戸道《おおとのち》・大苫辺《おおとまべ》とは、家を作り、戸・竈・窓の道を通し、苫《とま》や茅《かや》のたぐいをもって屋根を葺き、家居を定めることである。面足《おもたる》とは、人間の面目をととのえ、用事がことごとく足りること。惶根《かしこね》とは、天神を惶《おそ》れ、心根を慎むことである。このようにして、万国万家万人の夫婦、家々の男神が誘《いざな》いきたれば、女神は誘《いざな》われ順《なび》き、和合して、家ごとに夫婦が直耕して子を生み、無欲にして安泰に食を安んじ、衣を安んじ、乱世とか治政とかの苦しみをまったく知ることがなかった。その時代が天神七代の間、七億三千六百四十二万八千百九十年だったのである。これが日本の上世、天神七代の世であった。

男が誘いきたって感ずれば、女は誘われ順くことを伊弉諾《いざなぎ》・伊弉冉《いざなみ》という。誘いきたるの「い」を中略し、「たる」を下略して伊弉諾《いざなぎ》といい、誘われ順くの「われな」を中略し、「ひ」と「み」は同音であるから「く」を下略して伊弉冉《いざなみ》といったのである。すべての神書は、日本の言葉にシナの文字を付けて書作したものである。

日本の上古には自然の神世があった

『旧事紀』の天譲日神《あめのゆずるひのかみ》、『古事記』の天御中主尊《あめのみなかぬしのみこと》、『日本書紀』の国常立尊《くにとこたちのみこと》、これらはともに国を立て、境を定め、河川を通じ、居所をかため、家を作り、屋根を葺き、家居の面目をととのえ、用事を足らし、天を悍《おそ》れ、人の根本たる直耕の道を慎み、男が誘いきたって感ずれば、女は誘われ順き、このようにして世を経ていたので、まったく上下貴賤の差別はなく、争乱や合戦の苦難もなく、天地とともに耕して食し、衣を織って暮らしていた自然の神世だったのである。三部の書の記述はそれに似ているが、しかし天神七代、地神五代と文字にあらわそうというのなら、天は気をつかさどり、地は形をつかさどるのであるから、天地の道にのっとって、天神の世は気の象《かたち》をもってこれを論じ、地神の世は形の品をもってこれを論ずべきなのである。このことをわきまえないので、文言・字義・和訓の読み癖、いずれも大いに誤っていて、自然の神道たりがたいのである。

尊のゆえん

尊《みこと》とは、神事《かみこと》の上の「か」を略していう言葉である。だから、国常立神事《くにとこたちのかみこと》というのを国常立尊《くにとこたちのみこと》というのである。命《みこと》と書くのも同じことである。天神をいうときには尊、天神の命を降すのを受けるのは命である。

七代・五代の数のゆえん

天神七代《あまつかみななよ》、地神五代《つちつかみいつよ》ということは、もともと天は火がこれをつかさどる、火の数は七と易にいう。これにのっとってこういっているのである。しかし、その易がそもそもまちがっているのである。自然の数は、一、二が木気の進退、三、四が火気の進退、六、七が金気の進退、八、九が水気の進退、五、十が中土の進退である。にもかかわらず、易は一、六を水の数位とし、二、七を火の数位とし、三、八を木の数位とし、四、九を金の数位とし、土の数位を五、十と恣意にこれを作り変えている。これにもとづいて、七を火数として七代の観念を立てるから自然を誤ることになるのである。七の数をもって天神に合わせようとしても、天は火だけがこれをつかさどるものではない。天の運回は木の発気、天の動熱は火気、天の外包が堅くて気を洩らさないのは金の収気、天がくろぐろとして光で焼けほろびないのは水の静気、これを革《あらた》め、これを就《つ》けてみだりに雑《まじ》らないように、みだりに放漫にならないようにするのは土気の中徳である。これらのものの総体が天なのである。

日輪も表面は火、内部の黒い部分は水、回転するのは木、日光は金、これらを革め就けるのが土であって、すべてで日の全体である。月も表面は水、内部の明るい部分は火、定まって転じないのは金、内部の明るさが朗々と照るのは木、これらを革め就けるのが土気であって、すべてで月の全体である。だから、火だけで天神七代とするのはまったく誤りなのである。地神を五代とするのもこれまた誤りである。天をつかさどる火、海をつかさどる水、この火水は本来同一のものである。だからこそ「転定《てんち》」（天と海）にして一体なのである。海の止静は水、水中の明るさ、および波が動くのは火、水が澄んでいるのは金の清気、水が干満し運回するのは木の発気、これらを革め就けるのは中土の気なのである。これが海水であって「定《ち》」である。もしも天に対して「定」神をいうとならば、「定」神六代というべきである。六は易にいわゆる水数だからである。そういわないで「定」神のことを地神と称するのははなはだ誤っている。地土は天と海との中央土であって、天と海を革め、天と海を就ける中徳である。だから、地土をもって天と海すなわち「転定《てんち》」のうちの「定」を称するのは、天と海と中土とで一体の妙神体であることを知らないからである。これをもって考えるがよい。天神七代、地神五代というのは自然の神道ではまったくないのである。

伊弉二神の評

イザナギ・イザナミ、日本国を作る

『旧事紀』にいうには、天祖神《あめのみおやがみ》が伊弉《いざ》の二神に詔《みことのり》してのたまわく、豊葦原千五百秋瑞穂《とよあしはらちいおのあきみずほ》の国というところがある。汝ら行ってよろしくこれを治むべし、といって天瓊矛《あめのぬほこ》を賜わった。この言葉の意味は、天祖とは天神の一気である。伊弉の二神とは、一気の進気が感発《いざないきたる》のをいい、また一気の退気が順和《いざなわれる》のをいうのである。豊は美称である。葦原と

は、一神から万人が生ずることをいう。千五百とは、五行が五五に進退して百、五行にして五百、また進退して一千、秋は収め、瑞は実り、穂は成就の謂いである。国はすなわち日本国のことである。瓊矛とは、胸中の一つの操《みさお》すなわち心神の謂い、また腎海[273]中の発生の木気、すなわち陰茎の謂いである。これはいちおう理に適うかのごとくであるが、早くも天神七代の条で国郡・屋敷・家作・人倫の事足りて心術にいたるまでをいい、天神七代の文言に日本国がすでに始まっているかのような言辞を弄しておきながら、いまこの後文にいたっては、かえって天の一神気が進退して陰陽の二気をなすとかのこしらえごとを言い出して、まだ日本国が始まっていないかのような語句を用いているのは、恣意《しい》妄断もはなはだしい文言であって、大きな誤りであるといわなくてはならない。

さて伊弉二神は、天祖の詔《みことのり》を受け、天瓊矛を持って天降《あまくだ》り、天浮橋《あめのうきはし》の上に立って、天逆《あめのさか》矛《ほこ》をもって蒼海《あおうなばら》をかきさぐりたもうた。その矛を引き揚げたとき、矛のさきから滴った雫が一つの島になった。これを磤馭盧島《おのころじま》と名づけたと言い伝える。この話は『旧事紀』『古事記』『日本書紀』の三書ともに同じことを記している。これは天地の間に日本国が成ったことを、夫婦が交合して子を生むのにたとえていったものである。天浮橋とは、天地のうちの天気は降り、地気は昇り、中天に和することをいい、人には男女交通の念をさしていうのである。矛をもってかきさぐるとは交合の謂い。矛の滴りとは、天にあっては雨が降って地がかたまることをいい、人にあっては精水の洩れることをいう。磤馭盧島とは、おのずと凝る島、すなわち自凝島《おのころじま》という意味であって、夫婦の精が和合して一子を生ずることの謂いである。これが日本国の始まりであり、人間の始まりであるというのである。これらの言説は、すべて恣意のこしらえごとであって誤りである。日本国は宇宙と同様に無始無終である。人間も宇宙の精が凝って生《な》る穀精の凝ったものであるから、また宇宙とともに無始無終であって、生死は進の天、退の海に即してまた無始無終である。これを知らずに、恣意の妄語を記すから、後世の人間がそのために惑わされ、真の神道を知る者がいなくなったのである。

イザナギ・イザナミの交合

伊弉の二神が磤馭盧島に天降って、八尋《やひろ》の殿を建てて住みたもうと言い伝える。この八尋というのは、すなわち宇宙の四方四隅の意味、また人体にあっては四体、手足四肢の謂いである。このとき伊弉諾《いざなぎ》が伊弉冉《いざなみ》に問うていうには、汝の身にはどんな所があるのか。伊弉冉が答えるには、わが身には成って成り足らない所があります。そこで男神がいうには、わが身には成って成り余る所がある。わが身の成って成り余る所をもって汝の身の足らない所を刺しふさぎ、もって国土を生み出そう、といったと伝えられる。これは陽には余りがあり、陰には足りない所があるという妄言を信じて、陰茎は余り、陰門は不足だと思ってこう書いたのである。男女の茎門は、自然神の進退・退進の妙合の道[274]であって、過不足のあるものではない。外に余るものは内に減り、内に余れば外に減り、まったく余りも不足もないのである。これを知らないからでたらめを書くのである。

伊弉諾がまたいうには、汝とわれと天御柱《あめのみはしら》をめぐり、行き逢って媾合《こうごう》しよう。汝は左からまわれ、われは右からまわろう、と約束して、分かれて御柱をめぐる。陰神《めがみ》がまず唱えていうには「あなうれしや。美《うま》し少男《おとこ》に遇いぬ」。陽神《おがみ》がいうには、自分は男である。理の当然として先に言葉を唱えるべきだ。婦人がまず唱えるのはそれだけで不吉である、と。しかしそこで夫婦となり、子を生もうとして初めて交合した。生まれた子は蛭児《ひるこ》だった。この子を葦の船に入れてどこかに流した、と言い伝える。これは女神がまず言葉を唱えたので、子が逆に生まれた。だから流してしまったのである。現在の世に、女子がさきに生まれると他家に嫁入りさせる習慣はこれを例としている。畢竟するところ、陰がさきだち、女が先に立ち、牝鶏がまず鳴くたぐい[275]は、すべて不吉の表示である。だから、逆に子を生んで流しやったという話は、『旧事紀』『古事記』『日本書紀』ともに同じことを記しているのである。

伊弉の二神がそこで相談していうには、いまわれらが生んだ子はよくなかった。よろしく天に奏《そう》さなくてはなるまい。ただちに天に帰ってその旨を奏聞《そうもん》すると、天祖《あめのみおや》がこれを占っていうには、まず婦人が言葉を発したのがいけなかったのだ。あらためてふたたび天降るがよい、といって時日を占い定め、二神を天降らせたと言い伝える。これは過ちて改むるに憚ることなかれ[276]の意をもって、誤りを改めて順に帰することの表示だといわれる。それから御柱をめぐりなおし、陽神は左から、陰神は右から、いっしょにめぐりあって、陽神がまず言葉を唱え、陰神が後にこれに和したといわれる。この記述は正しいのだが、すぐ下文に二神がいまだに交合の道を知らなかったという語句がある。それにもかかわらず、この章段では交合して蛭児を生んだと書いてある。前後が錯乱していてはなはだ拙劣をきわめている。

イザナギ・イザナミ、交合の道を知らず

伊弉の二神は、交合して国土を生もうと欲したけれども、その術《みち》を知らなかった。そのとき鶺鴒《せきれい》が飛んで来て、(277)その首と尾を揺り動かした。二神はこれを見てこれを覚り、ようやく交合の術を得たといわれる。この記載は三書とも同一である。これもまた、でたらめもはなはだしいといわなくてはならない。前の章では二神が交合して蛭児を生んだと書いておきながら、ここでは交合の術を知らなかったというのは、前後撞着の誤りである。かつまた、陽《お》神《がみ》・陰神《めがみ》が交合の術を知らなかったとは何たる言い草であろうか。陽神は進気である。陰神は退気である。進と退、陽と陰は自然にそなわる交合の道である。私術のたぐいではないのである。この神の道を知らないで神書を作り、後世を惑わすとは誤りの最たるものである。ことに、小鳥が首と尾とを揺り動かすのを見て、これを学び、交合の術を知ったというのだったら、二神の婚礼の師は鳥だったということになるではないか。だとするならば、日本は神代・人皇ともに鳥の子孫であって、その従類は万人こぞって鳥類だということになる。あさましいかな。この書はとうとう日本を鳥獣の国にしてしまったのである。いったいぜんた

い、もしも伊弉の二神が交合の術を知らなかったのなら、人間の男女あるいは万物は、どうやって交合し、人倫・万物生々して窮まりない常道をなすことができたというのだろうか。自然神の宇宙の道を知らない者は、書を作って世に伝えたりしてはならない。おそらくはただ世人を迷わせるのみなのである。後世の神主《かんぬし》は鶺鴒を見ると、二神の師であるとして、人間でありながら鳥を拝む。迷妄のきわみである。

イザナギ・イザナミ、島々を生む

さて、伊弉の二神は鶺鴒が首と尾を揺り動かすのに見習って交合の術を知り、国州《くにしま》を生んだと言い伝えるのであるが、その順序は、まず淡路島を生み、つぎに伊予《いよ》の二名州《ふたなのしま》、筑紫《つくし》の州《しま》、壱岐島《いきのしま》、対馬《つしま》、隠岐島《おきのしま》、佐渡島《さどがしま》を生んだ。これらの放れ島は全部で七つの島で、陸続として大日本秋津州《おおやまとあきつしま》をかたちづくった。これらを総称するときには大八州《おおやしま》という。小島が七つ、大島が一つ、すべて八州なのである。これを生んで帰りがけに、吉備児《きびのこ》島、小豆島、大島、姫島、血鹿《ちか》島、両児《ふたご》島の六島を生み、大八州と合わせて十四の島、その間に散在する小島は、水の泡や潮が凝ってできたものだと言い伝える。これも『旧事紀』『古事記』『日本書紀』の記載が一致している。しかし、これらの島々をすべて二神の生むところとして文書を記すのは、私作の妄言であって、まったく事実に反するのである。

そもそも宇宙は自然の全体であって、木火の進気は天、金水の退気は海、中央の土は天と海との肉であって四方四隅を就《つ》け革《あらた》め、このようにして宇宙は一体である。だから、陽神《おがみ》は降り、陰神《めがみ》は昇り、中土に和合して人・物を生ずる。これが宇宙の自然である。したがって、国土は自然に具わっているものなのであって、陰陽の神気がこれを生み出したところのものではない。もと中真の座なのである。国土のうちにある人や物は、陽陰の二神がこれを生じたところのものであって、けっして国そのものの語義ではない。このことをわきまえ知らないから、恣意妄断の言説だというのである。神国を生む術ということについていうなら、天地の始まるとひとしく天神の国であるとして、天神の第一に国常立神《くにとこたちのかみ》をおいて論はすでに定まっているはずではないか。だから、後に七代目の伊弉の二神が国土を生んだとするのは、はなはだつじつまの合わぬ誤りなのである。

　二神がすでに国を生み終えた後、今度は十柱《とはしら》の神を生んだ。また大事忍男神《おおことおしおのかみ》を生んだという。すべて島は十四州を生み、神は三十五柱を生んだという記載は、三部の書ともに一致している。ここで三十五神の名をことごとく列挙するには及ばないだろうから省略にしたがう。必要があったら三部の書を見ればよいことである。ここに書かれていることによれば、二神はまず国州を生み、その後に国州の主《あるじ》たる神を生んだということになるわけで、これはたとえていえば人間がまず家を作っておいてそこに住む主人に備えるといったあんばいである。一見理に適っているかのごとくだが、もしも神と国とをならべて論ずるのだったら、神は進気で先、国土は退気で後、というふうにきちんと書くべきである。だいたい自然にあっては国土も神も一真の自感であるから、そこに先後の関係はないのである。神があれば国土があり、国土があれば神があるのであって、もと一連の自《ひと》り然《す》るいとなみである。二神が事物の神を生み、また川や海の神を生み、山野の神、草木の神を生んで、それらを八百万神《やおよろずのかみ》と呼んだといわれるけれども、その名はすべて恣意をもって考え出されたもので、名前をつけるのに漢字を借りて日本語の仮名にあて、ほしいままに付着しているのである。たとえば伊弉諾がいうには、わが生むところの国に朝霧が薫り満ちたのを吹き払う気が化して神となった。これを風の神となして、その名を級長津彦神《しなつひこのかみ》としよう。津は助字、彦は小進気の名である。陽気が級《つ》いて長いのは風である。ゆえに級長津彦《しなつひこ》としてこれを風の神の名にしたのである。あらゆる神はこの例にしたがって名づけられたのである。

二神《ふたはしら》、諸神を生みたもう

山の神の誤り

土の神を生んで、埴山姫神《はにやまひめのかみ》と名づけた。これは土の高大なものを山とし、土を陰とし、したがって姫としたのである。埴《はに》はなつく姿である。だから埴山姫と名づけたのである。これは誤りである。土は陰でもなく陽でもなく中体である。これを陰・姫にかたよらせるのは誤りである。中応皆神《なかよみのかみ》と名づけるべきなのである。そうしないで陰にかたよらせるものだから、後世の人間が山の神は女で邪鬼だと考えるようになったのである。そこで深山にはかならずこの神がいると考え、その顔を邪鬼のようなものと想像し、人が深山に入れば埴山姫に食い殺されると信じて、山に入った人間がこの迷信におびえ、みずから惑って死ぬ者まで出るようになったのである。これはまったく山神の名をまちがってつけたことの罪である。

木神・水神・火神・金神の誤り

木の神を生んで、句々廼馳《くくのち》〔メグリハシル〕神《かみ》と名づけた。これは木気《きき》発《めぐ》り走るの謂いである。「くく」と「きき」は同音である。これも初気《はき》主神《つのかみ》と名づけるべきである。そうしないで句々廼馳の名をつけたものだから、後世の人間は木の神が蛇《くちなわ》であると考え、枯木に近づくとかならずそこに大蛇がいると信ずるようになった。だから風が吹いて枝が動いて擦れあい、木が火を発しておのずと焼けるのを見たときなど、木のなかに大蛇がいて火を吐いて竜になったといって精神を乱し、病気になり、あるいは急死したりするまでになったのである。

水の神を生んで、淡鳴神《あわなきのかみ》[278]と名づけた。これは水の波音という意味である。これも蔵尽《くらつくすの》神《かみ》と名づけるべきである。そうしないで沫那芸《あわなき》の名をつけたものだから、後世の人間は河や淵の流れが渦巻き泡立つのを見て、この淵にはかならず河童の水神がいると考えるのが普通になった。だから誤って淵に落ちこんだりしたときには、はなはだ驚きおそれ、たくさん水を呑んでわれと死を招く者があるのも、また水神の名をつけまちがえたことの罪である。

火の神を生んで、軻遇突智神《かぐつちのかみ》と名づけた。これは曜通《かがやきつうず》の「か」と「く」は同音、「や」と「き」を中略し、「つ」を下略したものである。これは盛大神《さかりおおのかみ》と名づけるべきである。そうしないで軻遇突智《かぐつち》という名をつけたものだから、後世の人間はこれを光辻《かがやくつじ》だと思って、残陽が夜分に激しく発して光が現われ、すぐに消える現象を見て、これは火の神光辻《かぐつち》が火難の前兆を示したもうたのだといってはなはだ恐れ、夜も寝ずに村中がさわぎ、かえってついに火難の原因になったりするようになったのである。

金の神を生んで、金山彦神《かなやまひこのかみ》と名づけた。これは山に金気があって響きがあるという意味である。彦は、響くの「び」を中略したもの。「こ」と「く」は同音である。これも実収神《みおさめのかみ》と名づけるべきである。そうしないでこの名をつけたものだから、後世の人間は、山岳に向かって大声で叫ぶときに山岳が答えて山響きがあるのを聞くと、これは金の神である、ここにはかならず金山がある、掘り取ってやろうと思うことがつねであって、金山掘りを業として、ついには身上を滅ぼすに及ぶ者があるようになったのは、この名の罪である。

日本の神国たるゆえん

右の五行は自然の真感であって、木は発生の神《かみ》である。火の神は盛大し、金の神は実収し、水の神は蔵尽し、土の神は四神を革《あらた》め、四神を就けて、一歳が万歳、尽きることなく人と物とを生々させ、五神にして一神、一神にして五神、五五の二十五神、進んで五五、退いて五五、一和して五十神、十気《とき》をもって五百の神、その進退をもって一千神、通・横・逆をもって三千神。火神の日輪が主宰するから七百神、これが五行で五十神。以上をもって日本の神国に三千七百五十余社の神社を数える。まことに神国であって、これを仰ぐべく敬うべく、慎むべく、讃えるべきである。人身はこの神の徳によって毎日を保つのである。

シナの聖人は木神を蒼竜とし、火神を朱鳥とし、金神を白虎とし、水神を玄武とし、土神を黄草として、いずれもみな色だけを用いて虫・鳥・獣・魚・草に名づけているが、いかにも未熟である。日本は神道の国、日の本である。だから、色・味・生・育・実・蔵が成就し、人倫・万物・天地すべて妙行の品に属し、唯一神が分神して三千七百五十の神である。しかるに、この自然の神妙を明らかにすることができず、みだりに私意をもって名を制作し、神々に命名した。ゆえに後世の迷いとなり、自然の神を汚すことになったのである。自然を知らずにすること、言い行なうことはすべてみな災厄の根源となるものである。

伊弉冉神産死

イザナミ焼死の伝承は誤り

伊弉冉尊が火の神を生んで焼け死んだという言い伝えは、易の老陰変じて少陽生ず(279)の意味であるといわれる。これは無益のでたらめである。陰神《めがみ》が火の神を生んだときに難産して死んだというけれども、だいたい神としてそんなことがあるべきはずではないのである。神は無始無終、無死無生であり、ただ常中自《ひと》り然《す》る真の自感であって、進伸・退止の一気である。これを知らずに、神があたかも人であるかのようにいうものだから、神変不思議な者が神であるように思うのである。ゆえに真正の神を知ることができないのである。易にも「不測の神[280]」という言葉があって、いよいよ誤りを重ねている。測られぬことがないからこそ神である。さらにまた、この文で伊弉冉が焼け死んだと書いておきながら、後文では[281]何の神を生む、何の神を生むと何度もいっている。錯乱のはなはだしい書である。

火の神軻遇突智《かぐつち》が埴安姫《はにやすひめ》をめとって稚産霊神《わかむすびのかみ》[282]を生んだ。この神の頭の上に蚕と桑、臍のなかに五穀が生じたと言い伝える。これは火の神の陽が土の神の陰に和合して、稚産霊神の木《もく》を生じたのである。この霊木は桑である。桑は蚕を育てる。また五穀の実りをもたらした、と言い伝える。蚕は衣服、五穀は腹を肥やすためのもの、食衣はともに人間の今日の急務であるところから、その神をいうためにこの文章を作ったのであろう。しかし、稚産霊神一神の頭に蚕と桑、臍の中に五穀が生じたというのは、いかにも話を作りすぎた妄説である。というのは、自然の道には食衣の道はなく、そもそも食衣とは人間の大本だからである。五穀は、宇宙の日・月・星・宿・辰の通と横とがきわまって逆、ひとたびきわまって発通したところの神物である。だから、この五穀は仏神の祖たる真である。神法・仏法・老法・荘法・

医法などの万法いずれも穀にそむいた私説である。このように尊い穀物を、いったいどうしてみだりに蚕桑のたぐいと同日に論じたりするのだろうか。また、蚕の糸をもって綾羅錦繡《りょうらきんしゅう》を織り、これを着て、人倫の衣類が備わったとするのははなはだ誤っている。蚕は桑の精が凝って虫となったものである。この虫の巣が織り糸である。蚕は生類《しょうるい》の有情のものである。これを殺し、その巣をもって織物を作ることなどを、いったい天が免ずるわけがあるだろうか。これは知恵にたかぶって人の上に立つことを望む者の、私智の誤りなのである。天が免じて人間に衣服として与える物は、ただ麻・綿および草木の皮だけである。麻・綿を織って寒さを防ぎ、穀物を直耕して飢えをしのぎ、奢りや華美をしないのが天道の人である。これ以外のものを求める者は、天の責めをこうむらなくてはならないのである。

イザナギ、カグツチを斬る

伊弉の二神が火の神を生んだとき、母神伊弉冉は火の神の熱気に焼かれて神退《かんさ》ります。このとき伊弉諾がこれを嘆いて、この子を生むために愛妻の神を失ってしまったと、頭をめぐり、尻をめぐり、伊弉冉の死骸のまわりをめぐって泣き悲しんだ。その涙が流れ落ちて神となったのを啼沢女神《なきさわめのかみ》という。これは沢の神である。陽気が急に激するときには陰気が燥《かわ》く。これは伊弉冉が死んだとするのだといわれる。また、陰気が燥いたときにはさまよう陽気が陰気を誘い昇るのを、陽神《おがみ》が死骸のまわりをめぐったとするのだといわれる。すでに陰気を昇らせて雨を降らせるのを涙が落ちるという。雨が降るときには山気が昇り、沢に降り、その雨中におのずから陽がある。これを啼沢女神というのだといわれる。

伊弉諾尊は帯びていた十握剣《とつかのつるぎ》を抜いて、軻遇突智《かぐつち》の首を斬り、これを三段《みきだ》になし、胴を五《いつ》段《きだ》になし、手足を八段《やきだ》になしたと言い伝える。まずもって神は生かすことをつかさどり、殺すことを知らないからこそ神である。それを首を斬ると文章に作ることがすでに誤っている。また、十握《とつか》は十気《とき》の時をいう。剣は金気である。[283] 夏の時が過ぎて秋の時を得、金気が行なわれ来たって夏の残火の気を抑えることをいうのである。伊弉諾は天である。帯びるところの十握剣《とつかのつるぎ》は、天を運ぶ気行の時である。時は五運が進退する十気《とき》である。残火の気が金気のために七月には三陽となる。これが首の三段である。九月に五陰のために抑えられる。これが胴の五段である。残火がもはや八方に伏した。これが手足の八段である。以上のような付会の言説もまた未熟である。秋の残火の気は、斬《ざん》〔漸〕々段々に来るものではない。金気が「定《ち》」の上に行なわれ来たれば、火気は「定《ち》」の下に進み行き、「定《ち》」の上はしだいに火気が不足し、十月の末に「定《ち》」の下に行ききわまり、十一月には来復して「定《ち》」の上に向かって行なわれるようになる。これが自然の火気の妙行である。これを知らないから誤りなのである。

首の一段は雷神となり、二段は大山祇神《おおやまつみのかみ》となり、三段は高龗神《たかおかみのかみ》となり、また胴の五段のうち一段は大山祇、二段は身《むくろ》、中山祇となり、三段は手、麓山祇となり、四段は腰、正勝山《まさかつ》祇となり、五段は足、雝《しぎ》山祇となった。また八段も、一段は大山祇、二に身《むくろ》は中山祇、三に腹は奥山祇、四に腰は正勝山祇、五に左手は麓山祇、六に右手は羽《は》山祇、七に左足は原山祇、八に右足は戸《へ》山祇と化したと言い伝えられる。

　これらの説は、まず雷は天火である。大山祇は大山中の陽気である。高龗《たかおかみ》は大山岩洞中の陽気である。中山祇は中山中の陽気である。麓山祇は山の麓の陽気である。正勝山祇は平土中の陽気である。雝山祇は田畑中の陽気である。奥山祇は深山沢中の陽気である。羽山祇は離れた山中の陽気である。原山祇は野中の陽気である。戸《へ》山祇は里郷の土中の陽気である。これらはみな火気が宇宙・山・沢・原・野・田・畑などのすべてに備わらぬということがない陽気の徳を、寓言をもってあらわしたものであるという。一理あるに似ているけれども、全部で十六段のうち、大山祇は三つ、中山祇は二つ、正勝山祇は二つ、麓山祇は二つ、それぞれ重出しているのは錯乱の妄言である。こんなことになるのだから、三段・五段・八段と分けるには及ばなかったのである。まったくの子供だましである。

　自然の火徳についていうならば、火徳は夏の大盛をつかさどり、天・海・日・月・星にそなわり、人・物にそなわり、全部で五十の徳用、おのおのが二十五の進退である。火に限らず、五行の徳用はみなそうなのである。人の身心もまた同様である。ここで説かれているのはみな地中の陽神のことであるが、自然の神行の妙序を知らないので、すべて混乱している。

鹿島の神の説

鹿島神宮の由来

軻遇突智《かぐつち》を斬ったときに剣の鐔《つば》から流れた血が神となった。また、湯津の石村に走りついて神となった。また、剣の鋒《さき》から流れた血が神となった。この三神のうち、剣の鐔から流れた血は下総《しもうさ》の息栖神《いきすのかみ》。この血が流れて石村に走ったのが常陸《ひたち》の鹿島神《かしまのかみ》である。剣の鋒から流れた血は、下総《しもうさ》の香取《かとり》経津主神《ふつぬしのかみ》である。

また剣の頭《かしら》から流れた血も神となったし、またほとばしって石や礫《こいし》、草木を染めた血も神となった。これは砂石草木中に火気[284]があるという意味である。剣を十握《とつか》というのは、すなわち五運の十時《とき》の別名である。剣の鐔から流れた血は甲乙、走り流れた血は丙丁、剣の鋒から流れた血は戊己、剣の頭から流れた血は庚辛、ほとばしって染めた血は壬癸、この十気《とき》の五運を天神にたとえているのである。このように天神の世に始まったことなので、和光降国の日本の神社の始めとし、そのゆえに日本国を保つ神徳ある神社という。これが鹿島の神の説の要旨である。

日本国がナマズの背にあるという俗説

世俗に言い伝えるには、日本の国は鯰《なまず》という魚の背に負われている。[285] そこで鹿島の神が鯰の首と尾とを折りかがめて要石《かなめいし》をもって押えつけているので、日本国はひっくりかえらずにいるのだ、と。子供だましのでたらめである。天神の世に始まったので地神の前にこの条を記したまでのことである。剣の頭から流れ出た血の神は、鹿島の神の末社である。染める血、石や礫の血は、脇立《わいだち》の神である。畢竟するに、五天五運の十神が万神であることを祭るのである。天神の世であったので、この時代には砂石草木のなかにも火が具わっていたといわれる。血は赤い色をしていることの縁で剣から出る火を血として神と呼ぶのである。神とはほんとうは火のことである。火は人・物の元気、心神の主宰であるところから、十六段の火をもって万神の元としている。これまた一理あるに似ているが、火は火ばかりで火の徳用をなすものではない。火中におのずから五行が具わっていてはじめて、火徳の妙があるのである。五行は、すべて一行が先立つときにはそのなかにそれぞれ五行が具わっているものである。だから深遠にして妙なのである。これを知らずに、火ばかりを挙げるのは大きな誤りである。天神の世に始まるかのようにこの書には書かれているからといって、鹿島の神道は何か特別の由来があると考えるのは、また誤りである。

伊弉の二神、四神を生む

二神、日月を生む所伝の誤り

伊弉の二神がともに相談して[286]いうには、「われらはすでに大八州《おおやしま》・山河草木およびもろもろの神までを生んだのだから、そろそろ天下の主神を生まなくてはなるまい」。こういって第一に天照大神《あまてらすおおみかみ》を生み、次に夜明大月神[287]を生み、次に素戔烏尊《すさのおのみこと》を生み、次に蛭児を生み、日の神には昼をつかさどらせ、月の神には夜をつかさどらせ、素戔烏には収斂《しゅうれん》をつかさどらせ[288]、蛭児は三歳になっても足が立たなかったので鳥磐櫲樟船《とりのいわくすぶね》に乗せて流して捨てたと言い伝える。これははなはだ神の道にもとる行ないである。なぜかといえば、日の神に昼をつかさどらせたとあるからには、これはさしずめ火神であろう。月の神に夜をつかさどらせたからには、これは水神であろう。素戔烏に収斂をつかさどらせたからには、これは金神であろう。そうであるからには、蛭児はすなわち木神である。木神は発生および育・起をつかさどるものである。それなのに三歳まで足が立たなかったというのはまったくの誤りである。かつ前条では、伊弉冉が順序をたがえてまず言葉を唱え、御柱をめぐって夫婦となり、子を生もうとのたもうて交合して蛭児を生み、葦の船に入れて流しやったと書いておきながら、ここでは第四神にまた蛭児を生んだとあるのは、大いに錯乱していてでたらめである。また、正しい順序にしたがって神を生む道についていうならば、木神・火神・金神・水神という次第でことを論ずべきであるのに、これに反して火神の日、水神の月、金神の素戔烏、木神の蛭児とでたらめな順序で神の道を立てていることもまた重大な誤りである。また前条における天地がすでに成った天神の代に日月が生ぜず、ここで初めて日月を生んだとしていることも誤りである。

また日の神をもって女体男徳[289]とし、易の水数の位たる一、六によって、六を水体、一を内徳とし、あまつさえ日の神の正日を一、六の日とし、さらに月をも水の神としていることははなはだまちがっている。私作の妄説にすぎない。だから、もし正しい神道をいうとならば、伊弉の二神とはすなわち中真自感の進退である。蛭児・夷子《えびす》[290]は小進の木神、万物生育万宝の大本であり、大福神の元である。正日は一、九日、息子の神である。天《あま》（転）照大神《てらすおおみかみ》は大進の火神、天の主《あるじ》にして人・物の父の神、壮男の神であって正日は三、七日である。素戔烏尊は小退の金神、実りを堅くして人・物の収斂をつかさどる。娘の神であって正日は二、六日である。地《つち》（定）明《あきら》大神は大退の水神、海の主にして、人・物の母の神、壮女の神であって正日は四、八日である。伊弉の二神の正日は五、十日である。

神道の忌み事のいわれ

伊弉の二神が四神を生んだことの記載の他に、夜に一つだけともす燈火を忌むとか、投げ櫛を忌むとか、いろいろな忌み事[291]のいわれを言い伝える。これを神法の神秘としてみだりに火を穢させず、放埒でだらしのないことをさせない。これはただたんに神は生を好んで死を悪《にく》むというような子供だましではなく、みな神徳を守らせるための言い伝えである。あるいはまた、桃を用いて鬼を避けるといって陽を招いて陰邪を去るとする。あるいは伊弉冉が千人を殺せば、伊弉諾は千五百人を生かすといって、陰は足らず、陽には余りがあるのを神徳とする。あるいは伊弉冉が張満して腫れただれ、蛆虫がわいて八の雷神がいたといって、邪湿をば陽徳をもって去ったとする。あるいは伊弉諾が海に入って六神を生んだといって、水中に火があって神徳をなすと称する。あるいは伊弉諾が目を洗って日月を生んだといって、心火を清めて眼を明らかにしたとし、また鼻を洗って素戔烏を生んだといって気を清め、魄を正しくしたのだとする。また天照大神の田と織物のことをいって、農耕・織衣の道を行なわせることだとする。ことごとく神徳でないというものはなく、その神行を明らかにするものである。

天窟《あまのいわと》論

天岩戸の伝説の解釈

素戔烏尊は金気の神であって生まれつき荒々しく、兄《このかみ》[292]の国である日本を奪おうとした

〔これは肺気がたかぶっているのでかえって心気が虚しく、肺に勝つことができないからである〕。天照大神が素戔鳥に向かってのたまうには、汝なお黒《きたな》き心あり、われ汝とあい見《まみ》ゆることを欲せず、こういってただちに天岩戸にお入りになり、岩戸を閉じて身をお隠しになってしまった。そのとき高天原は暗闇となり、葦原の中つ国もまた常闇《とこやみ》となって、昼夜の区別さえ知れなくなったと言え伝える。八百万《やおよろず》の神たちが岩戸の前で嘆くと、天照大神は自分が隠れたのは素戔鳥に悪心があるからだといった。そこで八百万の神たちは、素戔鳥を根の国に追いやり、岩戸の前で御神楽《みかぐら》を奏したので、大神は岩戸をすこしお開きになり、人々の顔（面）が白々と見えた。そのとき神たちは、あらおもしろやと歌い、大神の御手を取って引き出し奉った。時に常闇《とこやみ》の雲晴れて天が輝きわたった、と言い伝える。

これは心術の謂いである、とされている。天照大神とは正直心である。素戔鳥は欲心である。欲心が盛んになるときは、正心が伏して胸中に理非を知らず、欲心に迷わされるようになる。胸中が暗闇になって本心が主宰するということがない。これが大神が岩屋にお入りになることである。また欲心の素戔鳥が胸中の神国を奪うことである。しばらく経ってから欲心が薄らぎ、喜・怒・哀・楽・悪・愛・驚・悲の八情がこれを悔いる。それがすなわち八百万の神が岩戸の前で嘆くことである。本心がすこしこれを憂えるようになる。それが大神が素戔鳥に悪心があるからだ、ということである。そして八情がものを思い、ことを明らかにして欲心を改める。これが素戔鳥を根の国に追いやったということである。欲心を改めてみれば、八情が相和して本心が正しく楽しむものである。これが八百万の神が御神楽を奏することである。本心が楽しんで胸中を照らし、すこし理に通ずる。これが大神がすこし岩戸を開いたことである。そのとき八情がみな喜情に帰する。これが人々のおもしろく見えることである。喜情が盛んになれば、胸中が道に感ずる。これが八百万の神たちが歌を奏することである。かくして道を明らかにし、心正しく、胸中が清浄になる。それがすなわち大神の手をとって引き出し奉り、また常闇の雲が晴れて天が輝きわたることである、等々といわれる。

岩戸の心法は付会である

以上の説明は一見すぐれているかのようであるが、しかし真理ではない。宇宙には火気の日輪、金気の星が運回宿合して、もともと火と金とは性を互いにし、戦い争うことはないのである。人身にあっては、神は火、魄は金。また心臓は火、肺は金。それぞれ同じ胸中にあって火と金とが性を互いにしている。だから、心火が照らすのは金性であり、肺金が気をつかさどるのは火性であるという妙徳が相互にはたらいて、火中におのずから五行、金中におのずから五行、一連一気であって二別はない。ゆえに争うところがないのである。欲心が盛んであれば心神が伏し、心神が盛んであれば欲心が伏するのは、火と金とがそれぞれ五行を具えた一気の進退であり、ただ一神だからである。だから、欲心がたぎれば本神が伏し、心神が現われれば欲心が伏するのは、たがいに争い憎むのではなく、ただ一気の進退である。このように考えれば、天照大神と素戔烏との間にも争い憎むいわれがないことも容易に知られるであろう。そのことを知らないのでこの書のような作り事をならべ、後世を惑わすことをわきまえないのである。

地神五代

地神五代の所伝

第一に天照大神。これは伊弉の二神が日本の国主にしようとしてお生みになった神である。だから、日本は天照大神の国である。第二に、忍穂《おしほ》耳尊《にのみこと》[293]。これは天照大神の御子である。大神はこの神をお生みになり、日本国をこの神に授けた後、昇天して日本国を照らし治めたもうのである。第三は、瓊々《にに》杵尊《ぎのみこと》[294]。これは忍穂耳尊の御子で、大神の御孫である。第四は、彦火《ひこほ》々《ほ》出《で》見尊《みのみこと》。これは瓊々杵尊の御子であり、大神の御曾孫である。第五は、鸕鷀草《うがや》葺不合尊《ふきあわせずのみこと》。これは彦火々出見尊の御子であり、大神の御玄孫である。

地神五代の説は易にもとづく誤り

右の所説は、作者が易の書は自然の神道に反する私作の妄説であることを知らずに、誤りに誤りを重ね、易の誤った数をもってこの地神五代の説を作り出したものである。易に天一水を北に生ずれば、地六これを成すという。この天一地六の地をもって地神の呼び名を立て、六の陰数をもって大神を女体とし、天一の一をもって女体中の男徳としてこれを地神の第一としたのである。第二は、易に地二火を南に生ずれば天七これを成すとあるところから、地二の火をもって忍穂耳〔地火に〕と作り名をしたのである。第三は、同じく天三木を東に生ずれば地八これを成すとあるのによって、この天三の三をもって三代とし、瓊々杵〔玉々木〕とこれを作り名した。瓊は玉、杵は木。これは木徳温潤の玉徳であると名を作ったのである。第四は、地四金を西に生ずれば天九これを成すとあるのによって、この地四の四をもって四代とし、彦火火出見〔金光は火性に出る〕と作り名したのである。地四の金を取り、金性の火が金中から発出することにもとづいて、彦は少陽の名であり、火火出見〔炎が出で現われる〕と名を作ったのである。五代は、天五土を中央に生ずれば地十これを成すとあるその天五をもって五代と制作したものである。鸕《う》は水鳥である。鷀草《かや》は土草である。土の革《あらた》める徳をもって水と土との区分を革め、二つが雑然とまじり合うことを避けるという意味だとされる。また別の説に、火火出見尊は竜宮の乙姫をめとって、姫に子を生ませるために産屋を作った。鸕の羽をもって茅《かや》とし、屋根を葺いたが、まだ葺き合わせないうちにその子が生まれてしまったので、このように名づけたのだと言い伝える。

竜宮の竜は火の鱗虫である。火火出見は火性である。焼け失せるという理[295]は毛頭ない。かつまた、易の数論は、一、二、三、四、五をもって生数とし、六、七、八、九、十をもって成数とするが、これはまったくの誤りである。一、三、五、七、九は自然の進気、すなわち生数である。二、四、六、八、十は自然の退気、すなわち成数である。自然の道の数はこのとおりである。易の数では天が生ずれば地がこれを成し、地が生ずれば天がこれを成すというけれども、まったく自然の妙用を知らぬ誤りである。天が生じ、地が成すのは、これは自然の進退に具わっている道である。天も成し、地も生ずるなどという説は、自然の自行自序を夢にも知らぬ無智蒙昧の妄説である。それにもかかわらず、これを正しい根拠だと考えて、地神五代の作り事をするとは、作者はいったいどんな了簡なのだろうか。

三種の神器

三種の神器の由来

『旧事紀』[296]の所伝によれば、八百万の神たちが神集《かみつど》いにつどって天の金山《かなやま》の銅を採り、日矛《ひほこ》を鋳造して、これを宝剣と名づけた。また、天の香山《かぐやま》の銅を採り、日輪に似せた形の鏡を作って[297]、これを神像と名づけた。後世に内侍所[298]と名づけて、伊勢に斎《いっ》きまつる大神はこれである。また玉作りの祖をして八坂瓊の玉[299]を作らしめて、これを神爾《しんじ》と名づけた。以上が神道の三種の神器であるといわれる。

鏡・玉・剣は火・木・金である

八百万の神というのは、天にあっては四方四隅の八方に運回する天神が百万の物を生じて、人に与えるという意味である。人にあっては、八情の一心が神となって百万の思慮をつかさどる妙用をいうのである。天とは胸、金・山とは肺と胃、銅は心。これが天の金・山の銅ということである。日矛は心中の神、宝剣は肺の金であり、胸の中央にいます神の謂いである。だから、宝剣とは、肺の金性の意味であり、剛かつ利であって諸理に通徹することあたかも剣をもって斬り通すがごとくであるが、じつはこれは心の神だというのである。

また、天の香山とは、天にあっては中天の香真が八方の妙徳をつかさどり、人にあっては中の蔵たる脾臓の香気が胸中に満ちることをいう。日輪に似せた形の鏡というのは、すなわち心の神であって、妙用をつかさどり、宇宙・人・物に応じてその全般に神気を通ずることは、まったく日輪が全天火を照らすのと同じである。また智をかねて、分明・玲朗である。だから、鏡というものは、表面は照りかがやいて残るところなく、裏面は明光を映してかたちをとらえぬところはなく、外と内との照明の二用にして一徳であることを示している。天にあっては、日月が二用にして一神である。人にあっては、心臓と腎臓、意と知、それぞれ二用にして一神である。

また、玉作りの祖というのは、玉は温潤の木徳(300)、一切円満の形、内外に隔て隠すことがない。すなわち穏和の謂いである。これを作る祖とは中真である。八坂は、一歳の八節。宇宙の気行の昇降があたかも坂が上り下りをするがごとくで、至らぬところがないという意味である。畢竟するに、肝・木の穏和の徳は玉であって神の爾《はじ》めである。火の照光の徳は鏡であって、神の大発である。肺・金の清浄の徳は、利剛の剣であって、神の収取である。天には天気が運回し、円満以外のものでないことは、木発の気が回転する円形を玉に象徴されているのである。日輪の火光が照満する以外のものでないことは、鏡に象徴されているのである。星が繊細で犀利な光を持ち、気を通じて至らぬところがないことは、剣に象徴されているのである。

水と土を欠く誤り

右の説明は、木・火・金の三行の徳をいうけれども、水・土の二行の徳に言及していないから誤りである。五行はそれぞれが別箇の五行なのではなく、一連の一気の進退としての五行である。だから、五行とはすなわち一行である。五行のうちの一行だけでは、一行の徳さえ行なうことはできないのである。一行のうちに五行が具わっていて、五行の徳を明らかにすることは一行においてこれを現わすのである。この妙徳を知らないから、三種の神器の説は誤りである。

三社ならびに託宣(301)

三社の由来

天照大神は中尊であって、春日《かすが》大神は左に坐《いま》し、八幡大神は右に坐す。これを三社と名づける。中尊の大神はすなわち鏡である。左の春日はすなわち玉である。右の八幡はすなわち剣である。三種の神器をそれぞれの御神体として作られた所伝である。鏡は、夏の大進火の象徴である。だから、天照らすという。玉は、春の小進木、穏和の象徴である。だから春日という。剣は、秋の小退金、実収の象徴である。だから、小退気の数の八と収めて洩らさぬことをあらわす幡《まく》とをもって、八幡とするのである。この所説もまた、三行の三時の徳を挙げてはいるが、五行のうちの一行が欠けても、その一行の徳すらあらわすことができないのが自然のなすところである。もしもその徳用が行なわれなかったら、有害無益なのである。

天照大神の託宣

天照大神の託宣に曰く、正直は一旦の依怙《えこ》にあらずといえども、終《つい》に日月の憐れみを蒙《こうむ》る、謀計は眼前の利潤たりといえども、必ず神明の罰を蒙る、と。これは仏教のほうで勧善懲悪とか称する私造利己の妄言のまねをして、人心をそこなう言説である。作者が未熟だからである。真の神は、ただ一方的に正直ばかりに愛着したり、謀計を嫌って遠ざけたりする者ではない。そうした私的な感情をさしはさまないのが神なのである。自然の真神は、正直と謀計とを一つの事とする。謀計がなければ正直というものはないし、正直がなければ謀計というものもない。つまり真の神道には、謀計をにくむことも正直になずむこともないのであって、謀計と正直とが一つに和合するときには、愛憎・善悪のいずれもなく、すべて妙にして一神、捨てる人もなければ好む人もなく、万人が一人のごとく常中にして平安なのである。

春日大神の託宣

春日大神の託宣に曰く、千日の注連《しめ》を曳くといえども邪見の家に到らず、重服深厚たりといえども慈悲の室に趣くべし、と。これもまた勧善懲悪の教えである。これも作者はいたって未熟であって、神に罪を負わせてしまっている。真神の春日大神にとっては、邪見も慈悲も一つのことであるから、べつだん慈悲を愛するわけでもなく、邪見を嫌うわけでもない。だから、邪がなければ正というものはないし、正がなければ邪というものもない。真道には邪正・好悪の差別はないのである。邪正が一つに和合して神の妙用である。神は邪正のあることを知らない。だから、祈られて喜んだり、捨てられて怒ったりしないのが神なのである。かくのごときものである神をもって、慈悲の家であらば行くだろう、邪見の家には行かないだろうなどと勝手に推測し、神の関知しないことを神託としているのであるから、科《とが》のない神に罪を負わせるというものである。利己のために私造した教法には邪正の区別があるかもしれないが、神の道には邪正の区別があることはないのである。

八幡大神の託宣

八幡大神の託宣に曰く、鉄丸を食《くら》うといえども、心穢《けが》れたる人の物を受けず、銅焰に座すといえども、心汚れたる人のところに到らず、と。これもまた、穢汚《えお》を嫌うというからには清浄を好むの謂いであろうから、ほんらい神にはないことを勝手に言いこしらえたものであり、作者が神をだしにして言説を立てているのである。まことには穢汚を嫌い、清浄ばかりを好む者は神ではない。神を知らぬ者は愚人である。真の神は、清と汚とを一つに和合させて妙用をなすのであって、汚を嫌い清を好むことは、かつて神の関知しないところなのである。だから、もしも神の道を知ろうと欲するならば、汚を去り清に執着するような私事をしてはならないのである。八幡神は、汚・清のへだてなく、汚と浄とを一つに和合させてこれを嘉納する。それを知らないで、こんな言辞を弄している作者は、これまた神に罪を負わせているのである。神の関知せぬにもかかわらず、私欲から出た種々の願いごとを祈るのは、祈る者自身の損である。また、自分が正直であれば、祈らなくても神が守ってくれるだろうと願うことも、神を知らぬ言説である。祈禱も願望も、しょせんはみな私欲の迷いにすぎない。

それならば、日本の神社ならびに神法は、すべて有害無益なのだろうか。けっしてそんなことはない。神社・神法は、みだりに神に私欲から出た祈願をかけたりせず、ただ慎んで神を敬い、おのれの家業を守ってさえいれば、かならず神徳の幸いがある。これは神から与えられるものではないが、しかもそこに神の妙徳があるのである。これが真神の道である。だから、神とはただこれを敬うべきものであって、けっして私欲を祈るべきものではない。神とは敬われればおのずから徳をあらわす上《かみ》なき上《かみ》である。だから神《かみ》と呼ぶのである。

三社の所伝の誤り

右のように、三社とか三種の神器とかすべてに三の数を基準にして教法の最上とすることは、もともと易の卦を三爻に作ったことの誤りに起源を発している。三爻に作ったことは、径一囲三(302)の図を見誤った結果である。一真が自感して気を発し、その気が通・横・逆に運回しておのずと円周を成す。これが宇宙となるのである。だから、径一の一真が座を去って気を発し、通・横・逆とめぐって囲三となると見えるのは、じつは無原則に三となるのではなく、すなわち天になるのだと悟らなくてはならない。天には一真がその座を動かず、常居して気を発し、通・横・逆の三気に乗じて、人・鳥獣虫魚・草木となる。真はそのおのおのに具わり、その主宰となる。万物の主宰はもとこの一真である。だから、真・通・横・逆の四行すなわち自然の小大に進退する四行に、主真の中行を加えて全部で五行である。これが自然の全体である。

このような本真を目して、それが常座を離れ、径一囲三となると考えるのが、そもそも未熟の誤りである。これを知らないので囲三の三をもって天とする。だから、それにもとづいて天・地・人の三才と作り事をし、またそれによって乾☰の三爻を天とし、五行はもと一気であって過不足なく自《ひと》り然《す》るものであるのに、私意をもってこれを誤り、土を陰にかたよらせ、火を君火・相火の二つに分ち、三陰三陽を作り、これらにもとづいて三爻で一卦の八卦を作った。これが三を主とする誤りの本始である。このまねをして三をもって至極最上とし、儒・仏・神・老荘・医すべての学問の議論のなかで、三徳・三尊・三種の神器、あるいは三が万物を生ずる[303]とか、寓・巵《し》・調の三言[304]とか、三部九侯とかのように、ことごとく三の数を至理とするようになった。これが大きな誤りであって自然の真道でないことは、いまここに論じたとおりである。

八岐大蛇および心術譬言論

スサノオノミコト、出雲の国にゆく

素戔烏尊が天降ったときに、まず出雲の国に行きついた。川上から箸が流れてきたのを見

て尊が思うには、この簸《ひ》の川の上流には人がいるにちがいない、と。そこで人里をたずねて上り、川の近くに泣き悲しむ声を聞いた。怪しんで、なお探し歩き、たずねあてて見ると、老翁と老婆があいだにひとりの少女《むすめ》を置いて泣いている最中であった。尊がいうには、「汝らはだれであるか。なぜ泣いているのか」。答えていうには、「われわれはこの国の神でありますわが名は脚摩乳《あしなずち》、わが妻の名は手摩乳《てなずち》、この少女《むすめ》は二人の娘で、名は稲田姫と申します。もともとわれわれには八人の娘があったのですが、高志《こし》の八岐大蛇《やまたのおろち》が毎年やって来るために、つぎつぎに食われていま残っているのはわずかにこの少女《むすめ》だけになってしまいました。その娘もいま大蛇に呑まれようとしているので悲しみいたんでいたのです」。尊がいうには、「その大蛇はどんな形相《ぎょうそう》をしているのかね」。答えていうには、「この大蛇は一つの胴体に八つの頭と尾を持ち、それぞれに八つの岐《また》があります。眼はホオズキのように真っ赤で、身体には蔦がまとい、背中には松・杉・檜などが生え、その長さは谿《たに》は八谷、岐《また》は八つの尾根にまたがるほどで、その腹はいつも血に爛《ただ》れています」と。

この言葉の意味は、素戔烏は金神であり、肺魄の謂いである。老翁と老婆とは、善悪の二心である。姫は中土、脾臟の真である。大蛇は私欲が激しくなって他人の所有を奪い、自己をほろぼす妄悪心である。これらはそれぞれ、中真の義神・善悪心・大欲心のたとえである。蛇体がみな八岐、八頭、八尾、八谷であるのは、八情がすべて悪心であるからである、とされる。しかし、善悪の心がそのまま一心に和合して二別の心がないのが中真である。真が感ずるのがすなわち神である。神が進退するのが、すなわち善心・悪心である。だから善心・悪心のいずれをも清めて、真を助けるものが神である。だから、善悪心が悪にかたより激して妄欲心となったものが大蛇なのである。大蛇が八情を犯せば、一身の四体四肢の八方八膚からはじまって、すべてこの中真をほろぼすというのが稲田姫を呑むゆえんなのである。

スサノオノミコト、大蛇を退治する

尊が老翁・老婆にみことのりしていうには、「汝の娘をわれに奉《たてまつ》れ」と。答えていう、「わたしどもはあなたさまのお名前を存じません」。曰く、「われは天照大神の弟、天から降ってきた者だ」。翁《おきな》がいうには、「まずかの大蛇《おろち》を殺してくださいませ、さすればわたしどもの娘を差し上げましょう」。そこで尊は姫の姿に化け、八つの甕《かめ》に酒をかもし、八つの門を造り立て、八つの桟敷を建て、そのおのおのに酒船一つずつを置いて酒を満たさせ、このように準備して大蛇が来るのを待った。やがて大蛇が八つの丘、八つの谷を這いわたってやってきたので、尊は、「あなたは畏《かしこ》き御神です、こうしておもてなしいたします」といって八つの甕の酒を八つの頭の一つごとに酒船を与えて飲ませた。大蛇が酔って眠り伏し、寝込んでしまったのを見はからって、尊は帯びていた剣を抜いてずたずたにこれを斬って八段《やきだ》にした。その一段ごとに雷となって天に昇り、ために簸の川は血の流れに変じた、と言い伝える。

その尾を斬ったときに、尊の剣の刃がちょっとかけた。そこで大蛇の尾を斬り裂いてみると、なかに一振《ひとふり》の剣があった。これを天叢雲剣《あめのむらくものつるぎ》と名づける。尊は、これは神剣である、どうして自分の私有物にできようかといって、ただちに天照大神に奉献した。この剣は天照大神から地神五代に伝わり、また神武天皇に伝わって神武東征のときに草薙剣《くさなぎのつるぎ》(305)と名づけられた。今の世の熱田《あつた》神宮の御神体がこれである。また、大蛇を斬り殺した剣は、簸の川上でいまも崇めていると言い伝える。

右の所伝のなかに酒をもって大蛇を殺したとあるのは、人間の妄念・邪欲が悪心となるとき、酒を飲めば八情の悪念がとろけることを大蛇を殺すというのだとされる。斬り刻まれた大蛇の死骸が一段ごとに雷となって天に昇ったというのは、八情の邪が酔いのうちに解けて心に上り、胸を焦がすことだとされる。酒に酔って顔や身体の色が赤くなるのは、すなわち簸の川が血に変じたことである。尾を斬ったのは、酒が醒めたあと義理を思うことである。尾中に剣があるというのは、理を思うことのうちに利義があって、いやとはいわれぬということである。どうして自分の私有物にできようかと尊がいったのは、神を通ずる理《ことわり》である。天照大神に奉献したのは、胸中の神をよく収納するのである。以上の言説はすべてみな神力をもって心理を説明しようとする術言であるが、どれも浅薄・拙劣をきわめている。

日本歌法の初起および漢土の詩・竺土の偈

神無月の所伝の誤り

素戔烏尊は、大蛇を退治した後、稲田姫と夫婦になり、宮を建てたときに、その地から雲がたちのぼった。ゆえにその地を出雲《いずも》の国と名づけた。尊は宮を造り終えてこれを大社とし、天照大神の神令を受けて、日本国の諸神および人民の政治の総司をつかさどることになった。だから、天の十気《とき》がひとたび極まる十月になると、国中の神が出雲大社に参勤して、一年中の全国の神務を議するのである。毎年このようにするので、十月のことを諸国では神《かん》無《な》月《づき》というと世に言い伝えるのであるが、じつはこれは誤りである。十月は残陽がまだ去りきわまらず、小春の気行がある。これは国々に留守居の神がいるということである。十月は、自然の小退金気の終りであって、もっぱら金神の素戔烏尊のつかさどるところである。金・木は自然の小退・小進であるから、金神のなかには木神がいる。だから、木神の夷子《えびす》三郎のなかには、また金神もいるのであって、西宮の大神を十月にお祭りするのはそのためである。だから、十月はまた神在月《かみありづき》でもあるのである。

日本の和歌のはじめ

素戔烏尊はかくして稲田姫と夫婦になった。姫とは陰の名、女の号である。稲田は退水の精である。素戔烏尊は、退土神の御子、進金の神でいます。だから、母神の土精をもっぱら受けついで、退水神の姫である稲田の神と婚儀をととのえて夫婦となりたもうたのである。そのとき契りを交すために神歌をお作りになり、

八雲立つ出雲八重垣妻籠《こ》めて
八重垣作るその八重垣を[306]

と歌われた。この歌の心は、「八雲立つ」とは夫婦の八情がたがいに感じ発することをいう。「出雲八重垣」とは、いつも起こる念を慎み守ることを垣とする、ということ。「妻籠め」とは契りを重ねること。「八重垣作る」とは、八情の慎みが感合する、ということである。「その八重垣」とは、八情の感がかぎりなく神《しん》を会合させ、一つに和するということである。そして、歌を四八の三十二字をもって作ることとは、もともと伊弉の二神が日本国の大《おお》八州《やしま》としてお生みになった、この八州の四方を治める神であるから、四方八州を洩らすことのないように四・八とし歌をお作りになったのである。

かつ宇宙には四方四隅の八方、今身には四体四肢の八方、鳥獣虫魚には四体四鰭《ひれ》の八方、草木には本枝の四枝、末の枝葉の四岐の八方、すべてこれ四・八であって例外がないという

意味である。宇宙の四時四季の八節、人の喜・怒・哀・楽・愛・悪・欲・驚の八情、仁・義・礼・智の四性が進退して八情となるのも、みなことごとく四・八であって例外というものがない。そこで四八の三十二字(307)に歌を作り、そのうちの一字をもって中真に定め、三十一字で一首であるようにしたのである。

天神七代、地神五代をもって天七、地五とし、七は火神、五は土神、土は中土の真であり、火は真感の大進気であって、人や物を生み、育成する統主の神である。中真の土は五であって、もと神の主である。だから、和歌の上の句の最初の五字は真感である。中の七字は感気の神である。下の五字は退土であって、上下の句の境を革めるものである。下の句のはじめの七字は、また火神の育盛である。後の七字は火神の進みきわまったものである。だから、上の句の上下の五字は真を含み、上の句の中の七字および下の句の二つの七字は、神を発し、真神の感和する通妙の道である、とされる。

和歌の功徳

人が中脾から思いが出て胸心にいたり、真神が感合して口に発し、三十一文字の和歌を吟ずるに及んで、人の真神は相和し、私欲の念はいささかもないのは、脾臓に宿る中真が喜悦を発して欲念することがないからであり、歌って神がおのずと諧和するのは、それがやむことのない自然の自欣だからである。このゆえに、三十一字を吟じても、また声音を拍節にのせて歌っても、一身にそなわる小宇宙、肝の魂、心の神、肺の魄、腎の霊、脾の真を感ぜしめ、いかなる賤愚の徒といえどもこの情をそなえぬ者はいない。また勇猛なばかりの無骨者《ぶこつもの》にもこれを哀れと思わせるのもまた、歌にこの徳が具わっている証拠である。山里や野原に住む者にも和情を感じさせ、一人においてかくのごとくであるのだから、万々人みな同じことである。これは和歌が神道に具足しているものだからである。

春にいろいろな鳥が鳴くのは、木生の夷子《えびす》大神の神歌である。万獣が牡牝《とも》を呼び合うのは、夏の火盛の神たる天照大神の神歌である。たくさんの虫が秋にすだくのは、金収の神たる素戔烏尊の神歌である。もろもろの魚類が、冬に海中で啼くのも、水蔵の月神《つきよみ》の神歌である。草木に花が咲き、実が生《な》るのも、天神と地神との感合であって、すなわち草木の婚交をみずから祝う神歌である。だから、日本は転定《あめつち》・人倫《ひとくさ》・鳥獣虫魚・草木にいたるまで、こぞって同じ一つの歌徳をそなえた和歌の国なのである〔素戔烏尊が稲田姫と交合して生んだ神を大己貴命《おおなむちのみこと》という。水神、大黒天である(308)〕。

や（木）・て（火）・を（土）・に（金）・は（水）などのてにをはのうち、「や」は発する心、「て」は開く心、「を」は中真《うちまこと》の心、「に」は収まる心、「は」は閉じる心、「む」もまた閉じる心である。発すれば続き、開けば迫らず、中真《うちまこと》であれば意味が感ずる。収まればかならず次ぐことを思い、閉じれば意味が絶する。これが人の臓腑、心神に具わっていて、神がこれをいうところの自然の妙序である。だから、これに合致しないものはすべて私作の妄説なのである。いくらてにをはを吟味して、意味の感不感（意味が通ずるか否か）ばかりを気にして言葉を直してみても、自然の妙序に合致していなければ、それは私作の誤りなのである。あるいは眼にも見えぬ鬼神《おにがみ》を哀れと思わせ(309)、男女の心を和し、賤女《しずのめ》・山奴《やまやっこ》をも感ぜしむるのは歌であるなどというけれども、言葉の意味ばかりにこだわって人に見ゆる自然を知らず、妙序に合わないときには、万巻の歌吟といえどもすべて無益のわざである。

和歌を三十一字によむのは誤り

かつまた、和歌を三十二字によむことは、易の上卦三十二卦(310)の表示に倣っている。その真似をして、歌吟のよみぐせとしてあるいは三十二字、あるいは三十一字また三十字に詠じてもよいなどとしていることは、また誤りであり、私作の妄言である。ことに、易は自然の妙行を誤って、土を陰にかたよらせ、火を二つに分け、自分勝手に濫造して三陰三陽を作り出し、爻卦を制作したものであるから、すべて私の誤りである。この易の卦数によって三十二字あるいは三十一字に和歌をこしらえよむのはたいへんなまちがいであって、かつて日本の神感の道にはないことなのである。あるいはもし、シナの詩作に倣い、五言七言の例にしたがってこれを作るというのであれば、それはなおさら誤りである。シナの詩作は、情を催し、興に溺れ、詩人と称して遊楽をこととし、耕さずに貪食し、まったく天神の道に反していささかもこれに適うことのない有害なわざである。五言の四行、七言の四行、いずれも自然の自行ではない。だから、かの詩作に倣って歌をよむのはまた誤りなのである。

和歌は淫乱のはじめである

歌をよむといいながら、もともと歌は自然の真神の自感であることを知らず、みだりに和歌とばかり称して、鬼神にも哀れと思わせ、男女の仲をも和《なつ》け、賤山賤《しずやまがつ》の心をやわらげるのが歌だといって、心をやわらげることばかりに専念する。だから、情がとろけて惰弱になって正しからず、あるいは好色恋慕のなかだちとなったりすることになるのである。あるいはまた、長歌と名づけて恋文のかわりとし、他人の妻を犯して風儀を乱したり、手紙のやりとりをするうちに不義密通をはたらいたり、はては心中して迷妄のうちに死んだり殺したりする。これは心をなつけ、哀れと思わせようとして情をとろかす結果となり、和に流れすぎて不正となることを知らず、さまざまな乱れを引き起こし、命を失わせることになるのであって、これまた歌の罪としなくてはならない。

さらにまた、和歌をやつして歌仙(311)とし、俳諧とし、あるいは前句付け(312)などとするのも、みな催情になずんで、慰めのわざとするものである。あるいは、和歌の三鳥(313)などを作り出して深秘口伝と称して初学者をたぶらかし、おのれを利し、他人からむさぼり、あるいは歌の会だの花見の宴だのといってぜいたく華美をつくし、出費をかさませ、根気を労し、ついに身上をほろぼす者さえ世には多い。このようなありさまであるのだから、これはかえって目に見えぬ鬼神にも乱を起こさせ、男女の仲を淫乱ならしめ、宇宙の道にしたがう賤男《しずのお》・賤女《しずのめ》にも淫乱な恋情を起こさしめ、宇宙の直耕の道を失わせるものであるというべきだろう。

あるいはまた、売僧《まいす》どもが上をたぶらかし、仏の詠歌と名づけ、神の本地は仏の垂迹《すいじゃく》(314)などと称して、日本の神道を蛮国から迷い流れてきた仏法によって押えつけて、日本を惑乱の国にしてしまったのも、歌になずんだ罪である。このほかシナの詩作も、情を抒《の》べるというからには、和意になずんで情をとろかし、真理を明らかにすることはできないのであって、これまた日本の和歌と同じことである。シナに自然の妙行を知る者がいないのは、まったく詩作になずんだ罪である。また、インドには偈《げ》(315)というものがある。これも心に思うことを述べ、心意を解き、心に工夫したことを書面につらね、本来の面目をたずねるといって心力をつくすのであるが、しかし実際には、善悪にして一心であるものを悪心を去り、妄念をはぶいて善心にいたるとし、あるいは無心となって正念に帰すとするのであるから、百億年のあいだ心力をつくしても、もともと人間に具わる善悪心が双方で一心であることは自然一気の進退なのであるから、一方のみを絶やし去ることはまったく不可能なのである。ただ二心にして一心であるゆえんを明らかにすることができるだけだという自具の道を知らず、心の感ずる進退の妙用を誤解し、退気の徳心の何たるかを知ることができずにこれを悪・迷妄とし、偈を作ってこれを思い、これを念じて、ついには偈のために逆に迷わされ、自《ひと》り然《し》て自り具わる真道を明らかにすることができずに低迷しているのは、まったく日本の和歌と同じことである。

法世物語巻（抄）

諸鳥会合して法世を論ず

鳩の意見：大が小を食う習慣は聖人の罪

鳥たちがみんなで会合をひらき、評議している席上で、まず鳩が口をひらいていった。

「わたしがつくづく考えますには、宇宙の中央の大地に万物が生々するなかでも、人は通気がこれを主宰し、横・逆の気をうちに伏させていればこそ人なのであります。だから活真の通回にそむかず、天下の全般にわたって直耕という一つの生業にしたがって別の業は致しません。上下・貴賤・貧富の二別もなく、他人の物を食わず、他人に食われることもなく、与えたり奪ったりすることもなく、男女が相応の相手を見つけて夫婦となって、まことに真神に通ずる人の世なのであります。わたしどものような鳥獣虫魚のともがらは、横気がこれを主宰して通・逆の気を伏させ、横進の偏気を受けて鳥類として生まれた(316)のです。通気を伏させて横気だけが進み偏《かたよ》るので、大進の偏気に生ずる鷲は鳥の王、鶴は鳥の公卿・大夫、鷹は鳥の諸侯、烏は鳥の工、鵲《かささぎ》は鳥の商、鷗《さし》(317)は鳥の主、種々の小鳥は奴僕です。だから、鷲は雁や鷹の類をつかまえて食い、鷹は烏や雀、その他すべての鳥をつかまえて食い、鶴は山鳥の類をつかまえて食い、烏は雀や鳩の類をつかまえて食います。いずれも大きな鳥が小さな鳥を食うその次序はこのとおりです。横進の偏気に生じて、活真が横に伏しているからなのです。けれども鳥がその大小にしたがって食ったり食われたりすることは、鳥の常業であって、すなわち直耕の天真が横回してそうさせているのです。およそ鳥獣虫魚にあっては、大が小を食い、同類が食ったり食われたりすることは自然の具わりです。しかし人は鳥獣虫魚を取って食うものではありません。そういう習慣が始まったのは聖人の罪であって天道を盗んだからなのです。どうでしょうか、烏殿はどのようにお考えになりますでしょうか」

烏の意見：人の法世はわれわれと同じ

烏が答えていった。

「まったくお説のとおりです。人は天真の通回に生まれているのですから、天真とともにみんながいっしょになって直耕し、穀物を作るべきでありますのに、聖人と釈迦が世に出て、耕さずに天真の直耕、天真の道を盗んで貪食し、私法を立て、王・公卿・大夫・諸侯・士・工・商などの差別が始まって以来、法世となって、王は法を守り、それ以下は身分の序列にしたがってその官位の法を守り、無官無位の者もそれぞれに法を守り、法に背く者があるときにはこれを刑殺するようになりました。そのために上下おのおの法を守るようになったので、これを法世と呼ぶのです。この法をもて、王は公卿・大夫に役功を務めさせてその功を食い、公卿・大夫は諸侯の役功を食い、諸侯は諸士の役功を食い、諸士は工商の業の功を食い、主は従者の稼いだ功を食い、僧侶・医者・神官・修験者なども また同様という世の中の仕組みになりました。これはつまり、大が小を食うという序列にしたがってかくのごとくなのでありますから、人の法世はけっきょくのところわれわれの世とまったく同じではありませんか。人間の世といって特にすぐれている点はなさそうです。鳶殿、そこもとはどう思われますか」

鳶・雀・鴨の意見：強欲な人間は死後、鳥獣虫魚の境涯に落ちる

鳶が答えていった。

「特にすぐれている点がないというだけだったら、まだましですよ。天下の田畑を盗んで自分の天下とし、自分の国とし、自分の知行所とし、直耕の天道をむりやり奪い取ってむさぼり食っているうえに、大は小を食う仕組みがあるというわけですから、われわれ鳥の世よりも人の法世は、もっと欲深く迷妄におちいっているのです」

雀がこれを聞き、そばから進み出ていった。

「いま鳶殿が申されたように欲深く迷妄におちいっているばかりではありません。餌差《えさし》とい

う役人に命じて鷹の餌にするとか、養生食いにするとかいって、鳥もちでわたしどもをとらえ、鷹に食わせたり、自分たちで焼き雀にして食ったりするのです。鳥類はもともと人間の食物になるために自然に具わっているのではありません。人の食物は、穀物・野菜がその具わりなのです。そのために自然に具わっている穀物を耕さずに盗み食いをしているうえに、わたしどもを殺して、おいしがって食べるとは何という大罪でありましょう」とぽろぽろ涙を流して語った。

同席していた鴨は雀が嘆くのを聞いていたが、もらい泣きの涙で声をくもらせていった。

「いかにも雀殿がいわれたように、法世の人間は強欲《ごうよく》です。われらは水鳥に生まれたので天真の与えてくれる雑魚《ざこ》の類を取って食い、人間には何ひとつ怨まれることはしていないのです。それなのに鳥もちでわれらをつかまえて殺し、人参《にんじん》にまさった養生物だといって食うのです。罪作りもはなはだしいではありませんか。これによって考えますれば、法世の人間は鳥獣虫魚よりもはるかに罪深いのですから、死後はかならず鳥獣虫魚の境涯に落ちて、われらと同業になり、こんどは法世の人間たちに殺されることになるにちがいありますまい」

雉と鴫の対話：法世の王は鳥にも劣る強盗

同席していた雉《きじ》が、けんけんと咳払いをしながら座に進み出ていった。

「わたしどもは野や岡の草むらに、野の進火の精を得て生まれた者です。草の実や木の実を食って、天の与えるままにしたがい、人間に怨まれたり害になったりするようなことは何一つしていませんのに、法世の人間たちは、わたしどもが生まれつき野火の精がたかぶって喘《ぜん》息《そく》が持病で、長く飛ぶことも高く飛ぶこともならぬのをよいことに、わたしどもを追いかけ、息が苦しくなって動きわずらっているところをつかまえて殺すのです。寒雉などといって大さわぎして食うのです。天真は通気に人を生じてそれにふさわしい食物を与え、また横気のわたしどもを生じてその食物を与えて、それぞれの食の道は明らかだというのに、いったいどうして聖人や釈迦や聖徳太子の始めた法世に暮らす人間たちは、このように欲深いのでしょうか。鴫《しぎ》殿、そのいわれを知っていたら教えてくださいませんか」

そこで鴫が答えていった。

「わたしが思いますには、法世の人間たちは、人として生まれながら通気の主宰をどこかに置き忘れ、わたしどもと同じ横気を表面に押し立てて主宰としているのです。だから、わたしどもの仲間の鷲のように、強い者が力を用いて私に王となり、天道を盗んで、下々の者から掠め取り、盗乱の法世として貪食するようになったのです。わたしどもの王である鷲も下々の鳥類をとらえて食いますが、これは天が与えたところの道ですから、わたしどもは食われてもけっして恨みには思いません。法世の王は天の許さぬ私をもって下々の者を食うのですから、人間でありながら鳥にも劣る強盗と申すべきでしょう。人の王などといっても、いささかも羨むべきところはありません。やがては横気の類に落ちて、わたしどもと同業になることでしょう。これをもって考えまするに、鳥類の世は人間の法世にまさっているのではないでしょうか」

鵲と梟の対話：人の世が盗乱・迷妄の法世となったゆえん

折りしもそこへ鵲《かささぎ》が飛んで来た。多数の鳥たちがいうには、「この鳥は足と首が長く、頭に逆羽の冠をつけておいでになる。五位下の大夫殿の御入来」といずれも座をゆずった。鵲は座についてロを開いた。

「われらがこととして諸侯の鷹殿のお通りに行き遇ったなら、一命もすでに危いところ。ゆえにこれまで隠れ忍んでただいま遅参ながらまかり出でました。さてこのたびの諸鳥の会合は、いかなる趣きでござりまするか」

梟《ふくろう》(318)が厚織の綿入れを着てごそごそと出て来ていうには、「鳥殿の前にてはちと恐れあるゆえ、ここに屏風を立てまする」。そして猫の眼のように眼を見開いて鵲に向かい、とりつくろった声音を張り上げていった。

「鵲殿の御遅参は、ちとそれがしその意を得ぬ。さてはお手前五位に心おごられたかと見えまする。このたびの諸鳥の会合は、古今にためしなき一大事の評定《ひょうじょう》でござる。鳥の世と人の法世とまったくちがいのないことを論じ定める評議でござる。聖人・釈迦がいまだ出ぬさきの時代にあっては、人の世は通真の世であって天下ことごとく直耕の天真にしたがっており申したから、われらが鳥の世の及ぶところではござらなんだ。しかるに聖人・釈迦以来の人の世は、私法を立て、天道の直耕を盗み、盗乱・迷妄の法世となったによって、われら鳥類と同業でござる。われらが鳥の世と人の法世と同業なれば、すなわち鳥の世にとっては大いなる面目ではござらぬか。お手前がいよいよ首をそらし、冠毛を飾り立てて、お手前より小さな鳥類をとらえて食うのは、法世の人間の業をしているのでござる」

鵲が答えていった。

「なるほど、これは古今にまたとない評定でござる。いかにも相心得申しました」

小鳥たちの発言：法世にも鳥世にも瘡毒を病む者あり

鶉・雲雀《ひばり》・百舌鳥《もず》・鷦鷯《みそさざい》・鶸《ひわ》・鶓《あおじ》(319)・杜鵑《ほととぎす》などが末座から進み出て同音にいった。

「わたくしどもは鳥世の小邑貧家に住む下賤な小鳥らでございます。このたびの鳥類の会合は古今に例のない大会と聞き及びまして、わたくしどももまかり越しました。しかるに烏殿は里鳥として人家に近いところに住むのに、どうして同じ里の鶏の姿が見えないのでしょうか。烏殿、鳶殿にはお気づきではございませぬか。このたびのこの会に姿を見せなんだら、諸侯たる鷹殿や将軍家の鵰《くまたか》(320)殿に訴人《そにん》致します」と口々にわめきたてた。

烏も鳶ももっともだといってすぐさま使いを立てて鶏を呼び寄せると、鶏は召しに応じてやって来ていった。

「われらは人家の火精に生まれ、人家の庭に住んで、人の食物の余りを食っている者です。このたびの諸鳥の大会のことは知りませんでした。烏殿のお使いがあったのでさっそく参りましたしだいでございます」

鶚がたずねた。「御辺《ごへん》は冠と剣とを持っていて、時を告げて鳴くのは何のためですか」

鶏が答えた。「われらに冠があるのは礼、雌を呼んで食を与えるのは仁、蹴爪の剣があるのは義、時を知って鳴くのは智、鳴いて時に違わないのは信であります。他の雄に遇えばかならず戦うのは勇であります。さればわれら鶏は鳥世の君子、勇士であると申せましょうか。人の法世の君子は私作私法でありますが、われらが君子は鳥世の生得のものでありますす」

鶚がいった。「なるほど鳥の世にも君子がいないわけではないのですな。人の法世の五常のような作りごとではなく、生得の五常というわけですな。かたがたいずれも鶏殿に一礼あられるがよい」。そこで諸鳥は鶏に向かって礼をした。

鵠《くぐい》も一座に居合わせたのだがずっと無言であった。雲雀がさかしら口をきいて鵠に向かっていった。

「鵠殿はさきほどから座中にありながらものをいわれぬが、どうされましたかな」

鵠がいった。「いや、身共《みども》はふと誤って下疳《げかん》を病み、気が上に昇って顔色赤く鼻が欠けて、声音が聞き苦しゅうござる。それを恥じてものがいわれぬのでござる」

雲雀がいうには、「さてさて法世の人間だけが酒色にふけり、瘡毒を病んで身が腐り、鼻が落ちて、鵠のような声になると物のたとえにいわれるとばかり思っていたら、鳥の世にも御辺のように瘡毒を病む者がいたのですなあ。してみれば法世と鳥世はいよいよ同じだということになりますな」

鶴の登場：法世の大夫は下役の功をとって食う

そこへ鶴が飛んで来たので、諸鳥は席をゆずってかしこまった。鶴が口をひらいた。「まろの首と嘴《くちばし》の長さは狩衣《かりぎぬ》の分際、足を長く曳いて飛ぶは帯を引くからじゃ。まろは鳥世の公卿・大夫なるぞ」。諸鳥がはっと畏れるところにまたいうには、「まろは太政大臣なるがゆえに常に高く飛び、下に居ることは稀である。まろが下々の小さな鳥どもをとって食うのは、法世の大夫がその下役の功をとって食うのと同じことじゃ。なんじら鳥世の官の極み、公卿・関白などがさらさら人の法世に劣ると思うことなかれ。まろのごとき高位の者があるは、法世の大夫・公卿とたがうことはないのじゃ。法世と鳥世とのたがいなきは、聖人・釈迦のなせしところなるぞ。ゆえにいささかもたがわぬのじゃ」

鴛鴦の情死：愛欲の迷いは鴛鴦だけにあらず

鴛鴦《おしどり》もこの会合に加わっていたけれども、諸鳥に見られるのも恥じず、夫婦で淫愛にふけっていた。かたわらの鵠が見かねて意見していうには、「これこれ鴛鴦殿、身共は色欲に溺れて鼻が欠けたれども、その身共とておぬしらほどには色にふけらぬ。諸鳥の見る前もある。ちと慎まれよ」

鴛鴦がいうには、「どうかわたしどもばかりをむやみに責めないでくだされ。法世の人間は、聖王も諸侯も自分ひとりに多くの官女を抱え、昼間からこれを愛し犯して人目を恥じることがありませぬ。法世では上に立つ人がこのありさまですからには、鳥世にもわたしどものような者がいなくては、法世の人とちがってしまって気の毒ではありませぬか」

鵠がいうには、「法世の人間は鳥世の真似をしていることとなれば、それでもよいのでござるよ」

こんな会話をしているうちに、諸鳥の会合にはしだいに列席者が多くなり、鴛《えん》と鴦《おう》[321]とはあいだをさえぎり隔てられて、その隔てを悲しんだ鴦がまず悶え死にに死んでしまった。鴛もこれを見て鴦の死骸に翼を覆い、ともに倒れて息が絶えた。諸鳥がこれを見て、あわれやついに愛恋に迷ったかと評しているところへ鴨が口をひらいていうには、「このような愛欲の迷いはけっして鴛鴦だけのことではございませぬ。法世では、釈迦が夫婦は二世の契り[322]などと説法したので、法世の男女がたがいに恋慕し、支障があって夫婦になることが叶わぬときには、二人で心中して死にまする。これは仏法が世に現われましたので、鳥世とたがわぬことになったのでございます」

鳥たちの評議つづく：他国に侵入しあい、疎衣疎食の者がある

この諸鳥の会合の席上に、たまたま渡来中のこととて雁がつらなっていた。鵲がたずねていうには、「御辺たちは世界万国、あちこちの島々の空を飛行されるが、さだめしよい慰みでございましょうなあ」

雁が答えていった。「わたしたちが世界万国、あちこちの島々を飛びめぐって一つところに定住しないのは、何も好きこのんでしていることではないのです。生得の気行が宇宙の気行に感じ、冬は南方に行き、夏は北方に行き、春秋は東方また西方に行くのは、すべて宇宙の気行にしたがってのことなのです。だから、鳥世にあって万国の事情を知ろうとならば、わたしたちにおたずねくだされば何でもお話し申しましょう。法世の人間たちが船を作り、たがいに他国に侵入しあい、合戦して国を奪ったり奪われたりし、利欲のために他国に渡航・交易するのは、すべてこれ法世の盗乱・妄欲がさせていることなのです。わたしたちが多くの国々を飛びめぐるのは、その国その国の産物を食おうとするためです。だから、鳥世にも、法世の人間たちが船で渡航しあう用向きはないわけではありません。人の法世と鳥世とは、こんな点でもよく似ていますよ」

燕が席の隅にひっこんでいるのを見つけて百舌鳥《もず》がいった。「燕殿は遠来の客人じゃ。御辺は人の法世に適うところがありますかの」

燕が答えていうには、「われらがような小鳥は国も家も持たず、諸国を流浪して、そこの縁先き、ここの軒下に借屋して、一生のあいだ住家を持ちませぬ。微小な羽虫は、われらより下の小生物ですから、これをとって食うほかには珍味美食することもなく、貧窮して暮らしております。これは法世の人間たちのあいだで王侯が上に立って栄耀にふけり、珍味に飽き、美服に身を飾るので、下に貧窮の人が出て橋の下に雨露をしのぎ、ここかしこの裏屋、庇の下に借屋し、疎衣疎食に耐えて暮らす人が多いのとまったく同じことで、鳥の世のうちにわれらがごとき者がいるのと異なることはございません。これというのも、聖人・釈迦が私法を立てて法世としたところから始まったことでございます」

鴟《からからち》(323)がそのそばにいた。雀がたずねていうには、「鴟殿は弁舌才知のある賢い鳥とうけたまわります。今日はなぜものをいわずにおいでなのですか」

鴟が答えていった。「小生は弁舌利口をいうときにからからと囀《さえず》り鳴き、物事を論じ定めるときにもからからと囀り鳴き、からからと人事について囀り、からからと万物について囀り、何事においても囀り説かぬということはござらぬ。法世の人間たちのあいだでは、聖賢・学者の面々が天地人物の事理を講釈するといって、いろいろなことを談義しては教法とし、舌耕を売り物にして貪食し、天道を盗むかと思えば、こちらでは仏・菩薩・羅漢から諸宗の僧たちまでが仏法の品々を説法し、おのれがまず迷って後に世を迷わすといったていたらくでござる。儒・仏・老荘・医術・神道、ことごとく勝手な教説を談じ、おのれの利欲に迷って盗乱・妄行の法世としているのは、小生どもが鳴き囀るのとまったく異なることはござらぬよ。聖人・釈迦が現われる以前は、天道とともにこぞって直耕し、活真の人の世であったから、小生どものごとき鳥世の者は恐れ伏さなくてはならなかったのだが、聖人・釈迦以来は活真の道を盗んで私作の法世となり、小生どもと同業となったからには、すなわち鳥世の国運隆盛、同類が多くなったにほかならぬ。なんと皆の衆、よろこんでよいことではござらぬか」

諸鳥は異口同音に、さすがは博才大知の鴟殿とこれをほめぬ者はなかった。

白鳥が座中に加わっていた。燕が問うていうには、「御辺は大身の鳥、潔白にして何もおっしゃらぬのはいかなる御所存でございますか」

白鳥が答えていうには、「拙者は大身にして重く、飛び上がり飛び下がるのに不自由致す。なれども潔白の身なるによって、身内の心神は無心潔神でござる。それでむやみにものを言い申さぬ。法世の人のあいだには胸中に清に偏した心があって、座禅工夫に執着する達《だる》磨《ま》およびその宗派の僧たちがおりまする。鳥世に拙者がいるのと同じことでござる」

座にあった諸鳥が一同にいうには、さては白鳥殿は禅宗大悟、偏清に迷う鳥と口々にこれをそやした。

鵜《う》が座中奥深く身を隠していたので、白鳥がたずねていうには、「鵜殿、そこもとはなぜ出て評定に加わられぬ」

鵜がいうには、「そこもとも水鳥のことゝて身は重くともよく水に浮かぶ。拙者も水鳥のことゝて深く水にもぐり、魚をとらえては丸呑みにするのを常と致す。そこもとも拙者も水を離れては暮しが立ち申さぬ。さて、法世の人のうちで水を貴ぶ者は老子、かほど貴い水を世に示さずに水にくぐる者は荘子でござる。じゃによって、虚無大道などとこれを丸呑みにして迷うのは、鳥世に拙者がいるのと同じことでござる」と語ったので白鳥はおおいにこれに感服した。

鳴禽たちの詮議：わたくしどもは聖人・釈迦の師

小鳥たちがみんなで詮議《せんぎ》していうには、「鶯《うぐいす》は声がよい鳥なのにまだ来ていないのか、それともどこか座中にいるのか」と口々にさわぎたてた。

鶯が口をひらいていった。「わたくしは小身ではございますが、初春の気を得て生まれた身ですので、今日の会合の最初から参っております。けれども歴々の大鳥衆の評定に小鳥の分際として口を出すのはさしでがましいと、これまで控えておりました。わたくしどもは活真の初進木の気行の主宰に生まれて、初発の音をもって天下に直耕の初発の気行を告げ知らせる天真の使者、大事の役鳥でございます。天下のすべてがわたくしどもの初音を聞いて直耕のいとなみを始めます。ですからわたくしどもは、声美しく囀《さえず》って天真の命を述べるのでございます。わたくしどもは家を険阻な所に作り、大鳥の難に遇わないように身を慎みます。そこで法世の聖人もわたくしどもの徳を羨んで、『綿蛮《めんばん》たる黄鳥、丘隅に止《とど》まる。人として止まる処《ところ》に止まらずんば、鳥にもしかず[324]』といいながら、自分は人として生まれ、止まるべき直耕の道に止まらず、直耕の天道を盗んでむさぼり食い、わたくしどもを羨んだがために鳥獣虫魚の部類に落ちているのでございます。諸鳥いずれの方々も、これを聞かれよ。鳥世にも聖人にもまさるわたくしどもがいるのでございます。わたくしどもは聖人の師であると申せましょう」

諸鳥は一同にはっと感服した。

鶯がまたいった。「聖人ばかりではございません。釈迦もわたくしの初音が『法法華微(ほうほっけみ)』というのを聞いて、自分の一生の知恵を使い果たして実大乗[325]の法華経を作ったのでございます。わたくしは横偏の進気に生まれ、釈迦もまた横偏の心で同気でございますので、わたくしの初音によって法華経を作り、この世を法世とし、また自分も死後ただちに横気に生まれて、わたくしと同業になりましたのを見ますれば、やはり人の法世にもまして貴いのは鳥世であると申せましょう」

諸鳥がいうには、「なるほど、われらが鳥の世に仏も聖人もいるからには、鳥世はさだめて極楽にちがいあるまい」

鸞《らん》が座中にあって鳴く声はあたかも謡《うた》いの節まわしのようだった。諸鳥がいうには、「鸞殿は蛮国の鳥でござるが、いったいどんな芸をお持ちでござるか」

鸞が答えていった。「わたしは火気が盛んな国に生まれて、火気が厚く、生まれつき声がしわがれていて呻き鳴くのをことと致しまする。法世の国のうちで日本国の人々はとくにわたしの声音を貴び、わたしの声音に似せて唱名《しょうみょう》し、親鸞[326]などと号して一向宗を始め申した。いやはや鳥世はことのほか法世の人の信仰に適っているものじゃて」

諸鳥がいうには、「不可思議光如来[327]とは御坊の号でござりますなあ」

山雀《やまがら》が座中の目立たないところ[328]にひっこんでいた。鵐《しとど》[329]が「山雀殿、御辺はなにゆえ評定に加わられぬか」とたずねたので、口をひらいていうには、「愚僧はもともと大山の鳥でおじゃった。いまは都に近い岡野あたりに出て、胡桃《くるみ》をついばみ[330]、くわえて天に昇るのを生業と致しまする。胡桃が落ちぬうちにと岩の上で待ちますると、胡桃が落ちて岩に当たって鳴る音は鐘磬《しょうばん》のようでござる。愚僧が嘴をもって胡桃の殻をつつく音は鐘を打ち鳴らすようでござる。胡桃の仁の心施をむさぼり食うことに余念なく、一心に胡桃の殻を叩いて南哺哦《なんほも》南哺哦[331]と囀って胡桃の仁をむさぼり食いまする。四十雀《しじゅうがら》が愚僧を疑い申したので、いやいやけっして偽りではござらぬ、もし偽りならば愚僧は胡桃の食を断って死にましょうと起請文[332]を出しましたによって、いまは四十雀もともに胡桃の殻を叩き、その仁を食って暮らしておりまする。法世の僧らが愚僧を羨んで、もと山僧だった者[333]が都のあたりに出て浄土宗を弘め、大道で根も葉もない阿弥陀の称号を唱え、起請を出して鐘を叩き、勧進して貪食していますのは、愚僧どもの同業でござる。法世はすべて横気のわざとなり申した」

珍鳥・奇鳥の発言：仏法に迷えば横気となる

　鴆《ちん》が末座のほうにいたので、鳥が声をかけ、「鴆殿はいかなる取得《とりえ》をお持ちか」とたずねた。

　鴆が答えていった。「不佞は鱗のない魚だの蛇だのを食うので、身に大毒がござる。諸鳥衆の前に遠慮がありますゆえ、これまで評定に加わりませなんだ。法世の人間に佞人があって諸人の大毒となるのは、不佞にならってのことでござる。医者の仲間で薬種の気行を知らず、でたらめな当てずっぽうで療治・処方をし、人殺しの所業をしている者は、不佞の学にならってのことでござる。法世には不佞の同業者が多数いると見えまする」

　諸鳥はもっともとうなずきあった。

　者婆《ぎば》鳥(334)が座中についたので、鸞がこれに向かって、「御僧の御意見はいかが」とたずねた。

　者婆鳥が答えた。「拙僧は仏によって作られた鳥であって、一つの身体に頭が二つある。だからして口をきくことは諸鳥にすぐれ、六種類の鳥の声で鳴くことができる。法世の僧に六宗兼学《りくしゅうけんがく》(335)の者があって、律・倶舎《くしゃ》・成実《じょうじつ》・法相《ほっそう》・三論・華厳《けごん》の六宗について横気偏惑の論を立てるのは、拙僧が二つの頭で口をきき、さまざまに囀ってむさぼり食うのを羨んでしていることなのである。だから、法世で(336)仏法が盛んに修行されて、成仏した者が横気偏惑の拙僧たちと同業に落ちてくるのを見れば、法世のおかげで鳥世は繁昌していることになるのだ」

この言葉に諸鳥いずれも満悦のていであった。

鸚鵡《おうむ》がすぐそばにいたので、𪀚がたずねていった。「そこもとは鳥に生まれながら、人の言葉の真似がうまいのはなぜですかな」

鸚鵡が答えていうには、「わたしは心臓が大きくて火精が盛んなものですから、人がものをいう唇と舌の火気を受けて、物真似をするのです。人の法世にもわたしと同気の者があって、日本の僧としてシナに渡り、シナの僧の口真似をして、横気偏惑の天台・真言の法を伝え、自分がまずこれに迷って衆人をも迷わすのは、わたしの真似をしているのですよ。わたしは横気に生まれついた者ですし、法世の僧も仏法に迷って横気となった者たちですから、同気が求めあって鳥類に落ち、わたしの同業となるのです。法世の人間はみなわたしどもを羨むのでこんなことになるのですよ」

風鳥[337]が西側の席にいた。諸鳥がいうには、「御辺には風上の席に坐るのを遠慮してもらいましょう。御辺はいつも風ばかりを飲みこんで何も食わぬので、糞をせずに屁ばかり致される。風上におられては席じゅうの諸鳥がはなはだ迷惑しまする」

風鳥がいうには、「身共もそう心得ましていつも風下にいるように心がけております。いまは東風が吹いているので西にまわったのでございます。身共はつねに風ばかり飲んで屁ばかりで、胸腹中に一物もなく、一念もなく、無心無我でございます。だから鳥世の諸鳥を屁とも思いませぬ。鳥の仲間の成鳥（成仏した鳥）は、諸鳥無得鳥にしてこの風鳥が最初第一でございます。そこで法世の僧らは身共を羨み、『諸宗は無得道、成仏は限法華㊳』と他宗をそしる日蓮宗を立てたのも身共と同じことでござる。法世の仏法は、みな身共らの横気の余りでございます」

山鳩と鶺鴒の意見：神も仏僧・聖賢・学者も鶺鴒に倣う

山鳩が末座にいたのに向かって、里鳩が声をかけた。「おぬしはわれらの同類ではないか。黙っていることはなかろう」

山鳩がいうには、「われらは退火気を得て生まれ、その気行のときに里近く出て濁音の火気を発し、『出来《でこうけ》、出来《でこうけ》』と鳴いて、直耕の天人に田植えの時を告げる活真の使者でございます。ですから、ここの木にとまって囀り告げ、また向こうの木に行きついて囀り告げ、国々を残るところなく触れまわる大事な役鳥なのでございます。法世の僧たちはわれらの真似をして時宗㊴を立て、世にへつらいむさぼって伝馬を許され、この宿場に『六十万人往生㊵』の札を囀り触れるかと思えば、また向こうの宿場に行きついて札を触れまわり、心施をむさぼり食い、横気に偏惑してわれらと同業になるのでございます。鳥世の仏法は盛んでございます」

鶺鴒《せきれい》が遅刻してやって来たので、諸鳥は口々に、「お手前は小鳥の支配でありながら何故の遅参」とこれをなじった。

雀がいうには、「この者は伊弉の二神の交合の師だと思って、かねてから増長しているのですよ。だからこんどの会合にも遅れたのでしょう。おぬしはもともと川原雀といってわれらと同類ではないか。あまりのさばりめさるな」

鶺鴒がいった。「これははなはだ迷惑。それがしとて、あえて高慢にふるまっているわけではござらぬ。二神に大事の交合の道を教えたる師だというので、初心の神たちが毎日習いに来ますによって暇ができませぬ。ゆえに遅参つかまつった。御免なされてくだされい。それがしはいつも首と尾を動かすのをもって二神の師となった鳥なれば、法世の仏僧たちもそれがしの真似をして首と尾を動かし、聖賢・学者もことごとくこれに倣って首と尾を動かすことといったら、昼も夜もなく動かし、交合の道が盛んなありさまは、まったく春の野の淫馬のごとくでござる。だからみな横気に迷って、それがしらと同業になりまする。されば鳥世も今後は淫色盛んににぎわうことでござろう」

諸鳥はこれを聞き、声をそろえて、「いやまったく鶺鴒殿の申されるごとく、鳥世もこれからは大繁昌でござろう」と、高笑いし鳴き囀っているところへ、鶚《さしば》[341]がひいひいと鉄棒《かなぼう》のような声を立てて飛んできた。諸鳥はあわてふためいて気も動転、いずれも恐れかしこまった。

猛禽たちの登場：鳥世に倣い、法世は上下・大小・貴賤の差別をなした

鶚は小高い木にとまって口をひらいた。

「皆の者、諸鳥聞かれよ。身共は鳥世の足軽・中間《ちゅうげん》の徒輩である。なんじらに不法の事がもしあらば、即座に諸侯の家老職、鴟《はやぶさ》殿に申し上げ、罪の軽重によってつかみ裂き食わさせる。かねて申しつけるところなるぞ」

おりしも鴟が供まわりを多く連れて来たり、一段高い木にとまって鶚に向かっていった。

「仰せ渡されの趣き、諸鳥どもに申し付けたるか」

鶚がかしこまって答えた。「きっと申し付けましてござりまする」

鴟がいった。「なんじら諸鳥うけたまわれ。われはこれ鳥世の諸侯なる鷹の家老であるぞ。よく見知りおけ」

諸鳥がかしこまって平伏するところに、鷹の供の鳥が多いうちでも先走りの小鳥が来て、鴟に向かい、「ただいま鷹様のおいで」と告げる。

諸鳥いずれも鷹のおいでと聞いて恐れ伏すところに鷹が飛び来たり、大木の枝にとまって口をひらいた。「いかに者ども、老中の役鳥より仰せ渡されの趣き、諸鳥百鳥らに申し付けたるか」

鴟がいう。「きっと申し付けましてござりまする」

鷹がいう。「余《よ》は鳥世の大名であるぞ。なんじら諸百鳥(342)よく見覚えよ」といって眼をかっ

と見ひらいた。

諸鳥らはいまにもつかみ裂かれるかと胆をひやして恐れ伏するところへ、鵰《くまたか》が供の鳥大勢をしたがえてざわざわと飛び来たり、向こうの小岩のさきにとまった。鷹がかたちを改めてかしこまる。そのとき鵰はひゅうと一声鳴いていうには、「余は鳥世の将軍、鳥世の天下を掌に握る者なるぞ。なんじら鷹、大名ども、国々の諸百鳥をよくつかみ食らって放逸ならしめることなかれ。なんじら諸百鳥ども、鳥世の将軍は余であるぞ。よく見知りおれ」といって目玉を怒らせたので、百鳥どもは生きた心地なくみな恐れ伏した。

そこへ翼の音もすさまじくごうごうと、鷲が供の鳥を多く引き連れて飛んで来た。諸鳥が翼の音に恐れてはっと地に伏してすくんでいると、鷲はかなたの高い大岩の頂きにとまって一鳴き大声にいうには、「朕《ちん》は鳥世の皇帝、この上の位なき鷲王なり（鳳凰はインドの鷲である）。なんじらは、鶴から鵰・鷹・鵟・鶚、諸百鳥にいたるまで、すべてみな朕のものなるぞ。もし朕が命に背くものあらば、ただひとつかみに引き裂き食うぞ。群鳥ども、よく朕が命にしたがうがよい」

またさらに言葉を続けていうには、「このように鳥世に大小・強弱の序列が具わっているのは、天真のするところであるぞ。天真が横気にめぐって、この鳥世は行なわれる。天真の通気がめぐって人生の直耕があまねく行なわれるのは人の世の具わりであって、上下・大小・貴賤その他いっさいの差別はなく具わっているはずなれども、聖人・釈迦の出現以来私法を立て、朕らが鳥世を模範として、鷲すなわち朕に倣って帝王の位を立て、鵰に倣って将軍家を立て、鶴に倣って公卿を立て、鷹に倣って諸侯を立て、鶚に倣って家老・用人・諸役人を立て、鶚に倣って足軽を立て、もろもろの小鳥に倣って四民を立て、鶺鴒に倣って神官・山伏を立て、鳩に倣って医者を立て、白鳥に倣って寺僧を立て、鵜に倣って老荘の徒を立て、鷦鷯《みそさざい》や鶲《あおじ》に倣って乞食・非人を立て、かくのごとく人の法世は鳥世に倣って作りなしたるものぞ」

諸鳥、人間社会を批判する：鳥世は人の法世よりはなはだまさる

「人の法世と鳥世とたがわぬところがある。鳥世は天の与えるままに大が小を食う序列のあることは常である。もし鶚《さしば》が人にとらえられ、人に飼われて、その後許し放されて野山に帰って来ても、日ごろ取って食った小鳥どもに負けて、かえって逃げまわり、ついには餓え死にするものじゃ。これは法世の人間の足軽が、扶持を離れれば乞食・非人となって日ごろはものを掠めていた町人・百姓に負けてへつらい、おおいに苦しむのと同じことである。鵰が人に捕えられ、飼われ、許されて山に帰れば、日ごろ取って食った雁や白鳥に負けて逃げまわり痩せおとろえて死ぬものじゃ。これは法世の人間の将軍が、乱世の戦《いくさ》に敗れて落人《おちうど》となり、百姓に負けてへつらい、食物をもらってむさぼり食い、ついには敵のために探し出されて殺されるのと同じことである。鷲といえども人に捕われて飼われ、放されて山に帰ったと

きには、勢力を失い、日ごろ取って食った鵲や雁の類に負けて他の鳥をつかまえて食うことができず、しだいに衰えて死ぬものじゃ。これは法世の人間の帝王が、乱世の戦争に負けて落人となり、田舎の民家に隠れひそみ、敵のために探し出されて殺されるのと同じことである。これらが人の法世と鳥世と同じなるゆえんなのじゃ。

　鳥類が横気の主宰に生まれつくのは、天真の与えたところであるから、誤りではない。しかし、人は通気の主宰に生まれてきて、あまねく直耕すべき具わりであるのに、偏った心、横気の知恵に迷って、鳥類の世と同じありさまであるのは、重々の誤りというものじゃ。言語道断、心行絶無(343)の沙汰である。さらにいえば、鴰《からからち》が弁舌に囀り、鸚鵡が人の真似をして鳴くのに倣って、伏羲より孔丘にいたるまでの聖人の学、詩文の学を作ったのである。百舌鳥《もず》に倣って程子の学を作り、雲雀《ひばり》の囀るのに倣って朱子の学を作り、鷦鷯《みそさざい》の囀りに倣って徂徠学を作り、鶚の鳴くのに倣って唐・宋・明の詩文学を作った。すべて詩文の学は、鳥の囀る情に倣って作ったものであるぞ。また杜鵑《ほととぎす》の鳴き声に倣って小唄を歌い、鶸《ひわ》の鳴き声に倣って謡いを吟じ、能を舞い、山鵐《しとど》の鳴くのに倣って礼楽を作り、鴫《しぎ》の鳴くのに倣って浄瑠璃を語り、鵈《たかし》(344)の鳴くのに倣って三味線・琴・琵琶を弾き、鴛鴦《おしどり》に倣って色狂いをし、山鳥どもが鷲や鵰の眼を恐れて木の洞《うろ》に隠れ、餌を争いうばうのに倣って博奕《ばくち》をし、博奕がつのって火付け強盗をする。これらはみな法世の人間のすることは、鳥世に倣ってしていることなのじゃ。

ある者が問うていうには、人としていったい鳥の真似をして人間の政治をとりおこなったりすることがあるものでしょうか。答えていう。人間どもは鳥の世に倣っていると自覚してそれをしているわけではない。鳥は横気の主宰に生まれた者である。人間は通気の主宰に生まれた者じゃ。その生まれは違っていても、清にのみ偏した精気に生まれ、偏心・偏知であって、通気を埋めてしまい、偏横気の心知が一身の主宰となって、世を法世としているのじゃ。なれば法とは横気である。通気の主宰は法を立てることのできぬ者じゃ。速く通じて天の運回とひとしく、横にかかわるところがないからじゃ。横気の主宰は、かかわりかたよって正しく通ぜぬ。だからおのれが横気であることを知らずに法を立てるのである。法世でなされることがことごとく横行であるのはそのためなのじゃ。われ知らず鳥類の横気といささかもたがうところがないゆえんなのである。

鳥類は人に捕えられ、籠のなかに飼われ、年久しくして形化(345)の気数がいたったときには、生まれついた山野ではないので、形化することができず、死ぬものじゃ。また長年飼っておいた鳥を放して山野に帰しても、久しく人間の気たる通気にふれ、鳥の横気が圧倒されていたために、山野の横気に応ずることができず、死ぬものじゃ。山野の鳥五、六百のなかに人間がひとりいて、鳥が穀類をもってこれを養っても、鳥の横気に人の通気が圧倒されて、やはりひとりでに死ぬものなのである。

鳥が立っているときには、眼は両側についているので、横に広く見ることができてかかわりが多く、上下に通じてはかかわりがなく見ることができぬ。これは横気の主宰のゆえんである。聖人や釈迦は工夫してものを観ずるので、横に広く応じてかかわりが多い。そこで法を立て、諸種の言説や行事をなすけれども、上下に通暁してかかわりなく、通心・通知にして法を立てることを知らぬということができぬのは、横心がこれを主宰するからである。法世と鳥世とがよく合うのはそのためなのじゃ」

小鳥どもが口をそろえていうには、「法世と鳥世とはまったく同じとは申しますが、諸鳥は人をつかまえることはできませぬし、また鳥世の鳥が鳥をとらえて籠に入れるなどということはかつてございませぬ。それなのに人間は鳥をとらえ、大鳥は鳥部屋に入れて種々の鳥を与えて食わせ、小鳥は籠に入れて、鳴かせて耳を楽しませるとは、いかなる横気のしわざでござりましょうぞ」

鶯がいう。「とりわけわたくしどもを捕える人間どもが多うござります」

鶉がいう。「近年はわたくしどもをつかまえる人間も多くなり申しました」

鶴《あおじ》がいう。「鳥屋には数えきれぬほどの鳥を数千万羽も捕えておいて、売って食っております。このように、人間は横気心が盛んであるうえに、邪知が横に重なり、横心を重ねる大罪がつもって、すみやかに横気に落ちることでございましょう。自分を籠に入れ、妻子を籠に入れたり売り飛ばしたりしたら、どんな気持がするでしょうか。そのわきまえもつかぬ者なのですから、人間とは申せないのでございます」

諸鳥ががやがやと評議していうことには、「われわれのなかでどなたか飢饉や凶年に遇ったことのある鳥がおありか。借金をして返済することのできぬ貧窮の鳥がおありか。年貢《ねんぐ》・物成《ものなり》[346]を責め取られ、難儀する鳥がおありか。税斂の法だといって、他の鳥の餌を責めとることがありましょうか。御用金とか借上[347]とかいって取るような鳥がおありか。富貴だからといって奢る鳥がおありか。盗みあうための兵乱、合戦に勝って鷲のような帝王になった鳥がおありか。合戦に負けて鷲王が非人鳥になるようなことがありましょうか。方々いずれも詮議してみられるがよい」。そこで諸鳥がみなとりどりにいうには、「いや、かくのごとくの難儀や迷妄は、ことごとく法世の人間にだけあるもので、鳥世の諸鳥には、こんなことは、貧乏に苦しんで家屋敷を売ったという話さえ、たえてござりませぬ。してみますれば、鳥世は人の法世よりもはなはだまさっていて、極楽太平の天下でございますなあ」〔鳥の世には、金銀の通用がないので、欲も迷いも盗みも兵乱も、たえてないのである〕

真道哲論巻（抄）

私法盗乱の世に在りながら自然活真の世に契《かな》う論

自然活真の直耕の世

無始無終の土活真が自感する四行の進退、互性の八気、通・横・逆の妙道は天（「転」）と海（「定《ち》」）であって、すなわちそれが土活真の全体である。その妙序についていえば、天は海の外にあり、海は天の内にある。外なる天の内に海が備わり、内なる海の内に天が備わり、天の性は海、海の性は天であって、天と海とは互性八気の通・横・逆、日と月は互性、惑星と恒星は互性、運回して一息も止まることなく、万物を生々して尽きることがない。これが活真宇宙の直耕なのである。

これは小宇宙としては男女《ひと》である。だから、外なる男の内に女が備わり、内なる女の内に男が備わり、男の性は女、女の性は男であって、男と女は互性、神と霊は互性、心と知は互性、念と覚は互性、八情が通・横・逆に運回し、穀物を耕作し、麻を織り、生々して絶えることがない。これが活真の男女の直耕である。天と海とは一体であって、上もなければ下もない。すべて互性であって、両者の間に差別はない。だから、男女にして一人なのであり、上もなければ下もない。すべて互性であって両者の間に差別はない。世界あまねく直耕の一行一情である。これが自然活真の人の世であって、盗み・乱れ・迷い・争いといった名目のない真のままの平安の世なのである。

聖人が自然世を堕落させた

しかし聖人がこの世に出現し、耕さず何もせずにいながら天道・人道の直耕を盗んでむさぼり食い、私法を立てて税斂を責め取り、宮殿・楼閣をかまえ、美味・珍味を食い、綾羅《りょうら》・錦繡《きんしゅう》を身にまとい、美形の官女を集めて遊楽し、無益の奢侈・栄華にふけること言語に絶し、王と民、上と下、五倫四民の法を立て、賞罰の政法を立て、おのれは上にあってこの奢侈をなしたので、下となった民にはこれを羨む気持が生ずるようになった。さらに聖人は金銀を通用させはじめ、金銀を多く持つ者を上貴とし、金銀が少ししかない者を下賤として、すべてに善悪二つのうちのどちらかという差別をもうけた。それ以来、下にいる者が上を羨む気持は骨髄に達し、おのれも上に立って栄華をしようと思謀をかさね、乱を起こし、命をかぎりに合戦して上をほろぼし、おのれが人の上になって奢侈にふけることは、旧に倍するありさまである。このように天真の天下を盗んだり盗まれたりして、欲に欲を重ね、盗に盗を重ね、乱に乱を重ねて止まることがない。そこにまた釈迦が現われて欲心の迷いを足し、心の欲、行ないの欲はますます盛んとなり、世は聖人がこれを乱し、心は釈迦がこれを乱し、天下国家を盗もうとする欲と極楽往生を望む欲とがかわるがわるに起こって止むことなく、欲があれば盗み、盗めば乱れ、乱れれば迷って、主君は臣下を殺し、臣下は主君を殺し、父兄は子弟を殺し、子弟は父兄を殺し、王も僕《しもべ》となり、戎《えびす》（蛮族）も王となり、侯は民となり、賊も侯となって、奢りの極みから貧窮の極みに移り、たがいに合戦して、衆人がおおいにわずらい苦しんだ。この悲しみの人気が宇宙の気行を汚し、不正の気となって凶年の原因となり、また疫病をはやらせ、天下の人間が皆殺しになる大災が起こった。しばらく治まるかと思えばまた乱が生じ、兵乱が止むとまた心が欲に乱されることはなはだしく、ふたたび兵乱が生ずる。治も乱もともに乱の継続であって乱は止むことがなく、治は乱の根となり、しかるがゆえに上に茂る枝葉の賊が下から生えてきて止むことがない。上に立つ者が盗根を断とうとしないから、下に枝葉の賊が盛んなのである。つまり、天下に盗乱の賊徒が絶えないのは、上に立つ者の奢侈がそうさせているからなのである。

上の者がみずから盗乱の根を断たずにおいて、日々下の盗賊に刑罰を加えたり征伐したりしたところで、盗賊が絶えるわけはない。なぜ絶えないかといえば、上がみずからその原因になっているからである。みずからが盗賊の原因でありながら、盗賊を討伐することを政治と称して武威を張る。これは狂乱というべきか、悪魔というべきか。まったく言語道断であって、心も行為もこのありさまを言いあらわすすべを知らない。戦争に勝って上に立ち、治めるといいながら乱の根を植えつけ、栄耀・奢侈にふけるかと思えば、またたちまち乱が起こって、春の雪のようにはかなく消えてしまう。勝ってこれに代わった者が上に立ってもまた同じことであり、その無限のくりかえしなのである。歌・舞・謡い・能・茶の湯・碁・双六・博奕・酒狂い・女狂い・琴・琵琶・三味線などのいっさいの遊芸、また浄瑠璃・芝居・野郎・遊女・乞食のともがらなど、すべて惑溺・惑乱をこととするだけの有害無益ないたずらごとが止まないのも、やはり上の奢りから出たことである。もともとは聖人・釈迦から始まることなのである。インド・南蛮諸国・シナ・朝鮮・日本のどの地方にもわたって、かくのごとく欲に迷い、盗乱の止むことがないありさまである。生きては鳥獣虫魚の業にふけり、死んだ後はそれらに形化して、生死をくりかえすことをまぬがれないだろう。いささかなりとも活真の妙道をわきまえ、これを改めることがなかったら、この世からは無限に迷・欲・盗・乱が絶えることはないだろう。それがいまの私法の世の現実なのである。もしも上に活真の妙道に達した正人がいて、これを改めたならば、この世は今日にでもあまねく直耕活真の世となることだろう。しかし、上に正人がいなくてはいかんともすることができない。とはいえ、盗乱の絶えることのない世を憂えて、ここに上下ともに盗乱の世にありながら自然活真の世に達する方法がある。これはそうせざるをえないところの方法[348]である。つぎにそれを論じよう。

現状のうちに自然活真の世を求める方法

誤りをもって誤りを正す方法がある。上下の差別という誤りをもって上下の差別を否定する方法がある。類似したものをもってこの方法を立てるために、いましばらく天と地の比喩を借りてこれを論じてみよう。もともと天地に差別はなく、男女に差別はないのだけれども、私法の世にあっては、天は高く貴く地は卑《ひく》く賤しい、男は高く貴く女は卑く賤しいとされているが、じつは高卑・貴賤が対になって一体なのである。これにもとづいて上下の法を立てるならば、今の世にありながら自然活真の世にたがわぬことができるのである。

国主・諸侯に自分の田を直耕させる

上に立つ者が臣下や一族が多いことを望むのは、乱を恐れるからである。だから、臣下や一族をふやすことをやめて、ただ乱がないようにと専心すればよいのである。上に美食・美衣・遊楽・奢侈がなく、無益の臣下・一族がないようにして、上の領有する田地を定め、上の一族にこれを耕させ、これをもって衣食を足らせるようにする。諸侯もこれに準じて国主の領田を定め、これをもって国主の一族が衣食を足らせるようにする。万国いずれもみなこのようにして、下々の庶民はあまねく直耕にしたがう。すべて諸国を上一人《かみいちにん》の領地[349]とし、下諸侯の領地としない。なぜならば、もしも諸侯が自分の領田を耕作するという道を怠ったときには、国主の地位から放逐《ほうちく》することを法として定めておくためである。もしも諸侯のうちで欲に迷い、乱を起こし、上の地位を攻め奪う者があったとしても、定められた領田の他に金銀・美女のたぐいがなければ、上に立つことを望む諸侯は絶えてなくなるだろう。また税斂の法を立てることもないから、国主が下にいる諸侯や民から掠め取ることはないし、また下の者が上にへつらうということもない。上下の区別は存在するが、両者の間に差別はなくするのである。

税斂の法を廃止する

税斂の法を立てて上の者が耕さずに貪食するから、臣下の者などが君威を借りて権柄《けんぺい》を張り、下民を搾取するのである。天下の乱はここに始まる。だから、税斂の法をなくして上には上の領田を耕させるようにする。もしも耕して生きる道を怠る諸侯や民があるときには、これを強制して耕作させることを国主の政務とする。よく耕作させて、上へは一粒も取ることがなければ、諸侯・民は上に感服して背く心は生じないのである。

諸国の遊民を禁止する

諸国の生業を持たずに世に寄食している遊民の徒を禁止し、これに相応の田地を与えて耕作させる。今の世の民のように、その家族の衣食の料を得る以外にはよけいな田地を耕作させてはならない。今の世の民が衣食の料を得ること以外に、貯えや奢りのために多くの田地を耕作しているのは、上の者の真似をしているのである。だから、無益の費《つい》えをかさねてかえって貧しくなっている。遊芸・慰戯・売色のたぐいもこれを禁ずる。もしも耕作を怠って遊芸をこととする者があったら、一族の者はこれに食物を与えてはならない。

金銀の通用を停止する

金銀を通用させるから、商売や利欲の法が盛んになり、天下をあげておおいに利欲をつのらせ、シナからインド・オランダ・日本を奪おうとしたり、あるいは日本から朝鮮を犯したり琉球を取ったり[350]することが起こるのである。金銀の通用と商売の法を立て、物品が自由に入手できるようにし、奢侈にふけりやすくしたのが原因である。奢侈は乱の根源であることを知って、金銀の通用を停止するべきである。元来、人間は穀物を耕作し、麻を織り、衣食の用に供する他には何もしないのが、宇宙の与える自然の備わりなのである。

家老・用人・諸役人・平士・足軽などはすべて必要がないので、みな相応に耕作させる。

工人の職にある者は、上には上相応、諸侯と民にはそれぞれに相応の家屋や器材を細工《さいく》するものとする。美々しい家や精巧な器材の細工はこれを禁ずる。ふだん細工物の需要がないときには、やはり相応に耕作するものとする。

遊民は、僧・山伏・神主。慰みの芸は、遊女・野郎・芝居など。奢侈の芸は、謡曲・能楽・一切の鳴物。徒事・悪事は、斬り取り・強盗・火つけ・博奕・碁・双六など。背病《せや》み[351]は、願人《がんにん》坊主や托鉢僧すべて乞食の仲間がそれである。これらの慰戯や遊芸は、すべて上の奢りの真似をして発生したものであり、徒事・悪事のたぐいは、上の奢り費えが原因で下民が困窮するところから起こるのである。これらのことが多いときには、国が困窮してそこに乱が起こる。だから、上が奢り費えをやめさえすれば、これらのたぐいはおのずからやむのである。これら遊民の徒に相応に田畑を与えて、耕作にしたがわせることとする。

学問の廃止・賞罰の廃止

ただ世に乱がないようにとつとめるのが、上の天職である。土地を与えて耕作させるのは、一般に天真の道である。文字や書物、学問は、耕さずに貪食し、天道・天下・国家を盗むことの根源である。第一にこれを停止し、学者の徒輩には土地を与えて耕作させる。もし土地を受け取らずに遊芸をこととするときには、その一族は当人を捕えてこれに食を絶たせなくてはならない。餓えて苦しむときにふたたび教えさとして、耕作させる。穀物を耕して食うのでなければ、人間は生存できないことを身をもって知り、かならず耕作にしたがうにちがいない。

上が賞罰の法[352]を立て、功ある者はそれを賞し、罪ある者はこれを罰する。だから役人たちが、功ある者も賄賂《わいろ》を使わなければこれを罰し、罪ある者も賄賂さえ使えばこれを許すようになるのである。罪ある者が賄賂を使わないときには即座に罰してしまう。だから賞罰ともに伐《ばつ》(353)となり、天下には日々人殺しのわざが絶えないのである。だから、すみやかにこの賞罰の法をなくさなくてはならない。上がただその領田を耕すのみで、下の者を搾取することがなければ、たとえ願っても罪人が出ることはないのである。罪人がなければいかなる賞罰も必要ではあるまい。賞罰は聖人に始まる罪作りの法であって、後世に伝えた重大な過失である。だから、これをまったく廃止する。

寺僧に真の仏法を教える

寺僧には仏法を説くことを禁止し、田地を与えて耕作させる。これを教えさとすにつぎの趣意をもってする。曰く、直耕は天真の妙道である。成仏とは天真と合一することの別の呼び名にほかならない。だから、直耕すればただちに生き仏になるのである、と。こう教えさとして耕作させるのである。宗旨は別々であっても、至りつくところは成仏の一事である。成仏とは直耕の天真である。これにはだれも反対できないはずである。禅宗も教宗(354)も本来は一つの仏法であり、めざすところは同じ一つの成仏なのである。

地蔵とは、地は田畑であり、蔵は田畑の実りを蔵《おさ》めることである。すなわち直耕である。この真理を教えさとして耕作せしめるのが地蔵なのである。

観音とは、観は直耕が天真の自感であることを観ることである。音は、天真の息気の感である。だから、観音は天真の直耕の呼び名である。このことを教えさとして耕作させる。

薬師は、その瑠璃光[355]が春・木の青色であり、天真の直耕の初時の名である。これを教えさとして耕作させる。

不動は、中央土が不動であって、田畑となり、人間に耕作をさせる天真の妙体、耕道の大本である。

大日如来は日神の名、直耕の生々して極まりない主神である。

阿弥陀[356]とは、阿《あ》は春の種蒔き、弥《み》は夏の草苅り、穀物がいよいよ盛んになること、陀《だ》は秋の実り、冬の蔵めが陀《かた》いことである。阿弥陀の四十八願[357]とは、四時八節に耕す穀物が実り、成就することの呼び名である。

禅録も教宗の経典もともに説く三世の諸仏や極楽は、すべてみな直耕して、食を安んじ、衣を安んじ、心を安んじ、生死はこれを活真の進退をまかせることこそ仏法の極致とこれを教示して、耕作させるのである。

修験者・神官・医者に耕道を教える

修験者《しゅげんじゃ》[358]は口に仏の経をとなえ、おこないには祈禱の神事をしている。これには仏とは直耕する天真の名、神とは日輪、直耕の主であると教え、両部習合[359]は直耕の名称であるとさとして、耕作にしたがわせる。

神官には、天神・地神・万物の神・人身の神・八百万の神は、天の日神が四時八節に運回して生々する直耕の妙道であると教え、だから神官は直耕の大本であるとさとして耕作にしたがわせる。

医者は、人間が誤って諸病を発し、危うくなった命を救う者である。人の命は穀精である。だから、穀物を耕作して食い、病人にも穀食を勧め、危い命を救うのがよいのである。人身の備わり、万物の具わりは、すべて八気互性の妙道である。これを知らぬ医者の治方は、ことごとく人を殺すものである。だから厳重にこれを禁止し、互性の妙道を知る者のみを医者に任じ、これに危うい命を救わせ、その一族には耕作させる。

盲人は不幸な生まれ合わせの者であるから、盲人を出した一族がこれを養って、穀物の粒を挽かせるのがよい。

その他の職業への対策

商人は、金銀を通用させて売買にしたがうために、利欲の心が旺盛であり、上にへつらい、直耕する庶民たちをだまし、親子・兄弟・一族の間でもたがいにたぶらかし、利得を増やそうとする欲心に惑うばかりで真道を知らぬ者である。上下を迷わして天下の怨みとなり、天真の直耕を混乱させる公敵であり、天道への謀反人である。すみやかにこれを禁止し、田地を与えて耕作させる。

暦家・天文家は、天の気行を測る者である。天真は気行をもって互性の妙道をつくし、万物が生々するのは直耕である。易・暦・天文・陰陽《おんみょう》家(360)は、とりわけて直耕を第一と仰がなくてはならぬ家柄である。だから、いずれも書物の学問をやめて直耕してはじめて、易・暦・天文・陰陽の道に通達したといえるのである。このことを教えさとして耕作させる。

染物屋には、藍染一品にかぎってこれを許可し、種々の美しい染色をすることを禁止する。その一族には耕作させる。

桶屋には、水桶一品にかぎってこれを許可し、飾り桶のたぐいの製造は禁止する。その一族には耕作させる。

箱屋・椀膳屋には、民家で常用する一品にかぎってこれを許可し、無益な美器の製造を禁止する。その一族には耕作させる。このほかの職人たちにも、常用の一品の他はみな禁止する。

茶は家ごとに裏の畑でこれを栽培し、服用するのがよい。

煙草《たばこ》はすべて服用してはならない。

菜種や茄子《なす》、瓜の類は、すべて自家で栽培して食用に供するのがよい。

庭園を作ったり、植木をしたりすることは、すべてこれを禁止する。

自然経済と物々交換

すべて田畑にすることのできる土地からは、八穀[361]の類が生ずるものである。穀精が男女《ひと》となるのであるから、山岳地から遠く、土地が広くて用水の便のある場所に町や村を作るべきである。諸侯は、戦乱する恐れがないのであるから、城を作るのを無用にして、住家を町屋にするのがよい。山が近い所では、川の水があって田畑となりやすい所に村里を作るべきである。海辺では、用水の便があり、河川が海に流れ入る土地に村々を作るべきである。諸国天下どこでも、水の便がよくて、田畑となりやすい所に村々を作るべきなのである。材木は深山から伐採することができる。山が近い所では山の木を採って焚木《たきぎ》にしてもよい。山が遠い所では、田畑になりにくい岡野に植林し、さきに成育した木を採って焚木にし、採った後に苗木を植えて、林が伐採しつくされてしまうことのないようにこれを続ければよいのである。山里や海辺で、畑が多く田が少ない土地に住む者は、粟・稗《ひえ》・黍《きび》・麦・蕎麦《そば》などを多く作り、米を少なく作って、直耕して食生活をいとなむがよい。広い平野で、田が多く畑が少ない土地に住む者は、米を多く作り、粟・稗・黍・麦・蕎麦を少なく作って、直耕して食生活をいとなむべきである。莢《さや》穀[362]の類としては、大豆・小豆・角豆《ささげ》・扁豆《そらまめ》などを主として栽培し、味噌を作って食うのがよい。麻と綿とを耕作し、織って着るのがよい。美食と美服とは、これを厳重に禁止しなくてはならない。

山の遠い海辺に住む者は、近くの岡や野原に植林し、家を建てる材木や焚木をそこから得るのがよい。海の近い村の住人は、海水を煮つめて塩を取り、諸国に送り出して米・粟などの穀類と交易して食生活をいとなむべきである。

菜食主義、そして禁酒

上たる国主の住居は、国のまんなかの平野にこれを定め、町屋の作りとする。帝城・宮殿・美麗な邸宅のごときはいっさい無用である。金銀はもと山石の脂《あぶら》であって、本来は瓦礫同然のものである。だから、その通用を停止して、菜っ葉一品といえどもこれを売買することはかたく禁ずる。

衣服は、上は綿布、下は麻布にかぎるものとする。絹の類は全面的にこれを禁止する。絹はもともと蚕の巣であって、人間が衣類にするために自然に備わっているものではない。麻と綿とは天真から与えられたものである。鳥獣虫魚は大が小を食うのに序列があって食ったり食われたりする。鳥獣虫魚はおたがいに相手の食物である。だから人間の食物ではないのである。鳥獣虫魚を食用に供することは禁止すべきである。人間に備わっている食物は、穀物と野菜である。酒はもとより人間の飲物として自然に備わっているものではない。人間のためには大毒である。ゆえに、全面的にこれを禁止する。

もしも上が耕さずに貪食して栄耀・奢侈にふけったなら、それは天道を盗むことである。だから、下はこれを羨んで貨財を盗み、乱がここに始まるのである。上がこれを明察して栄華・遊楽の奢りをいっさいやめるならば、下にも羨望の心がなくなり、欲心もおのずから失せるだろう。これはすなわち上がみずから盗みの根を絶つことである。だから下の者も枝葉の賊をみずから絶ち切って、上下ともに欲をも賊をも根絶したならば、たとえ願っても乱の名を知ることはないであろう。これがすなわち、まだ上下の区別のある法世でありながら、そのまま自然活真の世であることなのである。

またもしも下なる諸侯や民が耕作や紡織を怠り、遊び侈《おご》り遊逸にふける者があった場合には、上はこれに刑罰や誅伐を加える。上はこのために上に立って政務を弁ずるのであって、それ以外のことに関与してはならない。

もしも生まれ損ねの悪人が出るようなことがあった場合には、その一家一族にこれを殺させ、上の刑罰や誅伐をこれに加えさせてはならない。これを村の自治とする。一族ごとにたがいにこれを糺《ただ》していさえすれば、悪人のたぐいが生ずることはないのである。

愚かな者がいうには、上が刑罰や誅伐の政法をなし、日々に刑・伐を行なっても悪人や盗賊の徒輩は世に絶えない。いわんや、上の刑・伐がないにおいてをや。村の自治だけでは悪人が一日ごとに増え、かならず世の乱れが起こるだろう、といった。この意見は愚かもはなはだしいものである。上が賞罰の政治を制度として立て、耕さずに貪食するのは、天道を盗んでいるのである。そして栄耀・奢侈にふける。だから下の者には上の栄耀・奢侈を羨む心が絶えることなく、ついに上を亡ぼしておのれが上となり、栄華をしようと欲して兵乱を起こすことにもなるのである。こんなわけで、聖人が人の上に立って賞罰の政治を制作し、耕さずに貪食しているのは、天道を盗んでいるのである。だから盗みの根となるのである。だからまた、下に枝葉の賊が発生して絶えることなく、盗みや兵乱がやむことなく、無限に同じことがくりかえされるのである。このように、無限に盗み・兵乱・罪悪・迷妄がとどまることがない妄愚の誤りの原因が洞察されたからには、上下の区別を絶つことが不可能であれば、せめて上下の分を立てながら上下の差別のない活真自然の世に合致する道があることを明らかにして、ここに論じているのである。今後、何年も何年も経る間に、正人が上に出るか、下に出るかしたときには、無盗・無乱・無迷・無欲の活真の世に復帰するにちがいない。

悪人は一家の者に殺させる

夫婦婚合のことは、大本たる穀精が男女《ひと》になったとき、初めて生じた男女は夫婦であり、この夫婦の間の子の兄妹はつぎの夫婦である。それから人倫が無限に世に続くようになったのである。だから、兄妹が夫婦になっても恥ではなく、人の道である。ただ男が他人の妻と交わり、女が夫以外の男と交わるのは、鳥獣虫魚のしわざであっておおいに恥ずべきことである。それぞれの父母の目算によって相応に嫁と聟の婚姻をとりはこび、仲人を間に立ててはならない。仲人は嘘をいうから後の禍になるものである。そしてもし密通を犯す者があった場合には、一族が談合して、人に知られぬようにこれを殺さなくてはならない。盗みをする者、姦淫《かんいん》をする者、讒言《ざんげん》をしたりへつらいをしたりする者、このほか何でも悪事をおこなう者がある場合には、その一族がこれを捕え、まず食を絶って餓えの苦しみを味わわせ、意見を加えて一度はこれを免ずる。餓えの苦しみに懲りて、ふたたび悪事をおこなわず、よく耕作に従事するときはそれでよい。もしも反省の色がなくふたたび悪事をおこなったときには、一族の者はこれを殺さなくてはならない。

どのような悪事であろうともこれをおこなう者があったときには、一度餓えの苦しみを味わわせ、人間は食わなければ即座に死ぬものであり、自分で耕して食を安んじるほかには生きる道はないと身をもってわきまえ知らせ、二度と悪事をおこなわずに耕作して生きることができるようにするのは、天の助けである。そのわきまえがない者を一族が殺すのは、自分から出た悪者を自分で殺すのであるから、これまた天のおこなうところである。身近な例でいえば、悪い気行を受けて生じた草木は、悪い気候に会えばかならず枯れてしまうのと同じことである。だから、一族中から出た悪者を一族の者が殺すのは、私の罪ではなく、とりもなおさず天の道である。このことはけっして、天道が人を殺すということではない。人の誤りであるから、人がその誤りを殺すのである。一族のことであるから、一族がこれを改めるのである。それが天道に適うことなのである。一族が直耕して誤りなく生きている間に、ふとしたはずみで悪者が出るのは時の誤りである。だから、一族の者がこれを殺すのは、一族の誤りではない。誤りなのではなくて、ただもののはずみで生じた誤りを殺すだけなのであるから、早期のうちに誤りを反省することができ、続いて悪者が出ることがなくなるのである。これが誤ることのない天の徳なのである。

聖人が上に立って耕さずに貪食するのは、すなわち天道を盗む誤りである。この誤りは盗みの根となるものであるから、下に枝葉の賊が絶えることがないのである。上が盗みの根を改めずに下の賊を殺すだけであるから、根が絶えずに殺せば出、殺せばまた出て、絶えることがない。ここで糺せばかしこで盗みをはたらくといったありさまで、いかに術を尽くして殺しても盗賊が絶えないのは、上の盗みの根を断ち切らないからである。一族には誤りがないのにふと生じた誤りを殺すのは、誤りの根をなくすことである。だから一度これを殺せばまた生ずることのないゆえんである。このようにして、悪者が出たときにはこれを殺すようにすれば、盗みや兵乱が絶えるゆえんである。道を盗むことを盗といい、財を賊《ぬす》むことを賊という。人の上に立って耕さずに貪食し、天道を盗むのは、これすなわち盗みの根本である。この根から枝葉の賊が下々に生ずるのである。盗みはすべての悪事の根本である。だから、天下のすべての悪事と惑乱は、上が耕さずに貪食していることから生ずるのである。上が耕さずに貪食し、奢りと費えにふけるという盗みの根本をやめずにいる間は、何万年が経ったとしても、無限の年数を歴《へ》たとしても、盗賊や兵乱の悪事は絶えることのないゆえんである。上に立つ人はよくよくこの旨をわきまえ知っていなくてはならない。

上下があって上下ではない世

上の奢侈の欲は、下民の直耕を責め取ることに存している。だから民が困窮する。困窮すればかならず盗み心が起こるものである。だから上の法度《はっと》に民が信服することはない。上はそのことを憎むけれども、民が信服しないのは、もともと上の奢侈の欲の罪なのである。このようにして上は下を憎み、下は上を誹《そし》り、憎しみと誹りとがこもごも争ってついには兵乱を起こすことになる。このことを洞察して、上が耕さずに貪食すること、奢侈を欲することをやめさえすれば、悪事や盗賊の根を絶たれ、下では賊徒が絶えて、おのずとゆたかになるのである。

上が金銀を蓄えるのは、兵乱のときにこれを用いるためである。上に奢侈の欲がなく、下の暮しがゆたかであれば、たとえ願っても兵乱が起こることはない。すでに兵乱もなく奢侈の欲もなければ、金銀をいったい何のために用いるというのか。金銀の通用がなければ、いったい何のためにこれを蓄えるというのか。兵乱のない世には、金銀は大いなる怨みのたねである。だから、金銀を蓄えて天下国家を治めようと欲する者は、兵乱を憎みながらわれと進んで兵乱の原因を作る者である。下民の金銀を蓄えて家を富まそうと欲する者は、貧乏を憎みながらわれと進んで貧乏の原因を作っている者である。だから、この趣旨を上下によく徹底させ、上には上の領田を耕作させて衣食を安んじ、ただ直耕を怠る者を刑するだけにさせるならば、下民の間に直耕を怠る者が出ることはないのである。

上の者は下をいつくしんではならない。下の者は上を貴んではならない。上の者が下をいつくしまなければ、下の者が上の恩を誇ることはない。下の者が上を貴ばなければ、上が下の敬いにおごることもない。上におごりがなく、下に誇ることがなければ、上下の区別はあっても上下の身分の差別はない。ここにおいて、欲もなく、盗みもなく、兵乱もなく、賊もなく、病いもなく、患《わずら》いもない活真の世となるのである。これは一見すると、天は高く貴く、地は卑く賤しいという差別があるようであるけれども、じつは一つの活真のする政治なのである。だから、活真自然の耕道をおこなう者は、乱世にありながら乱の苦しみを知らず、治世にありながら治の楽しみを知らず、富家にありながら富の栄えを知らず、貧家にありながら貧の苦しみを知らない。活真の世には治・乱・富・貧などの名目がないのは、そもそも金銀の通用がないからである。

活真の妙用についての論

[363]活真の妙用についてこれを論ずるならば、天に向かってこれを仰ぎ見ても日・月・惑星・恒星のほかに、これといって形象をそなえたものを指し示すことができないのがすなわち活真である。海に向かってこれを眺めても、海水の他にこれといって形象をそなえたものを指し示すことができないのがすなわち活真である。央土に向かってこれを見ても、土を掘ってみる以外にこれといって形象をそなえたものを指し示すことのできるものがなく、しかも万

物の形体を生ずるのがすなわち活真である。人間に向かってこれを見ても、身体を割ってみる以外にこれといって形象をそなえたものを指し示すことができないのがすなわち活真である。上、君主も人である。下民もまた人である。人々の他にこれといって形象をそなえたものを指し示すことができないのがすなわち活真である。このように、いかなる形象もなく、生きてひとり感《はたら》くものであるからこそ、妙徳・妙用をそなえた真がおこなわれるのである。だから、人間の情意や行為は活真の妙用である。この妙用の主《あるじ》は活真である。主は上である。だから、下民の情意・行為・生業は、上たる主の妙用である。上たる主は活真の職分である。活真の職分をもって上に立ち、妙用をもって下民とする。だから、下民は上たる主の妙体なのである。万物は活真の妙体である。だから、活真と万物との間にはなんらの差別はなく、一に偏しているものではない。上たる君主と下民との間にもなんらの差別はなく、一方の私に偏しているものではないのである。活真と万物とは、自然に備わっている妙道であって、上下の差別はない。だれもがひとしく直耕するのは人間に備わっている道であるけれども、現状のもとではやむを得ず上下を立て、世を平安にしようとするならば、上下という私制の言葉を宇宙活真の妙用に似せて世にあてはめなくてはならない。妙徳は上であり、妙用は下であるが、徳と用との間にはなんらの差別もない。上と下との間にもなんらの差別もない。このように考えて上に立ち、政治をおこなうときには、上下のある私法の世にありながら活真宇宙の妙道に合致し、治乱・盗賊・迷妄などの名もなくなるであろう。上下ともに横気に落ちる罪をまぬがれて、永久に人の道、天の道から離れることはないであろう。

曾子こそ理想の正人である

世間では孔丘のことを聖人としている。曾参《そうしん》は孔丘の弟子である。曾参は、孔丘から儒学を学んでいる間に、おのずから活真宇宙直耕備妙の人道を体得するところがあった。だから真の道を知っているという点では、多くの門人たちを超え、師たる孔丘よりも優っている。そこで孔丘は一門の宗を曾参に譲ったのである。魯公がこれを聞いて、曾参に禄を賜わろうとした。曾参はこれを辞退し、「人に施しをする者は、かならず人に対して驕ります。人の施しを受ける者は、かならず人にへつらいます。天道は与えることをしても受けることをしません。いま国君がわたしに禄を賜わるのは天道であります。わたしがそれをお受けしたら、いったいどうしてへつらわずにいられるでしょうか。へつらいは天道を盗むことであります。これがわたしが禄をお受けできぬゆえんであります」といって、ついに禄を受け取らず、直耕して天真と道を同じくした。孔丘は「自分よりも優っているのはこの言葉だ」といって沈黙した。これは孔丘は曾参の師であるけれども、自然宇宙の直耕活真の道を知らず、みだりに先聖王らの耕さずに貪食し、天道を盗む誤りを踏襲し、自分も同様に耕さずに貪食し、天道を盗んで禄を得ようと欲し、さらには天下を盗もうとしていたのである。天下を治めることが盗みと兵乱の根であることを知らず、天下を治めようとして一生流浪し、先聖王の盗みにおのれの盗みを重ね、鳥獣虫魚の境涯に落ちる罪を重ねていることをわきまえ知らぬのは、悲しいかぎりである。

曾参は弟子であったが、自分で活真宇宙の直耕の備道を体得し、みずから直耕して天真とともに躬行するから、未来永劫、人の道、天の道を失わないのである。孔丘は清に偏した精気を受けて生まれ、知に偏して迷いつづけた人間である。曾参は清・濁二つの精気が妙合して生まれ、かたよることのない正知をそなえた正人である。後世の人間がここのところをよくわきまえ知り、たとい上下の別を立てたとしても、上下ともに直耕して活真の妙道を失わずにいさえすれば、欲もなく、盗みもなく、兵乱もなく、安泰無事なのである。ただ曾参ひとりを天真としてこれに倣い、耕さずに盗み食いをすることをやめるがよい。考えてもみよ。活真の通気が主宰する人間として生まれながら、わずかの誤りによってわが身の主宰たる通気を失い、横気を主として上に立つことを欲し、耕さずに貪食して天道を盗み、永久に鳥獣虫魚の境涯に落ちることになるのである〔孔丘の一生の言説は曾参が禄を辞退した一語に及ばない。釈迦・老子・荘子の言説についてもまた同様である〕。

訳注

（1）自然　昌益の思想を理解するためにはもっとも重要で基本的な用語である。『自然真営道』巻七の「仏法初立」で、昌益は「自然」を論じて「夫レ転定《テンチ》（訳注（8）参照）ハ自然ノ全体ナリ。自然トハ五行ノ尊号ナリ。五行トハ自然真ノ自《ヒト》リ感《ハタラ》ク進退退進ノ一気ナリ。故ニ五行ハ各別ニ五ツニ行ハルルニ非ズ。只ダ一気ノ進退ナリ」と記している。また刊本『自然真営道』巻一には「自ハ即チ五ナリ。然ハ行ナリ。正ニ一ニ五行ノ尊号ナリ」（「題号妙弁之事」）とあって、門弟の静良軒確仙の撰になる序文はこれを敷衍《ふえん》して「自然トハ自《ヒト》リ然《ス》ルヲ謂フナリ。其ノ自《ヒト》リ然《ス》ルトハ何ゾヤ。乃チ此レ毎人知ル所ノ五行ナリ。五行ヤ各々トシテ数五ツニ行ハルルカ。曰ク然ラズ。其ノ五ハ中真（訳注（3）参照）ニシテ、其ノ行ハ真感ノ気行ナリ」と説明している。五行とはふつう陰陽五行説において万物の構成元素とされる木・火・土・金・水の五行の気をさす言葉である。しかし、昌益のいう五行は当時伝統的に用いられていた概念とはちがう独特の用語であって、「五」とは一気の根元としての土気そのもの、「行」とは他の四気すなわち木・火・金・水の気行を意味している。「然トハ五ノ自リ然ル所ナリ。故ニ五自リ感ジテ行フコトヲ然《ス》ルナリ。故ニ然ル則《トキ》ハ行ハレ、行フ則ハ然ルナリ。故ニ行フハ然ルナリ」（刊自一・同前）とあるように、「自リ然ル」とは、宇宙万物の根元たる土（またこれは中真とも呼ばれる）がひとりで運行して木・火・金・水の四気に変化展開することなのである。「自然」とはだから「自行」である。「自然」は「自然《しぜん》」として名詞にも読まれるが、昌益の語法の重点は明らかに「自《ヒト》リ然《ス》ル」というふうに動詞として訓読することの方にある。気という実体そのものよりも、気の運行という活動の状態が主要な内容であるところに、昌益の「自然」概念の特色がある。

「自然」はまた「自《ワレ》ト然《ス》ル」（『統道真伝』巻四「転定外亦有無論」）と訓読されることもある。しかし、昌益の思想にあっては、宇宙と人身とは同一のものの大小相関の関係にあるとされる徹底した anthropomorphism が支配的だから、人間が「自《ワレ》ト」する行為は、とりもなおさず宇宙が「自《ヒト》リ」する運行と本質的に同じものなのであり、「自《ワレ》ト」と「自《ヒト》リ」との間にはなんらの対立も起こりえないのである。

（2）互性　これもまた昌益に独特の、重要であるが把握しにくい概念である。「互性」はまた「性ヲ互《タガヒ》ニス」とも訓読される。たとえば「柔弱ハ堅剛ニ対シテ之《コレ》有リ。堅ハ木、柔ハ火、剛ハ金、弱ハ水、之ヲ革《アラタ》メテ之ヲ就クルハ土ノ為《ス》ル所ナリ。故ニ堅弱ニシテ一性ナリ。故ニ木水性ヲ互ニス。柔剛ニシテ一性ナリ。故ニ火金性ヲ互ニス」（自五「有物論及天地人」）のように使われている。これは本文と同様に四気相互の間の「互性」の用例であるが、この用語はまたもっと一般化されて「明暗ハ、活進ミテ明、退キテ暗。退ク暗内ハ進明、進ム明内ハ退暗。内ハ性、外ハ体ナリ。外明体ハ内暗性、外暗体ハ内明性、活真自感、進退退進、互性自リ備道ヲ尽ス。故ニ明暗ハ互性、冥徳ハ互性、善悪ハ互性、一切万物事悉ク尽スニ一活真自感進退、一互性ニシテ備道ヲ極メ尽スナリ」（自廿五「良子門人問答語論」）とあるように、いわば対概念《アントニム》の全般が「互性」の範疇でとらえられることになる。「内ハ性、外ハ体ナリ」と昌益はいう。つまり、外在的でしたがってまた具体的なものは、その内部に「性」をそなえている。しかもその「性」たるや、「堅弱（あるいは柔剛）ニシテ一性」とあるように、うちに反対物の対立関係を蔵してはじめて「性」たりうるところのものである。すなわち「性」は「互性」であることによってのみ「性」なのである。こうした昌益の思考方法の特色は、彼が攻撃してやまぬ既成の正統派儒学にあって「性」とは、天理が人身に宿ったものとしてすこぶる固定的に理解されていたことを考え合わせれば、いっそう明らかになるだろう。ちなみに、昌益自家製の一種の漢和字典である『自然真営道』「私制字書巻」を参照すると、「性」および「互」はそれぞれ、「性。心ヲ生《イカ》ス。生《イカ》ス心。故ニ、タマシイ《ママ》、イノチ」「互ハ二《コレ》ニ夕《コレ》ナレドモ、工ユ《コレ》ニシテ二リガ左右ニ互《コレ》トナリ、中《ナカ》能《ヨ》ク和シテ横ニナルヲ互ニ作ル象《カタド》リ字ナリ。横ニナルハ寝ルナリ。夫婦一和シテ寝ルハ互《コレ》ニシテ互《タガ》ヒナリ。又二人心安フ《ママ》シテ一和シ横ニ寝テ別心無ク互《コレ》ニナルモ互ヒナリ。互《ゴ》……タガヒ、ココロヨシ」と説明されている。すなわち、「互性」とは相反し、相補いあう性質のものが和合して一つの完全な状態をつくり出す作用であることが知られるのである。

（3）土活真　昌益は従来の陰陽五行説でいう五気、すなわち木・火・土・金・水の五元素のうち特に土を重視し、これを「活真」あるいは「真」「中真」「一真」などと呼んで宇宙万物の根元としている。伝統的な五行説が木・火・土・金・水を一つの太極から発した気が五つに分かれるとするのに対して、昌益は本来土の精気である活真が進退の度合いに応じて木・火・金・水の四つに分化すると考える。刊本『自然真営道』巻一の「真自営《リム》二転定《ヲ》一事」には、「真ハ自《ヒト》リ然《ス》ルニ私無キ者ナリ。自リ然テ営ムトハ、此ノ真中居シテ転ゼズ。去ラズ加ヘズ増サズ減ゼズ、常ニシテ中五ノ真、恒ニ自リ感ジテ止ムコト無シ。其ノ自リ感ズルニ自リ小進スル則《トキ》ハ木行ノ徳用ヲ見《アラハ》シ、大進スル則ハ火行ノ徳用ヲ見ス。小退スル則ハ金行ノ徳用ヲ見ス。大退スル則ハ水行ノ徳用ヲ見ス。進マズ退カザル則ハ平一真、中央ノ土行、革就ノ徳ヲ見ス。故ニ五行ハ此ノ一真ノ小大ニ進退自リ然ルナリ」と論じられている。土は木・火・金・水の四行に分化するとともにそれ自体も一つの気として他の四行を「就革」する作用をする。「就《ツク》」とは木・火・金・水をたがいに結びつける作用、「革《アラタム》」とはそれらを具体的な全体にまとめあげる作用である（これはあるいは『洪範』に見える「従《じゅう》革《かく》」の語から出ているのかもしれない。ただし、「従革」は金についての評言である）。土はまた万物を生産する根元としての「中土」（大地）として表象され、さらに「活真」として天の北極に位して動かず、つねに生成の気を発してやまぬ存在とされる（訳注（9）参照）。

昌益がしばしば土を「五」と表わして「イハユル五ハ数五ノ五ニ非ズ。常ニ五ニシテ進退シテ止マルコト無シ。一三七九ハ其レ五ノ進ムナリ。二四六八ハ其レ五ノ退クナリ。（中略）五ハ惟ダ数中ニ在リテ主ニシテ全ク転ズルコト無シ。故ニ是レ転中ノ真ナリ」（刊自一「題号妙弁之事」）としているのは、朱子の『易学啓蒙』に見える象数の論の独特の読みかえであろう。朱子は『易繫辞上伝』によって陰⚋陽⚊の両儀が分生する四象、太陽⚌・少陽⚎・少陰⚍・太陰⚏のそれぞれを一・九、三・七、二・八、四・六の合計して十になる数に配合してこれを象・数と呼び、十の半分である五を天地の位を得た数としている。また『漢書五行志』にも「天ハ五ヲ以テ土ヲ生ズ」という文が見える。もともとは五行生成の順序であった五に特殊な意義を付着したものを昌益は自己流に継承しているわけである。

「活真」はまた五一ページ「大序」本文にあるように「活《イキ》テ真《マコト》ナル」と訓読される。また「真《タマシイ》」と読んでいる例（『自然真営道』巻一「私制字書巻上」）もある。昌益の思想体系のなかで根本的な位置を占めているこの用語は、しかし「私制字書巻下」ではなぜか「真ハ妙主大口伝天下ノ大秘大事ハ唯ダ是レノミナリ」とことさらに神秘めかされていて、かえってこの概念が形成されるにいたるまでの径路の複雑さを暗示している。「真」字をたんに真実・誠実の意味でなく、生成のはたらきを持った自然という意味で用いているものに、たとえば『荘子』があり、また周濂渓の『太極図説』にも類似の用例が見える（詳細は解説四三六ページ参照）。おそらくはそのあたりに「真」字の由来があるのかもしれない。ともかく昌益が土を「活真」と等置するのは土の作用の根本に生成力をみとめるからである。漢の班固の『白虎通』には、「土ハ中央ニ在ル者ナリ。万物ヲ吐出スルヲ主《ツカサド》ル」とあり、『説文』に「土ハ地ノ万物ヲ吐生スル者ナリ」とあるのがそれである。「土」とは「吐」である。昌益はこの表象から土の作用を他の四行のそれの上に置き、「活真」の観念と結びつけたと考えられる（訳注（9）参照）。

（4）自行　「自《ヒト》リ行《オコナ》フ」は「自《ヒト》リ然《ス》ル」である（訳注（1）参照）。一なる土がおのずから木・火・金・水の四行に分化して運行する、の意。

（5）進退　昌益の思想の特色を示す用語で、活真の一気があるいは進み、あるいは退く活動の概念。この概念のモデルになったものが『易繋辞上伝』の第十一章、「是ノ故ニ易ニ太極有リ。是レ両儀ヲ生ズ。両儀四象ヲ生ジ、四象八卦《カ》ヲ生ズ」の文言であることにはほぼ異論のないところであろう。「両儀」とは陰陽である。つまり昌益は「太極」を「活真」に、「両儀」すなわち陰陽を「進退」にそれぞれ読みかえたものであることも従来論じられてきたとおりである。しかし、昌益の議論の重点は「進退」がいかに「陰陽」とちがうかの論証にある。『自然真営道』巻五の「不測神ノ及陰陽」は『易繋辞上伝』の本文を批判しつつ次のようにいう。

易ノ繋辞ニ曰ク、一陰一陽之《コレ》ヲ道ト曰フ。陰陽測ラレズ之ヲ神ト曰フト。易学者之ヲ易中ノ眼ト為スト云ヘリ。是レ此ノ眼ニ己《オノ》レ等《ラ》ガ心眼ヲ潰スナリ。陰モ道、陽モ道ト言フナレドモ一陰一陽ト句ヲ限ル故ニ、陰陽ハ二別ト聞ユ。天陽ハ高ク貴ク、地陰ハ卑ク賤シト古聖ノ易ニ初文ト為ル。故ニ繋辞ニモ一陰一陽ト分ケテ云フナリ。此ノ故ニ学者凡テ陰陽ハ二別ト了シテ、総ジテ文書ヲ綴ルニ陰陽ヲ別ケテ二気ト為シ、物ヲ二物ト為シ、転定《テンチ》ヲモ二ツト為シ、男女ヲ二人ト為ルコト悉ク失《アヤマ》リナリ。陰陽ト云フハ一気ノ進退スル異号ニシテ、二気二物二別ニ非ズ。故ニ一陰一陽道ト云フハ失レリ。陰陽ハ一気是レ道ナリ。陰陽ト云ヘバ遠ク二ノ如シ。故ニ陰陽トハ謂フベカラズ。只ダ進退ノ一気ナリ。故ニ進退、退進一気ノ常トハ謂フベシ。

『易繋辞上伝』第五章に見える「一陰一陽之謂道」という文言は、かならずしも陰気・陽気の二つの気があると説いているわけではない。江戸時代に巷間に流布していて、当然昌益の眼にも入っていたはずの朱子の『周易本義』の和刻本は、本文を「一《ヒ》トタビハ陰、一トタビハ陽、之ヲ道ト謂フ」と訓点を施しているし、「陰陽迭《タガ》ヒニ運スル者ハ気ナリ」という朱子の注もある。『朱子語類』巻六十五はもっと直截に「陰陽ハ只ダ是レ一気」と明言している。昌益もこれをみとめる。だから「陰陽ト云フハ一気ノ進退スル異号」、つまり一気が進退する活動の状態を呼びあらわす名称としてなら陰陽といってもよいとする。しかし「一陰一陽」なる用語は、それが「二気二物二別」であるという印象を与え、ひいては天と地、貴と賤、男と女などあらゆる差別の原因になる。だから「進退ノ一気」というべきである、というのである。「陰陽」という実体化されやすい概念を避けて、あくまでも無差別の一気の活動機能のちがいにすぎないことを明確に示す「進退」という用語を使え、というのが昌益の主張である。「陰陽」を「進退」と読みかえることはたんなる言葉の言いかえにとどまらぬ思考の産物なのである。『統道真伝』巻三の冒頭「道一真図解」のはじめで易をもじって「自然ノ進退スル一気、之ヲ道ト曰フ」と書いているのもそのように理解すべきだろう。

「進退」の語の出典は、同じく『易繋辞上伝』第二章の「是ノ故ニ、吉凶ハ失得ノ象ナリ。悔吝《リン》ハ憂虞ノ象ナリ。変化トハ進退ノ象ナリ。剛柔トハ昼夜ノ象ナリ。六爻《リクカウ》ノ動キハ三極ノ道ナリ」の文言であろう。『周易本義』はこれに「柔変ジテ剛ニ趨《オモム》クハ退クコト極マリテ進ムナリ。剛化シテ柔ニ趨クハ進ムコト極マリテ退クナリ」と注釈を加える。剛・柔は陽・陰というに同じ。変幻きわまりない陽爻⚊と陰爻⚋の組み合わせが循環してやまぬ運動の状態を「進」および「退」の語で表わしている。昌益はもともと陰陽の変化の運動を示す用語だった「進退」を前面に引き出して陰陽の概念を押しのけてしまった。つまり実体概念に代えるに運動概念をもってしたのである。

(6) 妙　『自然真営道』巻二の「私制字書巻中」には「妙《ベウ》ハ女ハ陰、少ハ陽ニシテ妙用ヲ尽ス理字ナリ」とある。不用意に「陰陽」の文字を使っていることがかえって思考法の原型を感じさせるが、『統道真伝』巻五の「五妙一真図解」になると、昌益はこれを「進退」におきかえてつぎのように論ずる。「五妙トハ自然ノ進退シテ転定《テンチ》・日月・男女・万物統《スベ》テ夫婦ノ道ニシテ生々無竭ナリ。故ニ之ヲ妙ト曰フ。(中略)和合ハ夫婦ノ道、生々ノ本《モト》、万用ヲ達セシム。故ニ妙ノ字、其ノ女篇《ヘン》ハ自然ノ退気ハ乃チ定ト女ナルヲ象リ、昼《ツクリ》少ハ自然進気ノ発ノ初スル少進気、進ミテ退気ニ感合スルヲ象リテ妙ノ字ヲ作ルナリ。故ニ五妙ハ一気ノ進退和合ノ相、進退ノ一気ハ乃チ一妙五妙、一妙ハ乃チ一真ノ感気、進退ハ則チ五妙ニシテ又一真ナリ」。つまり「妙」字は、万物を生々変化させる気行のはたらきの内部に存在する「夫婦ノ道」、男女ないしは牝牡の二要素が和合することを象徴するのである。転定にして一体、男女にして一人といわれるように、昌益の思考の根底では一つの全体をかたちづくる二つの性《セックス》の結合という発想が重要な役割を果たしている(『統道真伝』巻三「人倫巻」参照)。昌益のいわゆる土活真の生成作用は、気行中に内在する「夫婦ノ道」による生殖作用にほかならないのである。たとえば『統道真伝』巻五の「人物交合出生《ノ》所以」は「日月毎晦上下同路ニ会ス。是レ転定ノ交合見ルコト能ハザル妙行ナリ。然シテ万物生ズ。隠スコト無シ。人ハ小転定ナリ。故ニ密夜交合シテ見ルベカラザル者ナリ。然シテ子ヲ産ム。隠スコト無シ」と論じている。すなわち日月の運行は万物を生成するための宇宙的規模での交合・生殖行為と表象されるのである。

（7）感　「感」もまた昌益の独特の用語である。『自然真営道』巻二「私制字書巻中」には、「感《カン》ハ心ヲ咸《ウゴカ》スト作ルナリ。フルル、ウゴク、ツウズル」とある。また他に「自《ヒト》リ感《ハタラ》ク」（『統道真伝』巻一「聖人失《ル》自然《ノ》真道《ヲ》論」）、「自《ヒト》リ感《カセ》ギ」（『統道真伝』巻二「漢土禅法始《ノリ》論」）などと訓読している例もある。また、そのまま音読もされる（訳注（1）参照）。いずれの場合も、感通・感動などの活動的な語感を帯びていることが注意される。「活真」が「自リ感ジテ」行なうことはとりもなおさず万物生成のために「感《ハタラ》ク」ことなのである（訳注（14）参照）。

（8）転定　おそらく昌益の多くの独特な用語のなかで、これほど問題を含み、かつ論争の的になった概念はないだろう。昌益はこの熟語を「転定《テンチ》」と読ませている。それぞれの字義については「私制字書巻下」（『自然真営道』巻三）に「天」字および「地」字の誤りに関しての説明が加えられているが、ここでは昌益独自の世界像としての「転」および「定」の表象についてもっと直接的に論及している刊本『自然真営道』巻一の「真自《リ》営《ム》転定《ヲ》事」の記述を参照してみることにしよう。まず「転」については――

転トハ運回速迅無上ノ名ナリ。其ノ転回円満シテ外無シ。故ニ又、無上ノ大回ナル者一ツ、此ノ運回気満ノ一大ナル者ヲ以テ字義ヲ制シテ天ノ字ト為ス。故ニ天ハ一大ナル者ニシテ気満ノ名ナリ。気満ノ小大ノ進気ハ木火ノ神ノ運回ニシテ止マルコト無シ。運回シテ止マルコト無キハ転ナリ。故ニ天ハ転ナリ。

また「定」については――

定ハ無転無動ノ名ナリ。定《テイ》ノ仮名ヲ反《カヘ》セバ定《チ》ナリ。是レガ自然閉蔵音ニシテ能ク自然退気ノ自音ナリ。……（中略）……其ノ定、方ニ居《スワ》ツテ余リ無シ。故ニ下モ無（キ）大湛ナル者（ナリ）。此ノ大退不回毎水満ノ象ヲ以テ字義ヲ取リテ海ノ字ト為ス。海ハ定定《チチ》トシテ転ゼズ。故ニ海ハ毎水ニシテ水満ノ名ナリ。水満小大ノ退気ハ金水ノ神ノ止定ニシテ無転無動ナリ。此ノ故ニ、木火ノ進気ハ発動運回シテ転気ナリ。金水ノ退気ハ止静収蔵ニシテ定水ナリ。

さらにまた「中土」という概念について昌益はつぎのように論じている。

……木火ハ神気ニシテ転気ヲ主《ツカサド》リ、金水ハ形質ニシテ定容ヲ主リ、土ハ体ヲ主リテ、転定ヲ革《アラタ》メ、定転ヲ就《ツ》ケ、其ノ体ハ転定ノ中央ニ中居シテ転定ヲ就ケテ雑ヱズ。此ノ故ニ、土ハ転ニ非ズ定ニ非ズ、転定ヲ革就シ、転ノ進気・定ノ退気ヲ土ノ中央ニ和合シテ、万物ノ体悉ク中土ヨリ見《アラハ》ル。故ニ転ノ生ジ、定ノ成スモ、中真土ニ非ザレバ則チ人物ノ形体極マリ成ルコト能ハズ。故ニ土神ハ転ノ中央ニ在リテ北辰ナリ。転定ノ中ニ在リテ土体ナリ。定ノ中央ニ在リテ定筑（＝軸）ナリ。

以上の引用から容易に知られるように、昌益の世界像は、「転」を天と見なし——それに「天」字をあてることには反対しているけれども——、その対立概念としての「定」を海と見なしていることは明白であると思われる。昌益自身が後文で「今省《ミ》ヨ。海ハ止静ニシテ能ク定《サダマ》ルナリ。故ニ定《チ》ハ海ナリ。省ヨ、土ハ木火ノ転ト金水ノ定トノ間ニ中体シテ、転定気水土ニ感合シテ人物ノ体皆土ニ見《アラハ》ル。故ニ土ハ土ニシテ転定ノ定《チ》ニ非ザルナリ」と断定しているとおりである。

従来から、昌益のいう「転定」の「定」をどのように理解するか、もっと端的にいえばそれを「地」と解釈するか「海」と解釈するかの問題をめぐっては、意見の対立や論争のあったところである。私見では、右の昌益の叙述を整理して得られる以下のような論拠にもとづいて、「定」を「海」と把握する立場を正しいと考える。第一に、昌益の「転定」の論にあっては、「気」の運回の体系、いわば動態系に属する木・火が「転」に配置され（もちろんそのことは、それに欠けている要素たる金・水が「互性」として「転」に外輪および冷却作用を与えることを否定するものではない）、「水《みず》」の湛満の体系、いわば静態系に属する金・水が「定」に配属されていて（同様に、それは木・火が蒸発および明透の作用をすることをさまたげない）、しかも肝腎なことは、「中土」すなわち大地を「体」とするところの土が、「転」と「定」のどちらにも——よしんば関与はしているにもせよ——配属されていないからである。第二の理由は、「転定」の論いわば昌益の思想の自然哲学的部分だけにかぎらず、その全体系を通じて、この思想家の思考の背景、あるいはむしろ基盤をなした農村社会に固有する——その遠い古代哲学的な淵源については解説で論じたとおりである

——土＝大地をもっとも支配的な要素ととらえる一つの強力な志向がつらぬいていることが観察されるからである。そして第三に、右のことと関連して、昌益の思想をみちびくすべての論理は、封建的上下関係のまさに自然哲学的な基礎をなしていたところの天貴地卑の論を打破することに向けられていたという事情をここで指摘しておかなくてはならないだろう。だから昌益はいう。「(転定を天地と書くのは) 是レ天ハ高ク尊クシテ土ハ物物ノ居処ニシテ卑ク賤シトシテ、土也《ナリ》ノ字義ヲ以テ地ト為シ、大ナル一ツノ天ト字義ヲ取ル。是レ自然妙理ノ序行ヲ明ラカニセズ、妄リニ視《ミ》ル所ノ似ルヲ以テ天地ト名ヅケタル者ナリ」と。「転定」をどう読むかはたんなる字義の解釈を越えた問題のひろがりを持っているのである。

昌益はみずからの「転定」の論をもって古来の天文学説たる渾天《こんてん》説の批判をこころみている（刊本『自然真営道』巻二「古説天地論非ル二自然ニ一事」)。江戸時代にもいまだなお一般に信じられていたのは、たとえば『和漢三才図会』の「天部」に、「凡《オヨ》ソ天地ノ状《アリサマ》ハ鶏卵《トリノタマゴ》ノ如ク、天、地ノ外ヲ包ミ、地ハ天ノ中ニ居テ猶卵黄《タマゴノキミ》ノゴトシ。天ノ体碧瑠璃《ビトロ》ノ如ク透映《スキトホ》リ、七曜列宿層々ト運旋《メグリ》テ休《ヤ》マズ。天ハ動キ地ハ静カナリ。半《ナカバ》ハ地上ヲ覆ヒ、半ハ地外ヲ繞《マト》フ」と略述されているような宇宙像であった。それに対置されている昌益自身の宇宙像はかならずしも明確ではないが、『統道真伝』巻五の「転定無二全一論」で「転ハ大ナル故ニ回リテ軽シ。定ハ小ナル故ニ定《サダマ》リテ重シ。定ハ軽キ故ニ能ク転ノ気中ニ浮ブ。転ハ重キ故ニ定ヲ気中ニ載セテ落サズ」とあるところを見ると、だいたい渾天説にいう天球を直径の線で二分し、上方に「転」(天) がひろがり、かつ下方の「定」(海) を包みこんでいて、両者の中間に「中土」(大地) が載っているといった構造のもののようである。天の中心が北に傾き、「転」が「定」の下を運回するとしている点は渾天説を継承している。地の形状については、平面説・球体説のいずれをとるのか判然としない。

さて、「転定」の字義は右のとおりとして、ここですこし厄介なのが訳語の問題である。「転」と「定」がそれぞれ「天」と「海」であるとはいっても、昌益がしばしば用いる「転定」の熟語がつねに「転」および「定」という意味ではなく、むしろ多く宇宙の全体を呼称するより包括的な概念であることは、たとえば

「天地」がつねに「天」および「地」を指示する言葉でないのと同じである。そこで以下昌益の原文の現代語化にあたっては、「転定」が明らかに対立的に使われている場合には「天と海と」とし、包括的な語法の場合には他に適当な類語がないので、「宇宙」また文脈によっては「世界」と訳出することに統一した。

（9）天の央宮　中宮あるいは中極ともいう。天の中央。中国の古代天文学では天空を五つに区分し、天頂を中心とした部分を中宮あるいは紫微宮《しびきゅう》と呼ぶ。地の中心を南北に貫通する軸の真上にあると信じられていた。その中央にあるのが北極星、いわゆる北辰である。『爾雅』に「北極、之ヲ北辰ト謂フ」。昌益は天空における活真の常座を北辰と考え、これを「北辰宮」「北宮」などと呼んでいる。（『統道真伝』巻三「人倫巻」参照）。おそらく中宮を「太一」の座とする中国古来の伝承を踏襲したものであろう。『史記』の「天官書」にはこんな叙述が見える。

中宮ハ天極星。其ノ一ニ明ナル者ハ太一ノ常居ナリ。旁ラノ三星ハ三公ナリ。或ハ曰ク、子ノ属ト。後ノ句《マガ》レル四星ハ、末ノ大星ハ正妃、余ノ三星ハ後宮ノ属ナリ。之ヲ環リテ匡衛スル十二星ハ藩臣ナリ。皆紫宮ト曰フ。

ここで「天極星」といわれているのは一つの星ではなく、中宮に位置する星座の名である。「太一ノ常居」とされる「一ニ明ナル」星は現在の小熊座β。周初から秦・漢の初期まではその位置が北極点にいちばん近かったので北極星と呼びならわされていた。現在の北極星、小熊座αとは別の星である（高平子『史記天官書今註』）。『呂氏春秋』の「有始覧」に「極星ハ天ト倶ニ游ビ、而シテ天極ハ移ラズ」と描写されているように、地球の自転につれて旋回するかに見える天頂周辺の衆星のなかで、天極に近いこの星だけが不動のように見える。それが「太一」の座である。「太一」とは、同じく『史記』の「封禅書」によれば、「天神ノ貴キ者ハ太一ナリ。太一ノ佐ヲ五帝ト曰フ。古ハ天子春秋ヲ以テ太一ヲ東南郊ニ祭ル」とあるように、上天の最高に位置し、宇宙万物に君臨し、これを支配する天帝の別名であるとされる。

しかし、昌益の活真＝北辰説は、ちょうど「活真」が『易』の「太極」の単純な模倣でなく、「進退」が

「陰陽」の言いかえでないのと同様に、『史記』「天官書」や『淮南子』「天文訓」の「紫宮ハ太一ノ居ナリ」のたんなる置きかえではない。昌益の「活真」概念の特色は、それがもっぱら永遠無窮に万物を生成する力であって、けっして上天から支配し君臨する力ではないという点にある。すなわち「天帝」の別称としての「太一」とは根本的に無関係なのである。ここからわれわれは、昌益の所説のうちに、秦・漢以降の形而上学化された陰陽五行説、そしてとくに宋初の周濂渓『太極図説』以来の思弁化された封建教学以前にさかのぼり、生気と活力にみちた古代哲学の伝統につらなろうとする明瞭な一傾向、そのかぎりで同時代の伊藤仁斎や荻生徂徠の古学と揆を一にする発想のあとをうかがうことができるのである。

　なぜ昌益は万物生成のはたらきとしての「土活真」の座を「北辰」に求めたのか。「転定ノ蒂《ホゾ》ハ転ノ中央北宮ノ不動回ノ常居星ナリ」（『統道真伝』巻三「五象舎附着論」）とある天の北辰は、人身にあっては腎臓に近い背骨の上とされ、「人真ノ居」と呼ばれる。すなわち人間の生殖機能と結びつけられていて、北辰が宇宙の生成＝生殖作用となんらかの関連を持つかのごとくに想定されているのである。そこで、「辰」という言葉の起源をさぐってみなくてはならない。

「辰」とは本来古代の農耕文化にあって「季節の早晩を示すために観測する標準のもの、即ち観象授時の対象」をさすところの文字であり、したがって「農」字の本体にもなっているといわれる（新城新蔵『支那思想・科学（天文）』——岩波講座「東洋思潮」。ちなみにこの論文には『古代中国天文』と題された中国語訳がある）。たとえば『春秋公羊伝』昭公十七年の条に「大辰トハ何ゾヤ。大火ナリ。大火ハ大辰タリ。伐ハ大辰タリ。北極モ亦タ大辰タリ」とあるように、「辰」はかならずしも北辰すなわち北極星だけを意味するものではなく、一つの星に固定した文字でもなかった。「大火」は心宿の大赤星で心星ともいう。蠍《さそり》座のアンタレスにあたる。『爾雅』「釈天」にも「大火、之ヲ大辰ト謂フ」とある。「伐」は漢の何休《かきゅう》の注によれば「伐ハ参《シン》星タリ」とされる。『晋書』「天文志」には「参十星、一ニ曰ク参伐、一ニ曰ク大辰、一ニ曰ク鉄鉞」とある。「参」はいまのオリオン座の三つ星である。つまり中国古代の天文学が発達し、観測の対象が

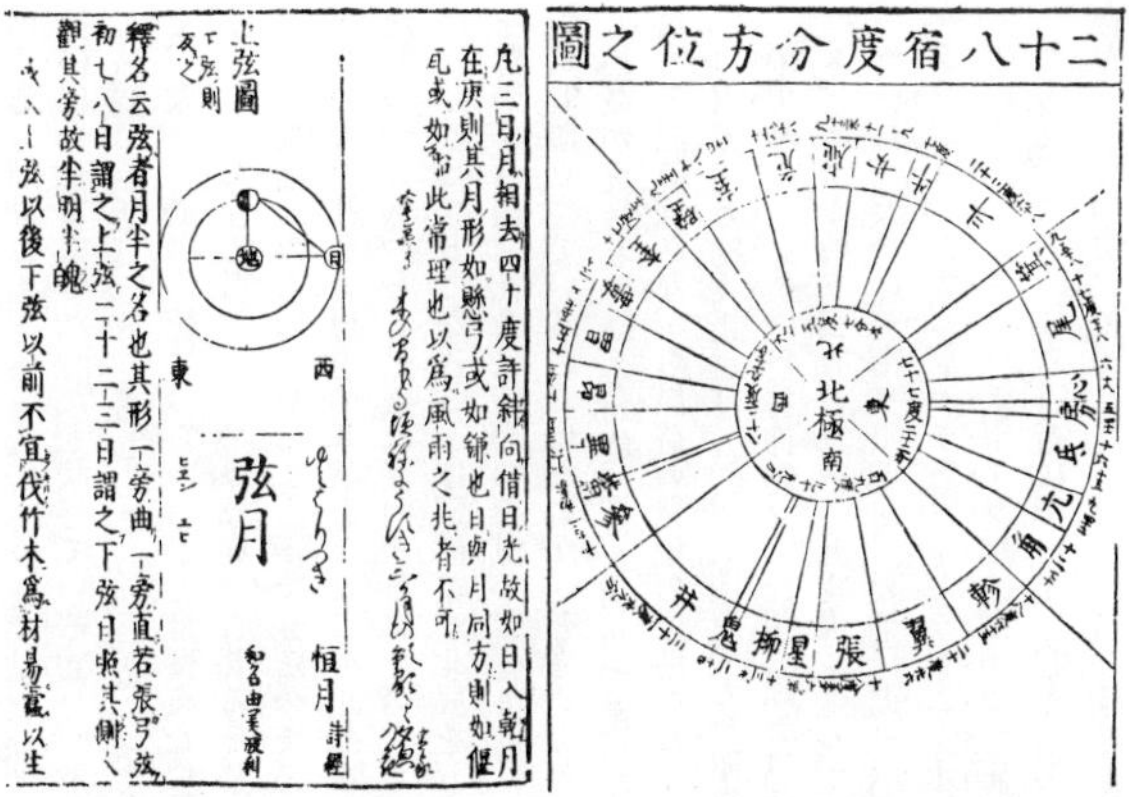

上弦図（左）と二十八宿度分方位の図（『和漢三才図会』より）

推移するにつれて「辰」の語義もまた変遷したとされる。それが北辰と称されるのは、周代に北極星を主たる観測対象とするようになってからのことなのである。

「辰」がこのように古代農耕民族に不可欠の観象授時の標準であったからには、それがなぜ「太一」の座とされたかについてのある程度の推測も許されよう。『呂氏春秋』「大楽」に「万物ノ出ヅル所、太一ニ造《ハジマ》リ、陰陽ヲ化ス」とあるように、「太一」とは本来、天地生成の一元気にほかならなかった。それはまた「道ナル者ハ至リテ精ナリ。形ヲ為スベカラズ。名ヲ為スベカラズ。彊《シ》ヒテ之ヲ為シテ、之ヲ太一ト謂フ」（同）とあるように「道」の別名である。ここでいう「道」は、儒家的な意味での規範としてのそれではなく、たとえば『荘子』「天道」に「天道運《メグ》ツテ積ム所ナシ。故ニ万物成ル」といわれているような生成力としての「道」である。杜而未氏の『中国古代宗教系統』は、前に引用した『史記』「天官書」の記載を論評して「太一」が星の神とみなされるようになったのは比較的新しいことであり、それ以前のある時期にもともと異なる文化系統に属する「帝」と「道」とが融合した結果、「太一」が上帝として神格化されるにいたったと論じている。

昌益の「活真」は、もしもこれを「太一」との関連において考えるならば、太一＝上帝の系統にではなく、太一＝道の系統につらなることは疑えない。「活真」が北辰に宿るという説は、けっして『史記』『淮南子』のたんなる引き写しではない。むしろそれらの記載の根本にある古代哲学的、ないしは古代天文学的な感覚を復活したものと見ることができるのである。昌益の自然哲学の根底をなすそうした活真＝北辰説が、東北の農村社会を思考の基盤としたこの思想家の直観だけから生まれたものか、あるいは古書の博渉から得たものか（もっとも昌益は表向きそれを否定している）を立証することは非常にむずかしい。しかしこの場合一つのヒントになることは、昌益が北辰を五行の土に配当している事実である。つまり大地＝土の生成力を尊崇する農村社会に特有の感覚が、土＝吐（訳注（3）参照）とその生産力をとらえる古代的表象と共通の基盤に立っているのではないか、と考えられる。

昌益が寓目している可能性はきわめて薄いが、道家系統に属する書物に『鶡冠子《かつかんし》』がある。その「泰鴻篇」の記載はさながら昌益の発想の原型をなすといってもさしつかえないものである。

> 東方ハ万物立止《リッシ》タリ。（略）南方ハ万物華羽タリ。（略）西方ハ万物成章ス。（略）北方ハ万物録蔵ス。中央ハ太一ノ位、百神仰制ス。（略）道ヲ以テ先ト為シ、神明ヲ挙載ス。華天ニ上揚シ、本ト黄鐘ヲ出ダス。始マル所ヲ東方ト為ス。万物惟レ隆ル。木ヲ以テ物ヲ華ニシ、天下木ヲ尽ス。東方ニ居シテ春ヲ主ドラシム。火ヲ以テ物ヲ照ラシ、天下ノ火ヲ尽ス。南方ニ居シテ夏ヲ主ドラシム。金ヲ以テ物ヲ割キ、天下金ヲ尽ス。西方ニ居シテ秋ヲ主ドラシム。水ヲ以テ物ヲ沈メ、天下水ヲ尽ス。北方ニ居シテ冬ヲ主ドラシム。土ハ大都タリ。天下土ヲ尽ス。中央ニ居シテ地ヲ守ラシム。

この文章はいわゆる五帝について記したものであるが、そのなかで「太一」は土を守るのでとくに重要な存在として中央に位置させられている。すなわち中央の土に配当される黄帝と同一の存在であり、しかもそれは「道ヲ以テ（祖）先ト為ス」として天地生成の力としての「道」とのつながりを暗示されているのである。またたとえば『白虎通』は『楽記』に曰くとして、「春ハ生ジ夏ハ長ジ秋ハ収メ冬ハ蔵ス。土ハ時ヲ以テ名ヅケザル所ナリ。地ハ土ノ別名ナリ。五行ニ比シテ最モ尊シ。故ニ自ラ部職ニ居ラザルナリ」とある文言を引き、少なくとも『繋辞上伝』巻頭の「天ハ尊ク地ハ卑クシテ乾坤《ケンコン》定マル」云々とは別系統の思考があることを示している。昌益の思想がつらなるのは、後代に支配的になる陰陽五行説や理気哲学以前の、あるいは少なくとも別箇の、こうした思想の系譜なのである。昌益の既存の思想の批判がすべての易哲学批判から発しているのも理由なしとしない。

(10)　八星天　当時の天文学的知識は、地を取り巻く天には九層があるとし、地に近い順から㈠太陰天（月）、㈡辰星天（水星）、㈢太白天（金星）、㈣太陽天、㈤熒惑天（火星）、㈥歳星天（木星）、㈦鎮星天（土星）、㈧恒星天（あるいは列宿天）、㈨宗動天（無星）、あわせて「九重天」と呼んでいる。昌益も刊本『自然真営道』巻一の「転定精神為日月星辰事」では、この説にしたがって九層の天を立て、それぞれの天（転）を日月、五惑星および列宿（恒星）が「転」ずると論じているが、なぜか第五の熒惑天と第六の歳星天との順序を入れ替えている。この本文で「八星天」というのは九層天から最外部の宗動天を除外し、天の無星の外郭としたからであろう。

(11)　八方星　天の周囲にならぶ二十八の星座を二十八宿といい、これを四方に配列して、東（角・亢・氐・房・心・尾・箕）・北（室・壁・斗・牛・女・虚・危）・西（奎・婁・胃・昴・畢・觜・参）・南（井・鬼・柳・星・張・翼・軫）と割りつける。「八方星」という用語の真意は不明だが、おそらく昌益はこの四方のをさらに細分して木・火・金・水に配合させたものと考えられる。『淮南子』「天文訓」にも四方の天をさらに二分している例がある。

(12)　八節　昌益は『統道真伝』巻四の「自然運気論」で独特の季節論を述べている。つまり春なら春九十日のうち、はじめの三十六日は進木気が主となり、つぎの三十六日は退木気が主となり、最後の十八日は中土革気が主となってつぎの季節を準備するというのである。以下、夏（火気）・秋（金気）・冬（水気）といずれもこれに準じ、土気が季節の最後をしめくくることも同じである。このように各季節の終りに土を配当する考えかたは、すでに『淮南子』「天文訓」に先例がある（飯島忠夫『陰陽五行説』——岩波講座「東洋思潮」参照）。

(13) 通気・横気・逆気　いわゆる「通・横・逆」も昌益の自然哲学を特色づける重要な用語である。四行に進退する一気が万物を生成するにあたって活動する方向をいう。「通気・横気・逆気」は四行に進退する気とは別のものではない。林羅山の『三徳抄』下には、「凡天地の間に生るる者、皆陰陽五行をうくる也。其気に不同あるゆへに、草木あり、鳥獣あり、人倫あり。草木はさかさまに生れて、根をかしらとし、枝を末とする。鳥獣はよこさまに生れて、横に走りありくなり」という記述がある。昌益よりも後代であるが広瀬淡窓の『義府』第七則にも同様の記載があり、「邵子ノ説ニ本ヅク」と割注がある。邵子すなわち邵康節は朱子に先立って宋学の基礎をきずいた思想家。易に精通し、とくに象数の学の権威だった。淡窓のいう邵子の説とは、『観物外篇』十（『皇極経世書』巻八）に見える以下のような条をさすのであろう。

動物ハ首ヨリ生ズ。植物ハ根ヨリ生ズ。首ヨリ生ズルハ命首ニ在リ。根ヨリ生ズルハ命根ニ在リ。

黄氏畿曰ク。気ハ口ヨリ入ル。首ノ在ル所、即チ命ナリ。形ハ甲ヨリ出ヅ。根ノ在ル所、即チ命ナリ。

愚按ズルニ此ノ命字ハ気ヲ以テ言フ。動物其ノ首ヲ傷《ソコナ》ヒ、植物其ノ根ヲ戕《キ》レバ則チ命傾ク。其ノ生ニ就イテ之ヲ言ハバ、草木ハ逆《サカサ》マニ生ジ、飛走（鳥獣のこと）ハ横ニ生ズ。惟ダ人ノミ天地ニ象《カタド》リ、上冠下履万物ノ霊タル所以ナリ。動者ハ体横。直（植）者ハ体縦。人ハ宜シク横ナルベクシテ反リテ縦ナリ。

補註。動物トハ鳥獣ヲ謂フ。体皆横ニ生ズ。横ナル者ハ緯タリ。故ニ動ク。植物トハ草木ヲ謂フ。体皆縦ヲ主トス。縦ナル者ハ経タリ。故ニ静カナリ。人モ亦タ動物。体宜シク横ナルベクシテ反リテ縦ナリ。万物ニ異ナリテ最モ尊キ所以ナリ。


邵康節の説では、通・横・逆の論と万物を生かす「気」を受け入れる部分とが結びついていることに注意される（訳注（23）参照）。また尾藤二洲の『中庸首章発蒙図解』にも類似の論がある。しかし、昌益が直接に邵康節の『皇極経世書』を寓目していたか、通俗化して当時巷間に流布していた儒書によったかはいまのところ不明であるが、通・横・逆の論はたとえば『神代巻惟足抄』にも「万物天地にはらまれて生ずるに、人は万物の霊也。物は偏気をうけて生ず。故に禽獣は横に生じ草木は逆に生ず」とあって、当時かなりポピュラーな考えであったことが知られる。邵康節の論その他の既存の所説は、稟気をそれぞれの生に固定したものとしてとらえているが、昌益はそれをもっと流動的・相互転移的なものと説いているところに特色がある。ただし『汲冢周書』の「文伝解」にも「故ニ諸横生ハ尽スニ従ヲ養フヲ以テシ、従生ハ尽スニ一丈夫ヲ養フヲ以テス」という文章が見え、晋の孔晁はこれに「横生ハ万物ナリ。従生ハ人ナリ。一丈夫ハ天子ナリ」と注している。通の横源流は邵康節以前にも求められよう。

(14) 直耕　狭い意味では、字義どおりに人間が直接に耕作をする行為をさす。しかし、広い意味ではここでの用例のように、またもっと明確に「四時ハ一真ノ自《ヒト》リ感ズルナリ。感ハ耕ナリ。故ニ、真自感スレバ四時ノ五性、一歳ノ穀、万物生育実蔵成ル。是レ真耕ニ非ズシテ何ゾヤ。故ニ真感ハ耕《タガヤ》シナリ。耕シハ感ナリ」（『統道真伝』巻五「自然五性ノ一真図解」）と述べているように、「耕（たがやし）」は活真の「感（はたらき）」と同一のものとして把握される。すなわち、昌益の世界観にあっては、天地の生成作用は人間の耕作活動の比喩でとらえられ、また逆に人間の生産労働は天地の生育機能のミニアチュアとして類推される。このような宇宙と人身との相即のもとに「直耕」、いわば天人ともになすべきわざとして

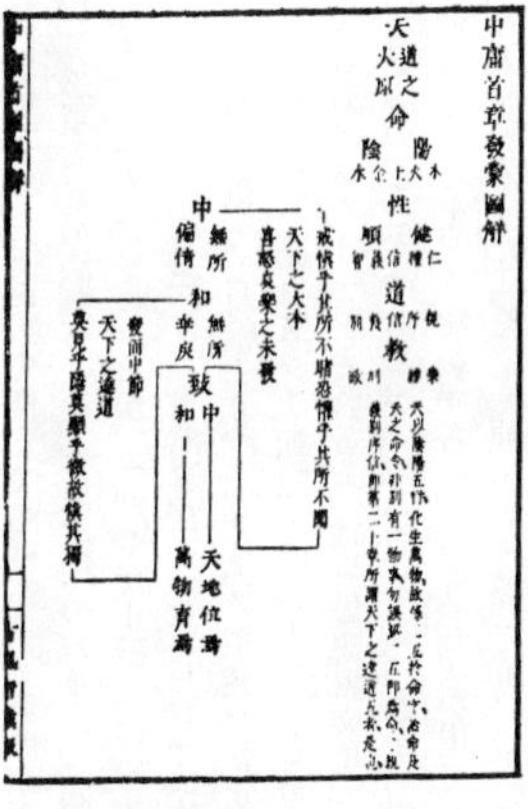

『中庸首章発蒙図解』より

の勤労ないしは直接労働とでも呼ぶべき概念がかたちづくられるのである。

(15) 惑星　この訳語をあてた原文中の言葉は「回」である。「回・日・星・月」という一組の用語は『自然真営道』にのみ見られるが、「回」が正確にはいかなる天体あるいは天文現象をさしているかには多少問題が残る。尾藤正英氏は『自然真営道』巻七の「仏法初立」に「自然ノ大進気ノ精凝ハ転神ノ日輪ナリ。大退気ノ精凝ハ定霊ノ月輪ナリ。小進気ノ精発ハ転定《テンチ》ノ魂、息気ノ風ナリ。小退気ノ精凝ハ転定ノ魄ニシテ星ナリ。北宮星ハ動カズシテ転定ノ中真ナリ」とあるところから、「回」は「転（天球）の回転そのものを表象するのであろう」とされる（『近世思想家文集』——岩波書店「日本古典文学大系」の補注一七参照）。妥当な見解のごとくであるが、そうすると「大序」の後文で「回・日・星・月」を天中の「形象ヲ指ス者」としていることをどう解釈するかという問題が出てくる。そこで、いましばらく『統道真伝』巻三の「人真自感五気通妙論」に「転定ノ神・霊・魂・魄ハ日・月・星・宿ニシテ人常ニ視ル」とあることを根拠に『自然真営道』の「回」を惑星、「星」を恒星と解釈しておきたい。右の文中、「魂」は木、「魄」は金であり、それぞれ「星」と「宿」とに対応させられている。「宿」とは列星宿、すなわち恒星のことであるから、それと区別された「星」といえば天球を「回《メグ》ル」星、つまり惑星ということになるわけである。

(16) 鍋の中の水　原文は「潤水」、うるおす水である。煮え湯（原文では「煮水」）が熱で食物を調理するのに対し、ここでは水気で食物をやわらかくすることをいう。

(17) 一人の人間としての一つの生きかた　原文は「万万人ガ一人ニ尽シ極マルコト」。『荀子』「不荀篇」に「千人万人ノ情ハ一人ノ情是レナリ」とあるのに関係あるか。

(18) 四府蔵　四つの府（小腸・胆・膀胱・大腸）および四つの臓（心臓・肝臓・腎臓・肺）という意味。ふつう漢方医学でいう五臓六腑にもとづいているが、昌益は六腑のうち三焦の存在をみとめず、『統道真伝』では「五舎五象」という用語を考案し、またそれぞれの臓器に独特の名をつけて左記のように五行に配当している。

	五象	五舎	
木進	橈《ハツ》（胆）	杫《シ》（肝臓）	木退
火進	焼《モ》（小腸）	灶《ス》（心臓）	火退
土進	墝《フ》（胃）	址《セ》（脾臓）	土退
金進	鐃（大腸）	鉦《サ》（肺）	金退
水進	澆《ゲキ》（膀胱）	沚《ソ》（腎臓）	水退

右のうち「鐃」の読みかたは不明。また「焼」は奈良本辰也氏はヒと読むが（岩波文庫『統道真伝』参照）、慶応義塾図書館蔵本では明瞭にモと読めるのでそれにしたがう。なお昌益による「五舎」、つまり漢方医学でいう五臓の五行への配当はまったく古説と同じである（たとえば『和漢三才図会』「経絡」参照）。六腑に関しても『白虎通』の「情性」によれば「胃ハ脾ノ府ナリ」、「膀胱ハ腎ノ府ナリ」、「胆ハ肝ノ府ナリ」、「小腸大腸ハ心肺ノ府ナリ」としてそれぞれ間接的に五行に配分されており、昌益はそれにしたがったものと推定される。

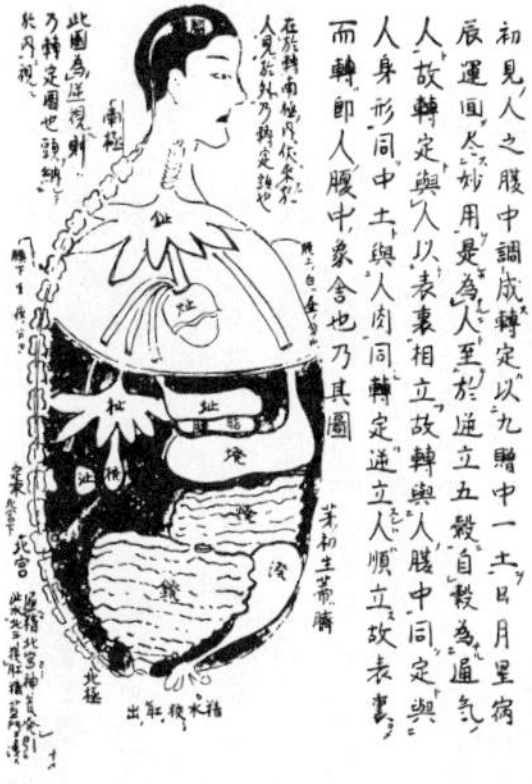

五象五舎一真営の図解（『統道真伝』「人倫巻」より）

(19) 門　大宇宙たる「転定」と小宇宙たる人身との気行を通ずる門、の意味。この意味での「門」の用例としては、『淮南子』「原道訓」に「百事出ヅル所有リテ、独リ其ノ門ヲ守ルヲ知ル」、また『管子』「心術上」に「其ノ宮ヲ潔クシ、其ノ門ヲ開クトハ、宮トハ心ヲ言フナリ」などがある。この用語の起源は老子にまでさかのぼり得るかもしれない（訳注（23）参照）。

(20) 瞼　「瞼」のほか「眼球」「耳朶」「耳孔」に

は、それぞれ「旺《めだま》」「胞《まぶた》」「睔《みみわ》」「耽《みみあな》」という昌益独特の造字があてられている。

(21) 心臓に宿る神と肺に宿る魄　すぐ後にある「霊」と「魂」も同じで、五行の気に対応して五蔵に宿るとされる五種類の精神のこと。魂（木）―肝臓・神（火）―心臓・真（土）―脾臓・魄（金）―肺・霊（水）―腎臓、とそれぞれ対応する。

(22) 四情　大序の下文では、喜（木）・怒（火）・驚（金）・悲（水）としているが、通説にしたがって喜（木）・怒（火）・哀（金）・楽（水）としている例（『統道真伝』巻三「五情一真図解」）もある。

(23) 根　昌益は「五行ノ自然転定ヲ尽シテ五穀ト成ル。五穀ヨリシテ人ト成ル。（中略）此ノ五穀ノ精神真凝リ見《アラハ》レテ人ト成ル」（『統道真伝』巻二「米粒中《ニ》人具《ル》一真《ノ》図解」）と述べて人体と米穀とを同一のものとする。さて、その穀物は「転ニハ北宮ノ中真ヨリ発シ、定ニハ中土ヨリ形ヲ起ス。其ノ形ハ頭ヲ中土ニ着ケ、枝葉ヲ転ニ対シテ養食ヲ根ニ受ク。故ニ大逆立ナリ」（同書巻二「五穀生《スル》所以《ノ》自然論」）とあるように、土から養分を吸収するために「頭」を地中に突っ込んでいるとされる。また「木ノ形ハ逆立シテ頭ヲ中土ニ就テケ育養ノ気ヲ根ニ食ム。故ニ根ハ頭ナリ」（同書巻五「五形見《ニ》於中土《ニ》図解」）といわれるとおり、根は植物の頭部なのである。同様に、人間が土の生産する食物を受け入れ、気を通ずるための「門」は面頭部にある。いいかえれば顔面は人の根なのである。

『老子』第六章に「谷神死セズ。是ヲ玄牝《ゲンピン》ト謂フ。玄牝ノ門、是ヲ天地ノ根ト謂フ。綿々トシテ存スルガ若《ゴト》ク之ヲ用ヒテ勤メズ」とある。『老子』の諸注のうち戦国末の作に仮託される『河上公注』には、「玄牝」を注して「不死ノ玄牝ニ在ル有ルヲ言フ。玄ハ天ナリ。人ニ於テハ鼻タリ。牝ハ地ナリ。人ニ於テハ口タリ。天人ヲ食《ヤシナ》フニ五気ヲ以テシ、鼻ヨリ入リテ心ニ蔵ム。五気清微ニシテ精神・聡明・音声・五性タリ。其ノ鬼ヲ魂ト曰フ。魂ナル者ハ雄ナリ。鼻ヨリ出入スルヲ主トシテ天ト通ズ。故ニ鼻ハ玄タリ。地ハ人ヲ食《ヤシナ》フニ五味ヲ以テシ、口ヨリ入リテ胃ニ蔵ス。五性濁辱ニシテ、形骸・骨肉・血脈六情タリ。其ノ鬼ヲ魄ト曰フ。魄ナル者ハ雌ナリ。口ヨリ出入スルヲ主トシテ天地ト通ズ。故ニ口ハ牝ナリ」とあり、さらに「天地ノ根」を注して「根ハ元ナリ。鼻口ノ門、是レ乃チ天地ノ元気ヲ通ジ、往来ニ従フ所ナルヲ言フ」としている。昌益が『老子』を批判するにあたって『河上公注』を参照していることは「谷神死セズ」の解釈によって確実であるから（訳注（36）参照）、昌益の「根」および「門」（訳注（19）参照）の起源の一つはここに求められてよいだろう。

（24）三陰三陽　『黄帝内経《だいけい》素問』の「陰陽離合論」や「天元紀大論」に見える漢方医学の用語。天地の気の運行の適否にもとづいて病理・治療法を論ずるいわゆる運気論にいう厥陰・少陰・太陰の三つの陰気、少陽・太陽・陽明の三つの陽気、あわせて六気をいう。それぞれ風・熱・湿・火・寒・燥の六元気に対応する。これを五行説と結びつけるためには、少陽（木）・太陽（君火）・陽明（相火）・少陰（金）・太陰（水）・厥陰（土）として、火が「君火」と「相火」の二つに分けられねばならず、昌益はつねにこれを批判している（『統道真伝』巻一「糺聖失」参照）。

（25）六陰六陽　もともと易学の用語にはない。昌益独特の造語であろう。易の卦《か》が陽爻《こう》⚊あるいは陰爻⚋の六つの組み合わせで形成されることをいうものと思われる。

（26）五行相生相克　五行の気の間で、木は火を生じ、火は土を生じ、土は金を生じ、金は水を生じ、水は木を生ずるとして、木・火・土・金・水とするのを相生の序と称する。また、水は火に克《か》ち、火は金に克ち、金は木に克ち、木は土に克ち、土は水に克つとして、水・火・金・木・土とするのを相克の序と称する。

（27）五常五倫　五常とは仁・義・礼・智・信、五倫とは父子・君臣・夫婦・長幼・朋友。ともに儒学のもっとも基本的な観念である。

（28）四民　士・農・工・商の四つの身分。昌益は『自然真営道』巻四の「四民」で、これを聖人の私法の所産としてはげしく攻撃する。なお『統道真伝』巻一「糺聖失」参照。

（29）五戒　仏教でいう五つの戒律。不殺生・不偸盗《ちゅうとう》・不邪淫・不妄語・不飲酒《おんじゅ》。

（30）五時　仏語。五時教の略。天台宗の第三祖智顗《ちぎ》の手になる教相判釈《きょうそうはんじゃく》の一つ。釈迦一代の説法を五つの時期に区分し、それぞれ華厳《けごん》時・阿含《あごん》時・方等《ほうどう》時・般若《はんにゃ》時・法華涅槃《ほっけねはん》時として内容の優劣を判断、自宗の正統性を論証したもの。

(31) 三毒　仏語。善根を毒する三種類の煩悩《ぼんのう》。貪欲・瞋恚《しんい》・愚痴。

(32) 三世　仏語。過去（前世）・現在（現世）・未来（来世）。

(33) 八教　仏語。天台宗の教判（説法の分類）で、化儀《けぎ》の四教（頓教・漸教・秘密教・不定教）と化法の四教（三蔵教・通教・別教・円教）とを合わせたもの。

(34)「無名」とか「玄の玄」とか……　『老子』首章に「道ノ道トスベキハ常ノ道ニ非ズ。名ノ名トスベキハ常ノ名ニ非ズ。無名ハ天地ノ始マリ。有名ハ万物ノ母。故ニ常無欲以テ其ノ妙ヲ観《ミ》、常有欲以テ其ノ徼《ケウ》ヲ観ル。此ノ両者ハ同出ニシテ名ヲ異ニス。同ジク之ヲ玄ト謂フ。玄ノ又玄、衆妙ノ門」とある。昌益は『自然真営道』巻五の「名可名及無名」で老子の無名説を批判してこう論じている。「天地ノ始ハ無名ト言ヘルコト又自然ノ妙行ヲ知ラザル失《アヤマ》リナリ。若シ天地ノ始ハ無名ナラバ則チ此ノ天地ト言ヘルコトハ誰カ之ヲ名ヅケテ天地ト曰フヤ。老子必ズ此ノ天地トイフ名ヲ始メテ之ヲ名ヅクル者之ヲ知ルベカラズ。知ラザル故ニ天地ノ始ハ無名ト云ヘリ。拙イ哉老子是クノ如キノ知分ヲ以テ天地ヲ謂フハ大ナル失リナリ。故ニ予之ヲ明サン。夫レ天地ノ名ハ人之ヲ曰フニ私ノ法《コシラ》ヒヲ以テ言フニ非ズ。天地ガ小ニ人ト成リ、名ハ凡テ自然気感ノ音《ヲト》ナリ。（中略）天地ト呼ブハ即チ人ニ具ル天地ガ自リ天地ト呼ブナリ。故ニ天地トイフ名ハ無始無終ニ天地ニシテ天地ト自リ呼ブナリ」。すなわち、老子の思想が「道」の本体を人間の認識、概念化したがってまた命名から切りはなすいわば一種の古代的な唯名論から出発しているのに対して、昌益はテンおよびチという呼称は天地とともに古いと考える。これは自然音義論の立場である。「天」「地」の字面は誤りとして批判されるが、テンおよびチという発音は自然の気行が語音として発したものと解釈されるわけである。宇宙のすべての事象を――言語現象をも――一つの活真自行の現象形態と見る昌益の思考法の特色がよく出ている。また、同じ巻の「玄又玄」では、昌益は「此レ老子、熟々《ツクヅク》考ヒ、仰イデ天ヲ観ルニ玄々トシテ指ス所無シ。俯シテ地海ヲ察ルニ、又玄々トシテ計リ極ル所無シ。是レ正ニ水ナリ」と考えたのだとして、『老子』にいう「玄」は水をさすものであり、老子は水をもって万物の根元としていると論じて、「悉ク水ヲ以テ天地人物未生異前ノ一物ト為シテ安心ヲ為ス。是レ妄失ニシテ自然ノ道ニ非ズ。迷ヒノ深キ者ナリ」と批判を加え、随所で同一の見解をくりかえし述べている。たしかに『老子』には第八章の「上善ハ水ノ如シ。水ハ善ク万物ヲ利シテ争ハズ。衆人ノ悪《ニク》ム所ニ処ル。故ニ道ニ幾《チカ》シ」をはじめとして、水に言及することが多いが、これを目して万物が水から発出したとする説とみなすことの根拠は不明である。しかし、古書のうちに万物の起源を水とする説が行なわれていることは事実であって、『管子』「水地篇」には「水トハ何ゾヤ。万物ノ本源ナリ」「人ハ水ナリ。男女精気合シテ、水形ヲ流《シ》ク」などとあり、漢代の佚書《いっしょ》『春秋元命苞』は「水ノ言タル演ナリ。陰化シテ淖濡《シャクジュ》シ、流施シテ潜行スルナリ。故ニ其ノ字ヲ立ツル、両人交ハリテ一、中ニ出ヅル者ヲ以テ水ト為ス。一ナル者ハ数ノ始メナリ。両人ハ男女ニ譬フ。陰陽交ハリテ一ヲ以テ起ツヲ言フナリ」という。このような水＝根元としての「一」をもって『老子』第三十九章の「谷ハ一ヲ得テ以テ盈チ、万物ハ一ヲ得テ以テ生ズ」とある語句を解釈すれば、昌益の説が成立する余地もあることになろう。

(35) 虚無大道無為　いずれも道家の重要な用語。虚無は『淮南子』「精神訓」に「虚無ナル者ハ道ノ居ル所ナリ」。大道は『老子』第十八章に「大道廃レテ仁義有リ」。無為は同書第三十七章に「道ノ常ナルハ為スコト無クシテ而モ為サザルコト無シ」。『老子』は「虚無大道」と連用していないが、昌益はそのように連言してこれを批判する（『自然真営道』巻五「道可道」）。訳注（144）参照。

(36) 谷神死せず　『老子』第六章の原文は訳注（23）参照。昌益はこの本文をとくに「神ヲ谷《ヤシナ》ヒテ死セズ」と読む。この独特の解釈は『河上公注』から得たものと思われる。「谷ハ養ナリ。人能ク神ヲ養ヘバ則チ死セザルナリ。神トハ五蔵ノ神ヲ謂フ」とあるのがその注釈である。

(37) 寓言　たとえばなし。ここではとくに荘周の得意とした寓言をいう。『荘子』「寓言」に「寓言十九、重言十七」とある。

(38) 偶神生神　偶生神が正しい。『古事記』『日本書紀』などの神代説話に、男女が対偶をなして生まれた、と記載されている神々を偶生神と称する（尾藤正英氏説）。

(39) 十二経　漢方医学でいう手足の十二の経脈。手足にそれぞれ三陰三陽があって、『黄帝内経素問』「蔵気法時論」などによれば、足の厥陰は肝、少陽は胆の、手の少陰は心臓、太陽は小腸の、足の太陰は脾臓、陽明は胃の、手の太陰は肺、陽明は大腸の、足の少陰は腎臓、太陽は膀胱の、また手の厥陰は心包絡、少陽は三焦の、おのおの「経脈」にあたるとされる。天地の気が血液とともにこの経脈をつたって体内を循環する。その手足にある経脈を選んで刺絡の治療がほどこされる。

(40) 三部九候　『黄帝内経素問』の「三部九候論」に、「一ナル者ハ天、二ナル者ハ地、三ナル者ハ人、因リテ之ヲ三ニス。三三ナル者ハ九、以テ九野ニ応ズ。故ニ人ニ三部有リ。三候有リ。以テ死生ヲ決シ、以テ百病ヲ処シ、以テ虚実ヲ調ジテ邪疾ヲ除ク。帝曰ク、何ヲカ三部ト謂フ。岐伯曰ク、下部有リ中部有リ上部有リ。部ニ各オノ三候アリ。三候ナル者ニ天有リ地有リ人有リ。必ズ指シテ之ヲ導キ、乃チ以テ真ト為ス」とある。上部天候は「両額ノ動脈」、上部地候は「両頬ノ動脈」、上部人候は「耳前ノ動脈」、中部天候は「手ノ太陰」、中部地候は「手ノ陽明」、中部人候は「手ノ小陰」、下部天候は「足ノ厥陰」、下部地候は「足ノ小陰」、下部人候は「足ノ太陰」であるとされる。「帝曰ク、何ヲ以テカ病ノ所在ヲ知ル。岐伯曰ク、九候ヲ察ス」とあるようにこれにもとづいて脈診をし、また鍼術の孔穴とした。

(41) 六根　仏語。煩悩の原因となる六種類の感覚器官。『般若経』に「六根トハ眼耳鼻舌身意ノ根ヲ謂フ」とある。

(42) 聖人　『自然真営道』巻四の「聖人十一人所レ宗」で、昌益は中国古代の聖人を伏羲・神農・黄帝・帝堯・虞舜・夏禹・成湯・文王・武王・周公・孔丘（孔子）の十一人としている。これは『白虎通』の「聖人」の記載とも一致する。

(43) 私法　『自然真営道』巻三の「私制字書巻下」には、「私《シ》ハ禾《イネ》ヲ厶《カタマシク》カクス。故ニ、ワタクシ・ヒソカ・

ワタカマル」、また巻二「私制字書巻中」に「法《ハフ》ハ水ニテ穢汚ヲ洗ヒ去リ、浄《キヨ》ムト作ル故ニ、コシラヘ・ノリス、ト訓《ヨム》ナリ」。また昌益は「制」を「法」とまったくの同義語として用いていて、同巻に「制ハ刀ニテ仁《コレ》ニ切リ作リテ巾ヲ附テ漉《コシ》テ糟《カス》ヲ去リ等《ナド》シテ、物ヲ制《コシラ》ヘル象《カタド》リ字ナリ。法ハ水ヲ以テ物ヲ洗ヒ清メ、濁水ヲ去リ、清《キヨ》メ法《コシラ》ヘルヲ云フテ、制・法ハ同意ナリ。コシラヘ・ツクル・ハカリコト・コトハリ・イマシム」とある。

「私法《ワタクシコシラヘ》」とは、昌益によれば聖人や釈迦が私利私欲のために法《こしら》えた制度であり、「真道」の反対である。自然活真の世が「自然世」であるのに対してそのようなものとしての現行の社会制度は「法世」と呼ばれる。『自然真営道』巻六の「論語評」は、「法ハ制ナリ。道ハ転ノ気行ニシテ転定《テンチ》ニ満々《ミチミチ》テ、物ヲ生ジテ常ナリ。法ハ人ノ利己ノ為メニ之ヲ立テ制《トトノ》ヒ、国々家々事々物々ニ之ヲ法《コシラ》ヘ立ツルニ法ヲ以テ我意ヲ為ス。故ニ法ナリ。之ヲ以テ反テ転道ニ法《ノツ》トルト云テ、私ノ制法ヲ道々ト云ヒ伝書スルコト大イニ失《アヤマ》リナリ」と論じている。

ところで「制」の字をコシラへと訓読することには、たとえば『史記』「秦始皇本紀」に「政令ヲ制作ス」とあるように古くからの用例があるが、「法」をコシラヘと読むことは昌益独特のこの文字の再解釈、文字どおりの読みかえである。「法」は昌益の文脈のなかでは「こしらえる」という動詞であるとともに、「法《ほう》」という人為的な制度であり、またそうであるがゆえにそれに「のっとる」ことを人々が強制される古聖人の「はかりごと」であるとされる。「法」とはもともと刑罰を意味する文字であった。前期法家の著述の一つとされる『管子』「心術上」には「法ハ同ジク然ラザルヲ得ザルニ出ヅル所以ノ者ナリ。故ニ殺僇禁《サツリクキン》誅《チユウ》、以テ之ヲ一ニスルナリ」とある。後期の『韓非子』になると「法術」と連言されるようになり、「法ハ憲令官符ニ著ハシ、刑罰民心ニ必ズス。賞ハ法ヲ慎シムニ存シ、罰ハ令ヲ姦《ヲカ》スニ加ハル者ナリ。此レ人臣ノ師トスル所ナリ」（定法）と論じられる。刑罰にもとづく掟の謂いである。昌益の「法」概念はそれらとかなり異なっている。

昌益の「法」概念の特色は、それが「世々ノ聖賢・学者・釈迦」が私利私欲のために人為的に作り上げた制度全般であることにある。それはたんに刑罰や法律だけであるにはとどまらず、社会の一部の人間が「不耕貪食シテ衆人ノ直耕ノ真道ヲ盗ム」ために作為された社会制度の全体をさす言葉なのである。このような包括的な意味での「法」の概念は、価値観が完全に逆転していることはもちろんであるが、むしろ荻生徂徠のいう「先王之道」、あるいは荀子の唱えた「礼義法度」に近いといえるだろう。昌益は、荀子および徂徠が聖人による「法」あるいは「道」の制作をそれ以前の人間の原始状態にピリオドをうったものと考えるのに対して、その原始状態こそが「自然世」なのであって「法」――それはとくに「私法」と呼ばれる――の制作こそが悪の起源であると考える。しかし、それにもかかわらず、われわれは『荀子』「解蔽篇」の「聖トハ倫ヲ尽ス者ナリ。王トハ制ヲ尽ス者ナリ。両《フタ》ツナガラ尽ス者ハ、以テ天下ノ極ト為スニ足レリ。故ニ学者ハ聖王ヲ以テ師ト為シ、案《スナハ》チ聖王ノ制ヲ以テ法ト為シ、其ノ法ヲ治メテ以テ其ノ統類ヲ求メ、以テ務メテ其ノ人ニ象効ス」というような文章のうちに、昌益が批判し攻撃してやまなかった「法」の概念の原型、あるいは少なくとも類似の概念をみとめられるように思われるのである。昌益の思想と荀子および徂徠学派とのつながりの有無をつきとめることはかなり難かしい（ともに解説参照）が、徂徠に関しては、昌益は『自然真営道』巻二十四の「諸獣会合論ニ法世ニ」で「日本ノ厩子（聖徳太子）及ビ世々ノ学者、道春（林羅山）・徂徠ラニ至ルマデ」と記していて、自分の論難の対象として徂徠学を意識していたことが知られる。しかし荀子については残存するかぎりの『自然真営道』と『統道真伝』では言及することがまったくない。わたしにはそれがむしろ問題を含んでいるように考えられるのである。「私制字書巻中」で「偽」字について「偽ハ人ヲ為《ハカ》ルト象リ字ナリ。人ノ為ニスト作ルニ非ズ。イツハリ・ウソツキ」と書いているのが、もしかしたら手がかりになるかもしれない。

(44) 十二気　十二経脈から人体を循行する気のことか。

(45) 身を修め、家を斉え……　四書のひとつ『大学』の首章の言葉。「古ノ明徳ヲ天下ニ明ラカニセント欲スル者ハ、先ヅ其ノ国ヲ治ム。其ノ国ヲ治メント欲スル者ハ、先ヅ其ノ家ヲ斉《トトノ》フ。其ノ家ヲ斉ヘント欲スル者ハ、先ヅ其ノ身ヲ修ム」

(46) 方便　仏語で衆生を真実の教法にみちびくためにかりに用いられる手段。梵語 upāya。

(47) 大道廃れて仁義起こる　『老子』第十八章に「大道廃レテ仁義有リ。智慧出テ大偽有リ。六親和セズシテ孝慈有リ。国家昏乱シテ忠臣有リ」とある。

(48) 聖人のことを大泥棒だといっている　『荘子』外篇「胠篋」に「聖人ヲ掊撃《ホウゲキ》シ、盗賊ヲ縦舎《ショウシャ》シテ天下始メテ治マラン。夫レ川竭《ツ》キテ谷虚《ムナ》シク、丘夷《タヒラ》イデ淵実《ミ》ツ。聖人已ニ死セバ則チ大盗起ラズ、天下平《タヒラカ》ニシテ故《コト》無カラン。聖人死セズンバ大盗止マズ。聖人ヲ重ネテ天下ヲ治ムト雖モ、則チ是レ重ネテ盗跖ヲ利スルナリ」とある。

(49) 伏義　中国の伝説上の最初の帝王。易の八卦と文字を発明したとされる。くわしくは『統道真伝』巻一「糺聖失」の本文参照。

(50) 仙確　昌益の門人。『自然真営道』巻二十五「真道哲論」には、「氏ハ神山、名ハ仙確、奥州八戸ノ懸ノ住、乃イ確門ノ高弟ナリ」と記載されている。八戸藩に御側医として勤め、天明三年（一七八三）に没した。

(51) 良中先生　原文は良子。安藤昌益のこと。確竜堂良中と号した。

(52) 雄虫・雌虫、雄魚・雌魚、雄草・雌草、雄木・雌木　これらも原文では昌益独特の造字ないしは当て字が用いられている。それぞれ「蜼《ヲムシ》・蛝《メムシ》」、「⿰魚隹《ヲウヲ》・⿰魚艮《メウヲ》」、「萑《ヲクサ》・莨《メクサ》」、「椎《ヲキ》・根《メキ》」とある。

(53) 活真の進気の明徳　日は火気、恒星は金気で「明」の徳をそなえるとされるが、金は本来退気に属しているはずである。昌益のミスであろう。

(54) 古方家　江戸時代の漢方医学の一派。金・元医学を信奉し、『素問』『霊枢』に依拠する後世家に対して、漢の張仲景の作とされる古医書『傷寒論』にもとづく理論を唱えたので古方家の名がある。享保の頃、名古屋玄医がはじめて主唱し、やがて後藤艮山《ごんざん》・並河天民・山脇東洋・吉益東洞らによってしだいに完成された。後世家が陰陽五行の運気分配説によって病因・療法を論ずるのに対して、古方家はいわゆる親試実験にもとづかぬ理論を排し、経験的な対症療法をとることを主張した。昌益は本書中でつねに『素問』『霊枢』を批判している一面、病因を気の運行から説明する後世家の理論を脱しきることはできなかった。古方家とは対立する立場にあったわけである（富士川游『日本医学史』第八章参照）。

(55) 八情　本文中の省略した箇所に、非・喜・理・驚・悲・志・怒・意の八つがあげられている。

(56) 八神　魂・魄・霊・神と念・覚・知・心とを結びつけたもの。これも省略部分にある。

(57) 空　仏語。「有《う》」の反対。「有」が一切法実有とするのに対して、「空」は一切法虚無とする立場をいう。

(58) 陀羅尼　梵語 dhāranī　サンスクリット語の経文を原語のまま読誦するもの。呪文。

(59) 神農・黄帝・堯・舜・禹・湯王・西伯・周公　これらの人名およびめいめいの事績については、『統道真伝』巻二「糺聖失」の本文参照。

(60) 二十五代の景王の頃　『史記』の「老荘申韓列伝」には、「老子ハ楚ノ苦県厲郷曲仁里《コケンライキヤウキヨクジンリ》ノ人ナリ。姓ハ李氏、名ハ耳《ジ》。字ハ伯陽、謚《オクリナ》シテ聃《タン》ト曰フ」とあるが、時代を明記していない。また、景王は第二十四代の王である。

(61) 西を守る散関　函谷関のこと。河南省洛陽から潼《どう》関にいたる隘路にあった関所。

(62) 叟　老人の敬称。

(63) だれもその生死を知らない　『史記』「老荘申韓列伝」に「老子廼《スナハ》チ書上下篇ヲ著ハシ、道徳ノ意ヲ言フコト五千余言ニシテ去ル。其ノ終ル所ヲ知ルモノ莫シ」とある。

(64) 神を谷って死せず　『老子』第六章に「谷神不レ死」という言葉がある。これはふつう「谷神死セズ」と読まれるが、昌益は『老子』注釈書の一つ『河上公注』にしたがってこれを「神ヲ谷《ヤシナ》ツテ死セズ」と読む。『河上公注』に「谷ハ養ナリ。人能ク神ヲ養ヘバ死セザルナリ。神トハ五歳ノ神ヲ謂フ」とある（訳注

（23）、（36）参照）。

(65) 羅漢果　阿羅漢果《あらかんか》に同じ。小乗仏教で、仏教の修行の最高段階をいう言葉。

(66)「易不測神論」で説明したように……　昌益は『自然真営道』巻五の「私法儒書巻二」のある箇所で『易繋辞上伝』にある「一陰一陽之ヲ道ト曰フ。陰陽測ラレズ、之ヲ神ト曰フ」とある文言を批判し、「神」は測られるものであるとする立場から、「陰陽ト云フハ一気ノ進退スル異号ニシテ二気二物ニ別ニ非ズ」と論じている。

(67) 正載をつくし、漢中に入って　「正載」「漢中」いずれも何をさすのか不明。「正載」はあるいは暦にいう正歳のことか。

(68) これに字していえば　『老子』第二十五章に「物有リ混成シ、天地ニ先ダッテ生ズ。寂タリ寥タリ、独立シテ改メズ。周行シテ殆《アヤ》フカラズ。以テ天下ノ母タルベシ。吾レ其ノ名ヲ知ラズ。之ヲ字《アザナ》シテ道ト曰フ。強ヒテ之ガ名ヲ為シテ大ト曰フ」とある。

(69)「大道廃レテ仁義有リ」『老子』第十八章に「大道廃レテ仁義有リ。智恵出デテ大偽有リ」とある。

(70) 四形であって万々形　「形」とは『統道真伝』巻五の「五形一真図解」で論じられているように、五行が万物に具体的な形態を与える作用をいう。万物の多様な形態の基本には四行の気の四形がそなわっているという意味であろう。

(71) 道は一切を統する　この語原的説明は、われわれに荻生徂徠の『弁道』にある「道ハ統名ナリ」という言葉を思い起こさせる。もちろん徂徠は昌益とはまったくちがう意味で「統」字を用いているのだが、これなどはもしかしたら昌益と徂徠学との隠れたつながりを暗示しているものなのかもしれない。

(72) 名の名とすべきは常の名にあらず……　『老子』首章に「道ノ道トスベキハ常ノ道ニ非ズ。名ノ名トスベキハ常ノ名ニ非ズ。無名ハ天地ノ始ニシテ、有名ハ万物ノ母ナリ。故ニ常無欲以テ其ノ妙ヲ観、常有欲以テ其ノ徼《ケウ》ヲ観ル。此両者ハ同出ニシテ異名ナリ。同ジク之ヲ玄ト謂フ。玄ノ又玄、衆妙ノ門」とある。

(73) 腎臓がさがって耳朶が長くなり……　腎臓と耳とにつながりがあるとする説は、たとえば『神代巻惟足抄』に見出される。「第一耳を肝要とするは、耳は腎水也。人の根元此水に本て出生する根元の一得水本レ耳。神徳を八耳と云」

(74) 孔丘が河水の流れるかたちを見て……　『論語』「子罕《しかん》篇」に「子、川ノ上《ホトリ》ニ在リテ曰ク、逝ク者ハ斯クノ如キカ、昼夜ヲ舎カズ」とある。

(75) 道は一を生じ……　『老子』第四十二章に「道一ヲ生ジ、一二ヲ生ジ、二三ヲ生ジ、三万物ヲ生ズ」とある。

(76) 四の末から数を論じている　昌益の数論では、火・木・金・水という順序を立てるから、水が四にあたることになる。

(77) 注釈に混成とは道のことである　『河上公注』に『老子』第二十五章の「物有リ混成シ、天地ニ先ダッテ生ズ」の注釈として、「謂フココロハ、道ハ無形混沌ニシテ万物ヲ成ス。乃チ天地ノ前ニ在リ」とあるのによるか。

(78) 四大　『老子』第二十五章に「天大ナリ、地大ナリ、王モ亦大ナリ、域中ニ四大有リ。而シテ王一《イツ》ニ居ル」とある。

(79) 人は地に法り……　『老子』第二十五章に「人ハ地ニ法リ、地ハ天ニ法リ、天ハ道ニ法リ、道ハ自然ニ法ル」とある。

(80) 天下みな美が美であることを知れば……　『老子』第二章に「天下皆美ノ美タルヲ知ルハ、斯レ悪ノミ。皆善ノ善タルヲ知ルハ、斯レ不善ノミ。故ニ有無相生ジ、難易相成シ、長短相形《アラハ》レ、高下相傾キ、音声相和シ、前後相随フ」とある。

(81) 聖人は無為にして不言の教えを行なう　『老子』第二章に「是ヲ以テ聖人ハ無為ノ事ニ処リ、不言ノ教ヲ行フ」とある。

(82) 上にいる者が得がたい財貨を……　『老子』第三章に「賢ヲ尚バザレバ、民ヲシテ争ハザラシム。得難キノ貨《タカラ》ヲ貴バザレバ、民ヲシテ盗ヲ為サザラシム」とある。

(83) 上善は水のごとし……　『老子』第八章に「上善ハ水ノ若《ゴト》シ。水ハ善ク万物ヲ利シテ而モ争ハズ。衆人ノ悪ム所ニ処ル。故ニ道ニ幾シ」とある。

(84) 功成り名遂げて身を退くのは天の道である　『老子』第九章に「功成リ名遂ゲテ身退クハ天ノ道ナリ」とある。

(85) 器は中に何もないのでその用があり……　『老子』第十一章に「埴《ショク》ヲ埏《ウ》ツテ以テ器ヲ為《ツク》ル。其ノ無ニ当リテ器ノ用有リ。戸牖《コイウ》ヲ鑿《ウガ》チテ以テ室ヲ作ル。其ノ無ニ当リテ室ノ用有リ。故ニ有ノ以テ利タルハ、無ノ以テ用ヲ為《ナ》セバナリ」とある。

(86) 五色は目を盲せしめ……　『老子』第十二章に、「五色ハ人ノ目ヲ盲セシメ、五音《イン》ハ人ノ耳ヲ聾セシメ、五味ハ人ノ口ヲ爽《タガ》ハシメ、馳《チ》騁田猟《テイデンレフ》ハ人ノ心ニ狂ヲ発セシメ、得難キノ貨《タカラ》ハ人ノ行ヒヲ妨ゲシム。是ヲ以テ聖人ハ腹ヲ為シテ目ヲ為サズ、故ニ彼ヲ去リテ此ヲ取ル」とある。ただし、昌益が「鼠は人の心を驚かしめ云々」としているのはどこから来たものか不明。あるいは『老子』本文の「猟」を読みちがえたか。

(87) われに大患あるは……　『老子』第十三章に「吾レ大患有ル所以ノ者ハ、吾レ身ヲ有スルガ為ナリ。吾レ身ヲ無ミニスルニ及ババ、吾レ何ノ患カ有ラン」とある。

(88) 公はすなわち王である……　『老子』第十六章に「公ナレバ乃チ王ナリ。王ナレバ乃チ天ナリ。天ナレバ乃チ道ナリ。道ナレバ乃チ久シ。身ヲ歿《ヲ》フルマデ殆《アヤ》フカラズ」とある。

(89) 功成り名遂げた百姓は……　『老子』第十七章に「功成リ事遂ゲテ、百姓皆我ガ自然ト曰フ」とある。

(90) 聖を絶ち、利を棄てれば……　『老子』第十九章に、「聖ヲ絶チ、智ヲ棄ツレバ、民ノ利百倍ス。仁ヲ絶チ、義ヲ棄ツレバ、民孝慈ニ復《カヘ》ル。巧ヲ絶チ、利ヲ棄ツレバ、盗賊有ルコト無シ」とある。

(91) 学を絶てば憂いなし……　『老子』第二十章に「学ヲ絶テバ憂ヒ無シ。唯ト阿ト相去ル幾何《イクバク》ゾ。善ト悪ト相去ル何若《イカ》ン」とある。
(92) 曲がっているものは全く……　『老子』第二十二章に「曲ナレバ則チ全シ、枉ナレバ則チ直シ、窪ナレバ則チ盈ツ。弊《ヤブ》ルレバ則チ新タナリ。少ナレバ則チ得、多ケレバ則チ惑フ」とある。
(93) 天地もなお久しきこと能わず　『老子』第二十三章に、「天地スラ尚ホ久シキ能ハズ、而ルヲ況ンヤ人ニ於テヲヤ」とある。
(94) 道の常なるは名無し　『老子』第三十二章に、「道ノ常ナルハ名無シ。樸ハ小ナリト雖モ、天下敢ヘテ臣トセズ」とある。
(95) 人を知る者は智であり……　『老子』第三十三章で、「人ヲ知ル者ハ智ナリ。自ラ知ル者ハ明ナリ。人ニ勝ツ者ハ力有リ。自ラ勝ツ者ハ強ナリ。足ルコトヲ知ル者ハ富ミ、強行スル者ハ志有リ。其ノ所ヲ失ハザル者ハ久シク、死シテ亡ビザル者ハ寿《イノチナガ》シ」とある。
(96) 上徳は徳あらず……　『老子』第三十八章に、「上徳ハ徳トセズ、是ヲ以テ徳有リ。下徳ハ徳ヲ失ハズ、是ヲ以テ徳無シ」とある。
(97) 名と身とはいずれが親しいか……　『老子』第四十四章に「名ト身ト孰《イヅ》レカ親シキ。身ト貨ト孰《イヅ》レカ多キ」とある。
(98) 聖人は常の心なし……　『老子』第四十九章に「聖人ハ常ノ心無シ。百姓ノ心ヲ以テ心ト為ス」とある。
(99) 智をもって国を治める者は……　『老子』第六十五章に「民ノ治メ難キハ、其ノ智多キヲ以テナリ。智ヲ以テ国ヲ治ムルハ、国ノ賊ナリ。智ヲ以テ国ヲ治メザルハ、国ノ福ナリ」とある。
(100) 知りて知らざるは上なり……　『老子』第七十一章に、「知リテ知ラザルハ上、知ラズシテ知ルハ病《ヘイ》」とある。
(101) 民が飢えるのは……　『老子』第七十五章に、「民ノ飢ウルハ、其ノ上《カミ》ノ税ヲ食《ハ》ムコト多キヲ以テ、是ヲ以テ飢ウルナリ。民ノ治メ難キハ、其ノ上ノ為ス有ルヲ以テ、是ヲ以テ治メ難キナリ」とある。

(102) 柔弱は生、堅強は死　『老子』第七十六章に、「人ノ生ルルヤ柔弱、其ノ死スルヤ堅強ナリ」とある。

(103) 天道は余りある者は……　『老子』第七十七章に、「余リ有ル者ハ之ヲ損シ、足ラザル者ハ之ヲ補フ。天ノ道ハ、余リ有ルヲ損シテ足ラザルヲ補フ」とある。

(104) 易の損益の卦　損卦は☶☱、卦伝に「孚《マコト》有レバ元吉ニシテ咎无シ。貞ニスベクシテ、往ク攸《トコロ》ニ利有リ。曷《ナニ》ヲカ之用キン。二簋《キ》用《モッ》テ享《マツ》ルベシ」とある。益卦は☴☳、卦伝に「益ハ、往ク攸《トコロ》有ルニ利アリ。大川ヲ渉ルニ利アリ」とある。

(105) 天下の柔弱は水に過ぎるはなし……　『老子』第七十八章に、「天下ノ柔弱ナルハ水ニ過グル莫シ。而シテ堅強ナル者ヲ攻ムルニ、之ニ能ク勝ツ莫シ」とある。

(106) 宮音　日本音楽・中国音楽の階名の一つで、五音《いん》音階の中心となり、主音となる音。昌益は土を中音に配しているから、ここでは中音のかわりに宮音といったのであろう。

(107) 人が生ずるのに通・横・逆と……　この箇所は多少意味不明なところがあるので原文を掲げておく。「人生《ニ》通《ト》横逆鳥生《ニ》同《ク》獣生《ニ》同《ク》虫生《ニ》同《ク》魚生《ニ》同《ク》草生《ニ》同《ク》是《レ》木行主《レバ》十《ト》気《キノ》時《ヲ》……」

(108) 孔丘は生まれた　孔子の生年を襄公二十二年庚戌とするのは、『史記』の「孔子世家」にもとづく。『春秋』の「穀梁伝」ならびに「公羊伝」は前年の襄公二十一年己酉とする。十一月四日とあるのは「公羊伝」に「十有一月庚子孔子生」という記載にもとづくか。

(109) 孔父嘉　『史記』の「宋微子世家」に「(殤公) 十年、華督攻メテ孔父ヲ殺シ、其ノ妻ヲ取ル」とある。『左伝杜注』によれば、姓を孔氏と称したのは父嘉が最初であり、この乱の後その子木金父が魯に奔って陬に定住したという。

(110) 紂王の曾祖父　孔子の祖とされる宋微子が紂王の庶兄であるから、これはもちろん昌益の誤り。

(111) 弗父嘉　『孔子家語』「本姓解」に「中公、緡《ビン》公共及ビ襄公熙《キ》ヲ生ム。熙、弗父何及ビ厲《レイ》公方祀ヲ生ム。方祀以下ハ世々宋ノ卿ト為ル。弗父何、宋父周ヲ生ム。周、世子勝ヲ生ム。勝、正考甫 (父) ヲ生ム。正考甫、孔父嘉ヲ生ム」とある。すなわち弗父何は孔父嘉の高祖父にあたることになる。なお襄公熙は、孔子生誕のとき位にあった襄公茲甫《じほ》とは別人で、『史記』「宋微子世家」では煬《よう》公熙と称されている。同じ『孔子家語』の「観周」には「其ノ祖弗父何、始メ国ヲ有チテ厲公ニ授リ」、その注に「弗父何ハ緡公ノ世子、厲公ノ兄ナリ」とある。「宋微子世家」によれば、厲公は緡公の子であり、叔父煬公を弑《しい》して位に就いた人物であるから、弗父何がその兄だとすれば緡公の子であることになる。世に二説を伝える。

(112) その子を襄公という　文意不明。このあたりの昌益の史実に関する叙述は、『史記』注および『孔子家語』にもとづくと思われるが、きわめて不正確である。

(113) 弗父嘉の伯父である　弗父何の弟とするのが正しい。

(114) 正考父　『史記』「孔子世家」に「正考父ニ及ビ、戴・武・宣三公ニ佐タリ」とある。

(115) 別れて公族となった　『孔子家語』「本姓解」に「五世ノ親尽キ、別レテ公族ト為ル」とあるのによるか。

(116) 木金父　『孔子家語』「本姓解」に「孔父、子木金父ヲ生ム。金父、睾夷ヲ生ム。睾夷、防叔ヲ生ム。防叔、華氏ノ禍ヲ避ケテ魯ニ奔ル。防叔、伯夏ヲ生ム。伯夏、叔梁紇ヲ生ム」とある。

(117) 徴枉在　徴在が正しい。『礼記《らいき》』「檀弓《だんぐう》下」に「夫子ノ母ノ名ハ徴在。在ヲ言ヘバ徴ヲ称セズ。徴ヲ言ヘバ在ヲ称セズ」とあり、また『孔子家語』「本姓解」に、「顔氏ニ三女有。其ノ小ヲ徴在ト曰フ」とある。ただし、顔氏の姉妃を孟皮に配したという話は昌益の付会であろう。

(118) 女は四十九歳……男は六十四歳……　『史記正義』に「男八八六十四陽道絶エ、女七七四十九陰道絶ユ。婚姻之ニ過グル者ハ皆野合ト為ス」とある。

(119) 野合　『史記索隠』に「此ニ野合ト云フ者ハ、蓋シ紇老イテ徴在少《ワカ》ク、壮室初笄ノ礼ニ当ルニ非ズ。故ニ野合ト云フ。礼儀ニ合ハザルヲ謂フ」とある。

(120) 山に祈って孔丘を生んだ　『孔子家語』「本姓解」に「夫ノ年大ナルヲ以テ、時ニ男有ラザランコトヲ懼レ、私カニ尼丘ノ山ニ禱リ、以テコレヲ祈ム。孔子ヲ生ム。故ニ丘ト名ヅケ、仲尼ト字ス」とある。

(121) 十品の産序　『統道真伝』巻三の「十産《ノ》序《ノ》論」で、「米穀ノ精神人ト成リ、男女ノ穀精満チ感合シテ胎妊シ、人ヨリ人ヲ生ズ。之ヲ産ト曰フ。其ノ産ニ十序アリ」と論じて次のような分類をしている。㈠平産、㈡居産、㈢逆産、㈣横産、㈤虚産、㈥障産、㈦催産、㈧寒産、㈨熱産、㈩邪産。

(122) 女媧氏　伏羲と神農の間に王だったとされる伝説中の人物。やはり蛇身人首とされる。共工と祝融が戦って天を支えている柱を折ったとき、女媧氏がこれを修復して世界を元どおりにしたとされる（『補史記』「三皇本紀」参照）。

(123) 桀紂　桀は夏の桀王、紂は殷の紂王。ともに暗君の代表とされる。桀は殷の湯王に放逐され、紂は周の武王に殺された。

(124) 忌み嫌って……　『史記』「孔子世家」に「防山ハ魯ノ東ニ在リ。是ニ由リテ孔子ハ其ノ父ノ墓所ヲ疑ヘリ。母之ヲ諱ムナリ」とあるのによる。昌益の説は『史記索隠』に、「孔子少孤父ノ墳処ヲ的知セザルヲ謂フ。其ノ塋地ヲ知ラズト謂フニハ非ザルナリ。徴、少《ワカ》キニ在リテ寡ス。蓋シ以テ嫌ト為ス。葬ヲ送ルニ従ハズ。故ニ墳処ヲ知ラズ。告ゲザルハ之ヲ諱ムニ非ザルナリ」とあるのにもとづくか。

(125) 周公旦を尊ぶこと　原文には「丹ヲ貴ブコト太ダ切ナリ」とあって、「丹」が何をさすか意図不明。しばらく「丹」を「旦」の同音による誤記と解釈して、周公旦と訳しておく。

(126) 孔丘が十七歳のとき……母が……　母の病没の年を孔子十七歳の時とするのは『史記』「孔子世家」の記載にしたがう。通説では、『礼記』「檀弓上」に見える母の葬制の記事に門人がいるとあるところから、孔子二十四歳、昭公十三年のこととする。

(127) 重陽の数　重陽《ちょうよう》とはふつう九月九日のことをさすが、ここではそれでは意味が通じない。陰《いん》である女が三という陽数を二つ重ねた年に障ったという意味か。

(128) 慎　『史記』「孔子世家」には「蓋シ其レ慎シメルナリ」とあり、『正義』は「紼ヲ以テ棺ヲ引キ、殯所ニ就クヲ謂フ」と注する。これを地名にこじつけたのは昌益の付会であろう。

(129) 合葬　『礼記』「檀弓上」に「孔子既ニ防ニ合セ葬スルヲ得タリ」。また『孔子家語』「曲礼公西赤問」に、「孔子ノ母既ニ殯葬ス。将ニ合葬セントス」とある。

(130) 身体髪膚はすなわち父母の血と神……　『孝経』「開宗明義章」に「身体髪膚之ヲ父母ニ受ク。敢ヘテ毀傷セザルハ孝ノ始メナリ」とある。

(131) 饗　『史記』「孔子世家」には「季子ノ士ヲ饗スルヤ、孔子モ往クニ与《アツカ》ル」とある。士の身分の者を集めて行なう饗宴の礼である。

(132) 宋のために滅ぼされた　『史記』「孔子世家」に「孔丘ハ聖人ノ後ナリ。宋ニ滅セリ」とある記事によるか。宋のために滅ぼされた、と書いたのは昌益の誤読であろう。なおここでいう聖人は本文にあるごとく殷の湯王をさす。

(133) 陶淵明　陶潜。淵明はその字《あざな》。六朝時代の東晋、尋陽柴桑の人。詩人。一度は役人となったが、官吏生活に耐えられず「帰去来辞」を賦して在官八十日余りでこれを辞し、以後は酒と自然に親しんで生涯を終えた。五柳先生また靖節先生と称する。

(134) 宋の上官氏の女をめとって……　『孔子家語』「本姓解」に「十九ニ至リ、宋ノ幵官氏ヨリ娶ル。一歳ニシテ伯魚ヲ生ム」、「幵官」は一本に「上官」に作るという。

(135) 桓魋　宋の司馬。孔子を憎み、哀公三年、宋を過ぎた孔子を殺そうとしたことが『史記』の「孔子世家」および「宋微子世家」に見えている。しかし、孔子と幵官氏を争ったとする記事は原拠不明。おそらくは昌益の付会か。

(136) 身のたけが九尺六寸　『史記』「孔子世家」に「孔子ハ長九尺有六寸。人皆之ヲ長人ト謂ヒテ之ヲ異トセリ」とある。ただし、この一尺はわが国の八寸（約二十四センチメートル）弱にあたる。

(137) 禹は長頭で九尺　宋の李石撰の『続博物志』三に「禹ハ長九尺九寸、湯ハ長九尺、孔子ハ長十尺、文王ハ長十尺」とある。

(138) 十七歳の時に魯を去った　『史記』「孔子世家」の「孔子是ニ由リテ退ク。孔子年十七」とある記述をさすか。しかし、これは陽虎に妨害されて季氏の饗から退出したという意味であって、昌益の読みちがいと思われる。

(139) 五十七歳にして周に行く　文意不明。『史記』「孔子世家」には定公十四年、五十六歳の条に、孔子が魯を去って、衛・鄭・陳の間に周旋した旨の記載があるが、周に行ったという文面はない。

(140) 孔丘が三十歳になったとき　『史記』「孔子世家」に「魯ノ昭公ノ二十年、孔子蓋シ年三十ナリ」にもとづく。

(141) 聡明深察にして……　『史記』「孔子世家」にある言葉とまったく同じ。ただし、読み下しは昌益の訓点・送り仮名にしたがった。各句の説明は以下の本文中にある。

(142) 孔丘は一言も答えられないで……　『荘子外篇』の「天運」に孔子が老子と会ったときのこととして以下の寓言を載せる。昌益はこれに依拠したものと思われる。「孔子老聃《タン》ヲ見テ帰リ、三日談ゼズ。弟子問ウテ曰ク、夫子老聃ヲ見ル、亦タ将ニ何ヲカ規《タダ》サントセシヤ、ト。孔子曰ク、吾レ乃今《イマ》、是ニ於テカ竜ヲ見タリ。竜ハ合シテ体ヲ成シ、散ジテ章ヲ成シ、雲気ニ乗ジテ陰陽ニ養ハル。予《ワレ》口張ッテ嚕フコト能ハズ。予タ何ゾ老聃ヲ規サンヤ、ト」

(143) 太公望　周の文王の師、呂尚《りょしょう》の号。文王・武王を助けて殷の紂王を伐つのに功があった。太公望の作とされる兵学書に『六韜』があり、昌益はその巻一にあるという「天下一トタビハ治リ、一トタビハ乱ル。天地自然ノ為《ナ》ス所ニ非ズ。時ノ君ノ賢不肖ニ由ル。君賢ナル則《トキ》ハ長ク治リ、君不肖ナルトキハ疾ク乱ル」という言葉を古今の至言としている（『自然真営道』巻四「軍書及転下治乱論」）。

(144) 虚無の大道　昌益は『自然真営道』巻五の「道可道及虚無大道」で、老子の「道」について次のように論じている。

自然転定人物中、唯ダ一気満《ミ》チ満ツルナリ。故ニ満ツルハ一気ノ弥輪《ビリン》（みなぎりめぐる、の意味か）スル名、満《ミチ》ハ即チ道《ミチ》ナリ。故ニ自然転定人物道ニ非ザルコト無シ。此ノ故ニ、道ハ自然転定人物ニ唯一ノ道ナリ。故ニ道ニ二道有ルコト無キハ、自然ノ為ル所ノ一気ナリ。老子、自然ノ此ノ道ノ本体ヲ知ラズ。故ニ気ノ目ニ遮《サヘギ》ラザルヲ以テ虚無ト為シ、之ヲ以テ大道ト為ス。人ノ口言身行ヲ以テ常ノ道ト為シ、道ヲ二道ト為ルコト甚ダ私迷ノ失《アヤマ》リナリ。

この論は『老子』首章の冒頭にある「道ノ道トスベキハ常ノ道ニ非ズ」という言葉に対する批評である。昌益にしたがえば、老子は世にいわれる仁義の道・天地の道・人の道などは迷妄にすぎぬ（「己レガ耳ニスル所ヲ道ト云フ」にすぎぬ）主観の産物であるとしてこれを「常ノ道」と呼び、一方「道トスベキ道」を、それが本来虚空天外無限であって何の指す所もないから、「虚無ノ大道」と呼んだのだ、とされる。この老子解釈の特徴は、昌益が老子の区別する二つの道の概念を従来習慣的にされてきているのとはちょうど反対に理解していることである。昌益が参照した（訳注（23）、（36）参照）ことの確実な『河上公注』は「道可道」に「経政術教ノ道ヲ謂フナリ」と注し、「常道」を「自然長生ノ道」とする。また江戸時代に巷間に流布していた山本洞雲の『老子経譜解大成』は、林希逸注の「道ハ本ト言フ容《べ》カラズ。纔カニ言有ルニ渉レバ皆是レ第二義。常ナル者ハ不変不易ノ謂ナリ」という言葉を引いている。すなわち「常道」はつねに天地自然の道と理解されてきたのである。

こうした昌益の老子の新解釈ないしは曲解は何に由来するのか。おそらくそれは老子の「常道」が昌益のいう「自然ノ道」、「此ノ一気ハ転ニ満チ、定ニ満《チ》チ、人身人心ニ満チ、万物ニ満チ、一気ノ生ニ非ザルコト無ク、一気ニ満チザルコト無シ」といわれる「満《ミチ》」＝「道《ミチ》」の観念と非常に近いものだからである。昌益は、たとえばすぐ後の本文で無始無終に自行する中真のことを「常中」と呼んだりしているから、みずからいう「自然ノ道」を「常道」と称しても不思議はない。しかしそれはすでに老子の用語にあるので、みずからの「自然ノ道」と類似した印象を消すためにこれを儒家のいう「道」と同一のものとする解釈を施したのであろう。昌益にとっては「道トスベキ道」はただ一つ、「無始無終ノ自然真ノ感ズル一気自リ進退」する

もの以外にはありえない。だから昌益は、老子がこの明々白々たる気をもって虚無の気とした
と論じ、これを難ずる。かつまた、これを難ずることによって自己の「道」概念との差異を強調するのである。ただし、「虚無ノ大道」という言葉自体は『老子』には見当たらない。『管子』「心術上」に「虚無ハ形無シ、之ヲ道ト謂フ」などとある例によるか。

(145) 十気　「時」を意味する昌益の宛字《あてじ》。『統道真伝』巻四の「自然運気論」では、「転《トキ》ノ十気ハ乃チ五行ノ進退ナリ。木の進退、樸《キノヒ》（甲の宛字。以下十干みな同じ）・樸《キノト》（乙）。火ノ進退、燋《ヒノヒ》（丙）・熄《ヒノト》（丁）。土ノ進退、塘《ツチノヒ》（戊）・堤《ツチノト》（己）。金の進退、鏈《カノヒ》（庚）・鍜《カノト》（辛）。水の進退、滙《ミヅノヒ》（壬）・湜《ミヅノト》（癸）。是レ五行一連常ニ転ニ運回シテ、気生ノ道ヲ為フ」、「定《チ》ノ十気モ又五行ノ進退ナリ。木ノ進退ハ通《トラ》（寅の宛字。以下十二支みな同じ）・得《ウ》（卯）。火ノ進退ハ美《ミ》（巳）・熟《ウマ》（午）。土の進退は立《タツ》（辰）・尽《イヌ》（戌）・失《ウシ》（丑）・暡《ヒツジ》（未）。是ハ名有リテ主サヲ決メズ。金ノ進退ハ核《サル》（申）・採《トリ》（酉）。水ノ進退ハ居《ヰ》（亥）・根《ネ》（子）ナリ。転ハ転々シテ運回ノ十気ナル故方位無ク、定《チ》ハ定々《チチ》トシテ定マル故ニ方位ヲ為ス」と論じられている。すなわち「時」は、五行の気の進退、都合十気が永遠無窮に循環をくりかえす時間の謂いである。昌益の思想における時間の基本的な表象なのである。

(146) 朱子や程子　朱子は南宋の大儒、朱熹《しゅき》の尊称。字は元晦・仲晦。晦庵と号する。理気説にもとづいて儒学を哲学的な体系として大成し、後世に多大な影響を与えた。これを朱子学と称する。その主著『四書集《しっ》注《ちゅう》』『資治通鑑綱目』『近思録』などは、江戸時代の儒学の基本文献となった。程子は、朱子に先立って理気説・性理学を唱えた北宋の儒者、程顥《ていこう》（明道）・程頤《ていい》（伊川）兄弟の尊称。

(147) 鳥がしばしば飛ぶように……　『論語集注』の「学而篇」冒頭の章の注釈に朱子は「習」を注して「鳥ノ数々《シバシバ》飛ブナリ」としている。また、「既ニ学ビテ又時々之ヲ習フ」とも注している。「余力がある時云々」は、同じ「学而篇」の「行ヒテ余力有ラバ則チ以テ文ヲ学ベ」を借りたものか。

(148) 天真は乱を憎み治を欲する者ではない　ここで昌益は、明らかに「天真」の運行を人間社会の治乱とは

無関係なものと見なしている。それは「大序」で論じられたように、人間の出す邪汚の気によって汚染され、病災を生ずることはあっても、みずから人間社会の興亡に参与するものではない。つまり「天真」は人と物とを生成しはするが、人事に関与する意志を持たないのである。こうした考え方は、『老子』第五章の「天地ハ仁ナラズ。万物ヲ以テ芻狗ト為ス」、あるいは『荀子』「天論篇」の「天行ニ常有リ。堯ノ為ニ存セズ、桀ノ為ニ亡ゼズ。之ニ応ズルニ治ヲ以テスレバ則チ吉。之ニ応ズルニ乱ヲ以テスレバ則チ凶」とある文言との血縁ないしは類似を感じさせるに充分である。

(149) その門下には……『論語』「先進篇」の「徳行ニハ、顔淵・閔子騫・冉伯牛・仲弓。言語ニハ、宰我・子貢。政事ニハ、冉有・季路。文学ニハ、子游・子夏」とある章句をふまえているが、昌益は杜撰《ずさん》によってか、あるいは故意にか、その配属をかなり誤っている。閔子騫は原文には「誾子」とあり、明らかに誤りなので(「先進篇」に「閔子、側ラニ侍ス、誾々如《ギンギンジョ》タリ」とある文章から字をまちがったか)、これを改めた。文学の類の子有と政治の学の類の冉有(冉求)とは同一人物である。文学の方は子游と改めるべきか。しばらく字面にしたがった。

(150) 愚なるが如く、訥言なるが如くせよ 「愚」は『論語』「為政篇」に孔子が顔淵を評した言葉として「違ハザルコト愚ナルガ如シ」がある。「訥」は同じく「里仁篇」に「子曰ク、君子ハ言ニ訥ニシテ、行ニ敏ナランコトヲ欲ス」とあるが、直接顔淵には関係ない。按ずるに、以下の孔門師弟の問答とされるものはいずれも『論語』『孔子家語』などに明確な出典を持たず、その格調は孔門師弟に似ない。おそらくは昌益が仮託ないしは付会して創作したものであろう。

(151) 聖人とは自分の非を知って私をまじえない 『老子』第七章に「聖人ハ其ノ身ヲ後ニシテ身先ンジ、其ノ身ヲ外ニシテ身存ス。其ノ私無キヲ以テニ非ズヤ」とある。

(152) 魯なる如く、喪哀の如くせよ 「魯」は『論語』「先進篇」に「参《シン》ヤ魯」とあるが、これは孔子が曾参の人となりを評した言葉である。「喪哀」は「子張篇」に「喪ニハ哀ヲ思フ」とあるが曾参には無関係である。

(153) 寒えるが如く、温寛なるが如くせよ　原拠不明。

(154) 車の如く、輗軏の如くせよ　『論語』「為政篇」に「子曰ク、人ニシテ信無クンバ、其ノ可ナルコトヲ知ラザルナリ。大車輗無ク、小車軏無クンバ、其レ何ヲ以テカ之ヲ行《ヤ》ランヤ」。しかし、これも子貢および文学には無関係である。

(155) 華の如く、実の如くせよ　原拠不明。

(156) 行くが如く、休むが如くせよ　原拠不明。

(157) 陥るが如く、押し下さるが如くせよ　原拠不明。

(158) 遺るが如く、飽きて嫌うが如くせよ　原拠不明。

(159) 筆者の誤り　『論語』の筆者の誤りであろう、の意味か。語意はかならずしも明確ではないが、おそらく昌益が、『論語』中の孔子が政治に言及して子路と冉求とにいった言葉の意味がちがい、矛盾していると考えたので、これを『論語』の筆録者の誤りとし、自分で師弟問答の本文を訂正してこのようにした、というのであろう。

(160) 失るが如く、改むるが如くせよ　『論語』「学而篇」の「過マテバ則チ改ムルニ憚《ハバカ》ルコト勿レ」にもとづくか。

(161) それ自体は正しいが、下民に対して過分にすぎる　原文には「自《ミヅカ》ラハ可ナレドモ下聞ニ過グ」とある。解しがたい文章であるが、いま「下聞」を「過分」の宛て字と解して意訳した。もっとも、「下聞」を下々の事情にあずかるととっても、ほぼ同様の意味になる。

(162) 愚民を恐れさせることを考えるがよい　これも原文は「自《ミヅカ》ラハ可ナリ。微《スコシ》ク政威少シ。愚恐ヲ懐《オモ》ヒト云ヘリ」とあって語意不明。下文の記述にしたがって意訳した。

(163) 曾参が最後に衆に秀でるようになった……　昌益は、曾参を孔子の門弟でありながら師を越えて、昌益の思想の先駆ともいえる農耕本位の立場をとったとしてこれを称揚する。本巻の後文「儒は法、耕は道《および》天下一の至論」参照。

(164) 子貢がいうには　子貢以下、子夏・子有・子路・冉求・伯牛による六つの問答、いずれも原拠不明。

(165) 言葉は遅く、行ないは早くせよ　『論語』「里仁篇」に「子曰ク、君子ハ言ニ訥ニシテ、行ニ敏ナランコトヲ欲ス」とある。

(166) 十哲　いわゆる孔門の十哲。顔淵・閔子騫・冉伯牛・仲弓・宰我・子貢・冉有・季路・子游・子夏をいう。

(167) 門人が三千人あまり　『孔子家語』「弟子行」に「子貢曰ク、夫子ノ門人ハ蓋シ三千有リ」とある。

(168) 晋の平公……　『史記』「孔子世家」にある以下の文章にもとづく。「是ノ時ヤ、晋ノ平公ハ淫《イン》シ、六卿《リクケイ》権ヲ擅《ホシイママ》ニシ、東ノカタ諸侯ヲ伐ツ。楚ノ霊王ハ兵彊《ツヨ》ク、中国ヲ陵轢ス。斉ハ大ニシテ魯ニ近ク、魯ハ少弱ナリ。楚ニ附ケバ則チ晋怒リ、晋ニ附ケバ則チ楚来リ伐チ、斉ニ備ヘザレバ斉ノ師魯ヲ侵ス。魯ノ昭公ノ二十年ニハ、孔子蓋シ年三十ナリ」。下注に記すように、昌益はいくつかの事項を読みちがえ、またなぜか孔子の年齢を二年後にずらしている。老子を訪問した年次を三十歳としたためか。

(169) 六卿　晋で公室を補佐し、大臣を出した有力な家系の六族、趙・魏・韓・范・中行・知をいう。六卿はしばしば公室と対立し、のちに晋を滅亡させる原因となった。『史記』の本文によれば、六卿が権力をほしいままにしたのである。

(170) 楚の平王　楚の霊王の誤り。

(171) 斉の景公……　『史記』「孔子世家」に「斉ノ景公、晏嬰ト来リテ魯ニ適ク」とあるのによる。

(172) 晏平仲　春秋時代の斉の大夫。晏嬰《エイ》。平仲はその字。霊公・荘公に仕え、景公の相となった。後人がその行事および言説を集めて『晏子春秋』八巻を作った。

(173) 晋の穆公　秦の穆公の誤り。

(174) 覇者　春秋戦国時代に武力をもって諸侯の盟主となった人物。

(175) 百里奚　もと虞の人。虞の滅亡後、諸国を流浪して不遇だったが、秦の穆公に賢才を見出され、臣下となってその覇業を助けた。

(176) 王者になることといえども……　『史記』「孔子世家」の本文は「王ト雖モ可ナリ。其ノ覇ハ小ナリ」。昌益は傍点の部分を読み落としたか。

(177) 闘鶏のことがもとで……　『史記』「魯周公世家」に「季氏ト郈氏ト鶏ヲ闘ハス。季氏鶏羽ニ芥《カイ》シ、郈氏ハ金ノ距《ケヅメ》ス。季平子怒リテ郈氏ヲ侵ス。郈昭伯モ亦タ平子ヲ怒ル」とある。

(178) 音韻を学ぶ　『史記』「孔子世家」には「斉ノ太師ト楽ヲ語リ、韶音《セウオン》ヲ聞イテ之ヲ学ビ、三月肉ノ味ヒ《アジハ》ヲ知ラズ」とある。『論語』「述而篇」にも「子、斉ニ在リテ韶ヲ聞ク。三月肉ノ味ヒヲ知ラズ」の語句が見える。「韶」とは舜が作ったとされる古典音楽。昌益はその「韶音」を「音韻」と勝手に読みかえている。

(179) 五音　『統道真伝』巻五の「五音一真図解」では、昌益は触音（太音）を木、細音を火、剛音を金、舒音を水、中音を土に、それぞれ配当している。

(180) 五韻　『統道真伝』巻五の「古説韻鏡失論」には「モシ自然自列ノ一気ニ因ラバ、則チ韻列ヲ、喉・中土、牙・初発生木、舌・盛極火、歯・収実金、唇・枯蔵水ト立ツベキナリ」とある。

(181) 巧言令色は仁を鮮めり　『論語』「学而篇」にある語句。ふつうこれは「巧言令色、鮮シ《スクナ》仁」と読む。『自然真営道』「私制字書巻下」でも「鮮」字はスクナシとは読まれてもヌスムとは読んでいないから、これは昌益の筆の勢いであろう。この言葉をこのときのものとするのも、もちろん昌益の付会であろう。

(182) 墳羊　土中の怪物。『国語』「魯語下」の注に「墳羊ハ雌雄成ラザル者ナリ」とあり、また『後漢書』「馬融伝」の注に「墳羊ハ土ノ怪、其ノ形羊ニ似タリ」とある。

(183) 怪力乱神　『論語』「述而篇」に「子ハ怪力乱神ヲ語ラズ」とある。昌益は、孔子が土中の怪物について説明したことをもって「怪」を語ったとしているのである。

(184) 呉兵は越を伐ち　この事件をここに挿入するのは昌益の誤りである。『史記』「孔子世家」の一挿話を伝記中に混入させたもの。定公五年は孔子四十七歳（昌益のしたがう『史記』の編年による）、西紀前五〇五年にあたるが、呉が越を破って勾践《こうせん》を虜囚としたのは次の哀公元年（西紀前四九四年）、孔子五十八歳の二月のことである。

(185) 中都という邑の宰にした　『史記』「孔子世家」によれば、これは定公九年、孔子五十一歳のときである。昌益の以下の叙述では、中都の宰となったのも三都の城を破却しようとしたのも定公十四年、孔子五十六歳のこととしているかのごとくであるがこれは誤り。

(186) 叔孫氏　『史記』「孔子世家」には叔孫輒《ちょう》とある。昌益は前出の叔孫氏と混同している。

(187) 郈の城市を破壊した　『史記』「孔子世家」に「是ニ於テ叔孫氏ハ先ヅ郈ヲ堕《コボ》ツ」とある記載の誤読か。実際には、叔孫氏はまず率先して自国の城を破壊したのである。

(188) 郊祭　郊外で天地を祭る儀式。冬至に天を南郊に祭り、夏至に地を北郊に祭る。『史記』「孔子世家」に「子路曰ク、夫子以テ去ルベシト。孔子曰ク、魯ハ今且《マサ》ニ郊セントス。如《モ》シ膰《ハン》（祭式の肉）ヲ大夫ニ致サバ、則チ吾猶以テ止ルベシト。桓子ハ卒《ツヒ》ニ斉ノ女楽ヲ受ケ、三日マデ政ヲ聴カズ。郊セシモ又膰俎ヲ大夫ニ致サズ。孔子遂ニ去ル」とあるのにもとづく。

(189) 徳を好むこと色を好むが如くする者を見ず　『論語』「子罕《しかん》篇」および「衛霊公篇」に同じ言葉がある。

(190) 趙簡子　春秋時代の晋の政治家。定公の宰相となった。名は鞅《おう》。簡はその諡《おくりな》。

(191) 二人の家臣を死なせた　『史記』「孔子世家」に「孔子曰ク、竇鳴犢《トウメイトク》・舜華ハ晋国ノ賢大夫ナリ。趙簡子、未ダ志ヲ得ザリシ時ハ、此ノ両人ヲ須《モチ》ヒテ而《シカ》ル後ニ政ニ従ヘリ。其ノ已《スデ》ニ志ヲ得ルニ及ンデハ、之ヲ殺シテ乃チ政ニ従フ。……夫レ鳥獣ノ不義ニ於ケルヤ、尚之ヲ辟クルヲ知ル。況ンヤ丘ニ乎《オイ》テヲヤ」とある。

(192) 長沮桀溺という者　長沮・桀溺の誤り。昌前が『史記』「孔子世家」の本文を誤読ないしは曲読したもの。原文は「長沮桀溺耦而耕」（長沮・桀溺、耦《グウ》シテ耕ス）である。昌益は人名の「溺」字を「溺《まみ》れる」と読み、「耦」（ならんでたがやす）を「ふたすき」（鋤の一種か）と読んで、その結果、二人の人物を一人にしてしまった。

(193) 隠者とした　『史記』「孔子世家」には、前注の引用文にすぐ続いて「孔子以テ隠者ト為シ、子路ヲシテ津ヲ問ハシム」とある。『論語』「微子篇」にはこの文章はない。

(194) 鳥獣と同じだとするのも……　昌益の原文は「鳥獣ニ同ジト為ルハ直耕ニ非ズ」。しばらく意を体して括弧の中を補った。下文も同じ。

(195) 雪山　ヒマラヤ山のこと。釈迦は過去世に雪山で菩薩道を修めたといわれる。

(196) 隠者だろう……　『史記』「孔子世家」の本文は「孔子曰ク、隠者ナリト。復《マ》タ往ケバ則チ亡シ」。昌益は「復タ往ケバ」以下も孔子の言葉と解している。

(197) 兕でもなく、虎でもない……　『詩経』の「小雅」、「何草不黄」の篇にある詩。原詩は「兕《ジ》ニ匪《アラ》ズ、虎ニ匪ズ、彼ノ曠野ニ率《シタガ》フ」。賢人が災厄にあってその不幸を歎くたとえとされる。兕は、水牛に似て青い皮をし、一角を生ずるといわれる野獣。

(198) わたしがおまえの宰相になりたい……　この箇所の文章は、『史記』「孔子世家」には「爾《ナンヂ》ニ財多カラシメバ、吾ハ爾ガ宰ト為ラン」というのであって、顔淵を国主にするという意味はない。昌益はかなり気ままに改変しているごとくである。

(199) 書社の地　書社とは二十五戸を一里とする封土《ほうど》の単位。「孔子世家」には「書社ノ地七百里」とある。

(200) 道の行なわれざるや、我これを知る……　『論語』にあるというのは昌益の誤り。『中庸』第四章に「子曰ク、道ノ行ハレザルヤ、我之ヲ知ル。知者ハ之ニ過ギ、愚者ハ及バザルナリ。道ノ明ラカナラザルヤ、我之ヲ知ル。賢者ハ之ニ過ギ、不肖者ハ及バザルナリ」とある。

(201) 「関雎」の篇　『詩経』の「国風」、「周南」のはじめにある「関雎」の詩篇のこと。「関々タル雎鳩《ショキウ》ハ、河ノ洲ニ在リ。窈窕《エウテウ》タル淑女ハ、君子ノ好逑《カウキウ》」。なお風雅とは国風および大雅・小雅の総称。

(202) 「鹿鳴」の篇　『詩経』の「小雅」、「鹿鳴」のはじめにある詩篇。「呦々《イウイウ》タル鹿鳴、野ノ苹《ヘイ》ヲ食《ハ》ム。我ニ嘉《カ》賓《ヒン》有リ。瑟《シツ》ヲ鼓シ笙《シャウ》ヲ吹ク。云々」

(203)「文王」の篇　同じく「大雅」、「文王」のはじめにある詩篇。「文王上《カミ》ニ在リ。於《アア》、天ニ昭《アキ》ラカナリ。周ハ旧邦ナリト雖モ、其ノ命維《コ》レ新《アラ》タナリ。云々」

(204)謡い・浄瑠璃・歌舞伎狂言　原文では昌益はそれぞれの語に、「謳《うたひ》」「情緩《じやうるり》」「歌舞伎《かぶき》人狂似軍《きやうげん》」と字を宛てている。

(205)象の辞　『易経』の本文（経《けい》）につけられた十篇の解説（伝）、いわゆる十翼の一部である上下の『象伝』のことか。だとすれば卦辞の解説にあたる。しかし、これは従来孔子の作とされている（本田済『易』——朝日新聞社「中国古典選」参照）。朱熹の『周易本義』には、「象ハ即チ文王ノ繋クル所ノ辞ナリ。伝ハ孔子経ヲ釈ク所以ノ辞ナリ」とある。朱熹のいう文王作るところの象辞は『易経』の「経」の部分にあたる卦辞と同じものである。昌益はこの意味で用いているか。

(206)象の辞　『周易本義』に「象ハ卦ノ上下ノ両象及ビ両象ノ六爻。周公ノ繋ケタル辞ナリ」。『象伝』上下は「大象」と「小象」に分たれ、前者は卦の全体を、後者は爻辞の一つ一つを説明する。

(207)繋辞　孔子が易の全体を哲学的に論じたものとされる上下の『易繋辞伝』をさす。『周易本義』はこれを卦辞・爻辞と明確に区別させるべく、「繋辞ハ本《モ》ト文王周公作ル所ノ辞ヲ卦爻ノ下ニ繋ケタル者ヲ謂フ。即チ今ノ経ノ文ナリ。此ノ篇ハ乃《スナハ》チ孔子ノ述ブル所ノ繋辞ノ伝ナリ。其ノ通ジテ二経（易の上経・下経）ノ大体凡例ヲ論ズルノ故ニ経ノ附クベキ无《ナ》シ。而モ自《ミツカ》ラ上下ヲ分ツト云フ」と解説している。

(208)文言　やはり易の経伝、十翼の一つである『文言伝』のこと。『周易本義』に「此ノ篇、象伝象伝ノ意ヲ中《カサ》ネテ以テ乾坤ノ二卦ノ蘊ヲ尽ス。而シテ余卦ノ説因リテ例ヲ以テ推スベシト云フ」とある。

(209)序卦伝　経に見える六十四卦の序列を解説する。『周易本義』は本文のみを載せる。

(210)雑卦伝　乾と坤、離と坎《かん》のように相対立する卦の相互関係を説明するのが特色。

(211)説卦　同じく経伝の一つ『説卦伝』のこと。昌益は本文中で説明を与えていない。

(212) 伏羲が……誤って作った　昌益は『自然真営道』巻四の「易学之評及紀レ失論」で、伏羲の制作にかかるとされる易を十数項目にわたって批判している。昌益の自然哲学の基礎は易学批判にある。この箇所は非常に重要と思われるので、本書の「私法儒書巻」の末尾に補論として訳出してある。その項の本文参照のこと。

(213) 九疇　『周書』の「洪範」に、「天乃チ禹ニ洪範九疇《チウ》ヲ錫《アタ》フ、彝倫《イリン》ノ叙《ツイ》ヅル攸《トコロ》ナリ」とあるのによるか。洪範とは天下を治める大法のこと。九疇はその九種類の範疇、五行・五事・八政・五紀・皇極・三徳・稽疑・庶徴・五福六極をいうが、易法には直接の関係はない。あるいは、九疇のうちの稽疑が卜筮を意味することによるか。

(214) 天の五行二十五、地の五行五六の三十、あわせて五十五　『易繫辞上伝』に「天一、地二、天三、地四、天五、地六、天七、地八、天九、地十。天数五ツ、地数五ツ。五位相ヒ得テ各々《オノオノ》合フコト有リ。天数二十有五、地数三十。凡《スベ》テ天地ノ数五十有五、此レ変化ヲ成シテ鬼神ヲ行フ所以ナリ」とあるのを批判している。昌益は天数二十五は五の自乗、地数三十は五掛ける六の三十で、その六という数は「六合」という語および『易学啓蒙』の「天一ヲ以テ水ヲ生ジ、地六ヲ以テ之ヲ成ス」から来ていると付会しているかのごとくである。同書の朱熹の解説によれば、右の『易繫辞上伝』の一文は孔子が「河図《かと》」の象数の意味を発明したものとされ、天数二十五とは天（陽）に属する奇数一三五七九の和、地数三十とは地（陰）に属する偶数二四六八十の和である。

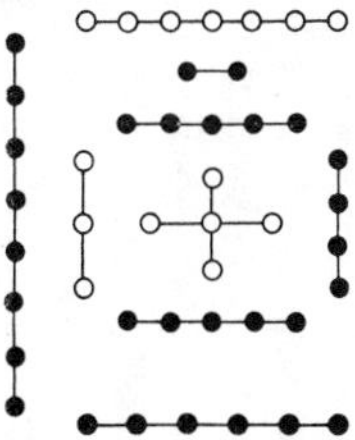
「河図」の図（『易学啓蒙』より）

(215) 天一が北に水を生ずれば　『易学啓蒙』に「河図ノ位、一ト六ト宗ヲ同ジクシテ北ニ居ス」とある。

(216) 礼儀三百、曲礼三千　礼儀とは礼の大別、曲礼とは行事に関するつぶさな礼。曲は事であるという。

(217) 毋レ不レ敬　『礼記』首篇の「曲礼上」の冒頭にある語句。「曲礼ニ曰ク、敬セザルコト毋レ、儼トシテ思フガ若《ゴト》クセヨ。辞ヲ安ンジ定メヨ、民ヲ安ンズルカナ」

(218) 礼とは夏の徳　陰陽五行説では、五常のうちの「礼」を火に、すなわち四時のうちの夏に配当することにもとづく。

(219) 同姓をめとることは……礼に反したこととしている　『礼記』「曲礼上」に「妻ヲ取《メト》（娶）ルニ、同姓ヲ取ラズ。故ニ妾《セフ》ヲ買フニ其ノ姓ヲ知ラザレバ、則チ之ヲ卜《ボク》ス」とある。鄭玄はこれに注して、「其ノ禽獣ニ近キガ為ナリ」という。

(220) これが兄妹であり　昌益がここで論じているのは、兄妹一般のことではなく、世界にはじめてあらわれた男女の夫婦（『統道真伝』巻三の「人始生自然一真図解」では、昌益はこれを「初見人」と呼ぶ）の間に生まれた男子と女子のことである。「初見人」はただ一組の夫婦だったから、その子の兄妹が夫婦にならなければ子孫を殖やすことができなかったとして、昌益は兄妹の結婚をみとめているのである。後出（『自然真営道』第二十五巻）に「兄妹夫婦ニ成ルトモ恥ナラズ、人道ナリ」とある文章も、このように「歴史的」事実――と昌益が考えること――に言及したものと理解すべきだろう。『忘れられた思想家』でハーバート・ノーマンはこれを昌益が「兄と妹の結婚を自然なものと認めている」と解釈しているが、これはおそらく当たっていない。ただし、本文にあるように昌益は従兄妹《いとこ》同士の通婚はみとめているから、ある限度までの近親婚に寛容だったことは事実である。当時の農村社会の実情に密着した論なのであろう。

(221) 二人以上の女を妻妾と名づけて　『礼記』「昏義」に「古《イニシヘ》ハ天子ノ后ハ六宮ヲ立ツ。三夫人、九嬪《ヒン》、二十七世婦、八十一御妻有リ」とある。

(222) 『孝経』の書出しの言葉　『孝経』のはじめの「開宗明義章」の以下の文章にもとづく。「仲尼居《イマ》ス。曾子侍ス。子曰ク、先王、至徳要道有リ。以テ天下ヲ順《シタガ》ヘ、民用《モッ》テ和睦シ、上下怨ミ無シ。汝之ヲ知ルカ。曾子、席ヲ避ケテ曰ク、参、不敏ナリ。何ゾ以テ之ヲ知ルニ足ラン。子曰ク、夫レ孝ハ徳ノ本ナリ。教ノ由リテ生ズル所ナリ。坐ニ復セヨ。吾レ汝ニ語《ツ》ゲン。身体髪膚、之ヲ父母ニ受ク。敢テ毀傷セザルハ孝ノ始メナリ。身ヲ立テ道ヲ行ヒ、名ヲ後世ニ揚ゲ、以テ父母ヲ顕スハ孝ノ終ナリ」

(223) 父母を養うのみは……　『論語』「為政篇」に「子游孝ヲ問フ。子曰ク、今ノ孝ナル者ハ、是レヲ能ク養フト謂フ。犬馬ニ至ルマデ皆能ク養有リ。敬セズンバ何ヲ以テ別《ワカ》タンヤ」とある。

(224) 舜は大孝をもって天下に王たり　出典不明。『史記』「五帝本紀」には「舜年二十、孝ヲ以テ聞ユ。年三十、堯之ヲ挙グ。年五十、天子ノ事ヲ摂行ス」とある。

(225) 品々に応じた序列　『孝経』の「天子章」「諸侯章」「卿大夫章」「士人章」「庶人章」のこと。しかし、昌益は『孝経』本文の大意をかならずしも忠実に要約しているわけではない。

(226) 柤模　意味不明。何かの宛字だろうが不詳。

(227) 正月が幸いに終わった　原文は「隠公元年、春、王、正月幸イニ畢ル。故ニ只ダ正月トシテ安《オ》クナリ」。文意判然としない。『左伝』は「元年、春、王ハ周ノ正月。即位ヲ書セザルハ摂スレバナリ」とある。元年春の周の正月に即位したと書かないのは摂政の位にあったからだというのである。

(228) 三十一代から後八代　昌益の誤り。戦国時代は晋がその大夫にあって魏・趙・韓の三国に分割された西紀前四〇三年をもって起点とするが、これは周の三十二代、威烈王のときにあたる。また周の滅亡は、その五代後、三十七代の赧王のときである。

(229) 河は図を出さず……　『史記』「孔子世家」に「魯ノ哀公ノ十四年春、大野ニ狩ス。叔孫氏ノ車子鉏《ソ》商《シャウ》、獣ヲ獲タリ。以テ不祥ト為ス。仲尼之ヲ視《ミ》テ曰ク、麟ナリト。之ヲ取ル。曰ク、河ハ図ヲ出サズ、洛ハ書ヲ出サズ。吾已ンヌルカナト」とある。河図とは、伏羲の時代に黄河から現われた竜馬の背上にあった形象の図。八卦はこれにもとづくとされる。また洛書とは、禹の時代に洛水に現われた神亀の背上にあった文様の図。「洪範九疇」の基とされる。

(230) 自分を知る者はいない　『史記』「孔子世家」に「西狩ニ麟ヲ見ルニ及ンデ曰ク、吾ガ道窮スト。喟然トシテ嘆ジテ曰ク、我ヲ知ル莫キカト」とある。以下の本章の引用いずれも出典は同じ。

(231) 哀公十二年四月八日己丑　昌益の誤り。『史記』「孔子世家」には哀公十六年四月己丑、『春秋』哀公同年の条にも夏四月己丑とある。昌益が己丑を四月八日とした根拠は不明。通説のうちいちばんこの日付に近いものは、江永の『郷党図考』の四月十日である（角田穴華『孔子履歴考』所引）。

(232) 夢にも周公を見ず　『論語』「述而篇」に「久シイカナ、吾復《マ》夕夢ニ周公ヲ見ズ」とある。

(233) 聖人は夢を見ない　『荘子』「大宗師」に「古ノ真人ハ、其ノ寝《イ》ネテハ夢ミズ、其ノ覚メテハ憂ヒ無シ」。また『淮南子』「俶真訓」に「夫レ聖人ノ心ヲ用ヰルヤ、性ニ休《ヨ》リ、神ニ依ル。相助ケテ終始ヲ得。是ノ故ニ、其ノ寝ネテハ夢ミズ、覚メテハ憂ヘズ」とある。

(234) これが君子の耕道である　引かれている水田耕作の比喩から考えて、正式な出典のある言葉ではなく昌益の仮託であろう。しかし、こうした通俗的な儒学の教説は、たとえば石門心学の名で知られる石田梅岩の『都鄙問答』（元文四年刊）などに見出されるところである。「行ヒト云ハ、農人ナラバ、朝ハ未明ヨリ農ニ出テ、夕ニハ星ヲ見テ家ニ入リ、我身ヲ労シテ人ヲ使ヒ、春ハ耕シ、夏ハ芸《クサギリ》、秋ノ蔵《ヲサムル》ニ至ルマデ、田畑ヨリ五穀一粒ナリトモ、ヲヲク作出スコトヲ忘ズ。御年貢ニ不足ナキヨウニト思ヒ、其余ニテ父母ノ衣食ヲ足シ、安楽ニ養ヒ、諸事油断ナク勉時ハ、身ハ苦労ストイヘドモ、邪ナキユヘニ心ハ安楽ナリ」（巻一「都鄙問答ノ段」）

(235) 私術　わたくしのはかりごと。この語の用例は『管子』にある。「明法解」に「賞ヲ喜ビ罰ヲ悪ムノ人ハ公道ヲ離レ私術ヲ行フ」とある。

(236) 曾子がいうには　『孔子家語』の「在厄」および『説苑』の「立節」に見える逸話にもとづいたものであろう。ここでは『孔子家語』の本文を示しておく。「曾子敝衣シテ魯ニ耕ス。魯君コレヲ聞キテ邑《イフ》ヲ致《オク》ル。曾子固ク辞シテ受ケズ。或ルヒト曰ク、子ノ求メタルニ非ズ、君自ラ之ヲ致ル。奚《イック》ンゾ固ク辞スルヤト。曾子曰ク、吾聞ク、人ノ施ヲ受クル者ハ、常ニ人ヲ畏レ、人ニ与フル者ハ、常ニ人ニ驕ルト。縦《タト》ヒ君賜フ有リテ我ニ驕ラズトモ、吾豈能ク畏ルル勿カランヤト。孔子之ヲ聞キテ曰ク、参ノ言ハ、以テ其ノ節ヲ全ウスルニ足レリト」

(237) 学問統括　『自然真営道』「大序」の巻末に付された「統目録」によると、昌益は同書全百巻九十三冊のうちの巻首から第十四巻までを「学問統括部」と呼んでいる。内容を見ると、字書・儒書・仏書および韻学・神書・運気書および歴書・医書・本草書が含まれている。昌益は既成の学問体系の包括的な批判をすることを計画し、これを「学問統括」と自称していたかのごとくである。

(238) 宗を曾子に譲った　朱子学でいう「道統之伝」の考えにもとづくか。宋の李元綱に『聖門事業図』一巻があり、伏義にはじまる儒道の正統は、孔子から曾子ならびに顔子（顔回）に伝えられたとする。

(239) 太極　朱熹の『易学啓蒙』は、『繋辞上伝』の本文「易ニ太極有リ」を注して次のように述べる。「太極ハ象数未ダ形アラズシテ、其ノ理已ニ具ハルノ称。形器已ニ具ハリテ、其ノ眹無キノ目。河図洛書ニ在リテ、皆中ヲ虚シウスルノ象ナリ。周子ノ曰ク、無極ニシテ太極。邵子ノ曰ク、道ヲ太極ト為ス。又曰ク、心ヲ太極ト為ス。此レ之ノ謂ヒナリ」

(240) 両儀　『易学啓蒙』に『繋辞上伝』の「是レ両儀ヲ生ズ」を注して「太極ノ判《ワカ》ル、始メテ一奇一偶ヲ生ジテ一画ト為ル者二ツ。是ヲ両儀ト為ス。其ノ数ハ則チ陽ハ一ニシテ陰ハ二。河図洛書ニ在リテハ則チ奇偶是レナリ。周子ノイハユル太極動キテ陽ヲ生ジ、動クコト極マリテ静。静ニシテ陰ヲ生ズ。静ナルコト極マリテ復タ動ク。一動一静互ヒニソノ根ト為ル。陰ヲ分チ、陽ヲ分チテ両儀立ツ。邵子ノイハユル一、分レテ二ト為ル者ハ、皆之ヲ謂フナリ」とある。

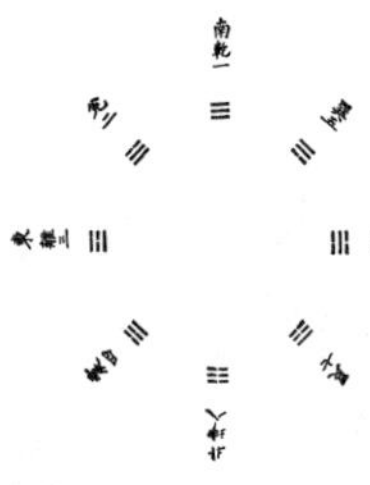

伏義の八卦方位

(241) 八卦を方角に配当し　朱熹の『易経本義』序例は、「伏義八卦方位」を図解した説明の語として「邵子ノ曰ク、乾ハ南、坤ハ北、離ハ

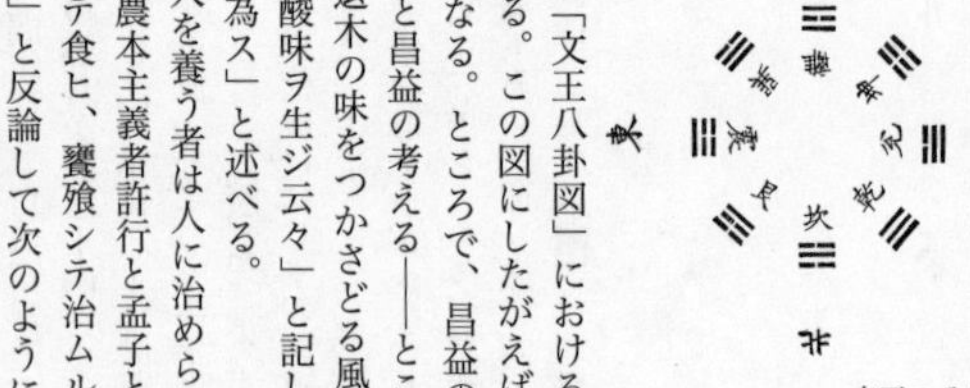

文王の八卦図

東、坎ハ西、震ハ東北、兌ハ東南、巽ハ西南、艮ハ西北云々」と記している。

(242) 八卦を五行に配付し『易経本義』序例の「稽類」に、『説卦伝』を要約して「乾ハ健ニシテ天行キ、坤ハ順ニシテ地従フ。震ハ動ク、雷ト為ス。巽ハ入ル、木風ナリ。坎ハ険ニシテ水泉ナリ。亦夕雲、亦夕雨ナリ。離ハ麗ニシテ文明ナリ。電日ニシテ火ナリ。艮ハ止ル、山ト為ス。兌ハ説《ヨロコ》ブ、沢ト為ス」とあるのにもとづくか。

(243) 震は進木の卦であるのに昌益の批判はおそらく『易学啓蒙』所載の「文王八卦図」における八卦の方位への配当に依拠している。これは『説卦伝』の文言にもとづくものである。この図にしたがえば、震は東、巽は東南、離は南、坤は西南、兌は西、乾は西北、坎は北、艮は東北となる。ところで、昌益の五行進退の説によれば、東にあたる震は進木の卦にあたるから、火気である――と昌益の考える――ところの雷とするのは誤りであるというのである。

(244) 退木の味をつかさどる風をもって『統道真伝』巻五の「五味一真図解」では酸味を木とし、「木気ノ退イテ酸味ヲ生ジ云々」と記している。また同書同巻の「五気一真図解」では「木気進ンデ風ヲ為シ、退イテ燥ヲ為ス」と述べる。

(245) 人を養う者は人に治められ……　ここで昌益が批判の対象としているのは、『孟子』の「滕《とう》文公上」に見える農本主義者許行と孟子との論争のくだりに見える孟子の言説である。孟子は、許行が「賢者ト民ト並ビ耕シテ食ヒ、饔飧シテ治ムル」ことを主張するのに対して、君子は「天下ヲ治ムルニ独リ耕シ且ツ為スベケンヤ」と反論して次のようにいう。「或イハ心ヲ労シ、或イハ力ヲ労ス。心ヲ労スル者ハ人ヲ治メ、力ヲ労スル者ハ人ニ治メラル。人ニ治メラルル者ハ人ヲ食《ヤシナ》ヒ、人ヲ治ムル者ハ人ニ食《ヤシナ》ハル。天下ノ通義ナリ」。昌益はこの孟子の言葉に対して批判を加えているわけであるが、不思議なことには論争相手の許行には一言も論評していない。昌益は同じ「私法儒書巻」では、直耕の生活を実践した人間として、曾参ならびに長沮・桀溺の名をあげて称揚しているから、もっと端的に農耕生活説をとなえた許行は当然昌益の立場に近いはずである。あるいは、もし異論があるとしたらそれなりに批評を加えていてよいはずである。にもかかわらず、昌益が一語の論評もしていないのはなぜか。許行の思想が昌益の学説の源泉であるとは、もちろんいえないにもせよ、ここにはかえってなんらかのつながりが暗示されているかもしれない。

(246) 天の時は地の利にしかず……　『孟子』「公孫丑上」に、「孟子曰ク、天ノ時ハ地ノ利ニ如《シ》カズ。地ノ利ハ人ノ和ニ如《シ》カズ」とある。

(247) 思子の達道の和　子思（子思子ともいわれる）の作とされた『中庸』の第一章に、「和ナル者ハ天下ノ達道ナリ」とある。

(248) 浩然の気を養う　『孟子』「公孫丑上」に「(孟子) 曰ク、我善ク吾ガ浩然ノ気ヲ養フ。敢ヘテ問フ、何ヲカ浩然ノ気ト謂フ。曰ク、言ヒ難シ。其ノ気タルヤ、至大至剛、直ヲ以テ養ヒテ害スル無ケレバ、則チ天地ノ間ニ塞ル」とある。

(249) 孔子の一貫　『論語』「里仁篇」に「子曰ク、参《シン》ヨ、吾ガ道ハ一《イッ》以テ之ヲ貫ク」とある。

(250) 心を存し、性を養う……　『孟子』「尽心上」に「孟子曰ク、其ノ心ヲ尽ス者ハ其ノ性ヲ知ル。其ノ性ヲ知レバ則チ天ヲ知ル。其ノ心ヲ存シ、其ノ性ヲ養フハ、天ニ事《ツカ》フル所以ナリ」とある。

(251) 性・理を味わって天道を感ずる　朱子の『孟子集注《しっちゅう》』は、前注の『孟子』本文に注釈して、「心トハ、人ノ神明、衆理ヲ具ヘテ万事ニ応ズル所以ノ者ナリ。性ハ則チ心ノ具フル所ノ理ニシテ、天ハ又理ノ従ツテ以テ出ヅル所ノ者ナリ」とある。

(252) 三部の妙経　後文にあるとおり、『旧事紀』『古事記』『日本書紀』の三部の書をさす。

(253) 天譲日天狭霧国禅月国狭霧尊　『旧事紀』の本文には「天祖天譲日天狭霧国禅日国狭霧尊《あまつおやあめゆづるひあめのさきりくにゆづるひくにのさきり》」とある。昌益は、「日」を「月」に読み変えたか読みちがえたかしている。

(254)『旧事紀』　正しくは『先代旧事本紀』。日本の開闢から平安時代初期までを記した史書。序文に推古天皇二十八年に聖徳太子・蘇我馬子の撰録とあるが、実際には平安初期の偽撰にかかるとされる。その偽書たるゆえんは近世にいたって明らかにされたのであるが、昌益はこれを『古事記』『日本書紀』以前のものと見なして叙述を進めている。
(255)この三神の名をもって……　原文割注。以下括弧内はみな同じ。
(256)国稚　昌益は「国稚《くにしい》」と訓読しているが、原文はふつう「国稚《わか》く」と読まれる。「国のいしずえ」とでもいう意味か。
(257)美葦芽彦児神　『古事記』の原文は「宇麻志阿斯訶備比古遅神《うましあしかびひこぢのかみ》」。
(258)別天の神　『古事記』では「こと天つ神」と読まれる。天地開闢の初めに出現したとされる五柱の神。
(259)角檝神　『古事記』では「角杙神《つぬぐひのかみ》」。「檝」字を用いるのは『旧事紀』である。
(260)小治田　小墾田宮のこと。推古天皇の皇居で、現在の奈良県高市郡明日香村にあったと推定される。
(261)安部の安麻呂　元明・元正両帝の民部卿、太安万侶《おおのやすまろ》の誤り。
(262)過去七仏　釈迦の出現以前に在世したとされる仏。毘婆尸仏・尸棄仏・毘舎浮仏・拘留孫仏・拘那含牟尼仏・迦葉仏および釈迦牟尼仏をいう。
(263)五時教　訳注(30)参照。
(264)火の数　『易学啓蒙』に「地二ヲ以テ火ヲ生ジ、天七ヲ以テ之ヲ成ス」とある。また後文参照。
(265)火は心である　『統道真伝』巻五の「五神精図解一真」では、木(魂)・火(神)・金(魄)・水(霊)・土(真)として、火には「神」を配当している。しかし、この巻では「神」の字はただ火の精気としてだけではなく、中真伸発の気として用いられているから、それと区別して「心」としたのであろう。また五臓のうちの心臓が火に配当されていることにも関係があろう。
(266)四方それぞれの七宿　すなわち二十八宿である。黄道(太陽の視軌道)に沿って天球を二十八に区分し、一つ一つに星宿の名をあてたもの。

(267) 土数　『易学啓蒙』に「天五ヲ以テ土ヲ生ジ、地十ヲ以テ之ヲ成ス」とある。また後文参照。

(268) 『淮南子』や『列子』も……　『淮南子』は「俶真訓」で天地開闢以前を論じ、たとえば「イハユル始ナル者有リトハ、繁憤未ダ発セズ萌兆牙蘖《ガゲツ》、未ダ形埒垠堮《ケイラツギンガク》有ラズ。無々蝡々《ゼンゼン》トシテ、将ニ生興セント欲シテ、未ダ物類ヲ成サザルナリ」という。また『列子』の「天瑞篇」には「太素ハ質ノ始ナリ。気形質具リテ未ダ相離レズ、故ニ渾淪ト曰フ。渾淪ハ万物相渾淪シテ未ダ相離レザルヲ言フナリ」とある。

(269) 「仏法初立」の条　『自然真営道』巻七「私法仏書巻」の一部をさす。ほとんど同主旨の文章が『統道真伝』巻二「糺仏失巻」にある。

(270) 水玉　昌益は、男女交合のあと受胎が行なわれると胎内に一つの水玉ができると考えていたらしい。『統道真伝』巻三の「胎中十月人体妙序一真」で次のように述べる。「子宮ト謂フハ形ノ備リニシテ之有ルニ非ズ。惟ダ象《シャウ》(臓腑)ト象トノ透間ナリ。澆《ゲキ》(膀胱)ノ後、焼《モ》(小腸)ノ下、鐃(大腸)ノ前ノ透間、是レ乃チ子宮ナリ。胎《ハラ》マザルトキハ則チ焼・鐃・澆・脂皮ヲ隔テ、互ヒニ押シ遇ヒテ空透タルニ非ズ。胎メルトキハ則チ女ノ精水沚《ソ》(腎臓)ノ舎ヨリ肛ヲ挟ミテ鐃ノ前ヘ出ヅ。男ノ精水ト此ニ妙合ス。此ノ則《トキ》惟ダ一ノ水玉ナリ。焼ノ進火煖気ニ誘ハレ焼テノ下ニ登リ、此ニ居リテ焼ノ進火ニ煖メラレ、水玉ヨリ芽ヲ生ジ、此ノ芽生ジ長ウシテ母ノ墝《フ》(胃)ノ象ノ下ニ就クナリ」

(271) 伸は神である　『説文』に「神(神の古字)、天神、万物ノ引キ出ダス者ナリ。示ニ从《ナラ》フ。申声」とある。「申」の古字「申」はものを伸長させる義である。昌益は「私制字書巻下」では「神」を「天ノカミナリ」とし、また『自然真営道』巻四の「十二支附作妄失」では、申《さる》を評して「万物ノ実ニ核《サネ》堅マルニ伸ノ字ヲ以テスルコト失《アヤマ》レリ」と論じている。すなわち「申」字を伸長の意味にとっているのである。

(272) つぎに、天御中主神　衍文。

(273) 腎海　『黄帝内経素問』の「上古天真論」に、「腎ハ水ヲ主《ツカサ》ドル。五蔵六府ノ精ヲ受ケテ之ヲ蔵ス。故ニ五蔵盛ンナレバ乃チ写（瀉）ス」とある。古来、腎臓は精液を製造する器官と信じられていた。「腎海」という言葉が漢方医学の用語であるかは疑問だが、同書の「五蔵別論」には、「海」をたとえば「胃ハ水穀ノ海、六府ノ大源ナリ」と用いている。ものが多く集まり、たくわえられる場所という意味であろう。

(274) 男女の茎門は……　『統道真伝』巻三の「夫婦始人倫大本ニ真論」には、「女ハ進気内ニ在ル故ニ、上ニ進ンデ乳嚢大ニシテ、茎ノ象リ門中ニ在リ。……男ハ外進気ナル故ニ茎嚢下モ退気ノ分ニ外ニ見《アラ》ハレテ、乳首胸ニ見ルコト微少ナリ」とある。

(275) 牝鶏がまず鳴くたぐい　『史記』の「周本紀」に武王の言葉として「牝鶏ノ晨《アシタ》スルコト無シ。牝鶏ノ晨スルハ、惟レ家ノ索クルナリ」とある。

(276) 過ちて改むるに憚ることなかれ　吉川惟足《これたり》の『神代巻惟足抄』に「陽神《ヲガミ》悦ビズシテ曰ク」から「可美《ウマシ》少女《ヲトメ》ニ遇ヒヌ」までを注釈して、「聖賢過《あやまち》を不レ再《ふたたびせず》の類なり。凡そ情愛《ここ》に力を付て可レ勤こと也、何事も一段は可レ過、速に是を可レ改」とある。

(277) 鶺鴒が飛んで来て　『旧事紀』の「陰陽本紀」に「是ニ雌雄初メテ会ヒテ交合《ミトノマグハヒ》シ、国土ヲ産マント欲ス。其ノ術《ミチ》ヲ知ラズ。時ニ鶺鴒《トツキヲシヘトリ》飛ビ来リテ其ノ首尾《カシラヲ》ヲ揺《タタ》ク。二ノ神見テ之ヲ学《サト》リ、即チ交通《トツキ》ノ術ヲ得タリ」とあり、『日本書紀』にもほぼ同文の所伝があるが、『古事記』にはない。

(278) 淡嶋神　『旧事紀』「陰陽本紀」には「河海ニ因リテ持チ別ケテ神十柱ヲ生ム。先ヅ沫那芸神ヲ生ム。云々」とある。

(279) 老陰変じて少陽生ず　出典不明。ただし易の理をもって記紀の記載を解釈したものには、たとえば一条兼良《かねら》の『日本書紀纂疏』がある。兼良はこの条を「軻遇突智。火神ノ号。軻遇、牙音角木。突智、舌音徴火。木ハ火ヲ生ズ。故ニ火神ノ名ト為スナリ。伊弉冉尊ハ本《モ》ト五行ノ徳ヲ具フ。而シテ火ノタメニ焦《ヤ》カルルハ、且ク木徳ヲ以テ之ヲ具ハス。木ハ火ヲ生ズ。火盛ンナレバ則チ还タ木ヲ焚《ヤ》ク故ナリ」と説明している。

(280) 不測の神　『易繋辞上伝』第五章に「陰陽測ラレザル、コレヲ神ト謂フ」とある。

(281) 後文では　昌益の意図不明。伊弉冉尊が病臥しているときに、嘔吐したものから金山彦神、小便から罔象女神《みつはひめのかみ》、大便から埴安姫などを生んだとあることをさすか。

(282) 稚産霊神　『旧事紀』では稚皇産霊神。

(283) 剣は金気である　『神代巻惟足抄』に「一書ニ曰ク、伊弉諾尊剣ヲ抜キテ云々」に注して「抜レ剣は、金気のほころび出る処なり」とある。

(284) 砂石草木中に火気がある　『旧事紀』の「陰陽本紀」に「是ノ時斬ル血激灑《ソソイ》デ石礫《イハムラキ》樹草《クサ》ヲ染ム。砂石自カラ火ヲ含ム其ノ縁《コノモト》ナリ」とある。

(285) 日本の国は鯰という魚の背に……　この俗説は広く巷間に流布しているが、昌益が直接いかなる出典によったかは不明。『和漢三才図会』の「地部」鹿島神宮の条には次のように要石《かなめいし》の伝説だけを載せる。「其ノ地ノ端ニ石有リ。要石ト名ヅク。大イサ柱ノ如ク、地ヨリ出ヅルコト二、三尺。人将ニ抜カントシテ数千人ヲ用フト雖モ脱ケ出デズ。其ノ地ニ入ル深サ幾丈トイフコトヲ知ラズ。実ニ此レ神石ナリ」。また菊岡沾涼の『諸国里人談』（寛保二年刊）巻の二にも同様の所伝がある。

(286) 伊弉の二神がともに相談して　『旧事紀』の記載によれば、天照大神・月読命・素戔烏尊が生まれるのは、泉国《よもつくに》から帰って来た伊弉諾尊が泉穢《よもつけがれ》をそそぐときのことである。昌益はこの部分の叙述を『日本書紀』の「神代巻上」に負うている。「既ニシテ伊弉諾尊、伊弉冉尊共ニ議リテ、吾ハ已ニ大八州国、マタ山川草木ノ祖《カミ》ヲ生メリ。何ゾ天下ノ主《キミ》タル者ヲ生マザラメヤト、是ニ共ニ日ノ神ヲ生ミマツリマス。云々」

(287) 夜明大月神　月読尊《つくよみのみこと》のことであろうが、昌益がどう読ませるつもりだったのかは不明。

(288) 収斂をつかさどらせ　『旧事紀』「陰陽本紀」には「(伊弉諾尊が) 次ニ素戔烏尊ニ詔シテ云ク。汝ノ命《ミコト》ハ海原ヲ所知《シロシメ》セト詔ヲ寄セ賜フ」とある。記紀の記述も同様であって、素戔烏尊は海の担当者とされる。昌益は後文にあるように、素戔烏尊を金神に配しているので、金徳としての収斂（ものを取りおさめるはたらき）をこの神の主掌としたのであろう。

(289) 女体男徳　一条兼良の『日本書紀纂疏』に「三二陰陽同体ノ義ヲ述ブレバ、日ハ陽精ニシテ女神タリ。月ハ陰精ニシテ男神タリ。今是ヲ謂フナリ。五行大義ニ曰ク、天一ニ水ヲ北ニ生ズ。地二ニ火ヲ南ニ生ズ。水ハ陰ニシテ陽数、火ハ陽ニシテ陰数。故ニ水体ハ内明ルクテ外暗シ。火体ハ内暗クシテ外明ルシ。明ルキ者ハ陽、暗キ者ハ陰ナリ」とある。

(290) 蛭児・夷子　昌益は「えびす」を「笑子」と宛て字しているが、いま意によって改めた。林羅山の『本朝神社考』中の三に「俗ニ、蛭子ヲ称シテ西宮ノ夷《エビス》三郎ト為ス。又澳《オキ》ノ夷ト写ス」とある。いまの兵庫県西宮市にある広田神社の末社通称西宮えびすの由来である。

(291) いろいろな忌み事　記紀説話に起源を持つ民間のタブーのこと。夜間の一つ火や投げ櫛（別れの櫛として不吉とされる）が忌まれるのは、『旧事紀』の以下の記述にもとづくとされる。「伊弉諾尊、請ハルルヲ聴カズ。時ニ闇《クラ》シ。故《カレ》、左ノ御鬠《ミツラ》ニ刺シタル湯津爪櫛《ユツノツマクシ》ヲ其ノ雄柱《ヲハシラ》一箇ヲ牽折《ヒキカキ》テ以テ秉炬《タヒ》ト為ス。乃チ一片《ヒトツ》ノ火ヲ挙ゲテ之ヲ見タマフ。今ノ世ノ人、夜一片《ヒトツ》ノ火ヲ忌ミ、マタ夜擲櫛《ナゲグシ》ヲ忌ム。此レ其ノ縁《コトノモト》ナリ」

(292) 兄の国　日本は天照大神の治める国であるから、本来なら姉の国とあるべきところだが、前章に見られるように昌益は天照大神を火気に配し、壮男の神と解釈しているのでこういったのであろう。

(293) 忍穂耳尊　『旧事紀』「天神本紀」には、「正哉《マサヤ》吾《ア》勝勝《カツカツ》速日《ハヤヒ》天《アマノ》押穂耳尊《オシホミミノミコト》」とある。しかし昌益はこれを「おしほにのみこと」と訓読している。

(294) 瓊々杵尊　『旧事紀』の「天孫本紀」にははじめ「饒 速日命《ニギシハヤヒノミコト》」の名で見え、「皇孫本紀」にいたって「天《アマ》津《ツ》彦々《ヒコヒコ》火《ホ》瓊々《ニニ》杵尊《ギノミコト》」の名で出る。また『古事記』には「日子《ヒコ》番能《ホノ》邇々《ニニ》芸《ギノ》命」、『日本書紀』には「天津彦々火瓊々杵尊」として見える。

(295) 焼け失せるという理　この文脈では意味不明。『旧事紀』の「皇孫本紀」で、母神の吾《あ》田《だ》鹿《か》葦《あし》津《つ》姫《ひめ》が八尋《やひろの》殿《との》を作り、「妾《ワ》ガ妊《ハラ》メル子《ミコ》、若シ天神ノ胤《ミコ》ニ非ンバ、必ズ当ニ焦《ヤ》ケ滅ブベシ。若シ実《マコト》ニ天神ノ胤ナラバ、火モ害フコト能ハジ」といって殿に火をかけ、彦火火出見尊を生んだという記載をさすか。

(296) 日矛を鋳造して『旧事紀』の「神祇本紀」には「復夕天ノ金山《カナヤマ》ノ銅ヲ採リテ日ノ矛《ホコ》ヲ鋳造《イツク》ラシム。此ノ鏡少シ合ハズ。則チ紀伊国ニ坐《マ》シマス日ノ前ノ神是レナリ」とあるが、宝剣と名づけたという記載はない。三種の神器のうちの剣は、素戔烏尊が出雲で八俣大蛇《やまたのおろち》を退治したときに蛇の身中から得た草那芸剣《くさなぎのつるぎ》とされているから、これは昌益の誤りであろう。

(297) 日輪に似せた形の鏡を作って『旧事紀』の「神祇本紀」に「復夕鏡作ノ祖《ミヲヤ》天糠戸神《アメノヌカトノカミ》ヲシテ天香山ノ銅《アカカネ》ヲ採リテ日ノ像《ミカタ》ノ鏡ヲ図造《ウツシツク》ラシム。其ノ状《カタチ》美麗《ウルハ》シ。窟戸ニ触レテ小瑕《コキス》アリ。今ニ猶存《イヘ》リ。即チ是レ伊勢ニ崇《イツ》キ秘《マツ》ル大神ナリ。イハユル八咫鏡《ヤタノカガミ》、亦ノ名ハ真経津《マフツノ》鏡是レナリ」とある。

(298) 内侍所　伊勢神宮の内宮《ないくう》のことか。林羅山の『本朝神社考』上の一に「日神、天磐戸ヲ出デマス。此ノ時鏡ヲ以テ其ノ石窟《イハヤ》ニ入レシカバ、戸ニ触《ツキフ》レテ小瑕ツケリ。其ノ瑕、今ニ於テ猶存ス。此レ即チ伊勢ニ崇秘《イツキマツ》ル大神《オホミカミ》ナリ。此ノ鏡ハ鏡作部《カガミツクリベ》ノ遠祖《トホツオヤ》天糠戸ノ作造ナリ。神書抄ニ云フ、是ノ鏡ハ即チ伊勢内宮ノ御体ナリ」とある。

(299) 八坂瓊の玉　『旧事紀』の「神祇本紀」に「復夕玉作ノ祖櫛明《クシアカルタマノ》 玉神ヲシテ八坂瓊《ヤサカニ》之《ノ》五百箇《イホツ》御統《ミスマル》之《ノ》珠《タマ》ヲ作ラシム」とある。しかし、神璽云々の所伝はない。あるいは「天孫本紀」に三種の神器を「天璽鏡剣」としてあるのによるか。また『神代巻惟足抄』には「玉は天子の天子たる璽《しるし》也、故に神璽と云」とある。

(300) 玉は温潤の木徳　『神代巻惟足抄』に「先《まづ》天子の天子たる第一の御徳義には、玉の如く諸人万民がなつき従と云が肝要也。玉の温潤の徳に比して也、是仁恵也」とある。

(301) 三社ならびに託宣　託宣の文章は本文中にあるが、これは鎌倉時代にはじまり、江戸時代に盛んに行なわれた神道の信仰対象となったものである。唯一神道を唱えた吉田兼倶《かねとも》、あるいはその父兼名によって、弥陀三尊の形式を模して考案されたものといわれる。しかし、これを偽作として排斥する考えもまた江戸時代には行なわれていた。昌益よりやや遅れるが、宣長門下の斎藤彦麿の著述にかかる『神道問答』は、これを「『沙石集《しゃせき》』に載する所の聖徳太子の語を、上下入れかへて、いささか字を改めて、天照大神の託宣と偽り、更に八幡・春日の両託宣を作りそへて、三尊仏に倣《なら》ひて、三社託宣と号《なづ》け、その作りざま、いづれも、漢文・仏語の対句にして、作者一人の口つきとしらるるばかり、つたなく浅はかなる作なれば、愚盲のほど見えたる如くなり」としている。

(302) 径一囲三　古代中国の数学用語で、円周率のこと。円の直径一に対して周囲三であることをいう。また朱熹の『易学啓蒙』はこれにもとづいて易の象数を論じ、「凡ヨソ数ノ始メハ一陰一陽ノミ。陽ノ象ハ円ナリ。円ナル者ハ径《ワタ》リ一ニシテ囲ミ三。陰ノ象ハ方ナリ。方ナル者ハ径リ一ニシテ囲ミ四。囲ミ三ナル者ハ一ヲ以テ一ト為ス。故ニ其ノ一陽ヲ参ニシテ三ト為ス。囲ミ四ナル者ハ二ヲ以テ一ト為ス。故ニ其ノ一陰ヲ両ニシテ二ト為ス。是レイハユル天ヲ参ニシ、地ヲ両ニスル者ナリ」としている。昌益も『統道真伝』巻四の「径一囲三囲四角半論」で、「今直チニ円器ヲ以テ其ノ径ヲ取リテ之ヲ三倍シテ其ノ円器ニ回ラスニ径リ五分ノ物ナレバ其ノ回リニ口ヲ開クコト無シ。是レ分ハ寸ノ始メ厘ノ終リ、中五土真ノ未感ノ全体ナリ」と論じている。

(303) 三が万物を生ずる　『老子』第四十二章に「道一《イツ》ヲ生ジ、一二ヲ生ジ、二三ヲ生ジ、三万物ヲ生ズ」とある。

(304) 寓・巵・調の三言　『荘子』の「寓言篇」に、「寓言ハ十ニ九、重言ハ十ニ七、巵言ハ日ニ出デ、和スルニ天倪ヲ以テス」とある。「調」は意味不明。おそらくは「重」の誤りか。ちなみに「寓言」とはたとえばなし、「重言」は人に重んじられる言葉、「巵言」とは臨気応変の言葉である。

(305) 草薙剣　神武東征のときに草薙剣と名づけたとあるのは昌益の誤り。『旧事紀』の「地祇本紀」にも「其ノ後日本武尊《ヤマトタケルノミコト》、東ヲ征《ウ》チタマフ時、其ノ剣ヲ以テ号《ナヅ》ケテ草薙剣ト曰フ」とある。

(306) 八雲立つ……　『旧事紀』の「地祇本紀」に「夜《ヤ》句《ク》茂《モ》多《タ》免《ツ》伊《イ》弩《ヅ》毛《モ》夜《ヤ》覇《エ》餓《ガ》岐《キ》菟《ツ》磨《マ》語《ゴ》昧《メ》爾《ニ》夜《ヤ》覇《エ》餓《ガ》枳《キ》都《ツ》倶《ク》盧《ル》贈《ソ》廼《ノ》夜《ヤ》覇《エ》餓《ガ》岐《キ》廻《ハ》」とある。

(307) 四八の三十二字　後文にあるように、昌益は和歌の三十一文字は本来三十二字だったとして、四および八の数と付会している。

(308) 素戔鳥尊が稲田姫と交合して……　原文割注。本文のこの箇所とは関係がないので、後日の書き込みと思われる。『旧事紀』「地祇本紀」の「乃チ相《トモ》ニ遘合《ミトノマグハヒ》シテ妃《ミメ》ト為ス。生ム所ノ児《ミコ》ハ大己貴神《オホアナムチノカミ》」とあるのによるか。

(309) 眼にも見えぬ鬼神を哀れと思わせ　『古今和歌集』の「仮名序」にある言葉。原文には「ちからをもいれずして、あめつちをうごかし、めに見えぬ鬼神をも、あはれとおもはせ、をとこ女のなかをもやはらげ、たけきもののふのこころをも、なぐさむるは歌なり」とある。

(310) 上卦三十二卦　『周易』の上経・下経にある六十四卦を半分にしたものであろう。しかし実際の配分は、上経三十卦、下経三十四卦である。

(311) 歌仙　和歌の三十六歌仙にちなんで三十六句をもって構成する連歌あるいは俳諧のこと。松尾芭蕉によって俳諧の代表的形態として完成された。

(312) 前句付け　俳諧の一形式で七・七の短句に五・七・五の長句をつけるもの。江戸時代に庶民のあいだで流行し、川柳の先駆となった。

(313) 三鳥　「古今伝授」で重んぜられる「三鳥」の秘説のこと。和歌中によまれた特殊な鳥の解釈を口伝したものである。三鳥とは、喚子鳥《よぶこどり》、百千鳥《ももちどり》（一説に都鳥）・稲負鳥《いなおおせどり》であるという。

(314) 神の本地は仏の垂迹　いわゆる本地垂迹説のこと。本地の仏・菩薩が日本の衆生を済度するために、神祇に化身して現われるとする神仏同体説。奈良時代にはじまり、とくに江戸時代には幕府の宗教政策によって奨励された。

(315) 偈　サンスクリットのgāthā（頌）の音訳。経・論のなかにさしはさまれる詩形式の言葉で、仏徳を讃えたり、教理を述べたりする。

(316) 横進の偏気を受けて鳥類として生まれた　『統道真伝』巻四の「鳥類図解論」に、「鳥ハ横気中ノ進偏ニ生ジ、進気過シテ退気不足ス。転ハ気ヲ主《ツカサド》リ、定《チ》ハ形ヲ主ル。鳥ハ進過シテ退気不足スル故ニ、形不足シテ茎門無シ。其ノ交合ハ雄雌肛ト肛トヲ合シテ気ヲ通ズ。退気不足スル故ニ形ヲ作ル気不足シテ、胎中ニ形ヲ作ルコト能ハズシテ卵生ナリ云々」とある。

(317) 鵰　この字は鵰（オオワシ）に同じ。「さし」は「さしば」の略と思われるが、昌益は後文では「鵰」字を「くまたか」と読ませている。あるいは『和漢三才図会』四十四には「鵰《さし》、和名於保和之《おほわし》」とあるから、オオワシの異名のつもりかもしれない。もしサシバだとすれば鷲鷹科サシバ属の中型のタカ。本州に広く分布する。

(318) 烏殿の前にてはちと恐れあるゆえ　古来、烏が孝鳥とされるのに対して、梟は不孝の鳥であるとする通説があった。『倭名類聚抄』十八に「烏。唐韻ニ云フ、烏ハ孝鳥ナリ」、また「梟。説文ニ云フ、梟ハ父母ヲ食フ不孝ノ鳥ナリ」とある。また『統道真伝』巻四の「鳥類図解論」では、昌益は烏のことを「人気ノ感有ル故ニ反哺《ハンポ》ノ孝有リ」といっている。

(319) 鶄　「鶄」はふつう「ごいさぎ」と読まれるから、これは昌益の宛て字であろう。『物類称呼』二に、「青しとゝを略語してあをじといふ」とある。

(320) 鵰　この字を昌益は以下すべて「くまたか」と読ませている。『倭名類聚抄』十八には「鵰、和名於保和《おほわ》之《し》」とある。

(321) 鴛と鴦　「鴛」は雄のオシドリ、「鴦」は雌のオシドリをいう。

(322) 二世の契り　「二世」とは、現在世と未来世。夫婦の縁はこの二世にかけてつながるとされた。仏教思想に由来し、江戸時代に広く巷間に流布していた俗説。

(323) 鴰　「からからち」は鴰《ひがら》（『延宝本節用集』）の異名か。「私制字書巻下」では「鴰《クハツ》ハ、舌健《スクヤカ》ニシテ細鳴スル鳥ナル故ニ、ヒバリトス」とある。偏の「舌」から昌益はこれを弁舌のたくみな鳥としたのであろう。

(324) 綿蛮たる黄鳥……　『詩経』「小雅」の「綿蛮」に、「綿蛮タル黄鳥、丘隅ニ止マル。豈ニ敢ヘテ憚リ行カンヤ」とあり、また『大学』にこの詩句の注釈として「子曰ク、止マルニ於テ其ノ止マル所ヲ知ル。人ヲ以テ鳥ニ如《シ》カザルベケンヤ」とあるのにもとづく。

(325) 実大乗　大乗教の一部門で権大乗と対立する。「一性皆成」（人間にはすべて先天的に成仏の可能性があるとする説）をみとめない三論宗・法相宗などを権大乗と呼ぶのに対して、それをみとめる華厳・法華、また後には真言・禅などの諸宗が実大乗と呼ばれるとされる。

(326) 親鸞　鎌倉初期の高僧。法然の門下から出て浄土真宗（一向宗）の開祖となった。はじめ綽空と号したが、師法然に連座して流寓の身となったとき、愚禿と自称し、親鸞と改名した。昌益はここで親鸞が衆生済度のために専修念仏（唱名。阿弥陀仏の名号をとなえること）を説いたのを諷している。

(327) 不可思議光如来　阿弥陀如来の異号。浄土真宗では「南無不可思議光如来」を九字の名号と称した。

(328) 座中の目立たないところ　原文には「席ノ黒谷《クラキ》」とある。京都黒谷の青竜寺（本黒谷）に法然が習学し、浄土宗を開く基礎をきずいたことを諷している。

(329) 鵐　「しとど」はホオジロの異称。『倭名類聚抄』十八に「鵐鳥、之止々《しとと》」とある。

(330) 胡桃をついばみ　ヤマガラが胡桃を好むという説は『本朝食鑑』六に「常ニ胡桃ヲ好ミテ食フ。又荏子ヲ食フ」とある。

(331) 南哺哦南哺哦　「なんぼもなんぼも」、つまり、いくらでも貪食したい、と弥陀の称号とをかけた言葉の洒落。

(332) 起請文　法然のいわゆる『一枚起請文』のこと。法然が臨終に際し、弟子たちの要請によって浄土宗の教義を要約したもの。

(333) もと山僧だった者　法然がもと比叡山で天台宗を学んだことをいう。

(334) 者婆鳥　者婆者婆《ぎばぎば》のこと。サンスクリット Jivajivaka の音訳で、共命《ぐみょう》鳥ともいわれる。仏典に登場する鳥であるが、インド北方に産する雉子《きじ》の一種とも、人面鳥身で一身両首の説話中の鳥ともいわれる。

(335) 六宗兼学　南都六宗の教義を一人で兼ね学ぶこと。

(336) 法世で　原文には「鳥世」とあるが、誤りと思われるので文意にしたがってこう改めた。

(337) 風鳥　燕雀目フウチョウ科に属する鳥の総称。極楽鳥はその異称。食物を取らずに風だけを呑むという俗説は、『本朝食鑑』六に「風有レバ則チ飛ビ舞ヒ、常食無クシテ風ニ向ヒテ口ヲ開キ食フガ如シ。甚ダ奇怪ニシテ言フベカラズ」とある。

(338) 諸宗は無得道、成仏は限法華　「無得道」とは仏道を得ず、成仏できない教えをいう。日蓮宗では法華経以外の経典をすべて「方便権教」と呼び、これを無得道教とする。

(339) 時宗　鎌倉時代に一遍が創始した日本浄土教の一派。遊行《ゆぎょう》宗ともいう。諸国の遊行と勧進とを特色とし、室町時代に幕府から与えられた時衆の遊行に伝馬を使用する特権は、近世にいたってもみとめられていた。

(340) 六十万人往生　時衆が人々に配布する念仏札に「南無阿弥陀仏、決定往生六十万人」という語句が記されていることをいう。

(341) 鶚　昌益は前半の「鵰」字の代りに、以下「さしば」にはこの字を宛てる（訳注（317）、（320）参照）。

(342) 諸百鳥　諸百姓の言葉の洒落であろう。

(343) 言語道断、心行絶無　『瓔珞経』に「言語道断、心行所レ滅」という言葉があり、あきれはてたという意味だとされる。尾藤正英氏説。

(344) 鴗　『和漢三才図会』四十四は「鴗」字を「かわせみ」と読ませている。「たかし」とあるのは方言か。

(345) 形化　昌益はこれを「易形」ともいっている。ある動物が他の動物に形を変えること。この語の用例としては、『統道真伝』巻四の「鳥類図解論」に鳥を論じて、「煙気進火ノ気、極偏ノ気ニ生ズル故、早ク易革シテ形化スルナリ。老死スルコト無ク、海中ニ入リテ鳥賊《イカ》ト為ル」とある。これによれば、昌益は鳥がイカに、雀が蛤《はまぐり》に、鳶が蚫《あわび》に、雉が蜃に、また鼠が鴨に、モグラが雲雀に、さらには鶩が山鳩に、それぞれなるとされるように、鳥類が時を得て別の鳥ないしは動物になることを信じ、これを「形化」と称しているらしい。ただし、こうした考えは早く『淮南子』の「説林訓」に、たとえば「蝦蟇鶉ト為ル」などとして見えている。同様の説は『荘子』「至楽篇」、『列子』「天瑞篇」にもあって、昌益の思想の一つの源泉のありかを暗示するかのごとくである。

(346) 年貢・物成　「年貢」は封建領主が農民に課した米納の租税のこと。「物成」はふつう収穫の一部をもって納める年貢をさすが、ここでは「小物成」（米納以外の雑税）の意味か。

(347) 御用金とか借上　「御用金」は幕府や諸藩が商人に命じた金銀の用立て。「借上」は家臣の俸禄を借り上げるという名目で知行を減給すること。ともに江戸時代の後半にしきりに行なわれた財政窮乏の救済策である。

(348) そうせざるをえないところの方法　原文にはただ「止ムコトヲ得ズ」とある。正人が上にいない現状のもとでは、以下の方法を過渡的に採用するほかはない、といった意味であろう。

(349) 上一人の領地　原文には「凡テ諸国ヲ上ノ地ト為シ、下諸侯ノ地ト為サズ」とある。つまり、「上」はここでは支配層一般を意味せず、「下」なる諸侯の上に立ってこれを統轄する一個の絶対君主とでもいうべき存在を想定しているので、このように訳出してみた。ただし、この「上」が具体的には将軍をさしているのか天皇をさしているのかは、文面ではかならずしも明確でない。

(350) 朝鮮を犯したり琉球を取ったり　豊臣秀吉の朝鮮出兵、いわゆる文禄・慶長の役ならびに慶長十四年（一六〇九）の島津藩による琉球併合をさすか。

(351) 背病み　意味不明。しばらく怠け者の意とする尾藤正英氏の説にしたがう。

(352) 賞罰の法　『韓非子』の「二柄」にこれと似た記述がある。「明主ノ其ノ臣ヲ導制スル所ノ者ハ二柄《ヘイ》ノミ。二柄トハ刑徳ナリ。何ヲカ刑徳ト謂フ。曰ク、殺戮之《コ》レ刑ト謂ヒ、慶賞之レ徳ト謂フ。人臣為ル者、誅罰ヲ畏レテ慶賞ヲ利トス。故ニ人主自ラ其ノ刑徳ヲ用フレバ、則チ群臣其ノ畏ヲ畏レテ其ノ利ニ帰ス」

(353) 伐「罰《ばつ》」と「伐《ばつ》」とをかけた洒落であろう。必要以上の厳罰に処する、という意味か。「私制字書巻中」には「伐ハ、人ヲ弋《ホコ》ヲ以テ殺ス象リ字ナリ。ウツ、コロス」とある。

(354) 禅宗も教宗も 「教宗」とは、禅宗が自宗以下の宗派を総称した言葉で、経典や論の文字や言語にもとづいて教養を説く宗派という意味。禅宗はこれに対して教外別伝・不立文字を唱える。

(355) 瑠璃光 薬師如来の一名が薬師瑠璃光如来であることによる。青が春・木の色とされるのは、『統道真伝』巻五の「五色一真図解」に「木気進ンデ青色ヲ見《アラハ》シ、火気進ンデ赤色ヲ見シ、金気進ンデ白色ヲ見シ、水気進ンデ黒色ヲ見シ、土気ハ平気、黄色ヲ見シテ四色ニ応ズ」とあるような色彩の五行への配当にもとづく。

(356) 阿弥陀 『統道真伝』巻二の「諸仏制名失」では、昌益は次のように論じている。「阿ハ開ノ音、発生ノ木ナリ。弥ハ大開弥《ワタ》リ尽シ極ル閉音、盛大ノ火ナリ。陀ハ又開音ニシテ、堅収ノ金陀《カタ》ク守リテ外アラズ」

(357) 四十八願 『無量寿経』に見える語で、阿弥陀が法蔵比丘であったとき、一切衆生を救うために立てたといわれる四十八の誓願。そのうちの一つが浄土教の教義の根本となった念仏往生願である。

(358) 修験者 日本古来の山岳信仰と習合した仏教の一派、修験道の行者。山伏。

(359) 両部習合 両部習合神道の教理。真言宗の金剛・胎蔵両部の教理にもとづいて神道を解釈する一派の教説。

(360) 陰陽家 もと陰陽五行説にもとづいて天文・暦数・卜筮などをつかさどった官職およびその家筋を陰陽家と称するが、江戸時代には民間の俗信にしたがって加持祈禱をおこなう人をさす。

(361) 八穀 稲・黍《きび》・大麦・小麦・大豆・小豆・粟・麻のこと。

(362) 莢穀 豆類をさす昌益独特の用語。『統道真伝』巻三の「五穀進退十穀一真図解」には、大豆・小豆・扁《そら》豆《まめ》・角豆《ささげ》・長豆《ささげ》の図を示して、「此ノ五豆ハ是レ五穀中ノ退穀ナリ。退気ニ生ジテ気ノ止退ヲ受クル故ニ穂ヲ見《アラ》ハサズ。利毛アラズ。鞘囲《サヤカコミ》ヲ為シテ実ヲ結ブ。其ノ穀実、鞘囲ミ、長短異ナレドモ実粒ノ豆ハ大イニ同ジナリ」と論じている。

(363) 日・月・惑星・恒星　原文は「回・日・星・月」。「回」の語意は不明であるが、しばらくこれを「天を回《めぐ》る星」と解して「惑星」と訳出しておく。訳注（15）参照。

解説　土の思想家 安藤昌益

野口武彦

封建体制への批判

手に土する者の自己表現

安藤昌益は土くさい思想家である。強烈な土のにおいを身のまわりから発散させている思想家である。その哲学のすべてを土から発想させている思想家である。そして疑いもなく、この人物の個性をかたちづくるこの独特の土くささが、昌益を長いあいだ、ハーバート・ノーマンのいわゆる「忘れられた思想家」にしていたことの原因であった。昌益がその著述に専心していた時期は、だいたい江戸時代中葉の宝暦の初年、西暦でいえばちょうど一七五〇年代の前半であるけれども、その後百五十年ほど経った明治三十二年に、狩野亨吉によって主著『自然真営道』の稿本が発見され、世に紹介されるにいたるまで、昌益はまったくだれにも知られることのなかった存在だったのである。いや、事実はその生前においてすら、昌益は江戸の思想界でほとんど無名の存在であったというのが正確なところであろう。昌益の主要な著作である『自然真営道』と『統道真伝』とはわずかに稿本・写本によってのみ世に伝えられ、公刊されたものは稿本『自然真営道』の婉曲な抄録である同名の書三巻三冊（宝暦三年刊行）と、『孔子一世弁記』二冊だけである。しかも後者はまだ実物の存在が確認されておらず、前者も伝本はただ一部が現存しているだけである。このことは、刊行された昌益の著述の発行部数がきわめて少なく、またそれを持ち伝えることにあまり留意されなかったという事情を暗示している。もしも著述の伝播の範囲ということを思想の影響力の一つのメルクマールとするならば、昌益の思想の影響範囲は、すでにその生前からきわめて狭かったといわざるをえないであろう。

しかし、いうまでもないことだがある思想の影響力の空間的なひろがりと、その思想が包有しているなんらかの衝迫力の強さとは、それぞれ別個のことがらである。かつまた昌益の思想に関しては、特殊的に、それが公然と為政者の前で語ることをはばかられる主張を含んでいたということを指摘しておかなければ、われわれの批評はいちじるしく公正を欠くだろう。昌益の思想の根本には、封建制度を批判し、社会成員の全部が直接に耕作する自然経済への復帰を理想とする学説が表明されていることは今日よく知られている。この学説はその性質上当然のことながら、刊本を通じて堂々と巷間に伝播されることは不可能であった。そしてその代りに、生前の昌益は、おそらくはその死後のある時期までも、彼の思想を傾聴し、記録し、語り伝えようとした少数ではあるが熱心な門弟および支持者のグループにめぐまれていたと推察される。現存の稿本類がいつ書写されたものかは明らかではないが、ともかくも昌益の主要著述が写本のかたちで近年まで持ち伝えられて来たという事実は、その死後一定の期間、昌益カルトとでも呼ぶべき集団が残存していたことを示しているといえるだろう。

昌益の思想が土くさいという印象を与えるのには、思想家としての昌益が体現している一種のディレンマがかなりあずかって力あるもののように思われる。すなわち昌益はみずから『自然真営道』のなかでみとめているように、一方では文字も知らず日々勤労する耕作農民の生活感情、それにもとづく社会批判に言葉の表現を与えることを使命としながら、また他方それをもって既成の思想を批判するために文字の読める階層をその思想伝播の対象としなくてはならなかった。昌益がしばしばみずから弁解しながら、漢文体――あるいはむしろ、漢文体と昌益が信ずるもの――の文章を採用した理由がここにある。昌益の原文を読む者は、おそらくだれしもその珍妙で奇矯な文体に困惑と苦笑を禁ぜざるをえないにちがいない。しかし、このディレンマは、江戸時代後半に漸次いわゆる読書人の階層を形成しつつあった豪農や町人よりも、さらに下の階層に自己の発想の基盤を求めた昌益には避けてとおることのできぬものであった。

昌益の主要な活動舞台が当時南部藩の城下町だった奥州の八戸《はちのへ》、その後背地に、後進的な構造をそなえ、しばしば飢饉や凶作を発生させた東北の農村社会をひかえた一地方都市であったという事情は、昌益の思考方法をいよいよ特色あるものにしているはずである。昌益がみずからの思想の立脚点を求めたところは、時代的にはやや先行するがより都会的な思想家たち、たとえば京都の伊藤仁斎が都市町人の立場から、あるいは江戸の荻生徂徠が治者としての武士の立場からものを考えたのとは対蹠的に異なって、江戸封建社会の底層にあってしかも人口の大部分を占めていた耕作農民であった。昌益といえばだれでも知っている「直耕」（直接耕作）という用語が、その思想の基本に横たわるゆえんである。昌益は、古代の聖人君子、さらには同時代の支配層を非難するのに、好んで「不耕貪食」という言葉を使っている。もしかしたら、昌益はこの言葉を『孟子』の「尽心上」で、孟子の弟子の公孫丑が師に向かって発した「詩ニ曰ク、素餐《ソサン》セズト。君子ノ耕サズシテ食フハ何ゾヤ」という質問から得たのかもしれない。昌益の「不耕貪食」は、孟子の「不耕而食」の痛烈で皮肉なパロディであるのかもしれない。この質問に対しては仁斎も徂徠も、孟子にならって「君子

『自然真営道』の一部（上杉修氏蔵）

ノ是ノ国ニ居ルヤ、其ノ君之ヲ用レバ則チ安富尊栄」と答えたことだろう。しかし、昌益の観点から見るならば、これはけっきょく直接に労働して手に土し、額に汗することを知らぬ者の弁解であり、遁辞であるにすぎない。昌益にとっては人間を人間たらしめる唯一にして無二の基準は、「直耕」にしたがうこと以外にはないのである。すなわち、昌益の思想の土くささの第一の内容は、それが手に土する者の自己表現、いわば土の強烈な自己主張であるということができるだろう。

さまざまな再評価

狩野亨吉の発見

狩野亨吉による発見と紹介の後、近代日本の思想界に昌益が迎え入れられるプロセスが、まずもっぱら昌益の土くささのこの側面に照明を当てることから始まったという事実は、われわれにとってきわめて興味深いことがらである。昌益についてのビブリオグラフィが示すかぎりでは、明治以降の日本にこの思想家を紹介した記事は明治四十一年一月にさかのぼるが、この年に発表された二つの小論説は昌益を評して、まず社会主義者ないしは無政府主義者と呼んでいるのである。その一つが『日本平民新聞』大阪版の「百五十年前の無政府主義者——安藤昌益」であることもさることながら、それに先立つ『内外教育評論』の「大思想家あり」と題された匿名の会見記事のなかで昌益を「社会主義者」と規定している談話者が、ハーバート・ノーマンによって狩野亨吉自身と推定されている（『忘れられた思想家』上巻）ことは、近代における昌益復活あるいは再評価の意味を考えるにあたってまことに暗示的である。そのちょうど二十年後の昭和三年に、昌益研究の出発点となり、今日にいたってもなお権威を失っていない論文「安藤昌益」（岩波講座「世界思潮」三）を発表し、そこではさすがに昌益をできるだけ客観的に論じようとする態度から、そしておそらくは当時の言論界の空気の影響もあって、昌益になんらかの断言的な定義を下すことは避けられているけれども、なおかつそのいわば明治の青春につちかわれた初心のアンダートーンは行間から読みとれるように思われる。そのことは狩野亨吉が昌益の理想社会のイメージを「農本共産主義」と規定したことに端的に表現されている。翌々昭和五年の『安藤昌益と自然真営道』のなかで渡辺大濤が昌益の思想と農民蜂起との結びつきを想像しているのも、やはり近代の日本が最初に抱懐した昌益像の一面を発展させた結果とみることができるだろう。

狩野亨吉

　このようにして、大正から昭和初年代にかけての左翼運動の隆盛期には、昌益はさらに革命思想家・唯物論者・弁証法論者などといったさまざまな称号を獲得することになる。第二次大戦直後の一時期には、安藤昌益の名は一種のアイドルになったかの観を呈したとさえいえるだろう。やがて昭和二十五年にハーバート・ノーマンの『忘れられた思想家』が昌益を広く国際的にも紹介し、かつての埋もれた思想家は、しだいに先駆的な封建社会の批判者として大きく称揚され、いわば知られすぎた思想家とでもいうべき存在に変身した。知られすぎた、という言葉の意味はすぐ後で説明する。ノーマンの冷静な学究的性格は、これもおそらくは狩野亨吉の論文のひそみにならって、昌益とは何かについて性急な論断を下さず、みずから昌益に「無神論とか、自由思想家・不可知論者・社会主義者その他かれの思想を説明せずにかえってそれを歪めかねない言葉を昌益に冠せないようにたえず注意を怠らない」態度を堅持しているけれども、やはり最終的には昌益を「専制権力と抑圧に対する反抗を擁護するような思想」の体現者ととらえる点では狩野亨吉以来の通説に一致している。いってみれば、手に土する者の立場から出発して「徹底的な封建社会の敵対者」(丸山眞男)となった人間とこの人物を把握するのが、従来なされてきたいわば古典的な昌益理解である、というふうに要約することができるだろう。

ところで、ここで一つの問題は、昌益が以前の「忘れられた思想家」から近年とみに声名高く評価される思想家になってきたという事実があるにもかかわらず、この人物は依然としてなお読まれざる思想家の一人にとどまっていたということである。少し前に知られすぎた

ハーバート・ノーマン

思想家になったと評したのは、昌益の知名度の割にはその著述が読まれることは極度に少なかったという事情があるからである。まず第一に大正十二年の関東大震災であらかたを焼失し、現存の伝本はその一部分であるところの『自然真営道』の完本百巻九十三冊を全文通読する機会を持ったのは、狩野亨吉ただひとりである。『自然真営道』はその残存部分でさえ完全な翻刻をいまだに持っていないし、『統道真伝』も最近ようやく岩波文庫に翻刻されたばかり（一九六六―七年）といったありさまである。だから、早くから昌益についての基礎的な研究を手がけていた学者たちを除くならば、伝本が一部ずつ大学図書館に貴重書として架蔵されているという状況のもとでは、戦前・戦後を通じてはなやかに革命思想家安藤昌益を論じあげた筆者たちが、果たしてどの程度、昌益の思想の全体系に眼を通していたかはすこぶる疑わしいとしなくてはならない。事実はおそらく、昌益の著述中の封建制批判に直接言及している限られた部分だけに依拠していたのではなかったか。

　このようなわけで、最近さまざまなかたちで昌益の著作の翻刻が進み、従来は写本でしか読めなかった部分がその制約から解放されるにつれて、はじめて本格的な文献批判がおこなわれるようになり、その結果、これまでの古典的な昌益像に、一種いわばこれを相対化するといったぐあいで修正が加えられて来ているのも、昌益研究の発展の一定の成果と見なくてはならないだろう。端的にいえば、昌益の著作のかなりの部分にかならずしもブリリアントな独創的思想家とばかりは評価しきれない言説があるという事実に、読者・研究者は直面しなくてはならないことになったのである。

いわゆる封建社会批判の学説を展開するにあたって、昌益が基礎的な思考方法として採用したのは、当時一般にいわば通俗科学として信じられていた陰陽五行説——もっと正確にいえば、その独特な読みかえ——であった。その陰陽五行説による宇宙のすべての現象の解釈が随所に展開されていて、少なからず読者を辟易《へきえき》させる。もちろんこのことは狩野亨吉その他の早期からの研究者に気づかれていなかったわけではない。狩野亨吉はその論文の中では「到る処に五行論を振廻すのは甚だ惜まざるを得ない。しかし是は科学的知識の欠乏に帰すべきもので、当時に在つては致方のない事であつたらう」と述べるかたちでこの問題を処理している。いってみれば、これは五行論を昌益の非本質的部分として後景にしりぞけ、スポットライトを当てないという方式であるだろう。

しかし、もしも科学的知識の欠乏ということをいうのだったら、同じことは荻生徂徠についても伊藤仁斎・新井白石についてもあてはまる。徂徠にいたっては、雷はなぜ鳴るかの説明を拒んだ話は有名ではないか。問題は、昌益の思考方法がその同時代の学者たちが開発し、獲得しつつあった一定の意味で経験科学的な方法にくらべてもなお、その exactness において劣るということにある。

昌益の著作についての文献批判的研究の基礎がかためられつつある今日、われわれはどうしてもこの問題にオブラートをかぶせておくわけにはゆかないのである。それかあらぬか、最近の昌益研究者たちの口吻には、それが封建社会の批判者としての昌益を援護しようとする意図に出れば出るほど、ある苦渋の跡がにじみ出ているかのごとくに感得される。たとえば尾藤正英氏は、狩野亨吉の先駆的な業績のあとの「研究の方向は、封建制に対する批判者としての昌益に主として関心が向けられてきたため、昌益の思想の全体についての理解としては、やや偏よりの生ずることを免れなかった」（岩波書店「日本古典文学大系」『近世思想家文集』解説）と在来の昌益研究を批判し、「斬新な社会改造の思想とみえるものと、陳腐な陰陽五行説にもとづく牽強付会の議論としか思われないものとが、交錯してあらわれる」という特色をそなえた昌益の「思想の実体」をいかに正確にとらえるかという問題を提起している。また奈良本辰也氏は、昌益の「学者としての地位はせいぜい二流どまりだろう。あるいは、はっきりと三流の

荻生徂徠

田舎学者といった方がよいかも知れない」（岩波文庫『統道真伝』解説）と指摘して、その偶像破壊をこころみつつ、「しかし、彼をして、あえて今日に意義あらしめているのは、その身分制度に対する呵責《ママ》なき批判と、諸々のイデオロギーの背後に体制擁護の思想をよみとっていることである」と昌益を近世思想史上に定位している。この両氏の見解のように、もしも昌益の著述を成心なく読むならば、われわれはその学問方法の持っている特殊な「陳腐さ」の問題を避けてとおることはできず、しかもなおかつ昌益が封建制度の透徹した批判者でありえた秘密はどこにあるのかという問題に直面しなくてはならないのである。

昌益の哲学はすべて土から発想されている。封建制度の批判者としての昌益は、いわば手に土して耕作する人間の思想的代弁者であって、その主張の大胆さは同時代に類を見ない。そのかぎりで独創的であると評することもできる。これは動かしがたい事実である。しかし同時にまた、われわれがここで認識しなくてはならぬのは、昌益の思想の持つもう一つの土くささである。それはけっしてただ昌益の書く漢文風の文章がスマートさを欠くといった程度のものではない。昌益にはいくらか江戸生活の経験はあったかもしれないが、学問風土としての江戸、あるいは一般に都会を知らなかった、むしろ意図的にそこから遠ざかっていた昌益は、同時代の学者たちの文献批判学的および経験科学的な方法——それはまさに宝暦前後の一時期の思潮を特色づけている当のものなのであるが——をまったくシェアしようとしなかった。その代りに、限られた範囲での儒・仏・道の経典の知識と、主として医書を通じて獲得されたと思われる博物学上の雑識とにもとづいて、みずからが洞察し体得したと称する独特の陰陽五行説をもって勇猛果敢に生涯を一貫したのである。さて、かくしてここで一つの問題が設定されなくてはならない。

独創性と陳腐さを一体として捉える

われわれはどのようにしたら、土の思想家としての昌益におけるこの二種類の土くささの問題を統一的に把握することができるのか。すなわち、昌益における手に土する者の斬新で大胆な批判的自己主張とそれを論証する思考方法の洗練のなさとの共存は、どのように説明されるべきか。わたしの意見では、昌益の思想に独創的な部分と陳腐な部分の二つがあるというふうに問題をとらえることは、昌益へのアプローチとしておそらくあまり正確ではない。もしも昌益の封建社会批判に独創性がみとめられるとしたら、それはかならずや彼独自の陰陽五行説の解釈のうちにも反映しているはずであり、また逆に、昌益の思考方法の根本にある陰陽五行説がまったく陳腐なものであるとしたら、そのことは彼の封建社会批判にもなんらかのデメリットの痕跡をとどめているにちがいない。昌益流にいうなら、いわゆる独創性と陳腐さとを「二別」（差別のあるもの）と考えるのは誤りなのであって、独創性と陳腐さとで一つの思想、すなわちその思考方法上の長所がまた同時に短所でもあるような特定の構造をそなえているものこそが思想と呼ばれるものであるはずなのである。

だから、われわれは、封建社会批判の部分だけを任意に抽出してきて革命思想家昌益の像を主観的に作り上げてはならぬのと同様に、昌益はすぐれた封建社会批判を展開しているにもかかわらず、陳腐な陰陽五行説にこだわっているというぐあいに、これら両者を分離したものとして扱うことも許されてはいない。なぜなら、われわれに与えられているものは、昌益の思想という一つの有機的な全体だからである。

思想とは、そのなかの一つの主張なり命題なりを残余の部分から任意に切り離して理解してはならぬところのものである。ましてやその思考方法から分離して存在することのできないものである。昌益は江戸時代の中葉にあって封建社会の批判を敢行した。しからばそれはいかなる思想的文脈にしたがってであるか。封建社会批判と陰陽五行説とのあいだの論理的な前後関係の問題は後の検討にゆだねることとして、わたしはまずここでは、昌益の封建社会批判はそのいわゆる陰陽五行説——くりかえすが、それは昌益がある独特な再解釈をほどこしたものである——という方法の論理的支柱なしには主張されることはなかった、という仮説を立てることから、昌益の思想の実体への接近を開始してみなくてはならない。

その不明な生涯

その出生の謎

安藤昌益の伝記は、今もなお不明な点が多い。というよりも、その生涯の大部分がいまだにわれわれには未知の領域に属する、といったほうがむしろ正確であろう。巻末にこころみに作ってみた「年譜」を見れば明らかなように、これまでに何人かの研究者の熱心な探索がなされているにもかかわらず、依然としてそこには広大な空白が残されている。今日確認された範囲での伝記的事実を整理してみれば以下のようになる。まず八戸藩庁の『御日記』の延享元年（一七四四）八月九日の条に、「御町医者安藤昌益」なる人物が藩から遠野南部藩の士三人の療治を申し付けられた記録があり、また翌二年（一七四五）二月には藩家老中里清右衛門が安藤昌益に相談して服薬した旨の記載がある。この「安藤昌益」という名は、つとに狩野亨吉が稿本『自然真営道』の表紙の裏張りに使われていた書状の断片から発見し、『自然真営道』の著者「確竜堂良中」と号する人物の本名ではないかと推察し、かつまた宝暦四年（一七五四）の『新増書籍目録』の中巻に「孔子一世弁記、二冊、安藤良中。自然真営道、三冊、同」と記載されていることによってそれを裏づけて

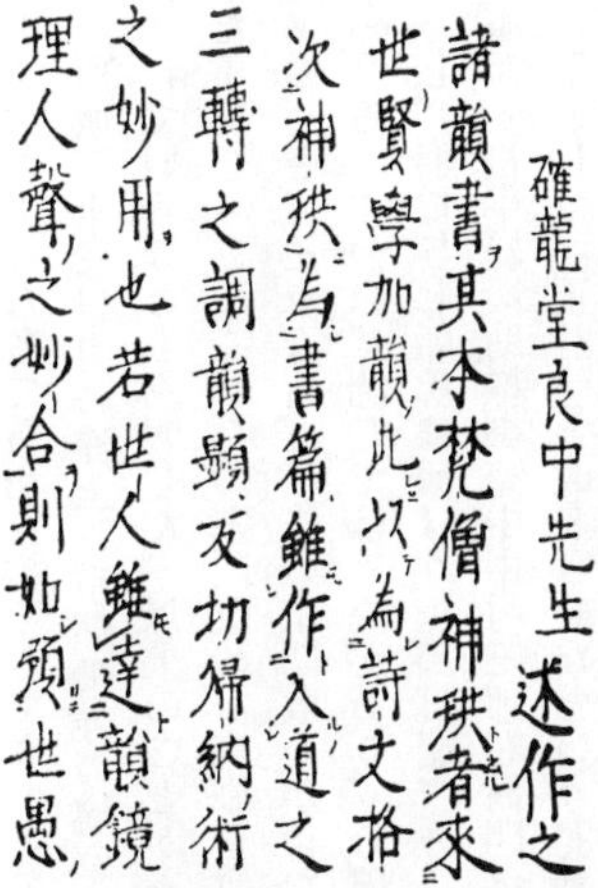

『確竜先生韻経書』のなかの署名
（上杉修氏蔵）

きていた当の人名であった。そしてまたこの名は、年次不明の宗門改め帳の断簡のなかに、八戸城下十三日町の浄土真宗願栄寺の檀家として「昌益四十四、有人〆五人内男弐人女三人」と記録されていることも判明した。以上のことから、昌益が延享年間に八戸で町医者を開業していた事実ならびにくだんの宗門改めが実施された年に四十四歳であった事実が知られたわけである。さてそれならば、この宗門改めが行なわれたのはいつかということが次の問題になってくる。この点に関しては二説があり、野田健次郎氏はこれを延享三年（一七四六）のこととし、羽賀与七郎氏はやはり『御日記』の享保四年（一七一九）二月の条に、藩医の戸田作庵が「松平縫殿助様御家中中村三郎右衛門と申仁之三男、年十三ニ罷成候」三之丞なる者を養子として「正益」と改名させたという記録があることにもとづいて、この正益を昌益と同一人物であろうとし、享保四年の十三歳から逆算して、宗門改めは寛延三年（一七五〇）であったろうと推定している。野田説・羽賀説のいずれをとるかによって、昌益の年齢にはおよそ四歳の差が生じてくるのである。

もしも羽賀説にしたがって、この正益が昌益であるとすれば、昌益、幼名三之丞は江戸桜田の生まれで、養子縁組も江戸でおこなわれたことになる。もっともこの養子は享保八年頃までに戸田家から不縁にされて返されていることが『譜録』から知られるが、遅くとも十七歳で不縁になってから四十四歳までの閲歴はまったく不明なのである。それにもう一つ、すでに奈良本辰也氏も言及していることだが、わたしが釈然としないことに言葉の問題がある。『自然真営道』や『統道真伝』はその漢文体の文章にさえ濃厚に東北の方言の痕跡をとどめているが、それは江戸で生まれ、十三歳まで江戸で育てられた人間にもありうることであろうか。

尾藤正英氏によれば、松平縫殿助は三河奥殿の藩主であるから、三之丞少年は、よしんば江戸に在住しっきりではなかったにもせよ、少なくとも東北地方では成長していない。それにしては、昌益の文章に見られる東北の方言はいささか完璧すぎるのである。

その前歴はともかくとして、延享前後の数年間、昌益が町医者として八戸に在住したことは確認される。さてその八戸居住の下限であるが、宝暦八年（一七五八）七月の『御日記』に昌益の子と推定される「御町医安藤秀伯」が父の門人北田市右衛門（あるいは忠之丞）に投薬したこと、ならびに同十三年三月に秀伯が勉学のために母をともなって上京することを申し出、藩の許可を得たことが記載されている事実から、宝暦八年以降は昌益が死去していたか他国へ移っていたかはともかく、八戸にいないことが知られる。またもう一つの問題は、『自然真営道』第二十五巻の「良演哲論（真道哲論）」に昌益の経歴を叙して、「良中先生、氏ハ藤原、児屋根百四十三代ノ統胤ナリ。倭国羽州秋田城都ノ住ナリ」と記してあることである。

渡辺大濤はこの「住」を生地と解してはじめは秋田生国説をとっていたが、後に江戸出生説を定見とした。

尾藤正英氏は「住」を生地とは解しがたいとして、「或は稿本の作製された宝暦五年ごろに昌益が秋田へ移住していたことを示すものであるのかもしれない」とこれを解釈する。奈良本辰也氏は問題の「住」を「人」あるいは「生」と解すべきだとして、秋田出生説をとる。同時にまた、『自然真営道』が江戸で編纂されたとする渡辺大濤の所説に同意を示しつつ、「このころ（宝暦初年という意味であろう――引用者）かなり長い年月にわたって安藤昌益が秋田にいたということになるだろう」として、昌益晩年の秋田在住説をも立てているかのごとくである。

その住所の謎

わたし自身の意見はこうである。まず第一に江戸出生説についていえば、さきほどもふれたように昌益の言葉の特徴、ならびに、昌益がよい意味でも悪い意味でもいわば江戸体験でも命名すべき都会独特の知的刺激から無縁であるように見える――もちろん、このことは後年の昌益が江戸に出向いた可能性を排除するものではない――ことから推察して、秋田か八戸かはしばらく保留するとしても、いずれにせよ東北で出生したとする説を支持したい。

さてそこで「秋田城都ノ住ナリ」という語句をどう理解するかという問題になってくるわけである。わたしはかならずしも尾藤氏の所説のように「〝住〟を生地とは解し難い」と断定できるとは考えない。そのようにいえるのは、普通一般の「住」の語義であって、そのことと昌益独特のくせのある語法とは一応区別してみなくてはならない。なるほど「私制字書巻中」は「住ハ人ノ主ト為ル則《トキ》ハ其《ソコ》ノ住人ト象リ字ナリ。スム、ト、マル、ヲル」と説明を加えているけれども、この字義はけっしてそこで生まれたという語意を排除し去るものではなかろう。「良演哲論」にしたがえば、明石竜映・有来静香は京都の「住」であり、志津貞中・森映確は大阪の「住」であり、村井中香は江戸の「住」である。これらの「住」はいずれもそれぞれの土地の住人であることを示しているけれども、それはただ現在そこに居住していることだけを意味するものではあるまい。早い話が、「住」がその生地という語義では用いられていないと断定する理由はないのである。

　もちろん、同様にまたわれわれには、この「住」が昌益の秋田居住を意味しないと結論する自由もない。尾藤説・奈良本説がこの点では一致しているように、『自然真営道』の稿本が作成されつつあった宝暦初年代の前半に、昌益が秋田に移住して居を定めているということは可能性としておおいにありうることである。しかし、奈良本氏のいうように「短い期間であれば〝住なり〟などと、特にその本のなかでことわる必要はない」のであるから、もしも秋田在住の事実があったとすれば、それは「かなり長い年月にわたって」のことでなければならない。稿本『自然真営道』の少なくとも原型は、刊本『自然真営道』の上梓よりも早くできあがっていると見るのが順当であるから、「良演哲論」中の問題の記述が書かれたのは遅くとも宝暦二年（一七五二）以前のことである。宗門改めの年は、かりに早い方の野田氏説をとれば延享三年（一七四六）である。つまりこの年まで昌益が八戸に在住したことは確認されている。その直後に秋田に移住したと仮定しても、昌益四十四歳から四十九歳までの五年間ということになってしまう。これを「かなり長い年月」と評しうるかどうかは議論の分かれるところであろう。それにしても昌益には、妻と子供を八戸に残し、町医者の家督を息子秀伯にゆずって秋田に居を移さねばならぬ何かの事情があったのであろうか。

そしてまたもう一つの問題は、「秋田城都ノ住ナリ」とあるにもかかわらず、身許の確認できる昌益の門弟中に秋田在住者がいないという奇妙な事実である。わたしがここでとくに注意をうながしたく思うのは、「良演哲論」の記載および書状・断簡の連名から知られる昌益の門弟中に、神山仙庵（藩主の御側医）・上田裕専（藩医）・関立竹（藩医）・北田市右衛門（藩の祐筆・勘定頭）・高橋大和守（白山宮の神主）など、よしんば上層とはいえぬまでも、藩社会のなかで一定の地位にある人士の名が見えているということである。

昌益の思想家としての資質中には、おだやかなものでありながら、しかし明らかに一種いわば charismatic leadership と規定してよいものがあることは疑えないが、その昌益の世俗的身分は、一介の——とあえてわたしはいう——町医者にすぎなかった。その思想の性格上、一般の儒者や心学者のように塾をひらくこともなかった。その昌益が門弟として前記のようなメンバーを掌握することができたのは、昌益の人格的魅力もさることながら、土地の人士の間にじっくり溶けこんでゆくだけの長期間にわたる下地があったと見てよいのではないか。だからわたしはその生国がどこであれ、昌益の八戸在住は、もし秋田在住が事実であったとしても、それよりも長期にわたり、かつその生涯がいちばん活動的な期間にあたっていたと考えたいのである。

もしも昌益の八戸在住が、記録で確認される範囲の数年間にとどまるとしたら、つまり本来「秋田城都ノ住」たる昌益の八戸へのエピソード的滞在であったとしたら、その短期間に昌益が周囲の人物に及ぼした影響の強さは、まさに驚嘆に価するといわなくてはならない。その昌益が、である。もしも秋田に長期在住していたのであったら、その土地ではとくに名を記すほどの門弟を残していないのはなぜなのだろうか。もちろん、昌益は秋田でも八戸と同様に熱心な支持者を獲得しはしたのだが、なんらかの事情で後世に伝わらなかったということもあるだろう。また、昌益が本拠たる八戸以外の土地では「布教」に慎重だったということもあるだろう。これらの可能性は全体として、昌益の活動の中心が八戸にあり、その思想の主要な「使徒」たちもそこで掌握されたとする想像に、ある確実性を与えるもののように思われる。関西方面の門弟との接触がたまさかに江戸でおこなわれたかもしれぬことは別として、昌益の思想家としての根拠地が八戸にあったことは弟子の分布の厚さから考えて疑えない。だとするならば、その門弟があえて「良中先生……倭国羽州秋田城都ノ住ナリ」と記した理由はどこにあるのか。この記述は、神山仙庵かあるいはその近辺の、いずれにしても八戸人の手になったものと推定されるから、昌益の主要な活動は八戸でなされているけれどもその生国が秋田であることを明記したというふうには考えられないだろうか。宝暦八年（一七五八）以降、八戸から昌益の姿が消えているという事実も、とくに秋田在住説をとらず、それ以前に世を去ったと考えても、なんらかの齟齬《そご》をきたすというものではないだろう。わたしは後で述べるような理由によって、昌益の死は宝暦五年に『自然真営道』の序文をしたためたときからそう遠くはないと考える。将来もっと有力な事実が判明するまで、しばらく以上のように想定しておきたいのである。

昌益伝説の発生

いずれにしてもその伝記に未知の部分が多いということは、ひとの空想をそそりたてるものである。昌益の年譜の上でこれまで確認された事実が、ほとんど線を構成するにもいたらぬ散在する点でしかないという事情は、この人物の周囲にさまざまな想像をかけめぐらせ、いわば昌益レゲンデとでも称すべき一連の伝説を作り上げさせるのに十分であった。

その一つにたとえば、昌益が寛延・宝暦年間の東北地方の農民一揆に何かのかたちでコミットしたのではないかという臆説がある。ことの信憑性ははなはだ心もとないが、その事実の有無よりもむしろここで問題にしなくてはならないのは、昌益のいったいどこにそうした風評を起こさせる要因があるのかということである。第一の論拠は、狩野亨吉の昭和三年の論文以来ながく通説になってきた考えであるが、昌益の思想のエッセンスは「救世の道程としての農本共産」の提唱にあり、しかし争乱を好まぬところから意識的に「チヤンと衝突を避けようとする考へで、始から問題の起る様な気遣のない態度を取つた」、すなわち自分の思想の穏和な部分だけを世に公表したとするところにある。これはごく大まかに要約すれば、昌益の著作中にある封建社会の批判を「自然世」の実現というかたちでの社会改革運動にチャンネルさせる立場と見なすことができるだろう。そしてこのような見かたをすれば、後の議論が実行の意志・計画・組織などがあったかなかったかの問題に落ちつくことはけだし理の当然である。狩野亨吉の門下に昌益を「農民解放の父」と呼び、何かの実行計画があったことをすら想像する渡辺大濤のような人物が出たとしても不思議はないのである。

しかし昌益の周囲にはそれ以前から曰くありげな空気がただよっていることもまた否定できない。稿本『自然真営道』の最初の丁にはたしかに「極秘」の印形が捺してあるし、この書冊が門外不出として江戸北千住の橋本家に秘蔵されてきたという言い伝えにも別に疑うべき理由はない。また狩野亨吉の言葉を信ずるならば、震災で焼失した同書の「巫者真者問答巻」には徳川家康に口をきわめて悪罵を加えている箇所があり、しかも家康の名前は「四重五重の張紙があって、丁寧に」覆い隠されていたとのことである。これらのことは少なくともわれわれに、ある時期まで昌益が危険人物視されていた事実があったことを推測させる。そしてこの事実と伝記上の空白とが結びつくと、まさにその伝記上の空白さえ昌益が危険人物であったことの結果であるとする見解が生じることになる。「誰でも昌益や自然真営道の名を口にするさえ憚ったのが、わりあい弘く（……）知られていた昌益の名を全く社会から葬り去った主要原因ではないか」（渡辺大濤「〝忘れられた思想家――安藤昌益〟雑感」）とされるのである。たしかに、この考えかたには一理がある。昌益の思想の特異性、なかんずくそれが江戸時代にあっては明らかに「危険思想」に属する禁忌に触れていたということは、おそらく昌益の一門に一種の秘密結社的な性格を与えたであろうし、その傾向は昌益の死後にも続いたであろう。それがやがて昌益学を社会から「葬り去った」ということはおおいにありうることである。しかし、いわでものことだが、昌益が神君家康に罵詈を浴びせているという事実は、かならずしもそれ自体として、その家康が開祖となっている社会制度の転覆を意図したことを意味しない。前者はただそれだけでは後者を結論する理由にはならないのである。

昌益の事績をめぐるもう一つの伝説に、この人物が長崎に旅行し、さらには中国にまで渡ったというのがある。中国渡航説の根拠になっているのは、『統道真伝』巻五の「万国巻」に「密ニ以テレ通ヲ親ミ二唐人ニ一行二於漢土ニ一問二仏法ヲ一」という文章があって、もしもこれをふつうの漢文訓読法で読むならば、「密カニ通（通辞のこと）ヲ以テ唐人ニ親シミ、漢土ニ行キテ仏法ヲ問フ」という意味になることである。しかしこれは、奈良本辰也氏がいうように昌益のまったく漢文の常套を無視した文章から生ずる誤解であって、「漢土ニ行ハルル仏法ヲ問フニ」と読まなくては意味をなさない。またわたしは昌益が長崎の土地を踏んだことも疑わしいとする奈良本氏の意見に賛成である。長崎の見聞記があまりにも貧弱であることの他に、わたしは昌益が刊本『自然真営道』巻三のある箇所で「南方ノ紀州ハ熱ク、北方ノ信州ハ寒シ。中国五畿内ハ温ニ、奥州ノ南部津軽秋田ハ冷カニ、四国九州ハ涼冷ナリ」と論じていることからも明らかであると思う。これは実地に遠国に出向いたことのある人間の言葉ではない。たしかに昌益は「密カニ計リテ三国ニ渡ラントスルニ」と密出国の計画を立てたことは書いてはいるが、長崎に行ったとは明記していない。しかし、それにもかかわらず、昌益はただの伝聞知識でしかないものをあたかも実地に見てきたことのように文中で語るのである。

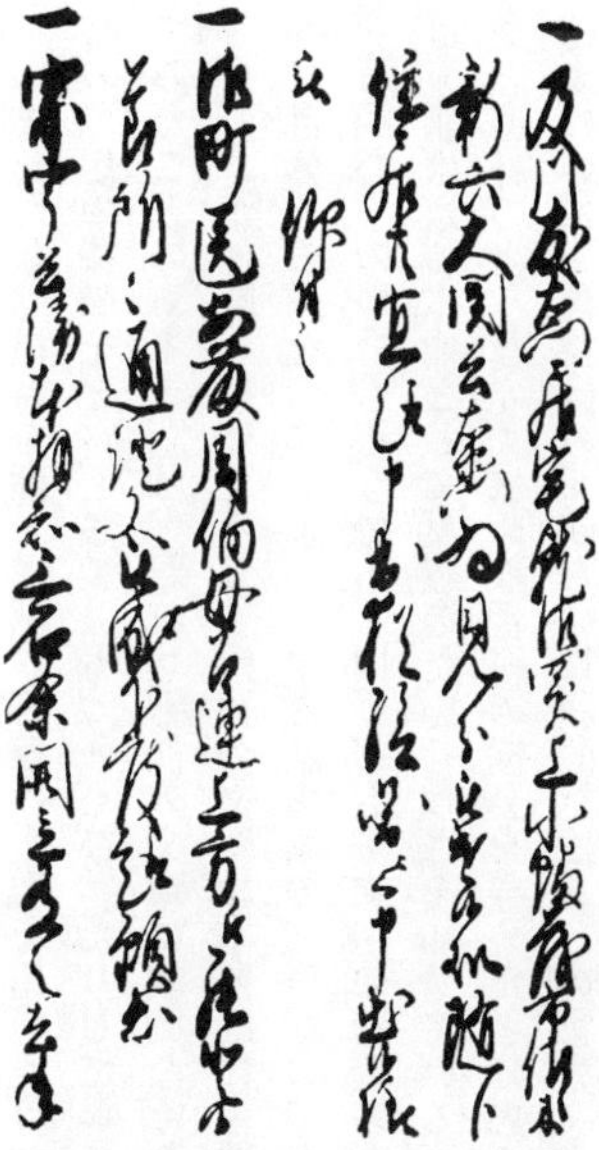

『八戸藩日記』宝暦13年2月29日の項に安藤周伯の名が見える

いまわたしは昌益を評して語るという表現を用いたけれども、ある意味ではこの言葉は昌益の思想の特徴をとらえるのにもっともぴったりしているかもしれない。昌益の原文を読んでみたことのある人間は、だれしも彼の文章に執拗なくりかえしの多いことに多少とも閉口させられた経験を持つだろう。昌益の文章は本質的に舌耕家のそれ、もっぱら話し言葉によって自分の思想を伝達しようとする話術家の文章なのである。

石門心学の場合もそうであるけれども、文字の素養のない聴衆を主たる対象とする講釈者は、話術家の本能として反覆のたいせつさを知っている。昌益の思想の制約は彼に石田梅岩や志道軒のようなオープンな舌耕の機会を与えたとは思えないけれども、またそれだからこそよけいに、昌益はみずからの口語的話法をそのまま文章法に持ちこんだのであった。その結果、昌益の文章は、彼自身が文章としての洗練に意を用いないと『自然真営道』のはじめにことわっているとおり、よくいえばきわめて個性的な、悪くいえば一人合点な特徴をそなえることになった。それが漢文体であるというよりは、むしろ昌益がこれは漢文であると信じた文章によって書かれていることは別としても、第一に昌益独特の概念を示す用語の難解さ。第二に、それ以外の漢語の使いかたのおかまいなさ、誤字・当て字・新造語の頻出。そして最後に、昌益は同じことを二度三度と、いや、何度となくくりかえさなくては気のすまぬ人物なのである。たとえば、「聖人」という言葉が出てきたらそこにはほとんどかならず枕詞か序詞のように「耕サズニ貪食シ、上ニ立チ衆ヲ誑シ、王ト号シ道ヲ奪ヒ云々」という語句がくりかえされるものと読者は覚悟しなくてはならない。

江戸思想界の孤独者

昌益のいわゆる危険思想はさることとして、わたしには昌益の存在が数世代にわたって忘却され、したがってその生涯の閲歴も不明な部分が多くなったことのもう一つの理由は、昌益の仕事のこうした側面がこの人物を江戸の思想界のなかできわめて孤独にせざるをえなかったことであるように思われる。宝暦三年（一七五三）に刊本『自然真営道』を京都の書肆から板行したとき（またその奥付に近刊が予告されている『孔子一世弁記』も実際に世に出ているかもしれないのだ）、昌益はまがりなりにも――その学者ぎらいの主観的意図はともかく――江戸の知識人社会に登場したわけであるけれども、おそらく都会の知識人でこれをまともに相手にした者がほとんどいなかったであろうことは想像にかたくない。昌益の思想の言葉は、一面においてまったく奇異であり、また他面、後でくわしく見るように、当時としてもなお陳腐と見えることをまぬがれなかった。わたしはこのようにいうことによってけっして昌益をおとしめているのではない。価値評価を加える以前にまず事実の問題として、その思想の中心部分を公刊することをさしひかえねばならず、当時の読書人の眼にはおそらく雑学一般として以上に識別されることがなかったであろうこの人物が、江戸の思想界からいかなる処遇を受けなくてはならなかったかに考えをめぐらしてみているだけである。ほぼ完全な黙殺。一言をもっていえば、その運命しか昌益を待ち受けていなかったのではないか。『自然真営道』後篇の近刻が予告されているにもかかわらず、ついに書籍目録に名が現われなかったこともその事態を暗示しているように思われる。江戸思想史上の昌益の位置づけをこころみるためには、江戸の思想界の動向の内部での昌益の位置を知り、当時主流とされていた学問との、あるいはむしろ宝暦前後の思想界で何が起こりつつあったかとの関係において昌益を理解しなくてはならない。たぶん昌益の思想のコミュニケーション・ルートは中央の出版界にはとだえ、口から口へ、あるいは筆写を通じて伝達される一種の同盟的結合、わたしがさきに昌益カルトと呼んだもののうちにのみ開かれていったのであろう。昌益が世を去り、またその弟子たちもやがてだんだんいなくなるにつれて、その思想の存在も世からしだいに等閑視されていった。「忘れられた思想家」昌益の秘密は、こんなところが事の真相なのかもしれないのである。

このような推測は、在来うちたてられてきた安藤昌益像、ありていにいってきわめてロマンティックな昌益理解になれている人々にはあきたりなく思われるかもしれない。それどころか、昌益の「革命的」意義を過小評価するものだとしてお叱りを蒙るかもしれない。しかし、アイドルはアイドルであるといえども偶像である。それはそのかぎりにおいて一度は破壊されなくてはならぬものである。もちろん、永遠に fallen idol にとどまるためではなく、独創的な思想家の実像としてよみがえるために。安藤昌益は江戸時代の二百六十年間を通じて稀に見る封建社会の批判者であった。しからばそれはいかなる思想的文脈によってか。それをつきとめるためには、われわれはまず昌益の著作を虚心に読むことからはじめなくてはならない。

『自然真営道』の全貌

その構成

昌益の畢生の大著『自然真営道』について考えるにあたって、わたしは最初にむしろ単純なことから手をつけてみようと思う。関東大震災のときに東京帝国大学附属図書館で焼失した大部分の巻々を含めて、この著作が全体としてどのような構成を持っていたかということにまず注意を向けてみたいのである。幸いなことには、『自然真営道』大序の巻末に「統目録」が残っていて、われわれはこの大著の全貌をうかがい知ることができる。いまこれを参考のために書き出してみよう。上に＊印のあるものは現存する巻である。また下に○印があるものは、本書中に一部が抄訳されている巻である。

『自然真営道』統目録

＊ 大序巻　○

＊一　字書巻　学問統括部ノ上

＊二　同巻　同部　中

＊三　同巻　同部　下

合三冊字書巻古字紕失部

＊四　儒書巻　学問統括部上

＊五　同巻　同部　中　○

＊六　同巻　同部　下　○

合三冊儒書古説紕失部

＊七　仏書及韻学　学問統括部　古説紕失上

＊八　韻学巻　同部　同　紕失下　是レマテ二冊 古説韻学分

＊九　制法神書巻　同部　古説紕失上　○

十　同巻　同部　同　紕失下　是レマテ二冊 制法神書分

十一　運気書及暦書　同部　古説紕失

十二　医内経ノ内篇　同部　古説紕失上

十三　同書巻　同部　同　紕失中

十四　本草書巻　同部　同　紕失下　是レマテ三冊 古説医書失部

合三冊医書古説妄失　是レマテ十四冊学問統括部

十五　易書巻　古説糺失
十六　諸書古説糺失巻
十七　儒者真者問答巻
十八　軍者真者問答巻
十九　医者真者問答巻
二十　仏者真者問答巻上
廿一　同巻　　下　是二冊仏者真者問答部
廿二　仙者真者問答巻
廿三　巫者真者問答巻　是《レマテ》九冊古説糺失問答部
*廿四　法世物語巻　○
　　　右是古書説妄失糺棄分
*廿五　良演哲論巻及法世政事並真韻論真営道書中眼燈此巻也　○（真道哲論巻）
　　　自然真営道本書分
廿六　活真妙道転定気行互性巻
廿七　同気行巻
廿八　同気行巻
廿九　同気行巻

三十　同気行巻
卅一　同気行巻　是《レマテ》　六冊転定気行部
卅二　穀始生気行巻部
卅三　穀精男女生所以巻部
卅四　自然世巻部
＊卅五　人相視表知裏巻上
＊卅六　同巻　中
＊卅七　同巻　下　是《レマテ》　三冊人相部
卅八　生死論巻上
卅九　同巻　下　是《レマテ》　二冊生死妙論部
四十　聖釈厩三世論巻
四十一　転定与男女表裏同一巻上
四十二　同巻　下　是レマテ二冊転定《ト》与男女《ヒト》同一《ノ》巻部
四十三　活真妙道各論巻部
四十四　万物気行論巻
四十五　同巻
四十六　同巻

四十七　同巻
四十八　同巻
四十九　同巻
五十　同巻　是《レマテ》七冊万物気行論部
五十一　万国気行論巻　日本国分
五十二　同巻　日本国分和訓神語論
五十三　同巻　日本国分和訓神語論
五十四　同巻　日本国分和訓神語論
是《レマテ》四冊日本国気行論部
五十五　同巻　寒国《エゾ》　朝鮮国　漢土国気行論部
五十六　同巻　天竺国気行論部
五十七　同巻　南蛮国　烏嗎国　阿蘭陀　瑠球島気行論
是《レマテ》七冊万国気行巻部
五十八　古医方妄失論巻上
五十九　同巻　下　是《レ》二冊古医方妄失部
六十　転定病論巻上
六十一　同巻　下　是二冊転定病論部

六十二　薬性紀巻一
六十三　同巻
六十四　同巻
六十五　同巻
六十六　同巻
六十七　同巻　是七冊薬性紀部
六十八　図解巻上
六十九　同巻　中
七十　同巻　下　是三冊図解巻部
七十一　妙感気論巻上
七十二　同巻　　下　是二冊妙感気論部
七十三　衆病論巻
七十四　婦人門病論巻上
七十五　同巻　　下　是二冊婦人門部
七十六　小児門巻上
七十七　同巻　中
七十八　同巻　下　是三冊小児門部

七十九　頭面門巻上
八十　同巻　下　是二冊頭面門部
八十一　精道門巻部
八十二　外風門巻
八十三　内風門巻　是合巻一冊部
八十四　外滋門巻
八十五　内滋門巻　是合巻一冊部
八十六　外熱門巻
八十七　内熱門巻　是合巻一冊部
八十八　外蒸門巻
八十九　内蒸門巻　是合巻一冊部上
九十　同巻　下　是二冊内蒸門部
九十一　外涼門巻
九十二　内涼門巻　是合巻一冊部
九十三　外燥門巻
九十四　内燥門巻　是合巻一冊部

九十五　外寒門巻
九十六　内寒門巻　是合巻一冊部
九十七　外湿門巻
九十八　内湿門巻　是合巻一冊部
九十九　外瘡門巻上
一百　内瘡門巻下　是㆑二冊外内瘡門部
△都合一百巻
内八冊合巻有
統冊数九十二冊
大序巻一冊
統合九十三冊

このように、『自然真営道』は、もしもその全部が伝わっていればすべて百巻、これに別巻の大序を加えて合計九十三冊をもって構成される厖大な著述である。内容としては、目録中にも注記されているように、「真営道書中ノ眼燈ハ此ノ巻ナリ」と自賛する第二十五巻の「良演哲論巻」を境い目にして、前半と後半とに分けられている。焼失以前にこの大著の全部を通読した狩野亨吉の証言によれば、九十二冊（うち「生死論巻」二冊は欠本）のうち第二十三巻までは、「破邪之巻」、第二十四巻・第二十五巻をはさんで第二十六巻以下は「顕正之巻」と「なつてゐた」という。現存の書冊には目録・本文ともにその記述に見当たらず、「なつてゐた」とはどういう意味か判然としないが、目録の注記にも第二十四巻以前を「古書説ノ妄失ヲ糺シ棄ツル分」とあり、第二十六巻以下については「自然真営道ノ本書ノ分」とあるから、前半は旧来の学問・思想の批判、後半は今日に伝わっていないがおそらく、昌益の自説たる気行の論をもって万物の理を解明し、あわせて医者としての立場から病理論・治方論などを展開したものと見ることができるだろう。とくに第五十八冊以下の諸巻、すなわち本書の大部分が医法の論にあてられていることは注目に値する。尾藤正英氏はこれを評して「全体の構成からすれば、明らかに一種の医学書」（岩波書店「日本古典文学大系」『近世思想家文集』解説）としているが、たしかにこの構成の特色は少なくともわれわれに、もしも『自然真営道』の全部が残存していたら、われわれの昌益理解はかなり重心の異なったものになっていたのではないかと思わせるに十分である。しかしもちろん、昌益が『自然真営道』の著述を通じて力をそそいだのは既存の思想的・学問的・社会的権威に対する綜合的な批判であって、たんに狭い意味での医学的目的にだけ奉仕するものでなかったことはいうまでもない。そのことは一種の社会改造案とも見られる「良演哲論巻」を「真営道書中ノ眼燈」としていることからも知られるし、だいたい真人をもって自任する昌益にとっては、人体の医者と社会の医者との区別などはじめから存在していないのである。

さてそれならば、現存する部分も焼失した部分も含めて全体としてこれをとらえてみた場合、『自然真営道』はいったいいかなる特色をそなえているのだろうか。

その特色

まず最初にわれわれの注意をひくに足りる簡明な事実は、昌益の諸学説批判のみごとな網羅性である。昌益は開巻劈頭の三冊を『字彙』に対する批判にはじまる文字の批判にあて、次いでその文字を用いて教説をなすところのすべての学問・思想、すなわち儒学・道家（老荘思想）・兵学・仏教・韻学・神道・暦学・医学・易学・本草学などを次々と批判の対象としてこれに攻撃を加える。すなわち、当時にあって一個の独立した分野をなしていた学問、ないしは独自の門戸をかまえていた思想体系のすべてに、というよりもそれぞれに批判の鉾先を向けているのである。昌益の攻撃は既存の学問・思想の全領域にわたっている。昌益の学説批判のこのような特色を、いまわたしは関心の対象が網羅的であるという意味で一種のエンサイクロペディズム（百科事典主義）と名づけておくことにしよう。この傾向が『自然真営道』の第一の特色である。

その次にわれわれが気がつかされる事実は、批判の対象のそのような多様性にもかかわらず、昌益がそのために採用している方法ないしは論理は、本書の全篇を通じてまったく同一であるということである。ひらたくいえば、対象に何を扱おうとも昌益は徹頭徹尾単一の論法をくりかえしているだけなのだ。このことはあとでさらに立ち入った検討を加えなくてはならないので、ここではただ一言、それは昌益が易の自然哲学を批判しつつ、独特の修正をほどこした陰陽五行説であると指摘しておくだけにとどめよう。これが第二の特色である。

敵の武器を奪って闘う

第三の問題は、このような構成をそなえた『自然真営道』がまず巻頭の三巻を費して文字を批判することから始まっている事実である。文字を聖人の制作にかかる盗みの道具だと呼ぶ昌益は、しかしそれにしても、なぜ文字の批判から自分の著作をスタートさせなくてはならなかったのか。昌益がとくに攻撃してやまぬのが、文字一般であるというよりは、漢字であるということはこの場合きわめて示唆的である。人間が本来あった原初的な状態、すなわち昌益のいわゆる「自然世」は、中国に伏羲《ふっき》をはじめとする聖人が、インドに釈迦が出現したことによって階級差別（これを昌益はもっぱら「直耕」してみずから生活の糧とする者と、それをしないで他人の労働に寄食する者との対立ととらえる）を生じ、戦乱の絶えぬ「法世」となってしまった。聖人や釈迦が自然の摂理に反して人為的に制作した政法や礼教（昌益はこれを「私法」「私制」あるいは「制法」と呼ぶ）は正しいものではない。それをあたかも正しいものであるかのように見せかけ、真実を蔽い隠すための虚偽の教法が、儒教でありと仏法であり、その他すべての既存の思想・学問なのである。それらはすべて文字、それも漢字で書かれていて無教育な庶民に権威の印象を与える。そこで昌益は文字が偽作のものでしかないことを暴露し、その仮面を剝ぐためにまず文字の批判に着手したのである。

しかし、そのことはまた昌益のディレンマの出発点であった。既成の思想を批判するものもまた新しい思想であるかぎりは、それは言葉をもって表現され、ふたたび文字をもって伝達されなくてはならない。昌益は『自然真営道』の「大序」で、自分はなぜ文字を用いて文章を書くのかと自問し、誤りをもって誤りを正すのだと自答している。毒をもって毒を制するの論法である。文章を書くことは、昌益にとってはいわば必要悪であった。しかも文章の形式として昌益が選んだものは、仮名まじりの和文ではなくて、間違いだらけの、というよりも文章法をまったく無視した漢文体であった。このことには、のちに国学者たちが発展させることになる思想的和文の使用に昌益が熟達していなかったという理由のほかに、昌益の主要な範疇概念がことごとく漢文の書物から得られているという事情がおそらく関係する。昌益の批判的哲学そのものの構造が漢語のカテゴリーを必要としていたのである。敵の武器を奪って闘う者はその使用法に制約されなくてはならない。そしてその結果、昌益の著述はひとしお難解で晦渋なものとならざるをえなかった。

文字を発明したのは伏義であるとされる。そしてそのことは伏義が歴史上はじめて王となった人物であることと無関係ではない。自然に反し、これを破壊する聖人の多くの制作物のうちでも、文字は最初のものに属するのである。このようにして、聖人によるあらゆる作為の人為性を明るみに出し、それが隠蔽してきた自然の本体を衆目に示し、願わくは人間社会をその「自然世」に復帰させることの端緒をひらこう、というのが昌益による『自然真営道』執筆の動機であった。「自然世」を蔽い隠し、歪曲するために捏造された「法世」の学（私制の言）に向かって「自然」の学（自然の自言）を対置しようとするのである。現存部分を含むその前半が、できあいの思想・学問に対する軒並みの批判、ほとんどがいまは失われたその後半が自然の顕彰を意図していたと思われる全体の構成がとられるゆえんである。そして、いってみれば過渡的綱領といった趣きを呈している「私法盗乱ノ世ニ在リナガラ自然活真ノ世ニ契《カナ》フ論」を中心とした「良演哲論巻」が本書の「眼燈」とされていることはまことに興味深い。

必要な書誌学的考察

『自然真営道』はきわめて大部な著述であるうえに、しかもその大部分が伝わらないので、その主題内容をつかむことは、というよりもむしろ、そのなかで中心的に主張されていたことが何であったかを把握することははなはだ困難である。そしてまた佚亡した部分が多いことは、われわれをしばしばある予断にもとづいた読み込みをすることに誘惑する。狩野亨吉が「巫者真者問答巻」には家康批判が展開されていたなどと記していることは、ある種の人々には、それだけで革命思想家昌益の像を作り上げるに十分なのである。このような状況のなかで、できるかぎり客観的に『自然真営道』の真意を復原することをこころみるためのほとんど唯一の方法は、若干の書誌学的な問題の分析に援助を求めることであるように思われる。

しかし、書誌学的な問題などといっても、『自然真営道』にしても『統道真伝』にしても、現存する伝本はそれぞれの稿本と写本が一部という事情であるから、校異とか写本の系統の確定とかふつう一般の書誌学上の操作はここではまったく通用しない。われわれが得られるただ一つの可能性は、『自然真営道』と他の著述とを比較検討することのうちに何かの手がかりをつかむことだけである。いまわれわれに与えられている検討の材料は、第一に稿本『自然真営道』、第二に写本『統道真伝』、第三に刊本『自然真営道』、第四に（と列挙できるかどうかは疑問だが）宝暦四年版『新増書籍目録』によって出版されたことが推定されれ、しかし実物はまだ発見されていない『孔子一世弁記』二冊、第五に近刻の予告だけされていておそらくは刊行されずに終わったと思われる『自然真営道』後篇、以上である。そして、わたしがとりあえず考えてみようと思うのは、稿本『自然真営道』とその他の著述とが内容のうえで、また構成のうえでいかなる関係を持っているのかという問題にほかならない。

『統道真伝』五巻五冊は、これまでふつう『自然真営道』のダイジェスト版ないしは縮約版として了解されてきたもののようである。発見者の狩野亨吉は「此書は門人に示す為めの抄録のごとく思はれる」としているし、尾藤正英氏は「一種の抄略本としての性質をもつものであろう」という。しかし、果たして『統道真伝』は『自然真営道』のたんなる抄録本にすぎないのであろうか。いまこころみに両者を照合してみると、いくつかの暗示的な事実が知られるのである。

まずこの両書の先後関係についていえば、『自然真営道』の「大序」中に弟子仙確の言葉として「之ヲ以《オモン》ミテ真営道ノ書ヲ綴ルコト数十歳ナリ」という文章があり、『統道真伝』巻一の黄帝論のくだりには「予深ク之ヲ嘆クコト数十歳ナリ。故ニ自然ノ道ヲ見テ真営道ヲ篇シ、且ツ統道真伝ヲ見ハシテ後世ノ為トス」とあるところから、『自然真営道』が最初に書かれたものであることにはまったく問題がない。『統道真伝』巻二の「糺仏失巻」には、「宝暦二壬酉年」と割注をほどこした箇所があるが、宝暦二年（一七五二）の干支は壬申であり、癸酉が翌三年であって何かの間違いかと思われる。しかし常識的に考えて、年次を誤る確率は干支を誤る確率よりも少ないだろうから、この年号はおそらくは宝暦二年に『統道真伝』の当該部分が書かれたのではないかと推定する根拠をわれわれに与える。それならば、『自然真営道』の執筆はいつのことか。「真営道ノ書ヲ綴ルコト数十歳ナリ」とあるように、この大著を完成するには多大な歳月を必要としたであろうことは想像に難くない。しかしその完成は、刊本『自然真営道』の刊年が宝暦三年であり、神山仙確の序には宝暦二年壬申十月という日付が記されていることから判断して、つまり、この書物の母胎である稿本の成立は当然それ以前のことでなくてはならないから、遅くとも宝暦元年以後ではないと推定される。すなわち稿本『自然真営道』の主たる執筆時期は、寛保・延享・寛延年間にまたがっているはずであって、これはたまたま昌益の八戸在住が史料によって確認されている時期と一致する。さらに奈良本辰也氏が延享二年（一七四五）の日付のある「暦之大意」なる稿本――『自然真営道』の一部ではないにせよ、そのメモではありうるだろう――の存在を確認している（「安藤昌益を訪ねて八戸に飛ぶ」『図書』一九六六年十一月号）のもこの推定を裏書きしている。同書第一巻のはじめに付されている自序には「宝暦五乙亥二ヵ月」の文字があるが、これはすでに成った稿本『自然真営道』全巻の浄書を始めるか、それが終わった段階で記されたと見なすことができるだろう。現存する部分に関するかぎりは、筆蹟は同一人物のものであり（昌益自筆といわれるが確証はない）、整然たる楷書でこれだけ大部なものを清書するにはずいぶん時間がかかったろうと思われる。また、第三巻の「私制字書巻三」の末尾には「（一字が万字であることの）其ノ奥妙ノ弁明ノ証ハ統道ノ真伝ニ在リ。故ニ之ヲ略ス」とあるけれども、これは浄書の際に書き加えられたと考えれば説明がつく。浄書にあたってそれ以前の草稿に多少の加筆や修正がなされたであろうことにもほぼ疑いがない。

さてこのように稿本『自然真営道』と『統道真伝』との時間的な関係がある程度明らかになってみると、次に問題にしなくてはならないのは内容上の関連である。わたしが後者を前者のたんなる抄略本と見なすことに異議をさしはさむのは、『統道真伝』が全体として『自然真営道』の所論のくりかえしであるにもかかわらず、しかし部分的には顕著なちがいが発見されるという事実があるからである。その顕著なちがいのなかには、『自然真営道』からの発展と見られる面もあり、また――わたしの意見では――後退と評さなくてはならぬ面もあるように思われる。多少思いきった推測をこころみるならば、昌益は『自然真営道』にもとづいて『統道真伝』を編集したとき、あるいは弟子たちに編集させたとき、これを一種の流布版とする意図があったのではないか、と思われるふしがある。さらにわたしの想像では、この作業はなかばで――もしかしたら昌益自身の死によって――中断され、『統道真伝』はほぼ未定稿というに近いかたちで残されたのである。ともかく具体的な文献批判上の手続きによってこれを徴してみよう。

『自然真営道』と『統道真伝』との関係

『統道真伝』五巻五冊の内容は、㈠糺聖失、㈡糺仏失、㈢人倫巻、㈣禽獣巻、㈤万国巻と五つの部分から構成されている。ただし題箋の巻名と目録のそれとはくいちがっていて、目録では「糺聖失」と「糺仏失」には巻数の記載はないが、以下は三冊目の「人倫巻」が巻二、四冊目の「禽獣巻」が巻三、五冊目の「万国巻」が巻四となっている。「万国巻」の末行に「統道真伝　畢」とあるから、内容の不統一にもかかわらず、これは完本と考えてよいであろう。狩野亨吉が「五冊あるが完本ではない」とした理由は明らかではない。さて、その内容を『自然真営道』と照合してみるならば、まず「糺聖失」の特色は『自然真営道』の「私法儒書巻」三冊の主旨をより整然と展開したものであることは一目瞭然としている。「私法儒書巻」がどちらかといえば構成において年代記風であり、叙述の順序が雑然と思いつき的であるのに対して、「糺聖失」のほうは、易学の誤りが諸聖人の過失をみちびき出したという論旨がほぼ全巻をつらぬいていて、いわば原理論的であるといえる。また『自然真営道』の三冊分（およそ百十四丁）を一冊（七十五丁）に圧縮しているにもかかわらず、内容には補充のあとが見られる。たとえば堯についての論は『自然真営道』がわずか四行であるのに対して『統道真伝』は七十六行、舜は二十三行に対して三十五行、禹は十行に対して二十七行、湯王は逆に十五行に対して八行と少ないが、文王・武王は十六行に対して七十行である。いずれの場合も、『統道真伝』の叙述は、『自然真営道』では別項目として扱っていた「人心道心」の論や「金銀通用」をそれぞれの聖人の事績、すなわち制作物としてその項で論じていることが特色である。いちじるしく整合的になっていることは明らかである。

もう一つの項目の行数のうえでの比較は、おそらくたんなる数量の問題をこえてすこぶる重大な示唆を与えるもののように思われる。それは「糺聖失」では、孔子に対する批評が独立していず、『自然真営道』では九百八十七行もあったのが、ここでは百八十九行に縮小しているという事実である。これはなぜか。そこで思いあたるのが宝暦四年の書籍目録に名の見えている『孔子一世弁記』の存在である。書名からこの著が一代記の構成を取っていることが知られるから、内容はおそらく『自然真営道』の孔子の批判的伝記——一種のたくまざる偏痴気《へんちき》論になっていてユーモラスである——にもとづいたものであったろう。この書の刊行は宝暦の三年か四年のはずであるから、昌益が『統道真伝』の執筆に着手したときには少なくとも出版が計画されていたか、別にその草稿が用意されていたかであったと推定される。だから、いくら同じことのくりかえしが好きな昌益でも、それをここで反覆する必要を感じなかった。そこで昌益は『統道真伝』では伝記的要素をすべて抽出したのである、と想像される。すなわち、「糺聖失」と『孔子一世弁記』とはたがいに一種のカウンターパートをなすものと、昌益に意識されていたらしい形跡があるのである。

二冊目の「糺仏失」では補筆のあとはもっと明瞭である。この巻は決して『自然真営道』の「私法仏書巻」を抄略したものではない。それどころか、それにもとづいたものですらなくて、ほとんど全部が後で補充されたと評することができる。おそらく、『自然真営道』を書いていたときには、昌益は仏教の学にそれほど造詣がなかった。「私法仏書巻」とは言い条、昌益はすぐさま怪しげな韻学に脱線してしまっていて、仏教批判の占める分量ははなはだ乏しかった。それがここでは批判的仏教史としての体裁をととのえたものになっているのである。この「糺仏失」に関するかぎり、われわれは昌益の『自然真営道』以後の発展を確証することができるといってさしつかえない。

三冊目の「人倫巻」は、主として小宇宙と把握された人体の構造やメカニズムを論じた巻であって、だいたい『自然真営道』の佚亡部分の「卅二　穀始生気行巻部」、「卅三　穀精男女生所以巻部」、「卅四　自然世巻部」、「卅五〜卅七　人相視表知裏巻部」、「卅八・卅九　生死論巻部」、「四十一・四十二　転定与男女表裏同一巻部」などが内容的にこれと照応するかのごとくである。現存する「人相視表知裏巻部」と比較すると、内臓の呼称がまったくちがっている（昌益はまだ内臓を呼ぶのに独特の造語を用いていない）から、明らかに「人倫巻」が、修正・補訂の所産であることが知られる。ここまではよいのだが、四冊目の「禽獣巻」、五冊目の「万国巻」になると問題はそれほど単純ではない。両巻ともに表題の指示する内容は本文のほんの一部分にすぎず、雑多な記述が入りまじっていて不統一がはなはだしい。奈良本辰也氏がそこに「混乱、あるいは錯簡」を指摘し、昌益の死後、書き残されたものを門弟が「大雑把に分類」したのではないかと推測している（岩波文庫『統道真伝』解説）のはたぶん正当だろう。しかし、その内容のうちには『自然真営道』との対応がみとめられるものがあることもまた確実であって、たとえば「禽獣巻」の鳥獣虫魚の論は「四十四〜五十　万物気行論巻部」に該当すると思われるし、「万国巻」の中心をなす叙述は明らかに「五十一〜五十七　万国気行巻部」に対応している。不統一な雑説のたぐいを捨象するならば、『統道真伝』は全体としてその各巻に照応する部分を『自然真営道』に見いだすことができるのである。

昌益の真意

さて、ここで問題の所在をさらにはっきりさせるために、刊本『自然真営道』をいままで考えてきた『統道真伝』のかたわらに置いてみようと思う。狩野亨吉がこの刊本の発見以前に「宝暦書目に載つてゐる自然真営道の内容は遠廻的であつたらう」と予想していたことはさすがに烱眼《けいがん》であったと評さなくてはならないが、実際の刊本の内容はまことに独特なかたちで「遠廻的」なものであった。すなわち昌益は刊本中では政治社会の問題にふれず、儒仏神の直接的な批判にわたらず、もっぱら自然哲学上の事柄に叙述を集中した。昌益がいちばん大胆な社会批判に近づいたのは、たぶん巻二のある箇所で「万々人ニシテ自《ヒト》リ然《ス》ル一般ニ無上無下無二ノ世人ヲ以テ君臣・父子・夫婦・兄弟・朋友ノ五倫ヲ分チ立テ、士農工商ノ四民ヲ立テ云々」と書いたときだったろう。しかし、昌益の論旨の力点はそうした社会的概念としての上下の差別が、易に由来する「君火・相火」（李朱医学では五行を六運気に配当するために火を「君・相」の二つとした）の自然哲学的範疇にその根拠を持っていることの論証にある。昌益のエンサイクロペディズム的関心が当時の「学」のあらゆる分野を網羅的に批判の対象としていることは前に述べたとおりだが、刊本『自然真営道』では昌益はきわめて慎重に、言及する領域を彼の全体系のなかでいわば自然科学的部分にあたるものに局限しているのである。尾藤正英氏がこの書の内容を「稿本の第二十六巻以下において転定の気行を論じた諸巻に相当する性質のものであろうと考えられる」（岩波書店「日本古典文学大系」『近世思想家文集』解説）といっているのはまったく正しい。刊本は稿本の「廿六～卅一　転定気行部」を内容的にカヴァーしていると目されるのである。

このように検討を進めてくると、われわれはどうしても一つの明白な事実に行きあたらざるをえないだろう。『統道真伝』と刊本『自然真営道』とは、そして実物による確証はないとはいえかなり有力な根拠のある推定をもっていえば、前二者に加えて『孔子一世弁記』とは、それぞれに稿本『自然真営道』を母胎とする著述でありながら、内容の上でたがいに重複することは基本的にいってないのである。基本的に、というのは昌益に特有のあのくりかえしは別として、の意味である。この事実は何をものがたっているのか。少なくともわれわれは、ここから次のような仮説をうちたてることは許されてよいはずである。すなわち、宝暦年間における昌益とその一門は、延享・寛延（一七四〇年代）の『自然真営道』の稿本の成立の後、新たな活動の段階を画すべく、昌益の思想のなんらかのかたちでの公刊を意図し、かつそれを部分的に実現したのではなかったか。『自然真営道』前篇とおそらくは『孔子一世弁記』の刊行がそれである。この他にも当然出版計画があったらしいことは、近刻の予告からも知られる。また従来よく言及された昌益宛ての書状の断簡に「既に拙者始壱両の金子も可差上存入も無御座候所　時節来り候得ば五百両も差上可申心に相成申候云々」と見える語句も、武装蜂起や海外渡航の資金調達と結びつけて考えるよりも、開板のための費用捻出に関係させる方がもっと現実的ではないだろうか。

それはともかく、稿本『自然真営道』以後のいくつかの著述が、相互の間で重複していないという事実は、昌益が最初の大著で体系化した思想をさまざまな形態で能率的に、しかもゆくゆくはその全貌をあらわすというしかたで、世に出す目算があったことを推測させるに十分である。わたしはいま『統道真伝』そのものを公刊する計画があったかどうかについて判断するだけの材料を持たないが、しかしその最初の二冊には明らかに編纂と推敲のあとが確認できることから考えて、その可能性は皆無ではないと思う。『統道真伝』は十二行二十字の整然たる筆写本であることは稿本と同様であるが、『自然真営道』とちがって筆写者は単独ではなく、数種類の筆蹟がみとめられる。筆蹟の変り目は、項目や箇条によってではなく、丁の変り目に多く現われるから、現存する写本以前にその原本にあたるものが現存本と同一の体裁でどこかに存在していたということになる。したがって、『統道真伝』は『自然真営道』に比べると広い範囲で書写されていた可能性が大きいと推定されるのである。

ゆるやかな『統道真伝』の表現

『統道真伝』の表現は、これを『自然真営道』に比較するとより穏和であって、昌益とその一門がみずから信奉する思想の表出に慎重さと細心さとをもってのぞんでいたことをものがたる。おそらく昌益は自己の思想の公表にあたって、当時の政治担当者を刺激する「危険度」の少ないものを優先的に流布させるべく配慮したのであろう。さてそれならば、昌益みずからが「真営道書中ノ眼燈ハ此ノ巻ナリ」と自賛したあの「良演哲論巻」、封建社会の解体をうたった夢想の改造計画は、どのようなかたちで処理されることになったのであろうか。昌益はこれを生涯社会的には口外することのできぬ思想として親密な門弟たちにのみ語ることで終わったのか。それとも、よしんば計画だけであったとしても、これを世に問う意図を持っていたのか。刊本『自然真営道』の巻末奥付に見える「自然真営道後篇　近刻」という文字は、さながらわれわれの空想をふくらませるパン種である。同書の巻二の末尾には、李朱医学の府蔵論・経絡論を批判したあと「故ニ之ヲ糺シテ自然ヲ見《アラ》ハスコト後篇ニ在リ」という文章がある。もしもこの「後篇」という言葉が本書の奥付にある「後篇」と同じ意味だったら、稿本『自然真営道』の後半が医学書の体裁を取っていたことから考えて、昌益は本書の続篇を医書として世に問うつもりだったと見ることができるだろう。しかし、本書の巻三で昌益は事実上『黄帝内経素問』や『霊枢』の批判をこころみている。つまり「後篇」とあるのは「後巻」の意味かもしれないのである。だとするならば、ついに未刻に終わった刊本、まぼろしの『自然真営道』後篇のなかで、昌益が何を世に問うつもりであったかは、われわれの想像力の自由に属するということになるだろう。一つぐらいは昌益レゲンデの破片が残っている方がおたがいのしあわせかもしれないのである。

昌益の自然哲学

独特の五行説

「自然ノ進退スル一気、之ヲ道ト曰フ。若シ一進一退ニ言ニ別ト為ル則《トキ》ハ自然ノ真道ニ非ザルナリ」。昌益は『統道真伝』巻三の「人倫巻」をこのような文章で書きはじめている。この語句は、われわれにただちに『易繋辞上伝』の第五章にある「一陰一陽之ヲ道ト謂フ。之ヲ継グ者ハ善ナリ。之ヲ成ス者ハ性ナリ」という文言を思い起こさせる。というよりもむしろ、昌益は易の「一陰一陽之ヲ道ト謂フ」の「陰陽」を「進退」に読み変えて「人倫巻」冒頭の文章を作っているのである。このことは何を意味しているか。昌益学の根本をなす思考原理たる独特の五行説が、易の陰陽哲学の批判を通じて成立したものでありながら、同時にその着想をそれに得ているという事実である。

昌益のえがく宇宙像には、まずその根本に、自然真あるいは活真・土活真などと呼ばれる実体がある。昌益によれば、宇宙と人間をつらぬく理法としての道は、さしあたりまずこの自然真が「自ラ感ジテ一気ヲ為シ」たところのものである。自然真は宇宙の中心に存在して無限に万物を生成してやまぬ活動の主体であるが、時に、「真《マコト》」あるいは「真《タマシィ》」と訓読されることがあるように宇宙の精神そのものである。またその作用としての「感」は「感ズル」のほかに時として「ハタラク」・「フレル」・「カセグ」などとも読まれることがある。生成とはすなわち生産であり、さらには労働の行為でさえあるのである。「一気ヲ為ス」はまた「一気ト為ル」と訓点をほどこされている場合もある。自然真が気を作るのか、あるいは自然真そのものが気となるのか、あるいはむしろ自然真それ自体が気であるのか、それらの区別は昌益には存在しないといってよいだろう。ともかく自然真が自感したその気が、小進すれば（すこし進めば）木《もく》、大進すれば火《か》、小退すれば金《きん》、大退すれば水《すい》となる。ここまでは伝統的な五行説と類似しているが、土《ど》は昌益の思想体系のなかでは後で検討するように独特な位置を与えられている。それは土活真と呼ばれることもあるように、活真そのものの本体であり、進退に応じて火・木・水・金の四気に分化し、またそれらを「就革」する（就は四気をたがいに結びつける作用、革はそれを一つの具体的な全体にまとめあげる作用である）機能とされているのである。

昌益の自然哲学のこうした枠組みが、従来指摘されているように易の陰陽哲学、なかんずく『易繫辞上伝』第十一章の「是ノ故ニ易ニ太極有リ。是レ両儀ヲ生ジ、四象八卦ヲ生ズ」といった発出論的構造をモデルとしていることにはほぼ何の疑いもない。昌益のいう活真は「太極」の、進退は「両儀」すなわち陰陽の、それぞれ読み変えとして得られた概念であるだろう。そしてまた進退という用語自体も、『易繫辞上伝』第二章の「変化トハ進退ノ象ナリ」から着想されたというのもおそらく事実である。このように見てくるならば、昌益の自然哲学はその根本範疇をすべて易の思想から受けついでいるということをだれも否定できなくなるであろう。しかし同時にまた、ここで重要なのは、昌益がそれらの範疇概念にもとづいて自己の思想体系を構築したのは徹頭徹尾易の陰陽哲学を批判するためであり、批判しつつであったという一事である。昌益の多方面にわたる学説批判はそれが何を対象としていようとも、かならず易哲学の批判と結びつけられる。それが昌益の批判方法にある独特な狭さと単調さとをもたらしていることは否定できない。が、われわれはまず、昌益のいう活真の概念は太極をモデルにしていようとも太極とはちがう何ものかであり、進退は陰陽のたんなる言いかえにすぎぬように見えるが昌益の意図は両者のあいだの何かを区別するところにあったという事実に眼を向けてみなくてはならないのである。

　太極という言葉がはじめに経典中に見えるのは、孔子の作とされる『易繫辞伝』中の右に引用した文言であるが、昌益が直接そのなかに身を置いていた江戸の封建教学中の、いいかえれば当時支配的だった朱子学思想中の重要な用語としてこの言葉が使われるようになった端緒は周濂渓の『太極図説』のうちにこれを求めることができる。朱子はこの『太極図説』にもとづいてみずからの自然哲学を樹立したのである。

　無極ニシテ太極ナリ。太極動キテ陽ヲ生ズ。動クコト極マリテ静ナリ。静ニシテ陰ヲ生ズ。静ナルコト極マリテ復タ動ク。一動一静、互ニ其ノ根ト為《ナ》ル。陰ニ分レ、陽ニ分レテ両儀立ツ。陽変ジ陰合シテ水火木金土ヲ生ズ。五気順布シテ、四時行ハル。五行ハ一陰陽ナリ。陰陽ハ一太極ナリ。太極ハ本《モ》ト無極ナリ。五行ノ生ヤ、各〻其ノ性ヲ一ニス。無極ノ真、二五ノ精、妙合シテ凝ル。乾道ハ男ヲ成シ、坤道ハ女ヲ成ス。二気交感シテ、万物ヲ化生ス。万物生々シテ変化窮リ無シ。

『太極図説』と昌益

もしも望むならば、われわれはふたたびまた『太極図説』の右の文言中から昌益の思想の「原型」となっている概念をいくつも拾い出すことができるだろう。「真」という用語自体、それは周濂渓の創始にかかるというよりもはるか以前の道家的起源を持つのだが、そして昌益は、この言葉を直接的な源泉としては『黄帝内経素問』などの医書から得たと思われるのであるが、「無極ノ真」として太極に関係するからには、何かのかたちで昌益の活真の祖型になっていないという保証はない。しかし、それにもかかわらず、ここには昌益の思想とはまったく異質な観念、あるいはむしろ昌益がそれらから自己を区別するにあたってまことに旗幟鮮明であるところの観念が看取されるということをわたしは強調しなくてはならない。それこそが中国宋代の朱子学のなかで発展を遂げ、江戸の正統派朱子学に継承された要素にほかならないからである。それはまず第一に、朱子が太極を定義して「象数未ダ形《アラ》ハレズシテ其ノ理已ニ具ハル」といい、「未ダ天地有ラザルノ先、畢竟是レ先ヅ此ノ理有リ」（『朱子語類』九十四）といったその太極の概念そのものである。すなわち太極とは、人間がそれに従うべき規範であり法則であるところの天理ととらえられた。それは『太極図説』に「動キテ陽ヲ生」じ「静ニシテ陰ヲ生ズ」とあるように、陰陽の両儀を生ずるものであるが、それ自体は気ではない。むしろ気から超越し、物質としての気に対する統率者、命令者として君臨するものである。その観念の通俗版が江戸の巷間に流布した「天理」対「人欲」のアンタゴニズムにほかならない。

　そして第二に、右のことと関連して、『太極図説』のなかには、昌益が「二言二別」として批判することになる上下の差別の思想の萌芽が発見される。たとえば「乾道ハ男ヲ成シ、坤道ハ女ヲ成ス」とあるのがそれである。もともとこの文言はすでに『易繫辞上伝』に見える言葉であり、「陰陽交感、男女配合ハ天地ノ常理ナリ。天地交ハラザレバ則チ万物何ニ従リテカ生ゼン」（『易程伝』）という原理にもとづく万物生成の観念であるけれども、同じ『易繫辞上伝』には早くも「天ハ尊ク地ハ卑シ」という語句があ

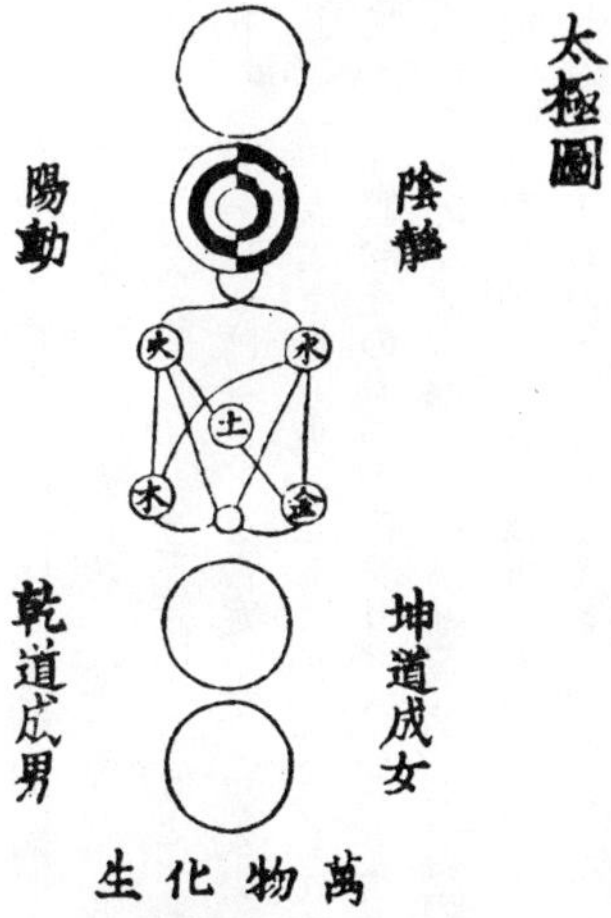

太極図（山崎闇斎『周子の書』より）

る。「天地」という対概念《アントニム》は同時に「陰陽」あるいは「男女」、「夫婦」のそれに類推される。『春秋繁露』に「天ハ尊ク地ハ卑シ。此ヲ以テ之ヲ見、陽ヲ貴ビ陰ヲ賤シムナリ。（……）丈夫ハ賤ナリト雖モ皆陽タリ」とされるゆえんである。昌益はつねに男女の性に上下の差別をもうけることを否定して、男女の一対がはじめて人間を構成すると主張し、わざわざ「男女《ヒト》」と振り仮名をしているくらいであるが、その昌益の観点からするならば陰陽の気という概念そのものがアプリオリに男女の差別のいわば論理的萌芽を含んでいるのだ、ということになる。李朱医学の運気論が五行のうちの火を二つに分けて天をつかさどる「君火」ならびに地をつかさどる「相火」としたことが、身分上の差別としての君臣を発生させたのだとするのと同じ論法である。すなわち昌益にとって易の形而上学は、すべての上下対立・階級差別に由来する社会制度の自然哲学的基礎なのである。

　右のような理由から、昌益の思想体系にあっては、陰陽はどうしても進退の概念をもって置きかえられなくてはならないものであったことは明白だろう。もとより『易繋辞上伝』の問題の語句は、かならずしも気に陰気・陽気の二つがあるといっているわけではない。朱子はこれを明確に解釈して「陰陽ハ只ダ是レ一気」と断言しているほどである。昌益も「陰陽ト云フハ一気ノ進退スル異号」としてならこれをみとめる。しかしそれは少なくとも固定的にとらえられ、「二気二物二別」と理解されやすい傾向を持つ。だからすべからく陰陽の語を廃して進退の一気であると明言せよというのである。土活真の自感であるところのこの一気は、小あるいは大に進退して木・火・金・水の四行の気となり、宇宙の万物となって運回する。その運回のしかたには、通・横・逆の三つがあり、それぞれ通気・横気・逆気と呼ばれる。通気は天・海・人間となり、横気は大地ならびに鳥獣虫魚となり、逆気は穀物および草木となるとされる。通気はまっすぐに直立する運動、横気は横への運動、逆気はさかだちしている運動にそれぞれ関係する。この通・横・逆の論は北宋の邵康節のおそらくは『皇極経世書』あたりに発したものであろうが、神道家吉川惟足の『神代巻惟足抄』にも用いられているから、江戸時代にはかなり流布した考えかたであったと思われる。

昌益における土の意味

わたしはこの解説のはじめに、安藤昌益を土くさい思想家と呼び、その哲学はすべて土から発想されていると書いた。じつをいえば昌益をこのように把握することにはたんなる修飾以上の重要な意味があるのであって、わたしはここで昌益が土の思想家であるゆえんについていま少しことこまかな検討を加えてみなくてはならない。

昌益は『自然真営道』巻一の「易学之評」で易の文辞は太極とは何かについて明言していないとして、それをこんなふうに批判している。「太極ハ即チ五行自リ然《ス》ルノ異号ナリ。自リ然ル五行ハ各〻五ツニ行ハルルニ非ズ。唯一ノ神気ニシテ自リ進退シテ無始無終ナリ」。この文中、傍点で示した箇所がいわば昌益流の太極の定義であるといってよいだろう。木・

火・土・金・水の五行の気は、それぞれ独立した別箇の気ではない。それは「自リ進退シテ」木・火・金・水に分化するところの「唯一ノ神気」であるとされる。そしてこの場合、きわめて特徴的なことは、昌益のいわゆる「唯一ノ神気」あるいは中真が土の気とされているることである。そのことは宇宙の万物を生成する主体たる活真をしばしば土活真と呼んでいる事実によって明らかであろう。昌益の自然哲学にあっては宇宙の万物はすべて一元的な気によって構成されている。そしてその気は本来土であるところの活真の運回作用なのである。昌益のいう土活真は宇宙の根本をなす実体であるが、それ自体はいわば永遠無窮に流通・運回・生成してやまぬ気の運動そのものであり、決して何か有形の存在ではない。しかし、それはいつも天の北辰（北極星の周辺）を常座として不動の位置を占め、しかもまた同時に天と海とのあいだの大地——昌益はこれを中土と呼ぶ——として、いわばおのれ自身の現象形態を持つ。土活真の生成作用は、大地が直接的には人間の食料となる穀物を生産し、人間が「転定」と共同に労働して——これが天人ともになすところの「直耕」である——得た穀物をもって生存し、かつ生殖することにおいて現象するのである。昌益の思想はことごとに旧弊な陰陽五行説であると論評され、そして昌益にとっては遺憾なことながらそれは基本的に承認されざるをえないのだけれども、最低限忘れてならないことは、昌益が旧来の陰陽五行説と自己のそれとを区別すべく展開している論理に配慮を加えることである。昌益はみずからの封建社会批判を体系化するために、そしてそれに在来のそれと明確な一線を画した自然哲学的基礎を与えるために、自己自身の五行説を独自の構造のものにしなくてはならなかった。昌益はその作業を木・火・土・金・水の五行の気のうち、土を特別に重視し、いわば思想体系の重心を土に移動することから着手したと考えられるのである。

土と太極

昌益のもっとも使用頻度の高い用語の一つである「転定《てんち》」の意味するところをめぐって、かつて奈良本辰也氏と尾藤正英氏との間に論争が交されたことがあった。この問題についてのわたし自身の見解は訳注の項でかなり詳細に論じたので、ここではただ昌益のいう「定《ち》」が海をさしていると考える根拠の第二として指摘したこの思想家の「土＝大地をもっとも支配的な要素ととらえる一つの強力な志向」の側面をもう少し突っこんで考えてみよう。昭和九年に岩波講座「東洋思潮」の一冊として発表された『陰陽五行説』のなかで、飯島忠夫は「土の性質を以て陰陽何れにも偏しないものとするのが即ち古代に於ける考へ方であつて、それは太極又は太一が陰陽何れにも偏しないものとする思想と一致するものである。故に土は太極又は太一の一つの現はれと説くことが出来るのである。斯くの如く観て来れば、五行は太極陰陽の一段下つて複雑化した形式であつて、五行説は陰陽説に附属させて置くべきものとなるのである」という示唆的な文章を残している。この説には依拠すべき文献の引用がされていないことが残念であるが、少なくともこれはいまわれわれが当面している問題に一つのヒントを与えてくれる。というのは、もしもこの仮定に立つならば、『黄帝内経素問』が昌益の非難してやまぬいわゆる三陰三陽を図式化して、少陽（木）・太陽（君火）・陽明（相火）・太陰（水）・少陰（金）・厥陰（土）として、土を陰の気に配したこと（火を二つに分けるのはそれと相互補完の関係にある）が後世の思弁の結果であるという一つの論拠が生じてくるからである。のみならず、飯島説は土と太極との関係についてのもう一歩立ち入った考察にわれわれをみちびく。

それにしても『易繋辞上伝』の文言は、昌益が難じているとおり、いったいなぜ太極の何たるかについて明言していないのだろうか。答えは簡単である。『繋辞伝』の成立が孔子以後の時代に属し、だいたい戦国から漢初のこととされていることはともかくとして、少なくともこの書が執筆されたときにはその意味は一義的に明白だったからである。あるいは自明なものだったからである。そのことは、たとえば『呂氏春秋』の「大楽篇」に「太一ハ両儀ヲ出シ、両儀ハ陰陽ヲ出ス」とある語句を参照すれば容易に知られよう。平岡禎吉氏は、「太一」とは「太上なる一」の謂いであり、「一」から発展した名称であって、また『淮南子』「原道訓」には「所謂《イハユル》一ナル者」という表現があるところから「一」には古くからの用法があったことを暗示しているという（『淮南子に現われた気の研究』）。この所説にしたがえば、有名な『老子』四十二章の「道ハ一ヲ生ジ、一ハ二ヲ生ジ、二ハ三ヲ生ズ」という文言も、前の『呂氏春秋』と同じ主旨のものであることは明らかだろう。『老子』の「一」が

『淮南子』にいわれる「所謂一ナル者」であるとすれば、「二」とはすなわち「両儀」であるにほかならない。すなわち知る、『易繋辞上伝』の「太極」は「太一」あるいは「一」と同じものを意味していたのである。「洞トシテ天地ニ同ジク、渾沌トシテ樸《ボク》（本《もと》のこと）ヲ為シ、未ダ造《ナ》ラズシテ物ヲ成ス。之ヲ太一ト謂フ」とさらに『淮南子』の「詮言訓」は論じている。「太一」あるいは「太極」は、「物ヲ物トスル者ハ万物ノ中ニ亡《ナ》シ」といわれるように、それ自体は物ではなく、物以前にあって万物を生成する。しかもそれは右の『老子』の文言にあるように、「道」とも呼ばれることがある。『淮南子』の「原道訓」に「夫レ太上ノ道ハ、万物ヲ生ジテ有セズ」とあるのもこれと系統を同じくすると考えてよいであろう。ただし、われわれは太極の観念と道家思想とを結びつけるにあたって一定の留保を加えることが必要である。中国古代思想史の研究家、アルフレッド・フォルケの『中国人の世界観』(Alfred Forke: *The World-concept of the Chinese*, 1925, London) は、『易経』中の太極という言葉の源泉をもっぱら道家思想に求めるレッゲの説を批判しつつ、太極はもともとさらに古代的な宇宙生成論にかかわる概念であって、たんに道家の領域のみにとどまらぬもっと広い分布範囲を持っていたと論じているが、たしかにそれは道家の創成にかかるというよりも、諸子百家の思想に分化する以前の、原初的な宇宙開闢神話と関係があったと考えさせる痕跡をとどめている。たとえばすぐ後でその意味を検討しなくてはならないのだが、『淮南子』の「詮言訓」には「黄帝陰陽ヲ生ズ」といった語句さえ混入して来ている。すなわち、太極はまた黄帝と同義ではないにしても等価とされることがあるのである。『太極図説』に見える無極の語は、明らかに万物の根源に「無」を想定するやや後世の道家思想にその起源を有している。そしてまさにその想念こそ、昌益がつねに排撃してやまぬところのものなのである。

気の学の古代的性格

おそらく『易繫辞上伝』の語句も含めて、周濂渓＝朱子による宋学的あるいは理学的解釈以前の「太極」は、右に見てきたような天地万物の造化者の謂いであった。宋の学者たちがこれをもっぱら実体化された「理」としてとらえ、抽象的で超越的な理法として「未ダ天地有ラザルノ先、畢竟是レ先ヅ此ノ理有リ」としたとき、太極はその原義を失うことになったのである。しかし文献批判学とか文献批判的方法とかに恬《てん》として無関心であった昌益には、そのような事情はあずかり知るところではなかった。昌益はただ世界のいっさいの現象をその独特の五行説にがむしゃらに還元する思考方法を通じて、太極すなわち彼のいう「唯一ノ神気ニシテ自リ進退シテ無始無終」なる何ものかを朱子理学から気の学の側に奪回したのである。昌益哲学の根本実体たる活真は、よしんば易の太極との間になんらかの関係がみとめられるにもせよ、それが徹底的に気の自己運動としてとらえられているという意味で、朱子学における理の概念をまったく排除したのであった。飯島忠夫は前掲の論文のなかで「宋学が天の気の作用を太極の中に取入れたのに対して古学はそれを地の気の中に奪還したのである。古学は稍行き過ぎた所もあるけれども、此の方が古代哲学の真意に近づいたものと認められる」と的確な批評を下しているが、昌益の学もまさにその意味でほぼ同時代の伊藤仁斎や荻生徂徠とある種の接点を持っていたといえる。しかし、昌益の思想における土の気への顕著な重心の偏りは、それをきわめて異彩あるものにしたと同時に、それにひとしお古代的な性格を与えたと想像させる形跡が濃厚なのである。

伊藤仁斎

この問題について考えるためには、われわれはここでもう一度、昌益のいわゆる活真がその常座を天の中宮たる北辰に持ち、かつまた中土＝大地として体現されるものであることを思い出してみなくてはならない。刊本『自然真営道』巻一の表現を引用するならば「故ニ土気ノ転《テン》ニ行ハルル、之ヲ辰ト曰ヒ、土体居リテ転《テン》定《チ》ノ中間ニ有ル、之ヲ土ト曰フ」ということになるのである。それにしてもなぜ昌益はその活真を北辰と結びつけたのであろうか。このことはふたたびわれわれに活真と太極との関係を暗示しているのであるが、おそらく昌益は天の北辰あるいは中宮を太一の座とする中国古代の伝承にしたがったものと考えられる。『史記』の「天官書」にはこんな叙述がある。

中宮ハ天極星。其ノ一ニ明ナル者ハ太一ノ常居ナリ。旁ラノ三星ハ三公ナリ。或イハ曰ク、子ノ属ト。後ノ句《マガ》レル四星ハ、末ノ大星ハ正妃、余ノ三星ハ後宮ノ属ナリ。之ヲ環リテ匡衛スル十二星ハ藩臣ナリ。皆紫宮ト曰フ。

中国の古代天文学では天空を五つに区分し、天頂を中心とした部分を中宮あるいは紫微宮（紫宮）と呼ぶ。地の中心を南北に縦貫する軸の真上にあると信じられていた。その中央にあるのが北極星、いわゆる北辰である。「天官書」の文中にある天極星とは、一つの星のことではなく、中宮に位置する星座の名である。そのなかの「一ニ明ナル」星、すなわち「太一ノ常居」とされているのが北極星、昌益のいわゆる北辰である。『論語』の「為政篇」に「北辰ノ其ノ所ニ居テ衆星ノ之ニ共《ムカ》フガ如シ」とある北辰がそれである。地球の自転とともに天頂の周辺の衆星は旋回するが、天極に近いこの星だけは動かない。あるいは、もっと正確には動かないかのように見える。『朱子語類』に「北辰ニ星無シ。縁リテ人此ヲ取リテ極ト為スニ箇《コ》ノ記認無カルベカラズ。就《スナハ》チ其ノ旁ラニ一小星ヲ取ル。之ヲ極星ト謂フ。這《コレ》ハ天ノ枢紐ナリ。極星ノ動不動ヲ問フ。曰ク、也《マ》タ動ク。只ダコレ那《カ》ノ辰ニ近シ。動クト雖モ覚エズ」とあるとおりである。ただし、この星は現在の北極星とはちがう。現代のいわゆる北極星は小熊座のα（帝星）であるが、西暦紀元前一一〇〇年頃の周初には天球の北極にいちばん近い星は小熊座β（句陳大星）であった。『史記』「天官書」の書かれた紀元前一〇〇年頃までは、その形勢はまだ改まるにはいたらなかったのである。隋・唐の時代には天枢星をもって北極星としていた。朱子が「旁ラノ一小星」といっているものがそれである。現在の小熊座αを北極星というようになるのは、中国の天文学史では明・清以後のことである。それはともかく、群星をしたがえてみずからは不動の中心にとどまる北辰は、古代の空間表象では上天の最高の所に位置し、下からこれを見上げれば万物に君臨し、これに号令する永遠の主宰者のごとくに見える。北辰が太一の常居とされ、その太一が天帝の別名とされるゆえんである。『史記』の「封禅書」には「天神ノ貴キ者ハ太一ナリ。太一ノ佐ヲ五帝ト曰フ。古ハ天子春秋ヲ以テ太一ヲ東南郊ニ祭ル」とあって、天神（天帝）と太一とが同一視されていたことを教えてくれる。

　このようにして、われわれは太一が一方では太極と同一の概念として宇宙生成の一元気を意味し、さらには『呂氏春秋』の「大楽篇」に「道ナル者ハ至リテ精ナリ。形ヲ為スベカラズ。名ヲ為スベカラズ。彊《シ》ヒテ之ヲ為シテ、之ヲ太一ト謂フ」とあるように「道」の別名であった事実とともに、他方また、それが天神・天帝などのように神格化ないしは人格化されてもいたという別箇の事実を認識することができる。さきほど言及した『淮南子』「詮言訓」の「黄帝陰陽ヲ生ズ」もこの後者のカテゴリーに属するものと見なしてよいであろう。

現に『晋書』「天文志」には「黄帝ノ坐ハ太微中ニ在リ」とあるくらいである。杜而未氏の『中国古代宗教系統』（一九六〇、台北）は、太一の持つこうした二つの側面を論じて『淮南子』「本経訓」の「帝ナル者ハ太一ヲ体ス」あるいは『呂氏春秋』「行論篇」の「天ノ道ヲ得ル者ハ帝タリ」などを引用しつつ、上帝と道とが融合した結果として形成された新しい神格がすなわち太一であるとする。上帝思想は北方の殷商文化に属し、道は南方文化に属する。これはまた儒家文化と仙道文化といってもよい。そしてさらに杜而未氏によれば、黄帝は上帝がより具体化され、祖先化されたものであり、『抱朴子』の「極言篇」に黄帝が道を学んだという伝説があることは、黄帝が上帝から具体的に人格化されるにあたって異なる文化系統の混合がなされたことを象徴する、とされるのである。だから『史記』の「天官書」が太一を星の神としているのは比較的後世の発展であると目されることになる。

支配・被支配を認めない思想

昌益の活真＝北辰説は、もしもこれを太一の観念との関連においてとらえるならば、太一＝上帝の系統にではなく、太一＝道の系統につらなるものであることは明らかであろう。そもそも活真が北辰に宿ると同時にその体は中土であるとするところから出発していることからも知られるように、昌益は支配者・命令者としての上帝が前提的に含意するところの被支配者・被命令者の存在をみとめない。『易繫辞上伝』の「天尊地卑」の思想は昌益とは無関係なのである。だから、われわれは昌益がわざわざ「転定《てんち》」という新造語をもって天と海とを意味させたことを、彼の思想の体系のなかで土＝地が特別な比重を占めていることの結果と理解しなくてはならないのである。宇宙的元素としての土の精気は天空の北辰に宿ってそこから生成の気を発し、木・火・金・水の四行の気に分化して宇宙を運回し、かつ宇宙の中央の大地（中土）としてそこに万物を生じさせる。さらにまた昌益にあっては、宇宙と人身とは相互のアナロジーにおいて、いわば大宇宙と小宇宙の関係にあるものとしてとらえられていることは『統道真伝』巻三の「人倫巻」でくわしく論じられているとおりである。昌益の世界表象によるならば、「転定《てんち》」の北極はいわばその下半身であってつねに空に現われ、南極の頭面はいつも伏していて見ることができない。すなわち「転定《てんち》」は逆立ちしている巨大な人体として表象されるのであって、たとえば「転定《てんち》」の軸は人体の背骨、その四隅は人間の手足、木・火・土・金・水の五気は人体の五府蔵にあたるとされる。同様にして、人体は小なる「転定」としてこれと表裏の関係を保ちながら直立している。昌益は「転定」が人間をして頭を上にして自由に活動せしめるために頭部を下に隠して逆立ちしていると考えるのである。つまり天は高く地は低いのではなく、人間がいつも上に仰ぎ見る天はいわば宇宙の下半身なのである。医書の一つ『黄帝内経霊枢』の「陰陽繫日月篇」には「腰以上ヲ天ト為シ、腰以下ヲ地ト為ス。故ニ天ハ陽タリ。地ハ陰タリ」という語句があるけれども、昌益にいわせればこれはとんでもない妄説だということになる。

天地と生殖行為

おそらく昌益が天をもって宇宙の下半身とすることの理由には、「天尊地卑」の思想に対するアンチテーゼということのほかに、もう一つ昌益の世界観が根本的に生殖行為とのアナロジーから発想されていることがある。天の頭部は南極にあっていつも地平線下に伏在するとされるのと同様に、昌益は人間の頭脳にはほとんどまったく関心を払わない。天の北極に対応するものとしてクローズアップされるのは生殖器官なのである。「北斗七星ハ転ノ嚢茎ナリ。昼夜有レドモ昼見《アラ》ハレズ夜ノミ見ハレ気ヲ定《チ》ニ通ジテ中土ニ人物ヲ生ズ。人ノ嚢茎此ノ北斗ヨリ来タリ、昼夜有レドモ昼ハ内帯中ニ隠シテ見セズ、夜ノミ夫婦和合シテ子ヲ生ズル小転定《テンチ》ナリ」(「人倫巻」)と論じられているように、北斗七星を人間の陰茎に比定する昌益は、また万物生成の気の発生源としての活真あるいは天真の座に対応する部分を人身の背骨の上、腎臓に近い一点に見出して北宮あるいは真宮と名づける。これは漢方医としての昌益が『難経』にいわゆる命門――精神元気の宿るところで右の腎臓ともいい、また両腎の間にあるともいう――から得た着想であろうが、ともかく天頂の北辰宮と人体の北宮とは宇宙の気を通じあい、交感しあうのである。そしてこのような宇宙表象をさきの『史記』「天官書」と比較してみれば、昌益の構想の独特さは一目瞭然だろう。古代の中国人が天帝の座と見た北辰、天帝の駆る車と考えられ「帝車」の名をもって称された北斗七星は、昌益の想像のなかでは宇宙的規模での生殖力の根源、夜の星空に吊りさがった雄大な陰茎に変貌する(!)。「夫妻ノ道ハ自然ノ進退ノ機感ニシテ、習ハズ教ヘズシテ自リ至ル交合ノ楽シミハ又ト無キ上ナリ。此ノ時必ズ念仏ノ心起ルコト無シ」(『糺仏失巻』)と記しているように、一徹な一夫一婦論者であり、またおそらくは愛妻家であった昌益は、宇宙における万物の生成をすべて生殖の行為として一元的にとらえたのであった。『自然真営道』の「良演哲論巻」には、弟子が師昌益の思想の精髄を要約した言葉として、「転真万物生々ノ直耕ト穀精ナル男女ノ直耕ト一極道ナリ。コノ外道ト云ヘルコト絶無ナルコトヲ明シ極ム」とあるけれども、まさしく昌益の想念のなかでは、宇宙自然の生成作用と人間の直接労働(直耕)による生産行為ならびに男女交合による生殖行為とはひとつながりに連続したものなのである。昌益は『統道真伝』「人倫巻」のなかで妊娠十ヵ月のあいだの胎児の発育過程をこまかく図解しているが、それがたとえば「故ニ只ダ穀物芽ヲ出ス気行是レ初月ナリ」とあるように、すべて植物の発芽と生育の比喩をもって論じら

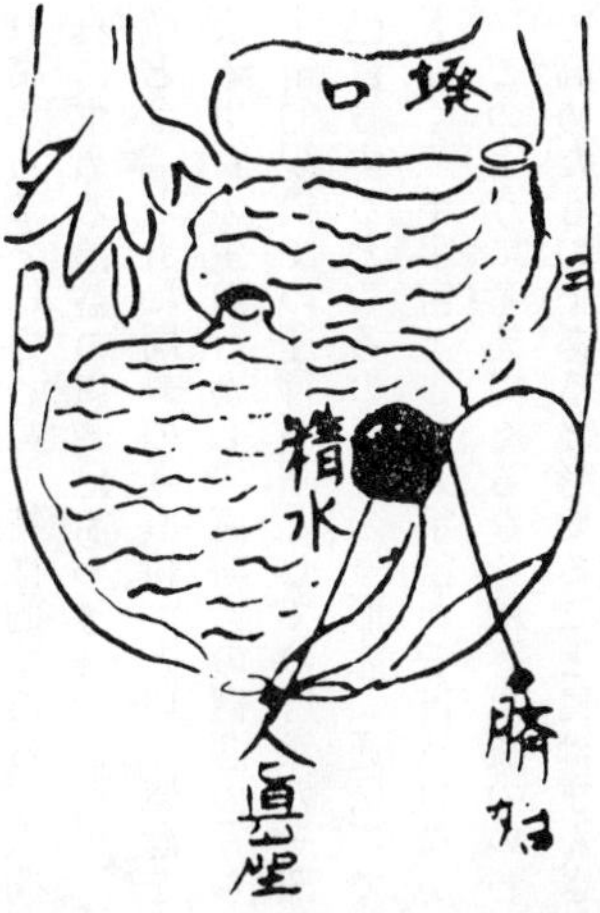

昌益の描いた胎児の発育過程の第一月

れていることはきわめて特徴的である。人間を穀物の精ととらえ、その精のみなもとを土活真に求める昌益の思考にあっては、「転定」による万物の生成と人間の労働による穀物の生産とは、ともに同一の「直耕」という概念をもってとらえられる。また正しき一夫一婦制による男女の生殖行為も「直耕」の概念のうちに括《くく》られる。人間の生活はかくして一つの気の宇宙的規模での運行循回としての自然の一部分であり、さらにいえばそれを通して自然が自己貫徹するところの気行の一形態（通気）であるということになる。人間は何の矛盾も対立もなく、小宇宙として大宇宙たる自然のなかに包摂されているのである。

　このように考えてくるならば、昌益のいわゆる活真が土＝大地の生成力を宇宙的実体にまで高めたものであると考えることにはまんざら根拠がなくもないだろう。北辰すなわち北極星に何か神秘的な力を想定する思想が、古代農耕文化のなかで発達した天文学のうちにその始源を持ち、「辰」字にもともと観象授時の標準という意味があったことは注釈で説明した（訳注（9）参照）とおりであるが、ここでの問題は、昌益におけるこのような土の生成力の重視が、農村社会に特有の感覚であるとはいいながら、いったい昌益の独創にかかるものであるのか、それともなんらかの文献的起源を持っているのかである。現存する資料のみにもとづいてそのいずれかを断定的に結論するのは困難であるけれども、少なくともわれわれには中国の古代思想のうちにきわめて断片的にではあるが、土が生成力の根源と考えられていたことの痕跡を見出すことはできるのである。

中国古代思想における土

漢の班固の『白虎通』には「土ハ中央ニ在ル者ナリ。万物ヲ吐出スルヲ主《ツカサド》ル」とあり、許慎の『説文』には「土ハ地ノ万物ヲ吐生スル者ナリ」とある。「土」とは「吐」、すなわち産出するところのものなのである。だから『管子』の「水地篇」は「地ハ万物ノ本源ニシテ諸生ノ根苑ナリ」としている。しかしわたしがこれらの断片的記述のなかでもっとも注目してみたいのは、さきに言及した『淮南子』「詮言訓」の「黄帝陰陽ヲ生ズ」という語句がいったい何を意味しているのかという問題である。中国の古代的思惟のなかでは黄帝は土と多大な関係を持っている。『史記』の「五帝本紀」には「土徳ノ瑞有リ。故ニ黄帝ト曰フ」とあり、また『礼記』「月令」には「中央ハ土、其ノ日ハ戊己《ボキ》、其ノ帝ハ黄帝、其ノ神ハ后《コウ》土《ド》」とある。ちなみにいえば、後漢末に河北で起こった大規模な農民反乱は世に黄巾の乱と称されるが、その首領張角がみずからを土徳を体する者として黄天と呼んだことも、明らかに黄帝の後継者をもって任じてのことであった。

また古代中国の五帝信仰はこれを木・火・土・金・水の五行に配するが、『鶡冠子』の「泰鴻篇」が木・火・金・水の四帝を四方に配したあと、「中央ハ太一ノ位、百神仰ギ制ス」といい、「土ハ大都タリ。天下土ヲ尽ス。中央ニ居ラシメ、地ヲ守ラシム」といっているのは興味深い。太一あるいは黄帝は四方の中央に位置して土を守る者とされているのである。

黄が五色のうちで土に配当されていることはいうまでもない。『史記索隠』は「五帝本紀」に注して「按ズルニ土徳ノ瑞有リ。土色ハ黄ナリ。故ニ黄帝ト称ス」といい、またもっと直接に「黄帝ハ土ナリ」といって黄土と関連づけているくらいである。杜而未氏は黄帝と黄土との相関説には疑問をさしはさみつつも、上帝にはもともと地神の成分があり（『礼記』「月令」に「其ノ神ハ后土――土神の名である」とあったことを思い出すべきだろう）、上帝が黄帝に変化したあと地神としての要素はさらに濃厚になったことを肯定している。

土の形而上学の系譜

さて、われわれにとって問題は、これらの黄帝伝説に痕跡をとどめている大地の神話ないしは土の生成力のモチーフが、江戸時代の十八世紀に生きた土の思想家安藤昌益に対してなんらかの影響なり関係なりを持っているかということである。まず黄帝の聖徳については、昌益はこれをみとめることからもっとも遠い。すなわち黄帝と土徳とはまったく切り離されているのである。そしてその土徳の顕彰こそが昌益の全著述をつらぬく一筋のたていとであることはこれまで見てきたとおりであるが、それはいったい日本の思想史のなかで、あるいは少なくとも江戸の思想史を通じてまったく孤絶した発想であるのだろうか。

くりかえしていうが、現存する伝本を根拠とするかぎりにおいては、他の先行思想との明白なつながりを確証することはできない。しかしいわば飛び石を伝ってみるといった程度に参照できるものとして、たとえば神道家吉川惟足《よしかわこれたり》の『土徳篇』を昌益のかたわらに置いてみることができる。延宝七年（一六七九）の日付を持つこの論は「惟足翁の伝神道ノ大秘也」として世に伝わり、享保二十年（一七三五）には『未生土之伝』という題の和解も作られている。惟足は『日本書紀』「神代巻」の天地開闢論を引用し、「天地未レ剖陰陽不レ分渾沌溟涬含レ牙（芽）」という文面のなかから「未生ノ土」という概念を抽き出してくるのである。「未生ノ土」は、いま『未生土之伝』の記述にしたがうならば、それに対する「已生ノ土」が土地であるのとちがって、「コ、ノ場ニ何トテハヤ土ガアルゾト云ヘバ総ジテ物ノ出来ントシテハ聚リ静マラザレバ出来ズ何ガコレホドノ天地ノ出来ルコトユヘ此渾沌含レ牙ノ内ニチヅトアツマルモノアリソコガ土ナリ」といわれるように、まず聚り静まることによって開闢の機運を準備するところの土気である。いわば気の循環に始動力を与えるものが土徳であることは、続いて「開ケテヨクナルモノハ開ケ又前ニアツマル土徳ガ無ケレバナラヌモノ也」と説明されるとおりである。このようにして気の運行が開始された後で「形ハ出来ネドモイキ（息）ノ循環ヤマズ幾万年モ気ハカリテメクル内カラ已生ノ土地ガ出来テクル事也」といわれるのが、「未生ノ土」に対する「已生ノ土」なのである。わたしはいま性急にこの「未生ノ土」を昌益のいわゆる四行を就革する一神気としての土に、「已生ノ土」を中土としての土にそれぞれ対応させてみようというのではない。昌益の交友圏には神道家がいたといわれ、また『自然真営道』の「私法神書巻」が批判的にであるとはいえ吉川神道の神典注釈を参照していることは確実であるけれども、昌益と惟足とを結びつける鎖の輪はいまのところ立証不能といわなくてはならないだろう。

ここで明言できる最低限のことは、「初ハ天ノ五行カラ天先成モ土ヨリ相生ジ其土ニハ金一体トナリテアリ後ニ地ノ五行ノ出来ルハ天ノ五行ノ火生㆑土ニシテ又土ガ初リナリ」といわれ、また「根本尊キハ未㆑生ノ土也土金ヲ以神道全体ヲ貫クコト感心アルベシ」とされるように、土を五行の根本と考える思想が現象としては昌益のみに孤立して見られるものではないという事実だけである。こうしたいわば土の形而上学が、昌益の依拠した耕作農民の生活感覚としての土を思想化するにあたって、何かの役割を果たしたかどうかの問題は、今後の究明にゆだねられなくてはならないのである。

昌益の人間観

平等主義の根拠

昌益の思想の特色は、その徹底した平等主義の主張にあるといわれる。しからば人間の平等性はいかなる根拠にもとづいて主張されるのか。昌益が「人ニ於テ上下貴賤ノ二別無キ自然備極ノ明証」として引きあいに出しているのは、人間の顔に備わっている眼や耳や鼻などの器官が、上は貴い聖王だからといって、下は賤しい臣民だからといって、なんの区別もないという簡明な事実である。しかし、人間には変りがないとするこの種の論法は別に昌益の独創であるわけではない。そこにもしも昌益独自の論理があるとしたら、それはおそらく昌益がいっさいの人倫を自然の存在に還元してしまうことのうちに求められなくてはならないだろう。自然とはいっても、これをもっと正確にいえば、昌益はすべての人間存在を「転《てん》定《ち》」の気行の特定の運回形態と見なすことに人間の平等性の主張の根拠を置くのである。人間のもっとも自然な状態は、人間が自然の気行の運回のサイクルの一部分になりきっているときである。人間の直接労働としての「直耕」は、「転《てん》定《ち》」の生成作用に人間が自己を同一化することである。あるいはむしろ、その延長である。だから万人がひとしく「直耕」することは自然の法則にしたがうことだとされるのである。昌益の平等主義が自然にもとづいているというのは、いいかえれば、個々の人間は自然という一つながりの気行の全体を完結させるために特定の気行（通気）をそなえた、またそのかぎりでそれぞれたがいに同等な構成分子であると主張することにほかならない。われわれは自然という概念についても昌益一流のコンテキストにしたがってこれを理解しなくてはならないのである。

たとえばわれわれは昌益とまったく対蹠的な思考の見本として、元文四年（一七三九）、すなわち昌益が著作活動に着手したのとおそらくはほぼ同時期に刊行された石田梅岩の心学書『都《と》鄙《ひ》問《もん》答《どう》』の一節を参照することができる。ここで重要なのは、われわれが「万物一理ニシテ軽重アリ。其次第タガハザルヲ以テ善《ヨシ》トス。此理ヲ以テ天地ノ行ル、コトヲ見ルベシ。強者ハ勝、弱者ノ負ハ自然ノ理ナリ」といった記述からもまた、自然にもとづいて人間の不平等を（この場合は平等をではなく）主張する論理を見出すことが可能だという事実である。梅岩のいわゆる石門心学は、基本的にいってこれを啓蒙的朱子学あるいはその通俗版と評してよいものであるが、その特色は人間社会の永遠の秩序としての五倫五常を自然界との類推にもとづいて説明するところにある。「賤キガ貴キニカハルハ、天地ノ道ニシテ、全君ノ私ニアラズ」といわれるように、たとえば君臣の道は「万物ニ天ノ賦シ与フル理ハ同ジトイヘドモ、形ニ貴賤アリ。貴キガ賤キヲ食フハ天ノ道ナリ」とする自然の理法からその根拠を与えられる。

朱子学は朱子学独自の「自然」概念のコンテキストを持っている。同じように「自然」を引き合いに出しながら、石門心学が人間の貴賤の別を説き、昌益がその平等を説くことの根拠は、いうまでもなく両者にとっての自然とは何かがまったく異質なものだからである。人間は天から同一の「理」を「本然之性」として受けているが、他方また物質としての気すなわち「気質之性」をちがったかたちで所有しており、善悪・上下の区別が生じると考えるのが朱子の理気哲学である。しかし、そのことはけっして朱子学が人倫秩序を自然に根拠づけることをさまたげるものではないだろう。

仁斎の古学と昌益

またたとえば江戸時代の古学派思想家のひとり伊藤仁斎は『童子問』のなかでいう。「人斯《コ》ノ形ヲ具ルトキハ則チ必ズ斯ノ心有リ。聖人ヨリ愚夫愚婦ニ至ルマデ一ナリ。本貴キニ非ズ、亦賤シキニ非ズ」。ここでの仁斎の論理は、『孟子』にいわゆる「恒心」を「人ノ常ニ有スル所ノ善心ナリ」（『孟子古義』）と考える立場から、すべての人間はこの「恒心」を所有しているかぎりにおいて貴賤の別なく平等であると主張している。すなわち人間の平等性の根拠は、人性に固有する「仁義ノ良心」に求められるのである。

このことは仁斎学が朱子のいう「本然之性」すなわち「理」の存在を否定し、性を「気質之性」に還元してしまったことにもとづく。しかしこの論理はけっして昌益のそれではない。昌益にとっての人間の平等性の根拠は、どこまでも人間が同じ自然の——それも気の無限の自己運動としての自然の——気行の一存在態であることのうちにのみ求められるのである。「凡ソ聖人ノ所謂《イハユル》道トハ皆人道ヲ以テ之ヲ言フ。天道ニ至リテハ夫子ノ罕《マレ》ニ言フ所ニシテ云々」という天道・人道の切断は、朱子の理気二元論を否定した仁斎の当然到達すべき論理的結果であったが、昌益にあっては両者のあいだの概念上の区別は存在しない。天道ばかりではなく人道さえも、超越的な「理」を否定した末になおかつ宇宙の全体を一元的にとらえようとする昌益にとっては気の循回の一形態にすぎないからである。

昌益の敵・封建人倫秩序

昌益が思想上の敵としてたたかった対象の一つである封建的人倫秩序は、五倫という儒学の概念のうちにその表現を見出している。この私法の五倫に対して自然の五倫を主張する昌益が、その場合どのような論理を展開しているかを検討してみよう。『統道真伝』巻三の「人倫巻」で、昌益は「自然五倫論」と名づけてこんなことを論じている。

夫婦ハ第一倫。子ヲ生ンデ親子ハ第二倫。子妻ヲ嫁《メト》リテ子ヲ生ミ、孫ハ第三倫。子二人ヲ生ンデ、兄弟姉妹ハ第四倫。兄弟子ヲ生ンデ、従兄《イトコ》ハ第五倫。此《コ》ノ五倫ハ夫婦スラ始マル則《トキ》ハ必ズ五倫ト成ル故、此《ココ》ノ夫婦モ五倫、彼ノ夫婦モ五倫。五倫ニアラズト云フ夫婦ハ無ク、夫婦ニアラズト云フ五倫ハ無シ。転下一般ニ唯ダ五倫ナリ。此ノ五倫ハ惟ダ夫婦ニ在リ。此ノ夫婦ハ男女ニシテ一人ナリ。男女ニシテ一人ハ五穀ノ一精ナリ。此ノ五穀ハ転《テン》定《チ》精神ノ一体ナリ。転定ニシテ一体ハ自然進退ノ一真ナリ。此ノ一真ハ無始無終ノ一真ナリ。（下略）

ざっとこのような論法で、昌益は自然の五倫とはけっきょく夫婦の一倫であることを主張している。そしてこれを儒学でいう五倫、君臣・父子・夫婦・長幼・朋友と比較してみれば、昌益のとらえる人間関係がもっぱら血縁のつながりにもとづいていることは明らかであろう。しかも人倫の諸範疇の最初にあるのは夫婦であって父子ではない。昌益が問題にするのはつねに生殖、つまり自然の生成の秩序とでも称すべきものだからである。

わたしが右の文章をわざわざ引用してみたのは、昌益の唱える「自然世」のもっとも簡略なモデルがそこに現われているからである。この基本的な人間関係の外側にあるいっさいの社会制度や機構を昌益は「制法」と呼び、それが支配的である現実の社会を「法世」と呼ぶ。「法世」が始まったのは、古代中国に聖人が出現して君主として上に立ち、またインドに釈迦が出て現世からの逃避を説き、ともに「不耕貪食」して下の者の「直耕」の成果を盗むために、さまざまな「私法」を立てるようになってからのことである。「私法」はかつての「自然世」、自然の生成と穀物の生産と人類の生殖がともに一つの「直耕」として調和し、幸福な円環をえがいていた時代を終焉させて、利己心と階級対立と盗みと戦乱とを持ち込んだ。それがすなわち「法世」である。このような立場から、昌益は何よりもまず階級差別＝身分制度をあたかも自然の秩序であるかのごとく説きなす既存の学問・思想の包括的な批判に着手する。いいかえれば、昌益は同時代の社会機構が自然の所産ではなく、聖人の人為的な制法、あるいはかつて丸山眞男が徂徠学のうちにこれを見出して照明を浴びせた用語によれば作為の結果であることを衆目に暴露しようとするのである。昌益のこのいわば法哲学批判は、現行社会における作為の要素をことごとく洗い出して、長いあいだ私法の学問・思想によって隠蔽されつづけてきた自然の復権をこころみようとする意図に出ている。だから、昌益の自然の思想は作為の概念を前提としている。あるいは少なくとも、それをカウンターパートとして保有している、といえるのであって、ことここに至ればわれわれはどうしても、昌益の思想の源流の問題にふれないわけにはゆかなくなるのである。

昌益思想の源流

安藤昌益の思想の源流をどこに求めるべきかという問題は、これまで長いこと昌益を論ずる人間を悩ましつづけてきた一つのアポリアであった。丸山眞男の『日本政治思想史研究』が、とくに「昌益と宣長による〝作為〟の論理の継承」と題された一節をもうけて昌益の思想史的位置づけをこころみたことは周知のとおりであるが、そこで氏が昌益を取り上げる理由は「その思想が徳川時代を通じて封建的社会秩序及びその諸〻の観念形態を徹底的に批判し否定した殆ど唯一の社会思想であるばかりでなく、その批判たる、あたかも吾々が問題とし来たつたところの〝自然〟と〝作為〟の対立の発展的適用の上に築かれてゐる、といふ意味に於て本稿の中心系列の中の欠くべからざる一環を形成するが故にほかならない」と説明されているにもかかわらず、昌益はもっぱら丸山自身の構想の「発展的適用」のもとに徂徠につづく論理的一環に組み込まれていて、昌益の用いる自然あるいは制法という概念そのものの源流を先行思想のうちに探り、それとの関連を明らかにしようとするこころみは特に関心の対象にはなっていないかのごとくである。丸山が昌益が徂徠学をもって「否定さるべきイデオロギーの系列に於て最終段階」を占めるものとしたと指摘しているのは、もしかしたら、昌益学と徂徠学とのあいだに批判的継承とでもいうべきつながりがあると想定してのことであったかもしれない。しかし残念ながら、その問題自体の検証はけっきょくそこではなされなかった。いまわれわれが「昌益の思想を孤立性から救い出し、深く日本社会の現実に根ざした思想であったことを明らかにする」（尾藤正英氏）ためには、たとえ不完全な結果に終わろうとも、昌益の独特な学説と先行思想および同時代の思想とのあいだの系譜、あるいは少なくとも接点をさぐり出す作業を避けることはできないのである。

荀子

なぜ荀子・韓非子にふれないのか

徂徠学との関係の問題は後で検討することとして、わたしはまず『自然真営道』ならびに『統道真伝』を通読して気がついた一つの単純な事実を、疑問のかたちで提出してみようと思う。その疑問というのはこうである。はじめにわたしがエンサイクロペディズムと呼んでみたように、昌益は既存のほとんどすべての学派に属する思想に対する批判を展開しているが、不思議なことには、先秦諸子百家のうちの二人の主要な思想家にはまったく言及していない。その二人とは荀子ならびに韓非子である。「私法儒書巻」や「糺聖失巻」では、昌益は孔孟をはじめとして、老子・荘子・列子・淮南子・呉子・孫子・尉繚子から楊墨・柳下恵にいたるまでを非難の俎上にのぼせているが、荀子と韓非子とにはついに一言もふれるところがないのである。『自然真営道』の焼失した諸巻のなかにも、いま巻名から推定するに論及されていた可能性はきわめてとぼしい。このことは何かを意味しているのだろうか。ハーバート・ノーマンはこの事実に関して「昌益にしてもなおその苛酷な国家権力観と個人の権力への隷従との代弁者として法家の名をあげていないという事実は、その理論の多くは驚くほどに実行されたけれども、確認された影響にいたっては当時は比較的少なかったことをさらに証拠立てるわけである」という見解を示しているけれども、わたしは昌益が「法家の名をあげていないという事実」からただちに昌益にその「確認された影響」が皆無であったという結論をひき出すことはかならずしも正しいとは考えない。というのは、「法」の概念を「コシラヘ・ツクル・ハカリコト」などと訓読することによって作為の概念と結びつける昌益の発想は、しばしばあまりにも荀子の学説と近似しているかに見えるからである。

いま按ずるに階級社会の否定という思想のみなもとを既成思想のうちに系譜づけようとすることは、無意味なこころみであるように思われる。窮乏に迫られ、苛斂誅求にあえいで一揆の挙に出ざるをえなかった農民たちにとって、農民ばかりが収奪の対象となる社会制度の不合理さはいわば自明の事柄であって、先行思想の有無などは問題ではないのである。そして昌益が耕作農民の、あるいは少なくともそれに近い立場を発想の基盤にしていたかぎりにおいて、それは初発的に与えられていたはずであり、狩野亨吉がかつて指摘したような楚の許行の君民並耕説があったから昌益の封建社会批判が生じてきたということではおそらくないだろう。もっとも昌益は、『自然真営道』の『孟子』を批判した箇所では、孟子と許行との問答に言及しているにもかかわらず、許行の所説には何の論評も加えていない。明らかに許行を意識しているのである。先行思想との関連をさぐらなくてはならないものは、むしろその発想を一つの体系立った思想にまで構造化するための概念装置、あるいは思考の文法である。所与の社会制度を自然のものと意識することと、それを「自然」の概念を適用して把握することとは根本的に別箇の事柄であって、後者の態度を獲得するためには、ひとはかならずや特定の概念装置を、肯定的にであれ批判的にであれ、任意の先行思想から学びとらなくてはならないのである。なかんずく作為の概念においてはなおさらのことである。封建社会の矛盾や不合理の認識一般はいわば自然発生的に獲得されることが可能である。しかし、現行の社会制度が自然の所与ではなく人為的に制作されたものだとする認識は、おそらくどこかにその原型がなくてはならない。昌益の作為説は、これを孤立した思想現象と見なすにはすこし荀子＝徂徠の学説と近似しすぎているのである。

昌益と徂徠学

この仮説の根拠としてわたしが採用しようと思うのは、『自然真営道』巻六「私法儒書巻三」の「学者不レ弁二道法一」のなかで、昌益が「漢和後世ノ学者、道ハ自然ノ道ニ非ズ、聖人ノ道ナリト言フ心ハ、自然ノ道ハ衆人ニ具ルト雖モ知リ行フコト能ハズシテ禽獣ノ如シ。然ルニ聖人世ニ出テ教ヲ垂レ下シテヨリ以来、天下ニ道行ハル。故ニ聖人ノ道ト云ヘリ」という文章を記している事実である。ここで直接批判の対象とされているのは、おそらく荻生徂徠の『弁道』に見える「道」の作為説、たとえば「先王ノ道ハ先王ノ造ル所ナリ。天地自然ノ道ニ非ザルナリ」、あるいは『徂徠先生答問書』に「道と申候は、天下国家を平治可レ被レ成候為に、聖人の建立被レ成候道にて候。是を天地自然の道と見申候事は、元《もと》老荘之説より起り申候事にて、儒書には無レ之事に候」とある所説であろう。昌益は『自然真営道』巻二十四の「法世物語巻」で「日本ノ厩子（聖徳太子のこと）及ビ世々ノ学者、道春（林羅山のこと）、徂徠ラニ至ルマデ」と記しているから、徂徠学に対しては一定の知識を持ち、しかもこれを攻撃目標として意識していたことは明らかである。「学者不レ弁二道法一」の批判は徂徠の作為説を念頭に置いて書かれていると想定することはそれほど無理ではあるまい。しかし、昌益は同時に右の批判を「漢和後世ノ学者」という語句ではじめている。このうち「和」とあるのは荻生徂徠に比定してよいとして、「漢」とされているのは具体的には何をさしているのか。わたしはそこにたとえば『荀子』「儒效篇」に見える「道トハ天ノ道ニ非ザルナリ。地ノ道ニ非ザルナリ。人ノ道トスル所以ナリ。君子ノ道トスル所ナリ」といった「道」の人為説が意識されていたのではないか、と考えてみたいのである。あるいはむしろ、徂徠学と荀子の学説とは、昌益の観点からは特に区別する必要を感じないほどの類似した構造をそなえていると受け取られていたのではなかったか。昌益のいわゆる「漢和後世ノ学者」は「道」と「法」との区別をわきまえず、人為的な制法でしかないものを誤って「道」と心得ているが、「法」と「道」とのちがいは自然の何たるかを熟知していないかぎり分明にはならないものである。自然とは何かを知ることは「日本等ノ小学者ノ及ブ所ニ非ズ」というのが、この批判の大要である。

しかしここできわめて奇妙なことには、いま昌益によって批判されている「道」の作為説ないしは人為説は、もしもただ「道」を「法」と読みかえさえすれば、もちろん肯定否定の価値観は完全に対立するものであるけれども、まったく昌益の主張する「法」の作為説と一致してしまうのである。話を具体的にするために、わたしは実例として士農工商の四民という範疇がどのように考えられているかを示してみよう。『徂徠先生答問書』は次のようにいう。「世界の惣体を士農工商之四民に立候事も、古の聖人の御立候事にて、天地自然に四民有レ之候にては無ニ御座一候。農は田を耕して世界の人を養ひ、工は家器を作りて世界の人につかはせ、商は有無をかよはして世界の人の手伝をなし、士は是を治めて乱れぬやうにいたし候」。すなわち徂徠の所説にしたがえば、士農工商の四民は、朱子学の教えるように自然秩序に内在しているものではなくて、人間が元来あった原始状態に秩序をもたらすために、古聖人によって作為された制度である。そしてまさにその意味において人為的な制法なのである。ところで、昌益の所説にあっても、士農工商が自然に存在したものでなく作為の所産であると見なす点ではまったく同一である。『自然真営道』巻四の「私法儒書巻一」で、昌益は「士農工商、是レ聖人立ツル所ノ四民ナリ」といい、聖人が「直耕」する農民のほかに士・工・商を作って四民を「制」したばかりに世界に直接生産者が少なくなり、寄食する者が多くなって、ついに乱世がはじまったと論じている。

すなわち、昌益は、荀子および徂徠が聖人による「道」の制作をそれ以前の人間の原始状態にピリオドをうった人為的秩序ないしは制度（礼義法度）の導入と考えるのに対して、その原始状態こそが「自然世」なのであって「法」――それはとくに「私法」と呼ばれる――の制作こそが悪の起源であると考える。昌益の論理にしたがえば、「道」はことごとく自然に帰属するものであって、人為的制作の側にではない。昌益学と荀子＝徂徠の学説とは、人間社会の制度全般を人為的制作ととらえる根本的規定性においてまったく一致しているのであるが、荀子＝徂徠がそれをプラスの価値において「道」と呼ぶのに対して、昌益は同じものをマイナスの符号をつけて「法」と呼ぶ。前者にあっては、それは「道」であるかぎりにおいて遵守すべき外在的規範であるが、昌益のためにはそれはあくまでも「私法」としての「法」であってただちに廃棄されるべきものである。「道」はただ「法世」以前の「自然世」

に、あらゆる人為的制度から隔絶された自然のうちに求められるほかはないのである。

昌益における自然と作為

そこでわれわれが点検してみなくてはならないのは、その昌益にとって人間社会のいったいどこまでが自然であり、どこから先が作為であったかという問題である。昌益は『統道真伝』巻三の「人倫巻」で、「初見ノ人」すなわち穀物の精気が人間と化してこの世界に初めて出現した人間について論じている。この人間は世界で最初の人類なのだから、もちろんそれ以前に社会が存在するわけはない。つまりこの「初見ノ人」のすることは、すべてが自然に属しているのである。そのなかでまずいかにも昌益らしいのは、最初から男女が合一して発現したとされていることであろう。この男女《ひと》は、いわば本能的に耕作すること、衣を織ること、家居を作ること、婚姻することをおのずと知っていたので、何の不自由もなく生活することができたとされる。そして特徴的なことは、昌益のいう「自然世」は、この初見の男女が自然の妙行によって知っていた以上の営為のほかに基本的につけ加えるべきものは何もないのである。したがって、伏羲以来の歴代の聖人によって制作されたところのもの、身分・階級・文字・学問・宗教・貨幣・奢侈品・音楽・遊芸・嗜好品・酒・売淫などのすべては、ひとしなみに「私法」と呼ばれ、盗みと戦乱の根源、さらにはそれが自然の気行を汚染したことの結果として凶作や洪水などの災害の原因となった、とされるのである。徂徠は三皇五帝による制作を「利用厚生之道」と呼び、堯・舜による「礼楽」としての「道」とのあいだに区別をもうけているけれども（『弁名』上）、それにしてもたとえば嫁娶の制は伏義によって、耕作の法は神農によって制作されたものとしている。聖人による制作以前には、人間はまったく鳥獣のごとき存在であったと考えるのが徂徠学の立場だとすれば、昌益の主張する自然にはすでに農耕という営為、夫婦という人倫関係が、それ自体として自然にそなわるものとして含まれていることが特色であるだろう。これが昌益の自然像をして法家的な自然の概念（聖人による教化以前の原始状態）とも、道家的なそれ（人間社会全般からの隔絶）とも、明確な一線を画さしめているゆえんなのである。

道と自然

道家思想の影響

わたしは前節で、昌益の自然の思想は作為の概念を前提としている、あるいは少なくとも、それをカウンターパートとして保有していると論じ、その作為の概念の導入径路として、文献的事実による裏付けはまことに不十分ながら、徂徠学を経由して荀子の学説にいたる思想の系列を想定してみた。あるいは自分の思想の独創性を強調する必要を人なみ以上に持っていた昌益は、さきほどの許行の場合にもそうであったように、自分の学説に何らかのヒントを与えた既存の所説とのつながりを明示することを避けなくてはならなかったのかもしれない。

しかし、それはともかく、次にわたしがこころみてみなければならないのは、それならば昌益学における自然の概念はなぜそれ自身を思想的に純粋化するために、作為の概念を導入しなくてはならなかったかについて考えることである。そのためにまず、昌益の自然概念の根本にある「道」とは何であるかを検討してみよう。『統道真伝』巻三の「人倫巻」の冒頭で、昌益は「自然真の道」を定義して「道ハ（……）常ニ循回シテ止リ溜ルコト無シ。滞止スルコト無ク運回スル故ニ、其ノ気、進退シテ進気ハ転《テン》、退気ハ定《チ》ト進退シテ転定《テンチ》ニ満ツルナリ。故ニ満ツルハ道ナリ。此ノ進退ノ気、転定《テンチ》・人・物ニ満タズト云フコト無シ。故ニ道ハ満ツルナリ」と記している。「道《みち》」は「満《み》ち」であるとする音義論的説明もさることながら、ここに見られるのは儒学的な道徳規範や事物当行の理といったものとはまったく無関係な「道」の概念である。一言でいえば、それは「道」を活真から発した気の循回してやまぬ運動ととらえる鮮明な表象である。われわれはこのような気の運動としての「道」と類似のイメージを、前にも一部を引用したがたとえば『淮南子』「詮言訓」の次のような叙述のうちに見出すことができるだろう。「洞トシテ天地ニ同ジク、渾沌トシテ樸《ボク》ヲ為シ、未ダ造《ナ》ラズシテ物ヲ成ス。之ヲ太一ト謂フ。同ジク一ニ出デテ為ル所各〻異ナリ。鳥有リ魚有リ獣有リ。之ヲ物ヲ分ツト謂フ」。そして、ここで太一といわれているものは、『呂氏春秋』の「大楽篇」に「道ナル者ハ至リテ精ナリ。形ヲ為スベカラズ。名ヲ為スベカラズ。彊《シ》ヒテ之ヲ為シテ、之ヲ太一ト謂フ」とあることから、明らかに「道」の別名であることが知られる。こうした照応から、われわれが昌益の思想における「道」の表象の遠いみなもとを『淮南子』や『呂氏春秋』のそれの近辺に求めてみることも、さほど無理な想像ではないだろう。それは「道」という言葉をなんらかの道徳的規範として用いているのでなく、万物生成の一気あるいはその運動としてとらえているという意味で、儒学思想のコンテキストにではなく、主として道家思想のそれに属しているのである。

　このように昌益の「道」の特徴的性格は、それが「太極」と「理」のイデーとを結合することによって「道」を宇宙的本体でありながら道徳規範であるとした朱子哲学のはるか以前にさかのぼり、道家思想の源流に直接さおさすものであるところにある。ここでは「道」はもっぱら気の一元的な運動としてとらえられており、昌益のいわゆる「自然」とはそのようなものとしての「道」の運動範囲にほかならない。そして昌益の「道」あるいは「自然」の概念のこうしたいわば古代的な性格が江戸思想史のなかで占める位置と意味について考えるためにも、中国古代思想史の舞台である時期に生じた一つの劇的転換をしばらく参照してみる必要があるのである。

中国古代の思想転換

現代の中国思想史家がほぼ一致して説くところによれば、西周末（紀元前七七一年）の社会的激動のあと春秋・戦国時代を通じて発生した宗教思想史上の混乱と論争は、ことごとくただ一つの問題、すなわち殷・周二代において支配的だった上帝信仰を中心とする天道観の動揺と解体とを機軸にしていたといわれる。上帝とは、善を賞し悪を罰する主宰者、王朝を易《か》え命を革める命令者、総じていって「天命」という言葉に集約されているように、意志ある天の人格化にほかならなかった。王治心氏の『中国宗教思想史大綱』（一九三三）によれば、西周末から東周にかけての戦乱と災害のなかで人々をとらえたのはまさにこうした「天命」に対する深刻な懐疑であり、その結果「古来伝えられてきたような意志があり人格をそなえた天に対する根本的な動揺が起こることになった」とされる。そしてその動揺する上帝信仰、あるいは意志ある天に対する確信に代わるものとして思想史の舞台に登場したのが老子の「道」であったとされるのである。王治心氏の見解を敷衍するならば、道家は古代の意志ある天を根本的に否定し、これに替えるに「自然」という宇宙的本体をもってした。「自然」は無意志的であるという点ではまさに「機械的」であり、そのことは『老子』第五章の「天地ハ仁ナラズ。万物ヲ以テ芻狗《スウク》ト為ス」という言葉に完璧な表現を見出しているということになる。郭沫若氏の『天の思想』（岩波講座「東洋思想」、一九三五）は、同じことを評して「老子の発明は殷周以来の至上神たる天に代わって一個の時間と空間に超絶した形而上学的の本体――『道』を建てたのである」とする。また、この種の思想史書のなかではもっとも古典的なものと思われる胡適の『中国古代哲学史』（一九一八）も、老子の天道観念の特色を意志と知覚を持った天帝の観念を打破したところにあるとしているのは興味深い。

いずれにせよ、古代的な意志ある天の思想の崩壊の後に、というよりもそれに対する思想史上のアンチテーゼとして道家の「道」ないしは「自然」の概念が提出されたとする右の諸見解が承認されるならば、その事実は江戸時代の中葉以降における思想史的過程、丸山眞男のいわゆる朱子学的思惟の解体の過程を通じて展開した諸学派の「道」とは何かをめぐる論争の意味を解明するためのまたとない光源を提供するということができよう。原始儒教は『論語』「子《し》罕《かん》篇」の章句に「子、罕《マレ》ニ利ト命ト仁トヲ言フ」とあるのによれば、天の意志の有無については一種不可知論的な態度をとったかのようである。江戸儒学の正統とされた朱子学は、「天命」のかわりに「天理」＝「太極」を想定し、意志は持たないが普遍的な理法として宇宙万物に遍在する「理」をもって「道」の実体とした。徂徠学はそうした「理」の実在を否定し、「道」を聖人の制作物としたけれども、同時にまた、あらためて「天命」の観念を復活しなくてはならなかった。そしていま昌益は、「道」を「自然」そのものに還元して、かつて朱子学が「道」としていた諸範疇をことごとく作為としてみずからの「道」から排除してしまう。それはいかにして可能であったか。いってみれば徂徠は「道」をすべて作為的なものに還元し、昌益は「道」をいっさい自然の所与に純粋化しようとする。これら二人の思想家の態度は、それぞれいかなる思考の径路をたどってなされたのか。この問題に

朱子

答えるためには、さきほど言及しておいた荀子の学説について考えてみることがわれわれに一つの暗示、あるいは少なくとも一つの補助線を与えてくれるもののように思われる。

楊栄国氏の『中国古代思想史』（一九五二、北京）もやはり天の意志の有無の問題に対する態度から荀子を論評し、荀子は天に意志があること、それが神であることを根本的に否定し、天とは自然の変化の謂いであることを明快に主張した最初の唯物思想家であるという。『荀子』「天論篇」の「天行ニ常有リ、堯ノ為ニ存セズ、桀ノ為ニ亡セズ。之ニ応ズルニ治ヲ以テスレバ則チ吉、之ニ応ズルニ乱ヲ以テスレバ則チ凶」という文面がものがたるように、荀子の世界観では天はなんらかの意志をもって人間世界に君臨するものではない。それはつまるところ自然の変化以上のものではないのであって、「列星随ヒテ旋《メグ》リ、日月遞《タガヒ》ニ炤《テラ》シ、四時代ゝ《カハルく》御シ、陰陽大イニ化シ、風雨博ク施ス。万物各ゝ其ノ和ヲ得テ以テ生ジ、各ゝ其ノ養ヲ得テ以テ成ル。其ノ事ヲ見ズシテ、其ノ功ヲ見ル。夫レ是レ之ヲ神ト謂フ。皆其ノ成ル所以ヲ知ルモ、其ノ無形ヲ知ルコト莫《ナ》シ。夫レ是レ之ヲ天ト謂フ。唯ダ聖人ハ、天ヲ知ルヲ求メズト為ス」（同前）とは荀子の天論の大意といえよう。このようにして天の有意志性が否定されていることには、当然前述した道家の思想が反映しているはずであって、事実、郭沫若氏が指摘するように「哀公篇」に「大道トハ万物ヲ変化遂成スル所以ナリ」といった道家的概念を見出すことができるのである。しかしまた、荀子は老荘の「道」にいつまでもこだわったのではなく、むしろ独特の「道」の観念をうちたてる。「君道篇」に「道トハ何ゾヤ。曰ク、君道ナリ。君トハ何ゾヤ。曰ク、能ク群スルナリ」とあるように、「道」は君主たる者の治術の同義語とされてゆくのである。胡適が「荀子が儒家のうちでもっとも傑出していた理由は、彼が老子と同じ『意志なき天』をうまく使って、儒家・墨家の『勧善懲悪』的な意志ある天を改革することができ、同時にまた老子・荘子の天道観念がもたらす安命守旧の悪しき結果をまぬがれることができたからである」(前掲書)としているのは当を得た要約であるといえよう。

徂徠と昌益の一致点

荀子はしばしば中国古代思想の大成者だといわれる。もしも殷周の北方文化、「帝」と「天」の文化を意志ある天の思想とし、南方系の「道」の文化を意志なき天の思想とするならば、荀子の学説はまさしくそれらの総合の上に成り立っているということができるだろう。ところで問題は、もしも宇宙万物、人間社会の転変が天の意志によって動かされていないのだったら、自然界の運行がなんらかの物質の法則にのみしたがうものであり、人間社会の動向がもっぱら人間の意志によって決定されるものであるとしたら、人間はいったいいいかなるかたちで社会の規範を所有することができるのか、である。おそらくはここに、人間の思想の歴史を縦貫してくりかえしくりかえし現われる、そしてつねに新しいかたちで問いなおされる設問の論理的原点がある。そしてわたしの考えでは、荀子のいわゆる性悪説と人為説とはまさにこうした論理的要請に応じたものだったのである。だから「性悪篇」で荀子はいう。もしも天に意志がないのだったら、天は人間の善性にいかなる関心もはらわないだろう。「問フ者曰ク、人ノ性悪ナラバ、則チ礼義悪《イヅク》ニカ生ズルト。之ニ応ジテ曰ク、凡ソ礼義ナル者ハ、是レ聖人ノ偽（人為）ニ生ズ。故《モト》人ノ性ニ生ズルニ非ザルナリ」。すなわち「道」の作為説なるものは道家的な気の自己運動としての「道」を前提としなければ形成されることが知られるのである。

さて、わたしが昌益の「道」の道家的起源が作為の概念を論理的に要請するということを論証するために、わざわざ荀子の学説を引き合いに出したのは、前の箇所で援用した文献的根拠の許容範囲を超えてまで、昌益の思想の源流を想定しようとしてのことではない。ただわたしは十八世紀の前半に江戸の思想界で生じた諸学派の切磋琢磨の現象の根底には、朱子学の根本原理としてあった「理」のイデーの解体がいままでは「道理」として「理」と不可分の一体だった「道」の規定性を喪失させ、いわば「道」とは何かがあらためて問いなおされなくてはならぬ状況があったところから、そこにふたたび、かつて荀子の学説が持っていたのに似た「道」の両義性が現出したのではないか、と考えてみたいのである。朱子学的思惟のもとでは、宇宙・社会・人性を同一の自然秩序のうちにつなぎとめていたただひとつの「道理」は、まず天道と人道とに分断される。荀子の言葉をもっていえば、天道とは「天行ノ常」すなわち物質としての気の自己運動以上のものではなく、人道とは「人ノ道トスル所以」のものでしかないのである。他方またそして十八世紀の初めと半ばとに相次いで活動期を迎える二人の思想家、徂徠と昌益とは右のことの認識に関するかぎりまったく一致している。『読荀子』を書き残している徂徠が荀子の思想を滋養分の一つとしていることは疑いないが、昌益の場合それは何度もいうように不明である。しかし、最低限ここで確認できることは、荀子の学説における「道」の両義的な論理構造を、昌益もまた徂徠と同様に自己の思考方法のなかに具えているという事実である。「是（道——注）を天地自然の道と見申候事は、元《もと》老荘之説より起り申候」と『答問書』に記したとき、徂徠は自分にとっては荀子の第二の意味での「道」、人為的な制作としての「道」しか「道」ではないことを明確に表明している。しかもまた何が「道」でないかをはっきりさせるためには老荘の説、すなわち荀子の第一の意味での道の媒介が必要であったことを告白しているのである。これとまったく同様に、昌益は荀子のいわゆる「天行ノ常」にあたるものだけを自分にとっての「道」と考える。「人ノ道トスル所以」の「道」、あるいはもっと正確にいえば「君子ノ道トスル所」の「道」は、まさにそれが「道トスル所」のものであるがゆえに、制法であって、「道」と呼ばれてはならないものであった。昌益の「道」の概念がそれ自体のうちに作為の論理を要請しているというのは、以上のような意味なのである。こうした論理的な契機の導入は、簡単直明に聖人の価値と役割を逆転することによって与えられる。刊本『自然真営道』一巻で昌益はいう。「其ノ始メ誰カ之ヲ失《アヤマ》レルヤ。必ズ失レル者有リ」。聖人とは作為という世界で最初の誤りを犯した人間の謂いなのである。

天道と人道

人間社会も気の自己運動である

「天真ハ乱ヲ悪《ニク》ミ、治ヲ欲スル者ニ非ズ。治乱ノ中ニ在リナガラ治乱ニ預ラズ。治乱ヲ越エテ自リ常ニ安平ナリ」。これは昌益が孔子の一生の評伝のなかでいっている言葉である。昌益は時によっては天が怒ったり嘆いたりあたかも感情を持つかのような書き方をすることもあるけれども、基本的には右の叙述のように天は人と物とを生成しはするが、しかし人事に関与する意志を持たないと考えていたとみることができるだろう。天が洪水や旱魃を生じるのは、人間の苦悩や悲歎が天の気行を混濁させたことに起因する自然現象なのであって、天が人間に懲罰を加えるということではない。だから、われわれは昌益の天道観にさきほども引用した『老子』第五章の「天地ハ仁ナラズ。万物ヲ以テ芻狗《スウク》ト為ス」、あるいは『荀子』「天論篇」の「天行ニ常有リ。堯ノ為ニ存セズ、桀ノ為ニ亡セズ」といった考え方と共通するものがあることをみとめることができる。「天真」という言葉自体は、昌益はおそらくこれを『黄帝内経素問』「天元紀大論」の「天真ノ元気分レテ六ト為リ、以テ坤元生成ノ用ヲ統ブ」といった文章から得ているのであろうが、ともかく天道の本体は、通・横・逆という一定の法則ある形態にしたがって永遠無窮に運回してやまぬ気行である。

天道をこのように法則性のある気の運動とのみとらえることは、仁斎学・徂徠学をはじめとする古学派のものの考えかたに、いってみれば朱子学以後的思惟に共通する特色であるけれども、そして荀子＝徂徠の場合にはそのようなものとしての天道とは別個の次元に人の「道」を確立せねばならぬという要請から「道」の作為説が必要とされたことは前に論じたとおりであるが、昌益の思考がとくに他から区別されるゆえんは、昌益が人間社会をも気の自己運動の総体としての自然の過程のうちに還元してしまい、それによって天道と人道との区別を取り払ってしまうことにある。昌益の世界観にあっては、常ある存在はただ気だけである。宇宙の気行が凝縮してなったとされる穀物と、その精気がさらに凝って生まれたとされる人間とのあいだには、通気と逆気という気の運回形態上の差異以上のいかなる質的区別も存在しない。毎年、芽を出しては成育し、繁茂し結実し、やがて枯死する穀物と、何十年かの間に生まれて成長し、次代の子を生み、老衰して死ぬ人間との間に本質的なちがいはない。すべては宇宙の気行の永遠の自己再生産の一齣なのであって、それらを包括的にとらえてなおかつ同時に倫理的でもあるカテゴリーが「直耕」なのである。「直耕」は、朱子学のあの上下定分の思想とはまったく対蹠的なしかたで、天道と人道とを結合し、媒介し、自然史的過程としての人間社会のモラルの根幹となる昌益独特の概念である。「直耕」は宇宙・人・物が共有するところの存在の様式である。そしてこのような自然の気行の自己貫徹をさまたげるいっさいの反自然的行為は、「制法」と呼ばれることになる。

自然気行論が明かす世界の実相

おそらく昌益にとっての生涯の関心事は、それをもってのみ虚偽のイデオロギーに隠蔽されつづけてきた世界の実相を明らかにできると彼の信じた自然の気行の原理をもって、世界事物現象のすべてを説明しつくすことにあった。昌益は明らかに現在の「法世」、作為された社会制度の廃棄は、すべての人間が（なかんずく上に立つ人間が）自然の気行の正しい認識に達したあかつきにのみ実現されると考えていたふしがある。昌益が努力を傾注したのは、封建社会の存続を正当化している思想の学問的批判であって、封建社会に対する政治的批判ではなかった。このことが昌益の『自然真営道』執筆における次のような態度を決定させることになる。第一は、昌益がその学問的批判を文字の批判、すなわち書物崇拝の打破から始めたことである。第二に昌益の批判は、それが学問的批判であるためには全体的でなければならず、網羅的でなければならなかった。『自然真営道』全巻の構成がさながら批判の百科全書の観を呈しているのはそのためである。第三に、昌益は学問的批判としての筋を通すために、その思考原理の適用において徹底的——わたしは以下に述べるような理由で厳密という言葉を用いることを避ける——でなくてはならなかった。わたしはこの解説のはじめの部分で、昌益の封建社会批判はどのような思想的文脈によるものかと問い、何を批判したかの問題はいかに批判したか、すなわち思考方法の問題から任意にこれを切り離すことはできないと考えることから出発した。われわれはいまここで、改めて昌益の「陳腐な」陰陽五行説の意味を問いなおしてみなくてはならないのである。

ふつう世に昌益の陰陽五行説といわれているものは、その自然気行論である。いいかえれば、土活真から発して木・火・金・水に分化する気の運回が、いかなる法則にしたがって万物を万物たらしめているかの論である。昌益がいかにこの原理をもって世界のすべての事象を説明しつくそうとしたかは、たとえば『自然真営道』のいまは佚亡した「万物気行論巻部」や「万国気行論巻部」に照応すると思われる『統道真伝』の「禽獣巻」と「万国巻」に見られる思考方法を一瞥するだけでも明らかだろう。昌益は鳥獣虫魚の身体の構造から習性、世界万国の地勢・気候・産物・民族性にいたるまでをすべて五行の気の配分と組み合わせとによって説明する。あたかも現代の化学者が任意の被検物質の定性分析をこころみるといったぐあいに、昌益は所与の対象をそうあらしめている気行の組成について論ずるのである。その適用範囲の規模の広さに関しては、ほぼ五十年ほど後の山片蟠桃に似たような例があるだけで、ほとんど比肩する者はいないだろうし、いっさいを単一の原理で説明しようとした一徹さについても同様であろう。著述が一種の百科全書の趣きを呈するゆえんである。そして、われわれが昌益の現存の著作の大部分の箇所に見出し、かつ全体をつらぬく思考方法として観察せざるをえないのはこのような自然気行論なのである。昌益の政治的批判をその思想のエッセンスとして照明を加えるのはよい。しかし、それが全体との分量の関係ではどれだけの比重を占めているかを度外視したら、われわれの評価はいちじるしくバランスを失せざるをえないだろう。

無邪気な確信の皮肉

『自然真営道』であれ、『統道真伝』であれ、それらの著述中にあってわれわれを驚かすに足りる一つの事実は、昌益が自分自身の方法原理に対して示しているほとんど無邪気なまでの確信の深さである。そしてその方法の適用範囲の広さと見えるものが、じつは昌益の同時代の思想家からの立ち遅れであったという事実は、昌益のためにいささか皮肉であった。一般に、江戸宝暦の頃までに何人かの思想家たちが達成したことの一つは、文献批判学という厳密な研究方法の確立であ

貝原益軒

ったといえる。たとえば伊藤仁斎と荻生徂徠は、いくつかの基本的問題には徹底した不可知論を唱えているけれども、その不可知論はある厳密な方法意識がまさにその厳密さのゆえにみずからの適用範囲を画定せざるをえないことの結果であった。『論語』の原意を解読するために有効な古代言語学の方法は、天地のはじまりについての考察や雷がなぜ鳴るかの説明に適用することはできない。学問方法の正確さと精密さとは、その適用範囲の限定と比例する。いいかえれば、朱子学全盛の時代にはまだ思想そのものから未分化だった学問が、自己を分離させるとともに、その専門分化の過程を歩みはじめていたのが江戸の十八世紀だったのである。貝原益軒の最晩年に、彼が生涯信奉してきた朱子学の「理」の実在を疑わせ、『大疑録』を執筆させるにいたったのも、おそらくは益軒が本草学その他の分野でつちかってきた経験的思考であった。

ところで昌益のエンサイクロペディズムに根本的に欠けているのはこうした方法の有効範囲の意識である。だから昌益は驚くべき無邪気さでみずからの自然気行論を演繹《えんえき》し、あらゆる事物と現象を説明しきたり、説明し去る。対象領域それぞれの分野に適用されるべき方法の個別性など、昌益にははじめから眼中にないのである。その自然気行論が通俗的になるのもまたやむをえないことであった。もしもわれわれが昌益の儒学批判を荻生徂徠の『論語徴』に、仏教批判を富永仲基の『出定後語』に、記紀などの神典批判を宝暦年間に独創的な研究方法を開発しつつあった本居宣長の著に、「万国巻」の地誌学的記述をたとえば新井白石の『采覧異言』にそれぞれ比較してみるならば、昌益の論理の通俗性は蔽うべくもないだろう。儒学の四書五経、仏教の経典、記紀その他の神典、いずれを取ってみても、昌益は原典そのものの言意を正確に復原することには、いっこうに関心を払わない。何を対象にして批判をこころみても、昌益の所説は、易の自然哲学に対する非難をみずからの自然気行論にもとづいて展開するだけなのである。儒学でいう智・仁・勇の三徳、仏教の三尊三世、神道の三社、老子の「三、万物を生ず」などは、すべて易の三陰三陽にもとづいているから誤りである、とする論法である。総じて、昌益の思考方法に本質的に欠けるものは、それが社会制度であれ思想・教義であれ、およそ「作為」されたもののなかにある客観的構造の観察と分析であると評することができるだろう。そのことの完全な無視が昌益の思考に特色を与える。昌益の批判は、気の自己運動たる自然の全体を「作為」全般に対置することで比類のない徹底性を獲得することができた。しかし同時にまた、昌益はまさにその同じ論理によって、「作為」されたものの個別的な構造に具体的に迫ってゆく方法を持つことはできなかったのである。

『自然真営道』巻二十五の「良演哲論巻」が、「私法盗乱ノ世ニ在リナガラ自然活真ノ世ニ契フ論」と名づけて、一連の具体的な施策をかかげ、上下の身分差別はやむをえず温存するが万人の共同耕作・金銀流通の廃止・物々交換による自然経済への復帰・一夫一婦制の厳守などの政策論を展開していることはよく知られている。いったいに昌益はユートピア論者などといわれる割合には、彼のいわゆる「自然神世」は万人が天と共に「直耕」するという他には具体的なイメージにとぼしい。この論にいたってはじめて昌益は、その理想社会の青写真を示すのである。狩野亨吉がこれを評して「法世を捨て自然性に向はせしめようとする安藤は責任上此問題に対する具体案を示さざるを得なくなつた」といっているのはおそらく正当であろう。しかし、この論は尾藤正英氏のいわゆる準理想社会論であり、よしんば改造計画案ではあっても、社会改革案と呼ぶことを多少ためらわせるところがある。というのは、この論にはだれが社会の改造に着手すべきかの問題が欠けているという意味で、厳密にいえばいかにそれを実現するかの論理を含んでいないからである。「若シ上ニ活真ノ妙道ニ達スル正人有テ、之ヲ改ル則ハ、今日ニモ直耕一般、活真ノ世ト成ルベシ。然レドモ、上ニ正人無クンバ如何トモ為ルコト能ハズ」と昌益はいう。一言でいえば正人待望論である。正人という人格が想定されているにもかかわらず、わたしがあえてだれがの問題を欠いているというのは、活真人をもって任ずる昌益自身とこの正人とを結びつける具体的な行為の連環はついにどこにも見いだされないからである。狩野亨吉が引用する佚亡部分の断片に「我道には争ひなし、我は兵を語らず」とある言葉のように、昌益の最大の関心は政治的批判にではなく、学問的批判にあったのである。事情はおそらく、従来なされてきた昌益理解のように、昌益には社会改造の志向があったのだが時機がいまだ熟さず、あるいは周囲から妥協を強いられて不作為に終わったというのとはちがっている。これをしも不作為と呼ぶならば、それは昌益が彼に独自の自然を作為全般に対置する方法を採用したときに早くも不作為の論理を構造化しているからなのである。

わたしはもちろん、昌益が江戸の思想史を通じてほとんど周囲から孤絶し、封建社会を批判した人間であることを否定するものではない。そしてそれがいかなる思想的文脈によってであるか、がわたしの一貫した関心であった。昌益の思想史的位置は、われわれはこれを江戸十八世紀全般を通じての広義における古学派運動のなかに求めることができる。この思想運動は、まず儒学内部での朱子学の否定からはじまり、やがて国学に発展的に継承されてついに儒学そのものの否定にまで展開をとげる。昌益にいたっては、学問全般が作為として否定されることになるのである。

昌益の理想社会

江戸の思想界に君臨していた朱子学的価値体系は、まず仁斎学による語孟の文献学的精読によって、ついで徂徠学による六経と儒書以外の先秦諸学の解読によって、やがて国学による日本の古典の復権によって、しだいに相対化され、解体にみちびかれる。その間にあって昌益が道家的思惟に思考の媒介を求めたと推定されることは前述のとおりである（たとえば活真とともに生きる正人というような発想には、明らかに『荘子』「大宗師」の「且《シバラ》ク真人有リテ後ニ真知有リ」とか『淮南子』「詮言訓」の「真人ハ未ダ始メヨリ太一ニ分レザル者ナリ」とかの残響が聞きとれる)。道家的な系統における「道」の概念によって、昌益は「天」の尊貴性すなわち封建社会の身分関係の自然哲学的基礎をなすところの「理」の思想を否定した。日常生活において「道」を「直耕」というかたちで実践している農民が「天子」とされるゆえんである。そして「道」をもっぱら気の自己運動の過程ととらえ、自然気行が宇宙・人・物のすべてを円滑に乱れなく運回する状態を自己の思想の理想型とすることができたのである。その理想の状態の社会的表現が「自然世」ないしは「自然神世」である。それは歴史的には、中国では伏義の、インドでは釈迦の出現以前であり、日本では聖徳太子が儒・仏を取り入れて自然の神道を廃棄するよりも以前のことである。この場合、昌益が『自然真営道』巻九の「私法神書巻一」で「神《シン》ハ無始無終無死無生ニシテ唯ダ常中、自《ヒト》リ然《ス》ル真ノ自感ニシテ、進伸退止ノ一気ナリ。之ヲ知ラズシテ人ニ托シテ之ヲ言フ。故ニ神変不思議ナル者故ニ神《カミ》ナリト思フ」といっていることは重要である。「神《しん》」はどこまでも気の妙行としての神気であって、決してなんらかの人格化された「神《かみ》」ではない。

このように気の運回が理想的に行なわれ、身分制度も、収斂《しゅうれん》も、金銀流通も、一夫多妻制もなかった社会として封建社会に対置されるのが「自然神世」である。すなわち、昌益の封建社会批判は文字どおりにその自然気行論(いわゆる陰陽五行論)に立脚しているのであって、両者を分離することはできないのである。

そのことはまた、封建社会の批判がまさしく自然気行論にもとづいてのみ可能であったのと同様に、昌益のその批判に現われた制約としても現象せざるをえない。昌益は聖人が出現した後の歴史をひとしく「法世」と呼び、いわば作為一般が支配する社会ととらえるだけでそれ以上に立ち入った分析にわたることはない。だから、たとえば『統道真伝』巻四の「万国巻」では、すべての社会悪の根源は中国の古聖人にはじまるとして、昌益は「故ニ末世万国ノ諸悪ハ其ノ悪ヲ糺スニ及バズ」と論ずることになるのである。この論理をもってすれば、同様に江戸の幕藩制度もまた末世の悪として「糺スニ及バ」ぬものであるということになりはしないか。昌益が社会批判の意識を持たなかったというのではもとよりない。もしそうだったら『自然真営道』も『統道真伝』も書かれることはなかったであろう。しかし、昌益の批判方法をつらぬくこの論理は、結果として、同時代の社会構造の分析のメスの刃を鈍らせたことは否定できない。作為の否定がもっぱら自然の概念のみをもってなされているかぎり、自然気行論は作為された制度ならびに思想の客観的構造への方法的効用を持たないのであるから、昌益の反作為はいわば一種の永遠の不作為へと道をひらくことになるほかはない。荻生徂徠は封建社会を擁護するイデオローグであったからには、作為された制度としての幕藩社会の内部機構に通じていなければならず、その結果だれよりも鋭く江戸幕藩制の危機を予見しなくてはならなかった。それに反して昌益は、江戸封建社会の批判者でありながら、その現実的展望に関しては、「後々年ヲ歴ル間ニ、正人上ニ出ルコト之有リ、下ニ出ルコト之有ル則《トキ》ハ、無盗無乱無迷無欲ノ活真ノ世ニ帰スベシ」と、はなはだ漠然とした希望を語るほかはなかったのである。

しかし、こうした情勢判断の材料からの疎外は、政治制度からの被疎外者たる耕作農民に自己の思想家としての運命を結びつけた安藤昌益が、甘んじて受けなくてはならないものであった。『統道真伝』後半の記述などから想像される昌益一門の実際の活動形態は、一種いわば、「世俗内的超脱」とでも称すべきものであったようである。おそらくその一門は、自分たち以外にはどこにも正人のいない「私法盗乱の世」にありながら、個人生活の実践において「自然活真の世」に適うべき日常を送って、周囲に静かな影響を与えつづけていたもののように思われる。昌益の思想はそれから何世代もの間世から忘れられなくてはならなかった。しかし、今日われわれがその著述の野放図な大まかさ、陽気な稚拙さにみちた文章の背後に読みとることができるのは、文字からも知識からも疎外されなくてはならなかった無辜の農民の土の言葉にどうにかして表現を与えようとする、これはまぎれもない思想的敢闘のあとなのである。

付記

訳文では、「漢土」を表すのに「シナ」の語を用いたが、昌益がかの地に対して、中華崇拝でも蔑視でもなく冷静な距離を隔てた態度を尊重し、ニュートラルな地理・歴史的用語としてこれを用いた。

年譜

昌益の年譜研究は、諸家の熱心な調査と探索にもかかわらず、いまだに不明な部分が多い。ここに作成してみた年譜は、故渡辺大濤氏の『安藤昌益と自然真営道』、野田健次郎氏の『八戸の歴史』、羽賀与七郎氏の『和算家神山由助久品について――安藤昌益をめぐる人物』などの考証研究によってこれまで判明した、あるいは推定された事実にもとづくものである。ありようは、年譜というより伝記考証の素材の年代的配列というに近い。昌益の年齢の欄に（野）とあるのは野田説であり、（羽）とあるのは羽賀説で、これは昌益の出生年次をめぐって両氏の見解に相違があるからである。また（　）内は出典または備考である。

一七〇三年　元禄十六年　（野）一歳
この年に昌益誕生。（宗門改めを延享三年とする説から逆算）
一七〇七年　宝永四年　（羽）一歳
この年に昌益誕生。（享保四年、戸田家に養子に入ったとする説から逆算）
一七一九年　享保四年　（野）十七歳（羽）十三歳
八戸藩医戸田作庵に養子縁組。（羽賀説、藩庁日記による）

一七二三年　享保八年　（野）二十一歳（羽）十七歳
この年までに戸田家を不縁になった。（羽賀説、譜録による）
一七四四年　延享元年　（野）四十二歳（羽）三十八歳
八月九日、遠野南部藩の士三人に療治。（藩庁日記）
一七四五年　延享二年　（野）四十三歳（羽）三十九歳
二月、家老の中里清右衛門に投薬。（藩庁日記）
一七四六年　延享三年　（野）四十四歳（羽）四十歳
宗門改帳に昌益四十四歳として名が出ている。（野田説、宗門改帳）
一七四八年　寛延元年　（野）四十六歳（羽）四十二歳
昌益の門人、神山仙庵（仙確）家督をつぐ。（渡辺大濤説）
一七五〇年　寛延三年　（野）四十八歳（羽）四十四歳
宗門改帳に昌益四十四歳として名が出ている。（羽賀説）
一七五二年　宝暦二年　（野）五十歳（羽）四十六歳
『統道真伝』執筆中。同書の「糺仏失巻」中に年号の書き込みがある。
一七五三年　宝暦三年　（野）五十一歳（羽）四十七歳
京都、小川源兵衛から『自然真営道』を刊行。（刊本『自然真営道』の刊記）
一七五五年　宝暦五年　（野）五十三歳（羽）四十九歳

二月、稿本『自然真営道』の序文をしるす。

一七五六年　宝暦六年　（野）五十四歳（羽）五十歳

昌益の門人神山仙確、八戸藩の御側医となる。（渡辺大濤説）

一七五八年　宝暦八年　（野）五十六歳（羽）五十二歳

七月、昌益の子秀伯、父の門人北田市右衛門に投薬。（藩庁日記）

一七六二年　宝暦十二年　（野）六十歳（羽）五十六歳

この頃までに昌益死亡？

一七六三年　宝暦十三年

三月、秀伯、母を伴って上京したい旨を藩に申し出て許可される。（藩庁日記）

KODANSHA

本書の原本は、一九七一年に『日本の名著19　安藤昌益』（野口武彦責任編集）として中央公論社より刊行されました。文庫化にあたっては、中公バックス版の同名書（一九八四年刊）から、「自然真営道（抄）」、野口氏による解説、年譜を載録しました。

なお、本文の一部に今日では差別的とされる表現がありますが、時代的な制約と資料性を考慮し、そのままとしました。

安藤昌益（あんどう　しょうえき）
1706年，秋田生まれ（諸説あり）。八戸で町医者をする傍ら，著述活動を行なう。1762年没。著書に『統道真伝』など。

野口武彦（のぐち　たけひこ）
1937年，東京生まれ。文芸評論家。神戸大学文学部教授を退官後，著述に専念。日本文学・日本思想史専攻。著書に『江戸の歴史家』，『幕末気分』，『花の忠臣蔵』など。

講談社学術文庫

定価はカバーに表示してあります。

自然真営道《しぜんしんえいどう》

安藤昌益《あんどうしょうえき》

野口武彦《のぐちたけひこ》 抄訳《しょうやく》

2021年12月７日　第１刷発行

発行者　鈴木章一
発行所　株式会社講談社
東京都文京区音羽 2-12-21 〒112-8001
電話　編集（03）5395-3512
販売（03）5395-4415
業務（03）5395-3615
装　幀　蟹江征治
印　刷　株式会社広済堂ネクスト
製　本　株式会社国宝社
本文データ制作　講談社デジタル製作

ISBN978-4-06-526513-0

「講談社学術文庫」の刊行に当たって

これは、学術をポケットに入れることをモットーとして生まれた文庫である。学術は少年の心を養い、成年の心を満たす。その学術がポケットにはいる形で、万人のものになることは、生涯教育をうたう現代の理想である。

こうした考え方は、学術を巨大な城のように見る世間の常識に反するかもしれない。また、一部の人たちからは、学術の権威をおとすものと非難されるかもしれない。しかし、それはいずれも学術の新しい在り方を解しないものといわざるをえない。

学術は、まず魔術への挑戦から始まった。やがて、いわゆる常識をつぎつぎに改めていった。学術の権威は、幾百年、幾千年にわたる、苦しい戦いの成果である。こうしてきずきあげられた城が、一見して近づきがたいものにうつるのは、そのためである。しかし、学術の権威を、その形の上だけで判断してはならない。その生成のあとをかえりみれば、その根は常に人々の生活の中にあった。学術が大きな力たりうるのはそのためであって、生活をはなれた学術は、どこにもない。

開かれた社会といわれる現代にとって、これはまったく自明である。生活と学術との間に、もし距離があるとすれば、何をおいてもこれを埋めねばならない。もしこの距離が形の上の迷信からきているとすれば、その迷信をうち破らねばならぬ。

学術文庫は、内外の迷信を打破し、学術のために新しい天地をひらく意図をもって生まれた。文庫という小さい形と、学術という壮大な城とが、完全に両立するためには、なおいくらかの時を必要とするであろう。しかし、学術をポケットにした社会が、人間の生活にとってより豊かな社会であることは、たしかである。そうした社会の実現のために、文庫の世界に新しいジャンルを加えることができれば幸いである。

一九七六年六月

野間省一